厦门大学会计系列教材

总　编　葛家澍　常　勋

会计学原理

ACCOUNTING PRINCIPLES

（第3版）

主　编　吴水澎

副主编　刘　峰

辽宁人民出版社

图书在版编目(CIP)数据

会计学原理/吴水澎主编．—3版．—沈阳：辽宁人民出版社，2008.10
(厦门大学会计系列教材/葛家澍，常勋总编)
ISBN 978-7-205-06451-8

Ⅰ.会… Ⅱ.吴… Ⅲ.会计学—高等学校—教材
Ⅳ.F230

中国版本图书馆CIP数据核字(2008)第148649号

出版发行：辽宁人民出版社
地址：沈阳市和平区十一纬路25号　邮编：110003
电话：024-23284324(邮　购)　024-23284321(发行部)
传真：024-23284191(发行部)　024-　23284304(办公室)
网址：http://www.lnpph.com.cn
印　　刷：丹东印刷有限责任公司
幅面尺寸：177mm×240mm
印　　张：$27\frac{1}{2}$
字　　数：408千字
印　　数：1—5,000册
出版时间：2008年10月第1版
印刷时间：2008年10月第1次印刷
责任编辑：谭　燕　王丽竹
封面设计：杜　江
版式设计：王珏菲
责任校对：蔡桂娟
书　　号：ISBN 978-7-205-06451-8

定　　价：44.00元

第1版

序

中世纪兴旺发达的商品交换，诞生了任何精明商人都必须掌握的复式簿记；20世纪充满活力的市场经济，则孕育了日趋完善的现代会计。现代会计既维护了市场经济的应有秩序，又促进了各种经营机制的有效运行。经济与会计之间的这种密切关系，充分说明了：作为一个经济信息系统的会计和作为一门服务于经济管理的会计科学，不论对人们的经济生活或对人类社会的经济发展，都有着举足轻重的作用。我国人民正为建立社会主义市场经济新体制、发展社会主义市场经济而努力奋斗。与此相适应，我国原有的、在高度集中的计划经济体制下形成的企业会计制度，为1992年底出台的《企业会计准则》和今后将陆续制定的一系列具体会计准则所取代，就成为不依人们意志为转移的历史必然。

谁都看到，我国适应市场经济需要而进行的、具有开拓性的会计改革，有着重大的国内意义和国际意义。从国内看，它在全国范围对会计进行了统一规范，确保了会计信息的主要质量，为所有参与市场活动的组织和个人，一视同仁地提供公允的信息，从而为在社会主义市场中增添了一个有利于公开竞争的软环境。从国际看，会计被公认为国际通用的"商业语言"，是沟通国内市场与国际大市场的重要媒介。今天，人们所要求的会计信息，必须为本国使用者和外国使用者所共同理解。正如国际会计准则委员会一再强调的：同一交易或事项，不论在全球何处发生，都应按相同或类似的方式进行会计处理和信息披露。因此，求大同，存小异，并力求协调差异，不断提高信息的可比性，是今后会计发展不可逆转的大趋势。在本质上，会计的基本原理、方法和技术是属于全人类的，因为西方经济发达国家在社会化大生产、市场经济基础上形成发展起来的会计原理、方法和技术，并不都和资本主义私有制直接相联系，而应当视为全人类的共同财富。

适应会计发展的大趋势，会计实务工作面临的任务是：既要联系中国实际，又要借鉴国际经验，努力同国际会计惯例接轨。

会计教学工作者则面临更为艰巨的任务。我们现在和今后所培养的学生，基本上属于21世纪会计实际工作和理论工作的接班人。对他们来说应当掌握的会计知识，不仅涉及中国，而且涉及国际；不仅涉及当前，而且涉及未来。一句话，他们需要的知识结构迫切要求我们对教学内容进行重大的变革和更新。

基于上述考虑，我们设想，高等学校会计学专业本科的专业教材，既要大胆更新内容，又要适当提高起点。我们的教材应当做到：立足中国，放眼世界，侧重当前，注视未来。要把基础性、实践性和必要的前瞻性统一起来。我们设想国际会计惯例应构成各门会计教材的总的框架和基础性、通用性的内容，在这个框架内，以向前看的角度，宣传、解释和评述我国当前的准则与制度。各门教材还应当努力反映各该学科的最新发展。

根据上述构想，我们编著了《厦门大学会计系列教材》。第一批暂定7本，争取1995年春季前陆续出齐。这7本教材是：《会计学原理》、《中级财务会计》、《高级财务会计》、《成本会计》、《管理会计》以及同会计学具有紧密联系的《企业理财学》和《审计学》。

我国目前正处在一个大改革、大发展，也是大创造的历史时代。在这样一个伟大的时代，理论既应当反映实践，又应当成为实践的先导。本系列教材的著述思想为体现这一时代精神，有些地方可能表现出过于“激进”，这就难免存在着较大的不成熟性。我们衷心地期待会计界的专家、学者和广大读者对本系列教材的任何方面，提出宝贵的批评意见，以便再版时进行修订。

厦门大学会计系列教材编委会

1994年5月

第 1 版
编写说明

从 1993 年 7 月 1 日，我国开始以《企业会计准则》和《企业财务通则》来规范企业的会计工作和财务管理工作，从而实现了我国财务会计模式的转换和向国际惯例接轨等的重大改革措施。为适应会计工作的这一根本性变化，我们新编了《会计学原理》这本教材。

在本教材的编写过程中，我们认真地考虑了这样几个问题：1. 彻底改变以往会计教材的“制度 + 说明”的现象，保证教材内容有一定的稳定性。由于过去会计教材基本上是现行制度加文字说明，并辅以一定的实例，往往制度一改变，教材的内容就显得陈旧。因此，我们不再拘泥于现行制度的规定，而是从国际惯例出发，参照我国会计准则的要求，以介绍会计的基本原理为立足点，来编写这本教材，从而使本教材内容上具有一定的稳定性；2. 考虑到学习原理的学生从未接触过会计，因而，从认识规律出发，分别以服务业、商业和制造业为例，由易而难，先浅后深，设计了三次会计循环，力图使学生在学习时能尽快地理解、掌握会计的基本原理；3. 从会计是一个信息系统的观点来看，会计的信息处理过程包括了确认、记录、计量和报告，本书重点在记录环节，并兼顾到确认、计量与报告等三个环节。希望通过学完本书，能掌握簿记的基本知识和技能，即掌握基本的记账、算账的方法与程序；4. 为了便于教与学，各章末均附有复习思考题。同时，我们还将为本教材编写一本配套的学习用书，内容包括：各章内容提要、数量更多的习题、与操作格式基本相同的习题用纸、习题解答、各种形式的备考习题。

《会计学原理》以高等院校会计专业本科生为对象，也照顾到财经类其他专业本、专科生学习会计原理的需要，可作为本、专科生学习会计学原理的教材；同时，它还可以作为会计人员的业务进修之用和教师授课的参考用书。

本教材由吴水澎教授担任主编，姚立中副教授、刘峰博士任副主编。主编、副主编提出编写大纲，并对全书初稿进行修改与总纂。各章撰稿的分工如下：

吴水澎：第一、二章；

姚立中：第三章；

刘　峰：第四、九章；

李建发：第五、六章；

叶少琴：第七、八章。

该书在编写过程中，自始至终得到著名会计学家葛家澍教授等的关心与指导，在此谨致谢忱。

我国的社会主义市场经济正在建立与完善，会计也处在不断发展与完善之中，仍有许多问题需要我们去研究、探索，更由于我们的理论和业务水平所限，书中的不足之处，甚至错误，在所难免。衷心欢迎广大读者给予批评、指正，以便再版时修正。

作　者

1994 年春于厦门大学

第 2 版 编写说明

本书自 1994 年初版至今，已六年有余，并先后印刷八次，受到各方好评。经专家评审，本教材还被教育部作为 1998 年经济、工商管理类专业“推荐教材”，对此我们深表感谢。这期间，人类社会已热热闹闹地进入了新的千年，而我国社会经济生活也发生了巨大的变化。综观我国社会经济生活的诸多变化，对本教材编写影响较大的有：社会主义市场经济初步确立，以企业为中心的各种经济利益关系发生了根本性的转变；资本市场从 20 世纪 90 年代初开始恢复，到 2000 年初夏，已有超过 1 000 家上市公司的股票在深沪两交易所挂牌交易；具体会计准则也已陆续颁布并付诸实施；1999 年底，国家再次修订《会计法》，并于 2000 年 7 月 1 日起正式执行。这些变化，促使我们着手对本教材进行修订。

本次教材的修订，仍然秉承教材初版时的编写指导思想，即：以原理的说明为主，不拘泥于一时的制度；从学生的学习规律出发，分别以服务业、商业和制造业的会计循环为例，由易到难、由浅入深地介绍会计学的基本原理；糅合会计的基本方法和基本程序，突出会计要素的确认、计量、记录和报告。除遵守上述思想外，结合社会经济环境的变化，我们还充分吸收了新修订的《会计法》的精神，增加了关于内部会计监督制度等的介绍；行文中，穿插了部分上市公司会计实务所出现的问题，部分章节还提供了相应的案例讨论。

修订版的教材仍然由吴水澎教授任主编，刘峰教授任副主编。主编提出编写大纲，并对教材初稿进行修改与总纂，副主编协助主编确定教材提纲、修订初稿。各章编写分工如下：

吴水澎：第一、二章；

刘　峰：第三、四章；

李建发：第五、六章；

叶少琴：第七、八、九章。

会计系研究生吴向能同学承担了书稿的整理、校订等工作，在此表示感谢。

编写一本易教、易用的好教材，不仅需要编写人员的各种努力，还需要来自教材使用人员不断地反馈与评价。衷心期望使用该教材的各位教师、同学提出宝贵意见，以便我们能不断完善本教材。

编 写 者

2000年初夏于厦门大学

厦门大学会计系列教材
第3版
总 序

会计是一门非常实用的科学。现代会计(包括公司理财和审计学)密切依存并服务于市场经济和各国的社会制度与经济体制。在我国，以党的十七大为鲜明标志，我国新时期的新特点是改革开放。近年来，我国最显著的成就是快速发展，尤其是资本的流动，无论引进来和走出去，都呈现过去从未有过的兴旺发展的势头。会计是一个信息系统，是资本合理分配和有效流动的重要信号。鉴于我国整个经济形势在平稳有序而又快速发展，那么，我国的会计、财务、审计等学科就必须与时俱进。

比如财务会计与审计，2006年2月，我国财政部就出台了一个基本准则和38个具体准则以及48项注册会计师执业准则(即审计准则)，这些准则都是改革开放和与时俱进的产物；都是既保持中国特色，又与国际财务报告准则趋同的新规范。它们将把我国的会计、审计融入国际通用的商业语言，是我国在会计、审计领域深化改革，扩大开放的重要里程碑!

面对这一令人无限鼓舞的政治经济形势，按照新会计准则和新审计准则为我们开创的新局面，厦大会计系的教师们都决心借党的十七大的东风，遵循科学发展观，决定全面修订会计系列丛书第2版，使第3版进一步适应我国经济和会计发展的新要求与新特点。

第3版的指导思想是：立足中国，放眼世界；与时俱进，有所创新与发展。那就是，每本教材都在第2版的基础上，提出新的更高的要求，要把我国出台的既与国际趋同又有所创新的“两则”讲深讲透。同时，也要适当关注国际上有关会计、审计、理财等方面最新成就。

本系列教材第3版由葛家澍、常勋两位教授总编。

第3版的会计系列教材仍然是七本，即《会计学原理》、《中级财务会计》、《高级财务会计》、《成本会计》、《管理会计》、《企业理财学》和《审计学》，有些教材的主编人选作了必要调整。

如前述，本次修订版是适应国内外形势的新变化，作者们力争体现上述指导思想的成果。我们将尽最大努力，使教材达到高质量。但限于作者的水平，所定目标未必如愿以偿，“若取法乎上，得乎其中，则予愿足矣。”书中若有不足和错误之处，尚请广大读者和专家不吝指正。

葛家澍

2008 年 10 月

第 3 版
编写说明

本书的第 1 版完成于 1994 年初春，第 2 版完成于 2000 年夏，之间相隔六年半。2000 年版教材出版至今，也有 7 年有余。这 7 年来，我国社会经济生活同样发生了巨大的变化：中国加入世界贸易组织，正式成为国际经济大家庭的成员之一；越来越多的中国企业以世界经济为舞台，并成为世界制造中心；中国的资本市场完成了股权分置改革，上市公司数量增多，以市值而论，2007 年 11 月，中国股市市值已经达到 30 万亿元人民币，成为世界上第六大资本市场；党的十七大的顺利召开，提出到 2020 年我国人均 GDP 翻两番；2006 年 2 月 15 日，我国发布了新的会计准则和审计准则，这次的会计准则在国际趋同方面，迈出了实质性的一大步……社会经济环境的这些变化，都对会计学的教材提出了新的要求。作为顺应这一要求的一部分，我们组织了对本教材第 3 版的修订工作。

正如我们在 1994 年第 1 版教材的序言中所提出的，会计学原理教材的主要目标是向学生传授关于会计学的入门知识，让学生不仅掌握会计的基本原理，而且能够理解会计学的精髓，便于后续的学习和提高。一方面，会计学是一门热闹的、“时尚”的学科，它紧随时代，因为经济环境的变化而相应变革；但另一方面，会计学作为一门科学，其内在的科学原理应当是稳定的，能够超越时空的。因此，如何把握并平衡“时尚”与“永恒”的关系，是会计学原理教材编写过程中所必须要解决的问题。按照我们的理解，在会计学的系列教材中，会计学原理教材或许是最难把握和平衡的，因为，它的对象是那些不具备会计学知识的初学者，它需要传授的不仅仅是专业知识，它还需要传授会计学最基本的原理和这些思想。

正是基于上述考虑，在本次修订过程中，针对 2006 年新颁布的会计准则和随后发布的会计制度中所出现的一些新变化，我们采用不同的处理方式：对属于原理性和思想性的内容，在本次修订中相应更新；对属于技术性、规则性的内容，在不同章节分别情况加以应用。比如，会计学中最常用的手段之一就是“设置账户”，一个企业究竟应该设置多少账户，理论上应该根据该企业的规模、经营特征等的不同来确定。我们设计了三个会计循环，来说明会计学的基本原理，其中，第一、第二两个会计循环分别是服务业和商业企业，且规模小，业务简单。这部分的账户设置，以实用、明确为主，并不完全与新会计制度一致；第三个循环是制造业，账户设置尽可能符合新会计制度的要求。行文中，还穿插了部分讨论内容，这部分在字体上与正文有所区分。

修订版仍然由吴水澎教授担任主编，负责提出全书修订的指导思想，并对初稿进行修改与总纂；刘峰任副主编，协助主编工作；此外，叶少琴教授承担了对初稿的审读与修订工作。各章编写分工与第2版相同。

前些年，出版界流传一句话，“无错不成书”。我们不断修订这本书，就是希望尽可能地订正已知的错误，也希望读者朋友一道帮助我们将这本书编成真正“无错”的书。

我们虔诚地等待读者的批评与指正。

编写者

2008年3月于厦门大学

目　录

学习指导与习题

第一章 总　论

会计学是因人类管理实践的需要而产生、而发展的一门科学。会计学原理则是会计科学的一个分支学科，它所要阐述的是会计学中一些原理与基础性的知识。在这些原理、基础性的知识中，比较重要的、首先要接触到的问题有：什么是会计，会计又是怎样产生与发展的，会计的对象、内容与职能如何，会计采用什么程序、方法与技术，会计学有哪些分支学科，等等。实际上，它们共同构成了会计学的基本框架。此外，顾及初学会计者的需要，还要谈谈会计学原理在会计学中的地位以及如何学好会计学原理等方面的问题。明确以上问题，是学好会计学原理以后各章的前提与基础，因而名之为总论。

第一节　什么是会计

现在看来，会计仍然是一个很古老但又年轻的概念。之所以说它古老，那是早在文字出现之前，就已有会计的雏形；[①]之所以说它年轻，那也是因为会计作为人类社会的一种经济现象，随着人类经济活动的发展与变化，会计的内容与方法会处在不断变革之中，并影响着会计概念的内涵与外延。正是由于会计的变革以及人们认识的角度和方法有异等原因，对什么是会计这一会计学中最为基本概念的认识还不尽一致，是个常说常新的概念。

在回答什么是会计这个问题的种种不同的认识上，其中就有相当多的人，把会计理解为是一种算账、记账、报账与用账的工作。不可否认，这是一种颇为通俗的理解，也有一定的道理。可是它却没有回答会计所要算、记、报与用的是什么“账”这一关键问题，即会计概念的内涵与外延没有得到科学的揭示。为了比较正确地了解会计的本质并给予定义，有必要先了解几个相关的概念，然后才能得出应有的结论。

一、经济活动与经济信息

人类为了谋生存、求发展，从而使经济活动成为人类一项最为基本的实践活动，是其他实践活动的前提与基础；而且不同社会的经济活动，其水平与复杂程度也不尽相同。迄今为止，无论是哪个社会，在经济活动中，资源的有限性(也称稀缺性)与人类需求的无限性是存在于人类社会经济活动中的一对永恒的矛盾。为缓和与解决这一矛盾，人类在经济活动中总是千方百计地力求以最少的劳动投入(耗费)，来取得最大的产出。唯有这样，人类社会才能生存、发展与进步。经济活动中的投入与产出的比例关系，一般又被称为经济效益。而经济效益的提高，受到错综复杂的因素的影响，就其主要方面来说，既离不开生产力水平的提高，也离不开对经济活动的管理(包括对经济关系的处理)。正因为这样，人们把科学技术的进步和管理水平的提高，视为是人类社会走向进步与文明的两个“车轮”。

在加强对经济活动管理(包括正确地处理好各有关方面的经济关系)工作中，就必须了解与掌握经济活动中的有关数量关系，这样才能在经济管理工作中做到“心中有数”。例如，某个人或某一经济组织，经过了一定时期的经济活动以后，总是会想了解：投入了多少活劳动与物化劳动?投入了上述的劳动以后，产出了多少产品，这些产品又是如何分配的，分配是否合理?它能否维持生活上的需要?下期应投入多少劳动并取得多少产品，才能满足人类不断增长着的物质与文化生活的需要，等等。所有这些，都是属于我们现在经常所说的经济信息。

所谓经济信息，虽然现在使用的频率相当高，但尚未有一个公认的定义。按照最一般和通俗的理解，经济信息是信息的一种，是对人类经济活动的状态、规模、特征及其关系与变化的表述。按照现在的这种理解，经济信息的内容十分丰富和庞杂。

那么，人类又是如何获取经济活动中所发出的经济信息的呢?在早期，由于生产力水平的低下和经济活动的“单纯”，人们只能、也可以凭头脑去接收并记忆有关经济活动的信息。如家里现在有多少猎物，明天是否有吃的;如果没有，应当怎么办？后来，随着物质资料的不断丰富与经济活动的复杂化，单凭头脑去接收和记忆信息就很难了，于是人类就学会了运用一定的手段和工具，把经济活动中的事物加以量化(计量)并记录下来，以取代头脑的记忆。如我国古代“结绳记事”就是接收并存储信息的方法之一。尽管这种方法并不是现代意义上的会计(它包含了现在所说的统计、业务技术等经济核算工具在内)，但可把其视为会计的雏形。可见，会计的产生与存在并非无缘无故，而是同经济活动及其经济信息有关。

二、价值运动与财务信息

商品生产的价值与价值运动，随着商品生产的出现而出现，随商品生产的消亡而消亡，都是历史的范畴。历史唯物地看，悠久的人类社会，已经历了一个从低级到逐步高级的漫长发展过程。在历史发展的进程中，随着人类社会所发生的第一、二、三次的社会大分工后，形成了一个不从事生产而只从事商品交换的阶层——商人。到了资本主义社会，商品经济这一经济形式得以全面确立，人类进入了商品经济的时代。

政治经济学的常识告诉我们，作为商品社会的"细胞"——商品有二重性——使用价值和价值。商品的使用价值指的是可以用来满足人们的一定需要；同时它的使用价值必须通过买卖形式的交换而进入消费领域，"无论财富的社会形式怎样，使用价值都形成财富的物质内容"。[②]商品不仅具有使用价值，而且还具有交换价值，即它能用来交换别的物品。不同使用价值的商品之所以能进行交换和比较，这是因为一切商品都是人类劳动产品，都凝聚着一定数量的人类劳动。凝结了人类劳动，便是商品的价值。作为价值，商品只有量的差别。价值的量，目前尚不可能直接地加以计算和自我表现，而是通过货币来捕捉和表示的。"货币是价值的独立的可以琢磨的存在形式"。[③]

在商品经济社会里，很显然，经济活动的各个环节(生产、流通、消费和分配)，除了必须运用实物的形式保证其顺利进行外(例如：企业的生产必须有各种各样的设备和多种多样的原材料，像纺纱厂的纺纱机和棉花等；流通领域必须有能满足人们多种不同需要的物品，如米、布等)，还必须借助于商品的价值形态，亦即运用货币形式来进行。不难想象，商品生产者在其经营活动的过程中很难甚至不可能以物易物，以自己所生产的商品直接换取自己所需要的各种设备及原材料；工人也不可能直接从社会领取维持生活需要的各种物品，等等。相反，在社会再生产的各个环节则必须借助于价值的存在形式——货币来进行。这就是说，商品生产者运用自己所生产的产品，通过市场的交换取得货币，再用货币到市场上去购买生产所需的各种生产资料；工人以货币形式取得劳动报酬后再到市场上购买各种消费品，等等。唯有如此，社会再生产活动才能得以顺畅地进行。因此，商品经济条件下的经济活动，既存在物质运动的形式，又有着价值运动的形式，二者缺一不可。商品生产运动如果从它的价值形式看，就是价值的运动。商品经济条件下的价值运动，是经济关系中可以独立出来的方面，是经济关系的具体表现。下面，我们通过企业的经营活动，比较具体地考察商品经济中的价值运动这个形式。

在商品经济的条件之下，劳动力与生产资料的结合——生产，主要地运用了“企业”这种组织形式。现实中，企业的组织形式可以多种多样，如独资企业、合伙企业、公司制企业，等等。这些企业虽然有其特性，但也有共性。它们的共性就是“巧妇难为无米之炊”。即任何一个企业首先都必须有一定的资本金的投入，用于建设厂房、购置生产资料(包括劳动资料和劳动对象)、支付员工的工资及其他费用，形成为企业进行生产的潜在要素。有了上述的生产要素，企业就可以开工，通过生产过程形成产品；产品完工以后，就形成为商品；企业所生产的产品不是为了自身的需要，而是通过市场，供给消费者，企业由于销售产品又取得货币收入等。从投入货币到收回货币，这标志着资本一次循环的终结。在企业的生产活动中，工人的活劳动会创造出剩余价值，因而企业从销售中取得的货币收入一般会得到增值，会大于原先所投入的货币。也就是所取得的销售收入在扣除成本费用以后会有余额，这就是通常所说的利润或是盈利。企业的目标就是利润最大化，且对盈利要进行分配。一般而言，利润分配包括提取公积金，向投资者分配利润，等等。另一方面，运用企业从销售收入中对成本与费用所作的扣除，就可以购入生产资料、支付费用，重新进行再生产，开始资本新的一次循环。周而复始的资本循环称为资本的周转。只要企业的生产活动不停止，资本的循环与周转也就不会间断，从而形成了资本奔流不息的运动“长河”。这种资本运动，就是前面所提到的企业再生产过程中可以独立出来的方面——价值运动。制造企业资本运动的历程可用图表1—1表示。至于服务企业的价值运动有其自己的特点，读者可以“举一反三”。

图表1—1　　制造业资本运动的简单图式

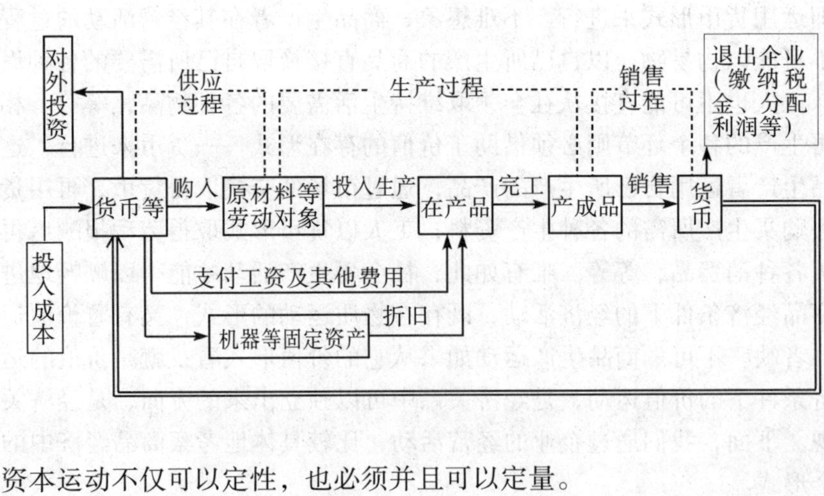

资本运动不仅可以定性，也必须并且可以定量。

资本运动不同于一般的价值运动，就其定性(性质)方面来说，前面已经提到，投资人之所以愿意投入一定量的资本并进行商品生产与经营，那是因为任何企业都是以盈利为目的。也就是说，资本作为处于运动中的价值，新的价值会在这个运动中被创造出来，从而达到资本增值的目的。不仅如此，资本在运动中还体现了人们之间不同的经济关系，诸如企业归谁所有、如何来分配资本在运动中新增价值以及人们在劳动中是一种什么样的关系，等等。资本运动中所体现的各种关系体现了资本的“质”，是人们经济关系中最重要的表现。

资本在运动的过程中，可以采取不同的存在形式，如现金、原材料、在产品、产成品、厂房及机器设备等。正如我们从图表1—1中看到的，在流通阶段中表现为货币资本和商品资本的形式；在生产阶段是生产资本的形式。但它们并非互不相关，而是都凝结了人类的抽象劳动，因而具有质的同一性，都代表了资本的价值，可以用观念上的货币进行统一表现。正如马克思所说，可以通过货币把其理解为“在循环中的统一体”。因此，所谓资本运动的定量就是我们运用货币形式对其作成量的反映。资本运动借助于货币形式作成量的反映，同样是对资本运动这一事物的状态、规模、特征及其关系与变化的表述，它就是价值运动的信息，或称其为货币信息，或叫做财务信息。财务信息是经济信息的一种。财务信息是人们进行管理必须掌握的十分重要的信息。

三、会计是一个以提供财务信息为主的经济信息系统

我们已经明确，在商品经济的条件下，企业的生产和再生产必须借助于价值的运动形式，从而也就有了财务信息。不仅如此，人们必须利用财务信息来加强企业的管理，以便达到企业的目标。道理在于：

凡是有商品生产的地方，就必然会有市场(生产资料市场、消费品市场、资本市场、人才市场，等等)，价值规律也就要充分地发挥它的作用，从而竞争与破产也就在所难免。这样，企业就有了来自内外的双重压力与动力。从企业外部来说，企业十分重要的方面是必须从市场的需要出发，合理地组织生产，巧妙地进行经营，为市场生产适销对路的产品；还应适应市场所固有的突发性变化，作出灵活和果断的反应，才能使企业立于不败之地。所有这些，必须运用大量的经济信息，包括其中用来反映企业财务状况及其变动和经营成果的财务信息；有了它们，才能减少决策和制定战略的风险。在企业内部，同样要靠资本运动的状态、特征及其变化的表述——财务信息来反映企业的生产和经营效益，并据以组织、调节和控制生产。例如，资本总是处于运动和变化之中，不同时间来观察资本运动，不仅资本存在的形式有所不同，而且它们在量上也有区别；通过量上的

区别，也就是所呈现的差异，我们可以了解到资本运动中的新情况与新问题；再如，资本运动发展的趋势不只是一种可能性，资本运动中的新价值创造与增值仅仅是一种目标或愿望，同时它还存在着不亏不盈或亏损的可能。这样，我们可以通过资本运动中的量的变化来缩小可能性空间，使我们原来不明确或不甚明确的情况变得比以前明确或更加明确起来。

总起来说，价值信息可以全面、综合、系统与连续地反映商品运动中的量的变化，借助于价值信息，人们才能进行预测、监督、分析和决策等分面的管理工作。

价值信息对于人类而言，具有如此重要的作用，现在的问题是如何获取财务信息？

财务信息不能无中生有，而是伴随企业生产经营活动——价值运动而产生出来的。由于生产经营活动的复杂性，有些信息虽然可以一目了然，如某月某日采购人员购入材料 5 000 元，我们从中可以了解到：企业的银行存款减少了 5 000 元，而仓库中的材料增加了 5 000 元等方面的财务信息。但这类信息在某些企业却重复不断发生、数以千万计，很难加以记忆，而必须进行记录；而某些信息则不是那么直截了当，如某种产品的生产成本每台 10 000 元，生产成本是由耗费直接材料、直接人工、制造费用而形成的，必须对这一过程运用一定的方法进行合乎目的的加工处理，才能得到产品生产成本这一财务信息。这种采用一定程序和专门方法进行记录加工并获取财务信息的活动就是“会计”。适应于人类通过价值信息来管理经济活动的要求，会计的面貌也就为之一新。这时会计有了自己独立的对象、专门的职能和特有的方法，并与统计等其他经济核算的工具相分离，成为一门独立的学科，同时会计的本质也逐渐被人们所认识。完全可以这样认为，现代会计是以商品经济为其客观环境的。因为商品经济出现了货币作为综合计量价值运动的唯一的尺度，商品生产经营者对财务信息的需求，为会计的完善与发展并充分发挥作用提供了有利的客观环境；理所当然，会计反过来又促进了商品经济的发展，成为商品经济不可缺少的一个部分。

会计在产生财务信息的过程中，显示出如下特点：

第一，从系统论的观点看，系统是由若干个(至少两个)相互联系、相互作用的要素(部分、环节)所构成的具有特定功能的有机整体。也就是说，一个系统是由两个或更多的要素所构成，且系统的要素要有序地组织在一起，形成系统的结构。例如，当我们步入某个企业的会计室，你可以看到，有的人在审核填制五颜六色的凭证，有的人在忙着登记账簿，有的人则忙于编制有关的报表等等，它们都是在手工操作条件下会计核算的要素。同时，各个要素相互依存、相互作用，且必须按系统的功能运用特定的结构联系起来。上述各要素的联系方式是：应根据已经审核的凭证记账，按照账簿的记录编制报表，而不应当颠倒过来。否则，就会造成会计核算工作的混乱，影响会计核算作为一个系统的整体功能的发挥与实现。

第二，会计是一个人造的价值运动信息系统。每个人造的系统都有其特定的功能与既定的目标，目标又决定系统运行的方向，系统的整体功能和综合行为都是为了实现系统的目标。会计这一生成信息的系统同其他的系统一样，其基本的功能是：信息输入、信息交换和信息的输出，它们之间的关系如图表 1—2 所示。

图表 1—2　　会计信息系统

会计信息系统

信息输入 ──→ 信息交换处理 ──→ 信息输出

第三，会计是一个以生成财务信息为主的经济信息系统。企业作为一个经济活动的系统，它能生成各种各样的经济活动信息，如生产信息系统、劳动工资管理信息系统、设备管理信息系统，等等。会计所生成的财务信息是企业中典型的经济信息系统之一。多层次是系统的特点。在会计信息系统中复式簿记和编制报表是两个子系统，简称为记录和报告系统。

基于以上的认识，会计可以定义如下：会计是一个以提供有关经济实体财务信息为主的经济信息系统。会计这个定义仅仅是我们目前的认识。随着时间的推移和系统的发展以及科学与管理的进步，也许我们的认识会有所深化或改变。

第二节　会计与环境——会计的产生与发展

上一节，我们初步地回答了什么是会计这个十分重要的问题，但还是感到比较概括和抽象。为了加深对会计本质的理解，也为了了解会计的过去、现在与未来，从而把握会计发展的规律性，很有必要对它的产生与发展进行考察。会计作为一种社会经济现象，它的产生与发展，同环境存在着紧密的关系，或者说会计总是一定环境之下的会计。因此，本节以环境为切入点，说明会计是怎样产生与发展的。

一、会计与环境

环境，在一般的意义上，是指我们周围情况的总和。周围的情况通常又有自然情况和社会情况这两个方面。

就自然情况而言，其构成的因素有很多，如：地形、气候、矿藏、森林、河流，等等；再从社会情况来说，也至少包括生产力、生产关系和上层建筑等三个方面。我们所要阐述的这个问题，自然情况和社会情况往往结合在一起，因而我们不进行单独叙述，下面着重讲述构成社会情况的三个方面。

第一，人是社会主体。人类所必须进行的物质资料生产活动所要解决的问题是人与自然的关系，社会情况的一个重要方面通常是指人类控制、改造自然，创造物质财富的综合能力，亦称之为生产力。生产力被我们认为是社会发展最为革命、最为活跃的因素。

第二，一部人类文明史表明，为了增强同自然斗争能力，不断地丰富人类的物质财富，人类就必须进行共同生产劳动，不断地提高生产的社会化水平。人类在共同劳动中，就结成了在一定生产力水平下的生产关系。生产关系的总和又称为经济基础。它们的要素有：生产资料的所有制、由生产资料所有制所决定的分配关系和人与人之间的关系等。其中的生产资料所有制具有十分重要的意义，不同的生产资料所有制区分为不同的社会经济制度。

前面说过，在共同劳动的生产条件下，人与生产资料的结合，一般是通过企业来实现的，因而企业制度及其组织形式被视为是生产关系的重要组成部分或是具体体现。下面我们通过企业比较具体地展示一下我国现有的生产关系。

就我国来说，经济体制改革的目标模式，已确定为是建立社会主义市场经济。在社会主义市场经济条件下，企业在所有制方面，所实行的是以公有制为主体、多种经济成分并存和共同发展的政策，所以我国的企业组织形式有多种多样，如国有独资、独资、合伙、公司制企业，等等；在企业的分配关系及人与人之间关系方面，虽然企业的组织形式有多种多样，但公司制被视为是现代企业制度的重要组织形式。公司制又以有限责任公司和股份有限公司为代表。公司制作为现代企业制度中一种普遍又有效的组织形式，它最大特征是企业外部资源的所有者(委托人)将其所拥有资源(资本)委托给企业经理人员(代理人)经营管理。因而公司法人治理结构是公司制核心，要明确股东会、董事会、监事会、经理层职责，形成各负其责、协调运转、有效制衡的公司法人治理结构。当然，公司还要处理同职工、政府、债权人、顾客、供应商以及有关团体等结成一定的经济关系，其中十分重要的是物质利益关系。有什么样的生产资料所有制和什么样的物质关系，也就决定了人与人之间的关系。总之，企业是所有者、经营者、政府、债权人以及消费者等等之间一组契约的集合点。也正是从这个意义上，我们才认为，企业制度和组织形式是生产关系的具体表现，是环境的重要因素。

第三，生产关系的形成和巩固必须要有上层建筑的支撑和保证，上层建筑构成了社会环境的另一个重要方面。上层建筑包括：政治、法律、道德、哲学、文化、艺术、宗教和意识形态等方面的观点以及同这些观点相适应的政治法律制度，等等。上层建筑的情况也十分丰富，这里不再具体展开。

以上所述社会环境的三个方面并不是孤立和互不联系的。生产力是一定历史条件下，人们向自然斗争的能力，它是最为活跃和革命的因素；一定生产力要求有同它相适应的生产关系，生产力的发展要求变革生产关系，但生产关系对生产力有反作用，表现为促进和阻碍生产力的发展；作为生产关系之综合的经济基础决定了上层建筑，上层建筑不仅反映经济基础，而且上层建筑具有相对独立性，并反作用于经济基础，通过经济基础又作用到生产力。

可见，环境不仅是一个错综复杂的概念，又是个动态的概念。随着人类历史不断进步，它的内涵和外延会处于不断变化之中。

科学的发展史表明，一门科学的产生和发展除了必须具有科学自身内在的逻辑结构外，还同环境存在着密切的关系，会计也不例外。完全可以这样认为，会计信息生成不可能是在一种“社会真空”中进行，而是它同其他科学一样，是在一定的环境之下诞生的，并随着环境的变化而发展着。当然，会计对环境也具有一定的反作用，对环境起着保护和促进的作用。

二、会计是环境发展到一定阶段的产物

会计的历史虽很悠久，但会计诞生在何时、发源于何地，至今尚很难确切地加以指明。但是会计作为人类一项有目的的实践活动和经济现象，它的产生同环境所要求的经济管理密切相关，则是显而易见的。

从目前所拥有的史料来看，世界上一些文明古国，如古巴比伦、古埃及都有类似于会计的记录或会计活动的记载。中国是四大文明古国之一，进行会计活动也同样有着悠久的历史，为世界会计的发展曾作出有益的贡献。我国最早关于设置会计的官职和官方进行会计活动的记载是《周礼》。[④]特别应该指出的是，到了唐宋时期(公元10世纪左右)，农业、手工业和商业(包括对外贸易)都呈现出空前的繁荣，是我国封建社会的鼎盛时期。适应生产发展和管理要求的环境，反映到会计的方法与技术方面，我国在单式簿记的结账和报账方面作出了贡献，其突出的成就是发明了“四柱清册”的结账与报账的方法。[⑤]由于“四柱清册”的

发明，把我国传统的单式收付簿记提到一个较为科学的高度。

为什么早在2000多年前直至今天的环境下，人类愿意花一定的人力、物力与财力去从事会计这一活动，或者说会计产生的动因是什么?从历史唯物主义的观点来看，“民以食为天”，人类要生存、发展，就必须要进行物质资料的生产。人类在生产活动的过程中，如果仅从经济的角度来看，至少存在着以下两个方面的问题或矛盾：

第一，在生产活动的过程中，不论其生产规模的大小，甚至是在同一个生产单位、生产同一种产品时，可以采用不同的原材料、不同的生产要素和不同的工艺技术，一句话，生产中所耗费的生产要素是很不相同的。但是，相同的产品得到社会承认的必要劳动耗费(形成价值)只能有一个标准，即其价值量是一样的。可是，个别单位的劳动耗费(形成成本)却千差万别，很不一样。也就是说，在生产中经济效益的大小不同总是客观存在着的。

第二，前面已提到，就一定的历史阶段而言，由于生产力发展水平和管理水平等因素的限制，人类能够用来从事生产活动的劳动总量总是有限，然而人类对物质资料的需求却是无限的。这种有限与无限的矛盾，是一切社会生产力不断发展和前进的强大推动力。

上述两个方面的问题或矛盾，综合起来告诉我们：无论哪个社会，都必须取得尽可能大的经济效益，即以尽可能少的劳动消耗、尽可能节省的劳动占用，来取得尽可能大的劳动成果。也只有这样才能满足人们不断增长着的物质和文化生活的需要。而一切的节约，归根到底是时间的节约。用著名的资产阶级古典经济学家李嘉图的话来说，就是真正的财富在于用尽量少的价值创造尽量多的使用价值。换句话说，就是在尽量少的劳动时间里创造出尽量丰富的物质财富。马克思也很赞成这种说法。这样，会计产生之谜就被马克思和李嘉图正确地揭开了。人类之所以在生产劳动的时间以外，还肯花一定的时间去从事会计这项活动，归根到底，是为了通过会计及其他手段方法，加强管理，合理分配劳动时间，减少劳动消耗，生产更多的产品，以满足人类自身的需要。也就是说，会计之所以产生，是存在于人类社会的极其高级的规律——时间节约规律——作用的结果。“时间是金钱”，从这个意义来说，会计产生同人们所追求的物质利益是紧密相关的。

必须指出，时间节约规律发生作用的范围和程度，取决于社会的生产力发展水平和生产的社会规模；而其发生作用的形式，则取决于不同的社会制度。因此，在不同的经济发展阶段和不同的社会环境里，会计的水平和作用也就不会完全一样。马克思说：“过程越是按社会的规模进行，越是失去纯粹个人的性质，作为对过程的控制和观念总结的簿记就越是必要；因此，簿记对资本主义生产，比对手工业和农民的分散生产更为必要，对公有生产，比对资本主义更为必要。”[⑥]在这里，马克思所说的“公有生产”，就是我们今天的社会主义及将来的共产主义的生产。

三、会计随着环境的变化而发展

上面，我们已经指明了会计产生的原因，是由时间节约规律所作用的结果，或者是提高经济效益的要求。同时又指出，由于时间节约规律发生作用的范围、程度又取决于不同社会的生产力发展水平、科学技术水平和生产社会化的规模，而发生作用的形式则取决于不同的社会制度。所以会计产生以后，随着社会环境和自然环境的变化，它的发展也经历了一条漫长的发展道路；只要经济活动不停止，会计的变革也不可能终结。在会计发展的历史长河中，主要可以分为下列三个发展阶段[⑦]。

(一)古代会计阶段

会计从其产生到复式簿记应用之前这段时间，可称之为古代会计。在这段时间里，由于生产力的水平比较低，商品经济尚不发达，货币关系还未全面展开，经济关系相对简单，因而会计的发展也很缓慢。起先，会计原是生产职能的一种附带工作，没有专职的会计人员。后来，随着生产力的发展，出现了剩余产品，这就为组织生产、管理产品和进行产品分配提供了物质条件；同时，生产开始了社会化，直接的生产过程一般已经采取共同劳动的协作形式，不再是个体劳动。当这两个条件具备时，会计就作为一项单独的管理职能由脱离生产的人来担任。马克思在《资本论》中说到的在印度的原始公社发现一个记账员就证明了这一点。但是，尽管会计由脱离生产的人来担任，而那时的会计仍然很不成熟。严格说来，这一阶段的会计所包括的范围比较广，包括了统计、业务技术核算等其他经济核算的工具在内。会计独有的专门方法还远远没有形成，会计也还没有形成为一门独立的学科。

(二)近代会计阶段

近代会计是从运用复式簿记开始的。复式记账法在理论上的总结及推广，揭开了会计由古代阶段迈向近代阶段的大门。前面已经指出，近代会计同商品经济的发展有着不可分割的联系。同古代会计比较，近代会计的主要特点是：一方面商品经济在一些国家发展的结果，使会计有可能充分地应用货币形式，作为计量、记录与报告的手段；另一方面，会计的记录采取了复式记账，形成了一个严密的账户体系。这两个方面是相互联系的：不应用货币形式，复式记账就不可能；只有应用货币形式，才能产生会计上的综合与平衡概念。

国外有些会计学家认为，会计之所以能在古代阶段跃进到近代阶段，是以下面的两个重要事件为主要标志的，或称之为两个重要的里程碑。

第一，中世纪地中海沿岸的一些城市，是世界贸易的中心。其中，意大利的佛罗伦萨、热那亚、威尼斯等地的商业和金融业特别繁荣。日益发展的商业(以合伙的组织形式为主)和金融业要求不断改进和提高已经流行于这三个城市的复式记账方法(复式记账技术首先来自银行的存款转账业务)。1494 年，意大利数学家卢卡·巴其阿勒(Luca · Paciolio)出版了他的《算术·几何·比与比例概要》一书，系统地介绍了威尼斯的复式记账法，并给予理论上的阐述。由于这本书的出版，复式簿记方法才在欧洲和全世界得到推广，开创了近代会计的历史。实践也证明，只有复式簿记而不是以前的单式簿记，才能对经济活动进行科学、全面的记录，才能使商人们不会陷入混乱和盲目地进行商务活动并遭受损失；也只有复式簿记，才使会计与统计相区别，并带动了其他会计方法的发展，使会计成为一门科学。正因为如此，复式簿记技术从它问世的时候起，就受到人们的重视，被认为是一个划时代的发明和创造。举世闻名的德国诗人歌德对复式簿记曾作过这样的颂扬："它是人类智慧的一种绝妙创造，以致使每一个精明的商人在他的经济事业中都必须应用它。"⑧所以，复式簿记在理论上的总结，被认为是近代会计发展史上的第一个里程碑。

第二，从 15 世纪至 19 世纪，会计的理论与方法的发展仍然是比较缓慢的。直到 19 世纪，英国进行了产业革命，成为当时工业最发达、生产力水平最高的国家。在英国，由于生产力的迅速提高，首先产生了适应大生产需要的新的企业组织形式——股份公司，于是才对会计提出了新的要求，从而引起了会计内容的变革：(1)会计服务的对象扩大了，过去只服务于单个企业，现在通过职业会计师的活动使其为所有企业服务，使会计成为一种社会活动；(2)会计的内容也相应地有所发展。过去，会计主要是记账和算账，现在还要编制和审查报表。而为满足编制财务报表的需要，还要求研究资产的计价方法和有关理论等。此外，在记账和算账的基础上，还要求查账；(3)企业的会计需要接受外界的监督，企业的账目只有通过外界，特别是会计师的监督，才能取信于人，因为会计师是以超然的立场出现的。所以，1854 年世界上第一个会计师协会——英国的爱丁堡会计师公会的成立，被认为是近代会计发展史上的第二个里程碑。

在近代会计发展史上，还应当特别提到，第一次世界大战以后，美国取代了英国的地位，无论是生产上，还是科学技术的发展上都处于遥遥领先的地位。因此，会计学的发展中心，也从英国转移到美国。如早在 20 世纪 20 年代和 30 年代，美国对标准成本会计的研究有了突飞猛进的发展。到这一时期，会计方法已经比较完善，会计科学也已经比较成熟。

(三)现代会计阶段

这里所说的现代会计，是指20世纪50年代以后，当代资本主义会计的新发展。那时，股份公司这一经济组织形式得到很快的发展。股份公司是以资本的所有权和经营管理权相分离为特征的，为保护那些不参与企业经营管理的所有者的需要，实践中便在传统会计的基础上，逐渐形成了以对外提供信息为主、接受“公认会计原则”约束的会计，即传统的财务会计。另一方面，商品经济有了突破性的发展，企业面临着更为剧烈的市场竞争和瞬息万变的外部市场环境。为了在这种多变的市场环境得以生存并不断地发展壮大，就要求建立科学的管理体制与方法，以便具有灵活反应的适应能力和“高瞻远瞩”的预见能力。为此，管理当局对会计信息提出了新的要求。基于管理当局的这一需要，管理会计逐渐地同传统会计相分离，并形成一个与财务会计相对独立的领域。现代管理会计的出现，是近代会计发展为现代会计的重要标志。

财务会计 什么是财务会计呢?它是在市场经济下，建立在企业或其他主体范围内的、旨在向企业或其他主体外部提供以财务信息为主的一个经济信息系统。因此，它主要是通过定期编制和提供财务报告，向外界与企业有经济利害关系的各个集团或个人服务。例如，股票持有者关心的是投资的安全程度和盈利的分配，因而他们需要通过财务报表来了解企业的财务状况和经营成果，以便对其所掌握的股份进行分析和评价；一些可能的投资人、企业的长期和短期债权人、政府的有关机关等，也都从不同的角度要求能够提供正确决策所需的会计信息。所以，企业的财务状况和经营成果成为各有关方面共同关心的对象。财务会计正是从他们的利益要求出发，集中地研究企业会计中的有关问题，并着重通过各种财务报表来满足有关方面的需要。这种以生成财务报表为中心的会计，就称之为财务会计。也有人称之为“对外会计”或是传统财务会计。

管理会计 什么是管理会计呢?它不同于以上所说的财务会计，主要表现在：(1)它服务的对象不是要满足企业外部有关方面的需要，而主要是要适应企业内部管理的需要，即为企业管理部门正确地进行管理决策和有效经营提供有用的资料。如果说，财务会计是以提供财务会计报告为中心的“会计观”，那么，管理会计就是以为经营管理服务为中心的“会计观”。也就是管理会计与财务会计相比较，它的报告倾向于更详尽、更分散，不仅注意公司定期的整体业绩，更注意不定期的各个产品、部门、职能机构的业绩，等等。(2)财务会计所要描述的是已经发生的事实，不强调将来；而管理会计不仅重视过去和现在，而且还着眼于将来，即要预测将来可能发生的经济活动及其效果。因此，管理会计既要利用财务报表的资料，又要利用其他一切可能利用的资料，以便完成经济管理的任务。

以上两个方面告诉我们，对于现代管理会计，已经不能用传统的“会计”概念去理解它了。

管理会计的创立和日趋成熟，大大地丰富了会计的内容，使会计进入了其发展历程中的高级阶段。许多会计学家基于会计所出现的这种新变化，对会计的概念作出了新的解释。如 1982 年，英国成本与管理会计师协会提出了一种新的会计观点，把会计的所有组成部分(包括财务会计)除了审计以外，都视为管理会计。他们的定义是：“对各种行动的备选方案所将引起的未来活动，用货币形式所作的预测。对实际业务事项，用货币形式进行分类和记录；并对这些业务事项的结果加以表达和说明，从而对一段时间的业绩或某一确定日期的财务状况作出评价。”⑨

本书所阐述的会计原理，指的是财务会计的原理。管理会计已成为一门相对独立的学科，现已有专门的学科进行传授。

从上述会计发展的简单进程，可以得出以下结论：

第一，会计的发展史表明，会计的产生与发展同人们管理经济、讲求经济效益紧密地联系着。随着生产力水平的不断发展、管理水平提高及人类对经济效益的追求等环境的变化，相应地会对会计提出新的要求，这是会计发展的原动力。会计的发展已经走过了一条从简单到复杂、从低级到高级、从不完善到完善的道路。但只要生产和管理在发展，会计的水平也会有新的发展，不可能永远停留在现有的水平上，这是可以预见得到的。应特别指出，当今，人类正处在科学技术日新月异和世界经济一体化的环境之中，社会经济和人们生活方式也发生了急剧的变化。不言而喻，它对会计理论和方法会提出更高的要求，会计的变革要比以往任何时候都要深刻得多、快得多。

第二，会计是对生产过程的控制与观念的总结，许多方法总是依存于生产的技术和组织，受到生产技术组织的制约。因而会计具有很大的技术性，这一属性决定了会计在各国间具有相当程度的共同性。目前学者们普遍关注的会计国际化的研究，就是基于会计的这一属性出发的。但是，还应该看到，生产总是在一定的社会经济环境下进行的，社会经济环境的变化，将对会计产生程度不同的影响，会计与环境相互依存、相互制约、相辅相成。如果是从这一方面看，会计又不是“纯技术”的，它具有一定的功利性和社会属性。因此，各国之间的会计有着不同与差异的说法，也就比较容易理解了。基于这样的认识，各国会计既有本土化问题，又有国与国之间的会计协调问题。

第三节　会计的内容、对象、职能与目标

当明确了会计是什么以及它是怎样产生和发展的问题之后，就不能不提出会计这一人造信息系统具有什么样的内容，其对象、职能和目标又是如何等问题。

一、会计的内容

这里我们所讲的会计内容，是指企业会计作为一个信息系统，所可能和应该提供什么样的信息。通过这一问题讨论，可以使我们对会计的认识具体化和深化。就目前会计所能提供的主要信息，大体上可以归纳为如下的几个方面：

(一)提供一个企业有关资产方面的信息

无论是哪个社会的任何一个企业，要进行商品生产经营活动，除了有人这个重要因素外，还必须运用一定的经济资源，即包括劳动资料和劳动对象在内的生产资料。因为人类不能“赤手空拳”地去创造物质财富。例如，在一个棉纺厂里，工人必须运用纺纱、织布的机器设备，对棉花进行加工制作，才能生产出人类所需要的棉纱和棉布。在现实生活中，棉纺织的机器设备及低值易耗品有成千上万种；棉花及有关辅助材料也是品种、规格繁多。同时，在商品经济条件下，棉纺织厂里所需要的上述生产资料，必须运用价值的表现形式——货币，在市场上进行购置；还要运用货币支付员工的薪金及支付诸如办公费、差旅费等其他费用，等等。因此，一个企业的经济资源是指企业持有或可以支配的、能够帮助劳动者在未来创造并实现新价值的价值，这在会计上被称之为“资产”。不过，随着知识经济时代的到来，资产的内涵和外延还在变化之中。企业一般应拥有图表1—3所示的资产。

会计之所以应首先提供某一个企业有关资产方面的信息，这是因为通过它，才能使我们了解某一时日企业资产总量是多少，企业各类各样资产的比重和结构如何，等等。这些都是保证资产安全与完整并进行科学决策(如能否满足生产需要？是节约了，还是浪费？等等)所必需的。

图表 1—3

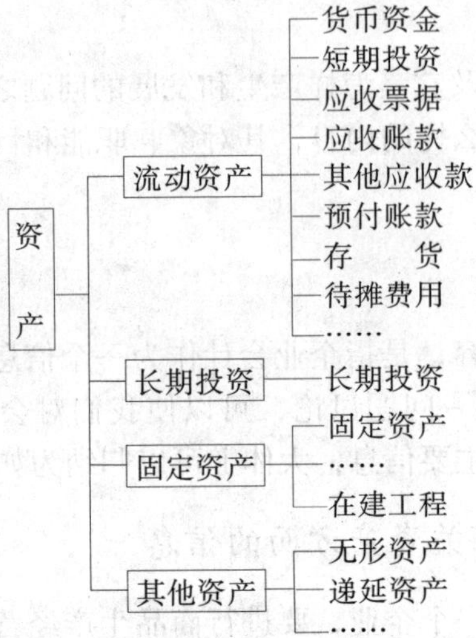

(二)提供一个企业所拥有资产的来源的信息

企业所拥有的经济资源——资产，不可能从天上掉下来，相反，它们都有其特定的来源。由于企业的组织形式有多种多样，如独资、合伙、股份公司制等

图表 1—4

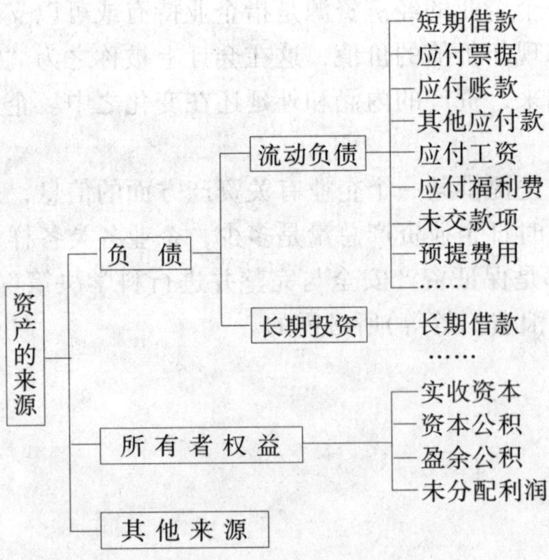

等，其资产的来源也就不尽相同。就公司制的企业而言，它的资产来源，不是来自股东们的投资，就是来自于举债，或是来自于公司自身的积累，等等。企业资产来源的渠道一般可以用图表 1—4 表示。

从某一个企业的某一个时点来看，虽然资产的数量和资产来源的数量是相等的平衡关系，之所以我们又要知道资产来源的信息，那就是通过它便于我们了解投资者的权益有多少、企业负有多少债务、这些债务的数量对于企业来说是否合适、所欠的债务应该在什么时候偿还等方面的情况。

(三)提供一个企业收入方面的信息

一个企业由于向顾客提供商品和劳务等，取得了收入，并引起所有者权益的增加，但与所有者投入资本无关，这就是企业的收入，它是企业能够存在和发展的前提条件。企业收入主要有主营业务收入和其他业务收入，等等。具体到制造企业，其收入可以用图表 1—5 表示。

图表 1—5

收　入
- 产品销售收入
- 其他业务收入
- 投资收益
- 营业外收入
- ……

有了业务收入的信息，才能计算、知道资本运动中的现金流入量，安排好企业的财务收支；才能与成本费用相匹配，进一步确定企业的盈利。

(四)提供一个企业成本费用方面的信息

俗话说："有所得，就必有所失。"企业为了制造产品或者提供劳务并取得收入，在其生产经营活动中，会发生各种各样的耗费。各种耗费，在会计上被称为费用。例如，生产中要耗费各种原材料、支付员工的工资，还要发生折旧及其他的费用等等，它们共同构成了产品的生产成本。在企业经营活动的其他环节，如企业行政管理部门为组织和管理生产经营活动而发生的管理费用及财务费用；销售部门要发生的销售费用；企业还可能发生其他的一些支出，等等。费用的发生会引起所有者权益的减少，但与向投资者分配利润无关。企业的成本费用及其他方面的支出，也同样可以用图表 1—6 表示。

图表 1—6

成本与费用——
- 产品销售成本
- 产品销售费用
- 财务费用
- 管理费用
- 其他业务成本
- 营业外支出
- ……

有了上述方面的信息，可以了解、预测一定会计期间企业的现金流出量，以便于安排企业的财务收支活动；有了这方面的信息，可以同前面所说的收入相配合，确定企业的销售成果及最终的经营成果；有了成果方面的信息，才能进行分配活动，等等。

(五)提供一个企业在一定期间经营成果及其分配的信息

企业在一定会计期间的经营成果，最主要的是营业利润。所谓营业利润，就制造业来说，是指营业收入(产品销售收入和其他业务收入)扣除营业成本(产品销售成本和其他业务成本)、销售税金、销售费用、管理费用、财务费用等，再加上投资净收益等后的数额。企业最终的利润，除了营业利润外，还应加上非营业利润即营业外收支的净额，减去所得税费用。

企业在取得利润以后，应按有关的政策和规定进行利润的分配。如提取盈余公积金、分配股东股利，等等。若有剩余，就是未分配利润，是属于所有者权益部分，也是企业资产的一种新的来源。

(六)提供关于投资者权益的信息

所谓投资者权益，是体现在某一主体的资产减去负债后所留剩的资产(即净资产)上的剩余权益。我们在下面谈到会计恒等式时再加以具体说明。

(七)根据上述信息进一步加工形成一些新的信息

上述的各个方面的信息，是会计作为一个经济信息系统应提供的最基本的信息。在这些信息的基础上，人们还可以根据管理及其他方面的需要进行加工计算，以取得有用的、新的信息。这些信息有多种类型，如分析方面信息、预测方面信息、评估方面信息，等等。举一个例子来说，除了上述的现金流动指标外，企业的管理者为了了解企业负债的情况及资产对负债的保证程度，可以计算资产负债率的指标。这些派生的其他指标，在以后的财务报表分析中再作进一步论述。

必须指出，无论是何种信息，它们都是因资本运动而引发的，可统称为价值信息或是财务信息。

二、会计的对象与要素

上述的会计信息系统所提供的信息的内容，既是对会计定义的进一步具体认识，同时我们从会计的内容中还可以体会到，会计所提供的信息主要就是一个企业的资产、负债、所有者权益、收入、费用及利润等六方面的财务信息。在商品经济条件下，如上所述，它们都同资本运动的数量方面有关，都是会计信息系统所要反映与控制的客体——会计的对象。会计的对象，也可以通俗地理解为是会计的边界。可以这样认为，会计对象就是资本(价值)运动的数量方面。上面所提到的资产、负债、所有者权益、收入、费用、利润等，在会计上被称为会计的要素，是会计对象的具体化。

三、会计的职能

前面说了，人类之所以愿意花费一定的人力、物力与财力去从事会计这种活动，主要是同人们节约劳动时间、争取更大的物质利益有关。那么，会计在人们讲求物质利益时，究竟具有什么职能呢？

会计的职能　指的是它的本质功能。这一问题，在会计学界同样是个有争议的问题。但是根据会计这一信息系统所能提供的信息，较为普遍地认为会计具有反映经济活动、监督控制经济活动、分析评价经营业绩、参与经济决策、预测经济前景等五项职能，而其中的反映和控制又是最基本的职能。

反映经济活动　由于会计是一个人造的经济信息系统，作为经济信息系统，它的基本使命是通过一定的程序，提供财务的信息及其他有关的经济信息。会计信息系统所提供的主要信息在上一部分我们已作了简要介绍。同时，我们也曾指出，会计信息系统主要所提供的货币信息具有连续、系统、全面、综合的特点。这样，通过会计不仅能反映出一个会计主体的财务状况、财务状况的变化及其经营成果，而且还可以通过会计信息把企业的生产经营活动以货币形式再现于我们的眼前，这些都是会计的反映功能。有了会计的这种反映功能，就为我们的经济管理提供了极大的方便，因为它使我们能了解过去，说明现在，规划未来。会计的反映功能是会计最为基本的职能。

监督控制经济活动　一般意义上的监督控制，是指对实际活动的结果脱离规定目标的偏差进行干预和校正。任何一个信息系统都具有一定的监督控制功能，会计信息系统也不例外。

财务会计这一信息系统所具有的监督控制功能，按照其特点，具体表现在以下的三个方面：

(1)财务会计运用了诸如填制凭证、设置账户、复式记账、登记账簿、成本计算、财产清查和编制报表等会计核算的专门方法，就使会计成为一个严密的信息系统，这一信息系统本身就具有保护性的控制作用(保证会计信息的正确性与真实性)。人们认为，会计具有保护资产安全、明确产权的作用，都与此有关；(2)会计信息系统的必要程序之一是进行确认，即运用一定标准，明确哪些数据可以并在什么时候进入该系统，以及如何进行报告。确认的标准有的是会计本身的要求，有些则是外界所赋予。如在实际工作中，就把是否符合党和国家的方针、政策、规章、制度作为确认的标准之一。凡违反上述要求的经济事项，就不能进入会计信息系统。会计这种“过滤”的作用，可以监督控制经济活动的合法与合理性，类似这种监督控制一般被称为前馈控制；(3)在市场经济条件下，国家仍然担负着经济管理的职能，要利用指导性计划及其他经济杠杆实行对国民经济的宏观调控。作为国民经济的细胞——企业而言，其内部更应实行计划管理，因为计划是确定企业目标和实现这些目标的原则、方法、步骤和手段等的基础。那么，会计在计划这一环节又能起到什么控制作用呢?会计可以通过自己所提供的信息，从中揭示实际与计划或预算的偏差，使人们明确应如何完成计划，并便于修订计划或预算。这些都可以认为是反馈控制的功能。会计的监督控制作用，也被认为是会计的基本职能。当然，为了保证会计信息的客观、真实、可靠，会计也必须接受有关方面的监督，如企业的内部审计、社会审计和国家有关部门的监督，这在《会计法》中已作了明确和具体的规定。

分析评价企业经营业绩　以盈利为目的的企业，总是想千方百计地以最少的劳动耗费来取得最大的经济效益。如果仅仅是从物的角度，即消耗了多少原材料，消耗了多少人工，取得了多少产品，它们都是不同质的东西，很难比较，也不能全面说明问题。财务会计以货币作为计量尺度，这就把不同质的东西(具体劳动)转化为同质的东西(抽象劳动)，从而为人们计算、衡量与比较经济效益带来了很大的方便。具体说来，财务会计可以通过定期编制财务报表，如资产负债表、利润表和利润分配表、现金流量表等，揭示一个企业的财务及其变动情况和最终经营业绩；人们还可以通过对财务报告的分析，肯定成绩，找出差距，提出措施。

正是这样，财务会计具有分析评价企业经营业绩的职能。财务会计这种分析评价经济活动业绩的作用，在公司制企业这一现代企业制度显得尤其重要，并赋予新的意义。这是因为在公司制的企业，其财产转为由专门从事管理的非所有者来经营时，不在场的所有者对会计信息的需要量不仅是增加了，更为重要的所有者必须通过会计信息来检查管理者是否尽心尽责地经营企业，企业的经营目标是否达到。从这个意义上讲，没有现代会计，企业的经营业绩就无从衡量，现代企业制度就无从建立和巩固。

参与经济决策 所谓决策，就是以预测的结果为基础建立适当目标，拟订几种可以达到目标的方案，根据经济效果的评价从几个方案中选出最优的过程。简言之，就是作出未来行动决定。经营管理的重心在于决策。因为如果决策失误，企业员工执行得越彻底，给企业造成的损失就越大。如何达到决策的民主与科学化?从决策的过程和方法来看，可以概括地把其理解为：收集数据、提供信息，通过预测建立目标和讨论各种不同方案，直到最后选择出最优的方案。

决策的前提是收集数据和信息。尽管决策所需要的数据、资料和信息不全是由会计来提供，但是财务信息却居于重要的地位。有人估计过，企业在经营管理中所需要的信息，有70%以上来自会计信息系统。当然，在整个决策过程中，会计只能支持决策而无法代替决策，所起的是一种“参谋”的作用。我们这里所说的“参与”也就是这个意思。

会计参与经济决策，对于上市公司来说有另外一层的意义。也就是股票的价格受多种因素的影响，但最终是被企业的经营业绩所决定。股民可以根据会计所报告的经营业绩并对未来进行预测，这有助于人们进行投资决策。信贷决策，也离不开会计所提供的信息。

预测经济前景 俗语说，“人无远虑，必有近忧”。从企业经营管理的角度来说，为了建立恰当的目标，就需收集大量历史的和当前的信息，据此对未来事态进程(包括事物发展的趋势和变化程度)作出科学的分析与判断，这一过程叫预测。然而会计在经济预测中能发挥哪些作用?在财务报告中具有预测价值的历史信息能预测企业的经营前景。特别应提到的是，在西方国家，还明确规定在财务报表以外的其他财务报告中应揭示预测信息，在我国也进行了相应的规定。

四、会计的目标

会计的目标，是西方国家财务会计概念框架中一个备受重视的概念，属财务会计概念中的最高层次。什么是会计目标?它同会计职能关系如何?会计目标的内容应当包括什么?

会计的目标，也称为会计的目的，指的是会计活动应达到的境地或标准。有了会计目标，就意味着向会计提出了它应当达到的要求，从而为会计活动指明了方向。按照我们的理解，会计职能与会计目标是相互联系但又有所区别的概念。

从其相互联系来看，会计目标的提出，不能超越会计的职能，而只能局限在会计职能的范围之内，是会计职能的具体化。从其相互区别来说，职能是体现会计的本质功能。尽管会计职能不会一成不变，会随着生产力水平的提高、科学技术的进步、管理水平的改进及人们对会计认识的深化，会有所发展变化，但就一定阶段来说，会计的职能还是相对稳定的；而会计的目标，作为会计职能的具体化，它会强烈地感受到社会经济环境变动的影响，会随着社会经济环境的变化而变化，特别是不同的社会制度和经济体制，会对会计提出各异的目标。当然，会计目标的发展变化，反转过来，会促进职能的变化与发展。例如，人们在设计会计目标时，向会计提出应满足决策对信息的要求，促进了会计职能的转化，而形成了前面我们所提到的会计具有参与经济决策及预测的职能。

根据国内外会计学者的研究，会计目标的设计至少应当回答三个方面的问题，即：谁是会计信息的使用者?会计信息使用者需要哪些信息?会计如何来提供这些信息?这里先阐述前两个问题，第三个问题结合在后面的有关章节再论述。

(一)谁是会计信息的使用者

前面已经指出，会计的目标会随时感受到社会经济环境的影响，并赋予时代的特征。因此，具体社会经济环境的不同，会计信息使用者也就不一样。例如，在高度集中的计划经济体制下，企业国有国营，不具备独立的经济利益，因此，国家是会计信息的唯一使用者。而在社会主义市场经济的条件下，由于物质利益的多元化和会计信息作为利益的一种体现，国家已不是会计信息的唯一使用者，会计信息的使用者也将出现多元化的格局。最少说来，以下三个方面都是会计信息的主要使用者。

1. 国家

在社会主义市场经济条件下，国家仍然是社会经济生活的组织者与管理者，有宏观调控国民经济的职能。它必须掌握足够的、能据以进行宏观调控政策制定的财务会计信息和其他有关的经济信息。此外，我国在所有制方面所实行的是以公有制为主体，多种经济成分并存、共同发展的政策，目前很多公司是国家独资公司和国家控股公司，因而使国家成为会计信息的主要使用者之一。

2. 存在于企业外部与企业经济利益关系的集团、单位和个人

社会主义市场经济下，企业是一个独立的利益实体，它在从事各项经营活动时，必然与外界发生各种经济往来，从而在企业外部形成各种利益集团。如不参与企业管理的投资者、企业的债权人、企业的材料供应商和产品经销商等。尤其是股份公司的大量推广，使这种外部利益集团与个人更趋于复杂化、明确化。如持有企业股票的股东、准备进入股票市场投资的潜在投资人、国家财政与税收部门、银行与金融机构、证券交易所、政府审计部门与注册会计师，等等。他们出于各自利益的考虑，都关注企业的经营状况，从而也成为会计信息的使用者。

3. 企业内部

社会主义市场经济体制下，企业是法人，是自主经营、自我发展、自负盈亏的商品生产者和经营者。为保证企业资本的保值与增值，实现利润最大化，其中十分重要的手段之一就是加强管理。这样，企业的管理当局或责任部门人员、企业的职工代表大会与工会组织、广大的企业职工等，都需要利用财务会计所提供的经济信息进行经营决策、理财决策与投资决策；利用财务会计信息来加强企业内部各部门、各环节的管理与控制；利用财务会计信息来维护广大职工的利益。

(二)信息使用者需要什么样的会计信息

根据上一个问题的阐述，信息使用者所需要的信息大体上也有三个方面：第一，会计应向国家提供有助于国家进行宏观调控的信息。也就是说，会计所提供的信息要能有助于宏观管理和进行综合平衡；要能有助于国家对财政、税收、金融、价格等经济政策的制定与经济杠杆的运用；要能有助于国家优化资源配置、优化生产要素的组合、优化产品结构，保证社会劳动生产率的提高等方面的决策。第二，应向企业外部的投资人与债权人提供有助于其作出合理投资与信贷决策的信息。第三，应向企业内部提供有助于企业的管理者作出各种经济决策、加强内部控制、建立和健全各种经济责任制的信息。

从以上所述可以看出，不同信息使用者，对会计的信息可能会提出不尽相同的要求。但会计信息系统应集中提供所有各方面所普遍关心的信息。

根据以上分析，在社会主义市场经济条件下，财务会计的目标被认为是：向国家、企业内部、企业外部提供有助于实行宏观调控、优化社会经济资源配置、报告受托责任的履行情况、合理地进行投资和信贷决策、加强内部经营管理所必需的以财务信息为主的经济信息。当然，会计这一目标，不可能一成不变，会随着环境的变化而变化。

第四节 会计的基本程序、方法与技术

为了发挥会计职能和实现会计的目标，会计这个信息系统在提供信息时，就必须遵照一定的程序，配之以相应的方法和技术。这样，会计的目标与实现目标的程序与方法技术的关系，有如“过河”和“桥与船”的关系。下面分别加以

阐述。

一、会计的基本程序与方法

会计的基本程序与方法，指的是会计的数据处理与加工报告信息的顺序与方法。随着企业生产经营活动的不断进行，伴随而来的是物质流、资金流、能量流和信息流。因而会计就要能从无数的经济数据中辨认出含有会计信息的数据，使之能够进入会计信息系统，通过加工处理，转换成有助于决策和与之相关的其他信息，再输送给会计信息的使用者。经过人类长期的不断总结，形成了今天的确认、计量、记录与报告等为主的会计基本程序及相应的方法和技术。

(一)会计确认

前面我们讲过，企业数据多种多样，不是企业里的一切数据都能进入会计信息系统，必须通过确认的程序，它是会计的基本程序。所谓会计的确认，是指依据一定的标准，辨认哪些数据能否、何时输入会计信息系统以及如何进行报告的过程。从这里可以看出，会计的确认几乎涉及会计整个加工处理程序，但辨认能否、何时输入会计信息系统的确认，是第一步的工作。

前面我们提到过，作为会计对象的资本运动数量方面，可以具体化为资产、负债、所有者权益、收入、费用和利润等方面的信息，只要符合它们的定义与特性，并能准确地加以计量，都可以进入会计信息系统。这也是确认能否进入会计信息系统的最基本的标准。

至于确认何时能进入会计信息系统，即时间标准问题，在商品经济条件下，由于商业信用等各种原因，使经济业务发生的时间与相应的现金收支行为的发生时间不一致，往往会发生一些应收未收、应付未付等经济事项，因而在选择确认的时间基础时，就有以下两种基础可供选择(后面有关章节还要进行具体详细的阐述)：

收付实现制　一切会计要素的确认，特别是对于收入和费用的确认，均以现金流入或现金流出的时间作为确认的标准。

权责发生制　一切会计要素的确认，特别是收入和费用的确认，均以权利已经形成、或义务(责任)的真正发生为基础进行。

出于会计信息对决策有用性这一会计目标考虑，也是为了较准确地考核企业各期间的经营业绩和经济效益，在以盈利为目的的企业，会计确认一般都选择权责发生制作为时间确认的基础。但这也不是绝对的，目前往往是权责发生制与收付实现制的结合使用。

会计确认，在方法上一般是根据会计信息系统的要求，通过审核经济数据所代表的经济活动来进行的。其中很重要的方面是对凭证(包括原始凭证和记账凭证)的审核。因为凭证载明了经济活动的内容、时间、数额以及应作为何种要素而记入什么账户。对凭证的审核，既包括了对凭证外表形式的审核(凭证本身是否真实、合法、准确和完整，等等)，也包括对凭证实质方面的检查(是否违反有关的法规和制度、是否合理合法，等等)。从这里可以看到，会计具有监督并在一定程度上发挥反馈控制的作用，同会计确认这一程序(具体化为填制和审核凭证的方法)是分不开的。

(二)会计的计量

会计的计量由会计对象的特点所决定，会计所提供的信息，基本上是数量化的信息，因此会计的计量是会计基本程序中的核心。会计计量这一程序，主要应解决会计的计量尺度及计量的属性等两个方面的问题。

凡是计量都必须要有计量的尺度，会计的计量也不例外。会计作为对经济活动的一种计量手段，经历了从某种符号(例如“结绳记事”时期所谓的“结”)向各种实物量度(如公斤、斤、尺、米等)过渡。到了商品经济时代，由于经济活动的复杂化，实物量度单位已无法对企业形形色色的经济活动进行连续、系统、全面和综合的反映，货币作为商品价值尺度的必然表现形式，就必然要取代实物量度单位，成为会计的统一计量尺度。因此，现代会计所提供的财务信息，都是用多少金额即货币来表示的。

在商品经济条件下，价值规律会发挥它的作用，商品的价值量——借助货币来表现的价值也会变化。因此，伴随着资本运动所引起的会计要素的变化(尤其是资产)，又可以分别从不同的角度和方面来进行计量。例如，某企业有一台机器，它既可以按原先取得的实际价格(历史成本)进行计量，或按现在取得该设备的重置成本(即现行成本)计价，也可以按现在出售它的售价计价。由于采用了不同的计量属性，同一项资产或相同的资产，就会被确定为不同的金额。现在会计核算大部分是根据经济业务发生之时的实际交易价格，即取得资产的最初成本(也称历史成本或实际成本)进行初始计量。采用历史成本计量具有其他计量属性所不能具有的优点。即历史成本代表资产取得时的实际资金耗费，并有客观凭证作为根据，因而其真实、可靠性程度高。当然，企业在特定的情况下，如在通货膨胀的条件下，对某些资产也可能采用其他的计量属性，如现行成本、现行市价、公允价值等进行后续计量，以使会计所提供的信息更加符合决策的需要。这一问题将在今后的进一步学习中涉及。

适应会计计量的需要，会计逐渐形成了货币计价的专门方法。此外，会计中的成本计算方法的作用和意义虽然是多方面的，但它同会计计量的需要有关。例如，企业购进一批原材料，如果我们要对它进行计量，采用历史成本属性是毫无疑问的。问题还在于：除材料的发票价格构成它的历史成本外，还要发生各种采购费用，应包含在材料的历史成本之中。为此，就必须进行材料采购成本计算，才能最终确定具体某批材料的历史成本。

抽象地看，会计计量是一个对具体会计要素按货币量度进行量化的程序，但实际工作中计量贯穿在会计核算活动的全过程，是其他程序的前提，又是其他程序的结果。

(三)会计的记录

记录是指对资本运动过程中，经过确认而可以进入会计信息系统处理的每项数据，运用预先设计的账户(会计要素的再分类与具体化)和有关文字及金额，按复式记账的要求，在账簿上加以登记。它是会计核算中的一个重要环节，形成为会计核算的一个子系统——复式簿记系统。通过会计的记录，既对资本的运动进行详细与具体的描述与量化，又起了对数据进行分类、汇总及加工等方面的作用。只有经过这一程序，会计才能生成出有助于经济决策等方面的财务信息。

毫无疑问，由于要经过确认才能记录，记录就必须要用货币作为计量单位并加以表现，所以，记录同样有确认与计量的问题。但在记录时，主要运用的会计方法有设置账户、复式记账、填制凭证和登记账簿等方法。

(四)会计报告

报告是指把会计所形成的财务信息传递给信息使用者的手段。由于通过记录生成的信息量多、又很分散，就必须压缩数量、提高质量，使其形成为相互联系财务指标体系，这才能便于信息使用者的使用。

如何传递?在目前的条件之下，只能运用财务报告的方式，包括财务报表和其他财务报告。因此，会计形成了编制财务报表这一专门方法。在编制财务报表之前，为了保证报表的数字真实可靠，必须做到账证、账账、账实相符，因而必须进行财产清查，这也是会计的专门方法。还应当指出，报表不是把复式簿记所形成的资料重新罗列一次，而是对账簿资料的再加工，这也就存在着哪些数据应进入报表及如何进入报表的问题，这是另一意义上的确认，有人称之为第二次确认。

以上介绍的财务会计系统在处理数据、生成并传递信息过程中所必经的四个基本的程序及所运用的方法，可以用图表 1—7 表示。

应当指出，我们所归纳的会计四个基本程序和相关的会计方法，这是为便于学习的一种抽象。在会计实际工作中，它们有时不能完全截然的分开，而是一种

图表 1—7

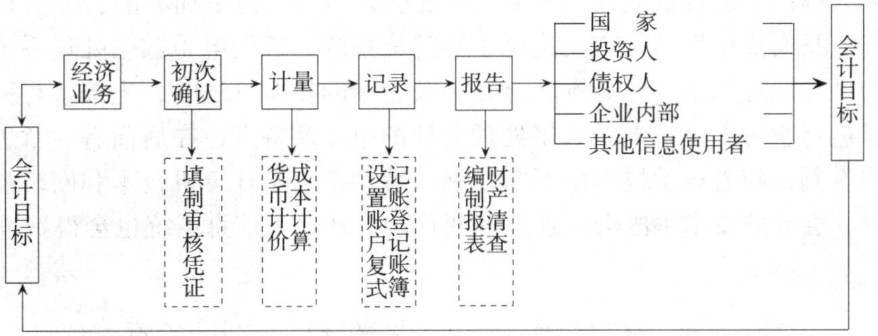

"你中有我，我中有你"的关系，必须进行交互的运用。

二、会计技术

会计技术是指信息系统为生成会计信息，在其基本程序和运用相应的方法时所采用的技术手段。从会计的历史发展来看，至今经历了从手写簿记系统到电子数据处理系统过渡等不同的技术阶段。

(一)手写簿记系统

前面所讲的一些问题，如把会计信息系统区分为复式簿记系统和报告系统两个子系统；把会计信息系统的运行程序概括为确认、计量、记录与报告，并要相互配合地运用诸如设置账户、填制凭证、登记账簿、复式记账、货币计价、成本计算、财产清查和编制报表等会计方法；就复式簿记系统而言，主要是账户和复式记账结合，等等。它们运行必须采用一定的技术形式。多少年来，人们都是在手工的操作下，借助于填制凭证和登记账簿，在科学分类基础上进行记录，逐步使记录的数据得到系统化，为形成财务信息提供基础。这种会计工艺被称之为手写簿记系统。至今，手写簿记系统已形成为一个科学、严密的计算与记录体系。在这个体系中，各个企业根据各自的实际情况，其账簿组织、记账程序和记账方法相互配合的方式可以各异，从而形成了不同的会计核算形式。不同的会计核算形式将在以后的有关章节中再加以具体的介绍。

(二)电子数据处理系统

按照会计工艺的不同特点，除了有手写簿记核算系统外，随着电子计算机的应用，出现了电子数据处理系统。所谓电子数据处理系统，就是将电子计算机应用到会计工作中来，用电子数据处理方式代替了传统的手写复式簿记系统，从而大大提高了会计数据处理的能力，使会计信息变得更加灵敏、及时和准确。

我们要指出的是，无论是手写簿记系统，还是电子数据处理系统，其所依据的会计原理基本一样。本教材在涉及会计的技术方法时，先按手写簿记系统的要求进行学习。至于电子数据处理会计的原理及特点，在后面有专章进行介绍。必须看到，随着科学技术的不断发展，特别是电子计算机技术和网络技术的日新月异，会计的技术手段会出现新的变化，会计这个信息系统也会得到进一步完善。

第五节　会计学与会计学原理

通过上面的叙述，我们对什么是会计，已有一个最为基本的了解。那么，它与会计学、会计学原理之间的关系又是如何呢?历史地看，会计人才的培养，最早是通过一种手把手等“学徒式”而得到满足的，后来会计的知识，也仅仅是成为大学里经济学课程的一个部分。实践是科学产生与发展的原动力。会计学是在实践的不断推动下，经过不断总结，从而形成为独立于经济学科，但与之有联系的一门独立学科。会计学的任务，既要向人们提供有关对会计的认识，又要能为不断完善会计这一系统提供指南。这也就是我们通常所说的“科学来自于实践，反过来又指导实践”。因此，可以这样讲，会计与会计学之间的关系，是会计实践与理论的关系。会计学原理则是会计学科的一个分支。

一、会计学及其分支

会计学发展迄今，已发展并分化为许多相互联系的分支学科。会计学究竟由哪些分支学科所组成?必须应用分类的方法进行掌握，而分类又有不同的标志。

(一)会计学按其研究的内容区分

会计学按其研究内容进行区分，是一种较为重要的分类。会计学按其研究的内容，主要区分为会计学原理(初级会计学)、财务会计(中级会计学)、高级财务会计(高级会计学)、管理会计、成本会计学以及会计发展史等分支。

以上各分支学科，是在相互联系中对会计学所包括内容的不同侧面进行研究。如会计学原理的研究，侧重于会计基本理论、基础知识、基本技能；财务会计则侧重于企业具体会计处理的方法与技术，同时给予一定的理论说明，它是会计学原理的进一步延伸和具体化；高级财务会计是针对实务中出现的一些特殊性问题，如合并报表、外币折算等，加以专门探讨；成本会计以企业成本为对象，集中讨论成本的核算、管理与成本决策的理论和方法；管理会计是在财务会计的基础上，研究如何利用有关的信息，为管理当局的最优决策提供有用信息。所有这些都是会计学专业应该学习的核心课程，在今后将会陆续学习到。

(二)会计学按其应用行业来区分

适应于商品经济社会分工上的需要，国民经济客观上存在着各行各业，它们在生产工艺和生产组织上的不同特点，会对会计提出不同的要求，从而使不同行业的会计具有各自的特点。与国民经济部门相适应，会计可分为制造业会计、服务业会计、交通运输企业会计、金融会计，等等。

应该注意的是，会计学的各分支既有共性，又有特性。随着经济体制改革的深化和我国会计准则的颁布与实施，不同行业的会计之间，差异也越来越小，它们的主要差别将局限在成本核算与费用核算等方面。

(三)按会计知识涉及的不同范围的会计主体来区分

按会计主体的不同，可区分为微观会计学和宏观会计学。前者是我们通常所说的企业会计，它以具体的微观企业为核算范围(当然，企业的规模可大可小)，后者则是以一个国家或某一地区为范围，核算该国或该地区的经济活动与成果(主要是宏观资金的流量等)。

会计学还可以按其他标志加以分类，这里不一一列举。

应当指出，一方面随着社会的发展，人类活动的范围也越来越广，会计所涉及的内容和领域将越来越多，从而会有新的会计分支学科出现。如现在已提出税务会计、环境会计、人力资源会计，等等。另一方面，由于环境的急剧变化和社会不断进步，自然界和社会所要解决和面对的难题也就越多，这又会促进学科向交叉、综合化的方向发展。会计与财务管理可能综合为一门新的学科。

二、会计学原理及其学习的几个问题

本教材的名称叫会计学原理，理所当然要涉及如下几个问题，即：什么是会计学原理?为什么要学习会计学原理?怎样才能学好会计学原理?

(一)什么是会计学原理

前已述及，会计学原理是会计学的一个分支。会计学原理，常常又被称为“会计学基础”或“基础会计”，也有人称之为“簿记学”、“初级会计”等。

所有这些名称在基本含义方面，没有什么根本性的区别。

所谓“会计学原理”，顾名思义，它所阐述的是会计的一些原理性的知识，即要在具体实践中建立和应用会计这个信息系统所应当具备的一些共性的知识。这一部分知识是人们通过长期实践，从感性到理性的不断总结，找出它们共同的、带有规律性的内容而形成的。具体地说，会计学原理主要阐述的是会计的基本理论、会计的基本知识和会计基本方法的知识体系，即人们通常所称的“三基”。

会计的基本理论 主要阐述的是会计一些最基本的概念与理论问题，如：会计的定义、会计的产生与发展、会计与社会环境、会计的内容与对象、会计的职能与目标、会计信息系统运行的基本前提、会计的基本程序与方法、会计的发展史、会计与邻近学科的关系，等等。

会计的基本知识 所包括的内容比较多，一般包括：会计工作是如何组织的，会计人员有什么样的职责与权利，党和国家各时期颁布的有关会计的方针、政策和法规制度，等等。

会计的基本程序与方法 在以后各章主要是研究这一方面的内容。

会计的基本理论、基本知识和基本方法不是也不能机械地分开，而是一个相互联系的整体，共同组成“会计学原理”的知识体系。

(二)为什么要学习会计学原理

从上一个问题的阐述中可以知道，会计学原理既是会计一门基础性的分支学科，又是一门理论性的学科，它在会计学科的体系中占有极其重要的地位，其地位的重要性可以从下述的几个方面去理解。

1. 它是学好国民经济各部门、各行业会计学的基础

前已述及，国民经济按分工的需要有农业、制造业、服务业、交通运输业、施工业等各部门，相应地形成了制造业会计学、农业会计学等部门会计学。部门会计学主要是结合各部门、各行业的特点，说明与各部门、各行业紧密结合的具体会计理论与方法问题。因此，在部门、行业的会计学中，对一些会计的基本理论和方法问题就很少甚至不必要研究了。如：会计定义、会计对象、会计的职能目标、会计的发展、会计的基本程序、会计核算形式、复式记账原理，等等。从某种意义上说来，部门会计学是会计学原理的具体运用和延伸。因此，要能掌握部门会计学，必须首先学好会计学原理的知识。正因为如此，我们才说，“会计学原理”是部门、行业会计的“入门”与基础。

2. 它是学好中、高级财务会计和管理会计的基础

在会计学分类部分，我们已介绍了会计学按其研究内容的分类。在这种分类中，会计学原理所阐述的财务会计的基本原理，是中级会计与高级会计学的基础。不掌握会计学原理的知识，很难学懂中级会计学和高级会计学，更不要说管理会计与成本会计了。

3. 它可以用来指导部门会计学的研究和各行各业的会计工作

由于会计学原理主要阐述会计的基本理论、基本知识和基本程序与方法，而这些方面都是从各行各业的会计工作中总结出来的、带有共性的知识。也就是说，它所研究的，是人们运用会计来反映和控制经济活动的最一般的规律。这里所说的最一般的规律，是指会计作为一种社会现象的运动和发展的规律。因此，人们在会计工作中就必须依据会计一般的规律作为自己工作的基本指南，否则，便不能很好地了解会计工作，当然也就不能有预见性地进行会计工作。这就会使自己在会计工作中“知其然而不知其所以然”，甚至陷入被动、盲目的境地。所以说，会计学原理的知识对指导各行各业的会计工作是很必要的。

既然会计学原理所研究的是人们运用会计来反映和控制经济活动的最一般规律的科学，那么，只要我们精通和掌握了一般规律的知识，就可以运用它来进行部门会计学的研究。

总之，会计学原理是会计科学的基石。只有先从会计学原理起步，站稳脚跟，才能一步步攀登会计科学的高峰。

(三)怎样学好会计学原理

要掌握任何一门科学，都必须有明确的学习目的、认真的学习态度和科学的学习方法。

要学好会计学原理这门课，总的说来，除了听好课外，应当过好读书、思考问题、做作业“三关”。

1. 过好读书关

除了听课外，还应认真读书，以补充听课的不足。但怎样才能读懂会计学原理教材?从这本教材的特点出发，应当注意以下三个问题：

(1)应当承认，会计教材初读起来，是比较“无味”的，这就往往使某些初学的同志产生了读不下去的感觉。其实，许多学会计学的人的经验说明，只要有信心坚持读下去，就会发现会计科学不仅同人们现实的经济生活有着密切的联系，大多数人都会直接与间接地同会计打交道，而且它还是系统地记录和评价经济活动的一个比较容易掌握的方法。例如，在市场经济的条件下，如果你懂得会计的知识，并能阅读上市公司的财务报告，你就能了解企业过去，并对企业的发展趋势作出预测，从而对自己的行动作出科学的决策。这样，通过会计学的实用性，就会逐渐产生学习兴趣。

在看书的过程中，还应当注意到会计学原理同任何一门科学一样，都有一系列同自己的研究对象相适应的概念，它们是进行思维必不可少的工具，也是认识会计的“阶梯”。如在第一章我们就碰到资本、资本运动、资本的循环与周转、资产、负债、所有权益等概念。对于这些概念，由于我们刚接触会计，一时要理解它是不可能的，必须认真阅读、反复体会，直到弄懂、弄通为止。

还应当看到，会计学原理有它自己的特点，如会计的许多专门方法，必须是一个个地逐渐认识，而在实际工作中，它们又是相互配合使用的，即所谓的“你中有我，我中有你”。因此，从掌握一个个的具体方法，到能综合地运用各种方法，在认识上是一次质的飞跃，我们必须善于完成这种飞跃。此外，运用复式记账法做会计分录，只看书往往还不能掌握，必须通过多次的练习，当“平衡观念”建立起来以后，也就熟能生巧了。

(2) 会计学原理这门学科的前面几章，特别是总论这一章，讲的都是会计的基本理论问题，比较抽象，不太好懂。怎么办呢?马克思在《资本论》第一卷初版序中有一句名言：“万事开头难，每门科学都是如此。”接着他又说，“当然，我指的是那些想学到一些新东西、因而愿意自己思考的读者。”许多同学在学习时都有这样的体会：当第一遍不懂时，停下来查查原因，再认真读第二遍，就懂得多了。况且会计学原理还有这样的特点，前面的难题，有的到了后面自然得到解决，因此，学习后面的问题时，必须同前面的问题联系起来。还要看到，马克思主义的哲学和政治经济学是会计学的理论基础，掌握会计的基本理论问题必须具备一定的哲学和政治经济学的常识，因此，当对某些会计基本理论问题感到难以弄懂时，还应当同时补一补这方面的知识。

(3)谈到读书，在校学生读得最多的可能是教科书，因此，就存在着一个如何以正确的态度对待教材的问题。许多人认为，应当走出学生的一切专业知识都从教材获得、以教材为中心的惯性。为什么呢？首先，教材所提供的知识相对“稳定”，相对于发展、变化着的实践来说，具有滞后性，很难满足日新月异的社会环境。特别是作为同环境存在紧密联系的会计学，其教材更是如此；其次，所谓人才，除了知识、技能外，还有所谓的情感、态度、价值观等问题及知识，它仅仅凭借教材的含量是不能解决的。那么，怎样走出以教材为中心的这种惯性呢?必须拓展课程资源，创新教学内容，在教与学内容上，既源于教材，但不能拘泥于教材，而是要在联系实际中发展，在理论前沿上深化，在学科的交叉中融合。

2. 过好思考问题关

在看书学习的过程中，时常存在着这样的情况：某些问题通过看书就弄清楚了，而另一些问题是否真正懂了却没有把握。因此，根据一些善于学习的同学的经验，应更多地提出些问题，自己进行思考，使自己的认识得到深化和提高。我们之所以在每章都附有思考题，其用意也就在这里。

我们所提出的思考题，大体上有两种类型：一种是属于掌握基本内容的思考题，这些题比较简单，能较容易地从教材中找到答案；一种是在掌握基本内容的基础上，为进一步提高认识的思考题，这样的问题必须多动脑筋，通过一定的分析和综合才能解答出来。通过对思考题的解答，可以逐步培养自己分析问题和解决问题的能力。

在钻研思考题时，最好是逐题进行文字解答，这样做的好处是通过文字解答，可以检验自己的思维是否清楚。因为有的同学往往以为自己懂了的问题，但却写不出自己的体会。其重要的原因在于他对问题还没有思考成熟，还有必要进一步学习和思索，还有必要阅读一些有关的参考书。

3. 过好作业关

会计学是一门应用性很强的科学，具有比较强的技术性和实践性。要熟练地掌握各种会计的程序与方法，只是看书或钻研思考题是远远不够的，还必须要动手做练习题，不做练习题是学不好会计学的。

做练习题之前，应当先把题目看清楚，在题目尚未弄清楚时，切不可就急急忙忙去做。否则，"欲速则不达"。正确的做法应当是：对于那些没有弄清楚的问题，应当再向书本请教，直到弄懂、弄通为止。只有这样，才能通过做练习题，达到巩固所学知识的目的。

做练习题时，特别是编制记账凭证、登记账簿、结账、会计记录错误更正等，一定要按照要求去做。只有一丝不苟才能适应今后实际工作的需要。

练习题做了以后，是不是做对了呢?除了由教师批改作业外，也可以通过其他的办法来解决。首先，会计的机制是强调平衡，在借贷记账法下，所记的账是否正确，可以用借贷记账法的记账规则来检查。其次，会计的记录和计算都有一定的程序，因此，可以运用自己所掌握的会计程序来检查所做练习题是否正确；如果做练习题的程序不清楚，这也说明自己对会计的程序没有完全弄清楚，那么，练习题的正确性就值得怀疑。最后，在会计的记录中，账、证、表各自之间和相互之间存在着一定的钩稽关系，我们可以应用这些钩稽关系进行核对，以检查练习题的正确程度。

当今，知识经济已初露端倪，21 世纪人类将步入知识经济的时代。知识经济，从某种意义上讲，它是以科技不断创新作为先决条件的。科学技术创新，必将改变人类的思维和观念，改变生产力的发展，改变生活方式等等。由于环境的改变，必然要求会计科学也要不断进行创新。因此，在学习会计学原理的各个环节，必须紧密联系实际，进行创造性的学习。也就是要注意新的情况，善于探索新的问题，不能满足一些现成的答案，从而把自己造就成为高素质、创新型的会计人才。

章末注

①英国史学家伍尔夫认为，“腓尼基人创造字母仅仅是为了会计”。转引自索科洛夫著、陈亚民等译：《会计发展史》，中国商业出版社，第2页。

②马克思：《资本论》，第1卷，人民出版社1963年版，第6页。

③《马克思恩格斯全集》，第24卷，第69页。

④《周礼》一书，大体上是战国时代(公元前475年—前221年)的儒者追述西周(公元前1066年—前771年)的“一部有条理的官制汇编”(参阅范文澜：《中国通史简编》修订本，第一篇，第213—214页)。

⑤所谓“四柱清册”，是指旧管或元管(相当于“上期结存”)、新收(相当于“本期收入”)、开除或已支(相当于“本期支出”)、实在或见在(相当于“本期结存”)四个部分。“四柱清册”把一定时期内财物收付的记录，通过“旧管+新收=开除+实在”这一平衡公式加以总结，既可以检查日常记录的正确性，又可以分类汇总日常会计记录，在一定程度上使之起到系统、全面和综合的反映作用。

⑥马克思：《资本论》，第2卷。《马克思恩格斯全集》第24卷，第152页。

⑦有的同志认为，会计的发展历程只有两个阶段，即古代会计与现代会计。

⑧转引自 Niswonqui/Fess：“AccountingPrinciples”，12thedition(1977)，p. 2。

⑨杨继良译自英国《管理会计》，1982年3月号。载《会计研究》1982年第5期。

本章参考文献

1. 葛家澍、余绪缨主编：《会计学》，四川人民出版社1992年8月第1版。

2. 葛家澍主编：《会计学导论》，立信会计图书用品社1988年6月第1版。

3. 葛家澍、吴水澎主编：《会计学原理教程》，天津人民出版社1986年7月第1版。

4. 常勋、李百龄、李登河编：《西方财务会计》，中央广播电视大学出版社1989年2月第2版。

5. 吴水澎著：《财务会计基本理论研究》，辽宁人民出版社1996年11月第1版。

第二章 设置账户与复式记账

总论中我们已经指出，会计学原理是关于会计基本理论、基本知识和基本方法的知识体系，同时也对会计学中的一些重要的概念和理论问题以及会计的程序方法都作了很概括的说明。由于会计是一门应用性的经济学科，程序方法问题占有重要地位。会计核算的专门方法有填制并审核凭证、货币计价、成本计算、设置账户、复式记账、登记账簿、编制报表、财产清查，等等。从本章开始，我们将转入对会计方法问题进行具体和详细的论述。学习的方法是先分别掌握各个方法，然后再掌握各个方法的综合应用。据此，本章首先介绍复式簿记系统中两个最基本也最富有特色的方法——设置账户与复式记账。

第一节 会计的恒等式

为了学习设置账户和复式记账方法，必须先从资本运动的实际及特点出发，建立和掌握会计的恒等式。会计的恒等式，也有人称之为会计的方程式或平衡公式，是会计方法的出发点和基础。

在第一章讨论会计所要反映与控制的内容时，曾运用归纳的方法指明：首先，会计信息系统所要提供的财务信息，是关于一个企业相互联系着的资产、负债、所有者权益、收入、费用和利润等方面的信息；其次，以上的六个方面是资本运动中的不同方面和组成部分，会计上给它们一个概念——会计要素；最后，会计要素是资本运动的具体化，得出会计的对象是资本运动。由于会计是一个人造的信息系统，所要反映的是资本运动的数量方面，因此，探讨掌握会计要素之间的数量关系，建立会计的恒等式，并以它们的数量变化规律来建立相应的会计方法，这将会给人们掌握和驾驭会计这一信息系统带来了好处和方便。

一、资产、负债与所有者权益的数量关系

资本的生命在于运动。也就是只要企业的生产经营活动没有停止，企业的资本也就会处在不停地运动之中。资本的运动，同其他事物的运动一样，其运动的状态也采取了两种形态——相对静止状态和显著变动状态。

资本运动的相对静止状态，是指在某一特定时点(如某一天、月末、月初、季末、季初、年末、年初)，资本运动似乎处于相对静止的情况下，即资本运动的静态表现。之所以说它是相对静止，是因为运动是绝对的，静止是有时间性与条件性。这好像是在某一时点，为资本的运动拍照一样，看上去似乎资本不动，而这种不动只是表示拍照片那个瞬间的资本状况。

当资本处于相对静止状态时，一方面资本作为运动中的价值，表现为具体的财产与物资，并按生产经营活动中的各个不同阶段(供应、生产与销售)分化为各种不同形态。究竟有哪些不同的形态，我们已在上一章会计的内容部分作了较为具体的说明，并把分布在生产经营过程的不同阶段、具有不同形态的财产物资给予会计上的一个特定概念——“资产”，它代表着企业可以支配和运用的经济资源。另外一个方面，作为任何一种资产的取得，在商品经济的环境里，总有其来源及其所体现的所有者，即：要不是业主的投资，就是通过举债，或是业主的留存收益，等等。对于这些资产的来源，会计上又给它们相应的“负债”(代表业主应承担的、在未来偿还现金等的经济义务)和“所有者权益”(代表企业所有者的投资，同时也代表着投资者对企业所拥有的剩余产权)概念。这样，当错综复杂的资本运动处于相对静止状态时，资本的运动就“一分为二”：一方面是资产，表明资本运用到何处、采用什么形态；另一方面是负债和所有者权益，表明企业的资产来自何处。这两方面所描绘的是同一事物——资本的状况的两个方面。它们相互依存、相互制约，共存于资本运动之中。

这样，一个企业有多少的资产，也就一定要有其相应的来源；反之，有多少来源也就必然要表现为多少的资产。在某一时点二者之间就具有下列公式所表示的数量关系：

资产 = 负债 + 所有者权益 ………………………………………… (1)

把第(1)式进行移项，就得出：

所有者权益 = 资产 − 负债 = 净资产 ………………………………… (2)

例如：某医师经批准独资兴办医疗诊所。于×年×月×日以个人的人民币现金10 000元投入作为资本并存入银行；又向他人借入人民币现金5 000元拟作采购药品的资金。这一天，该诊所的资产、负债及投资者权益以及他们的数量关系可以用图表2—1表示。

图表2—1

资　产		负　债	
现金	5 000元	借款	5 000元
银行存款	10 000元	所有者权益	
		资本——某医师	10 000元
合计	15 000元	合计	15 000元

资产(5 000 + 10 000) = 负债(5 000) + 所有者权益(10 000)

15 000 = 15 000

所有者权益 = 资产(15 000) − 负债(5 000)

= 10 000

= 净资产

上述的资产、负债及所有者权益之间的数量平衡关系，是指某诊所在某日资本运动处于相对静止状态时的状况。此外，它还明白地告诉我们这样的经济事实(经济关系)：债权人对某个企业的资产要求权总是优先于投资者对资产的要求权；当企业的资产扣除了债务以后，才是业主的权益，它是一种留剩的权益，会计上称之为“净资产”。为维护市场经济的秩序，保护债权人的利益，上述的经济关系，都应在有关的法规中得到体现。

二、收入、费用与利润之间的数量关系

资本运动的相对静止状态是暂时和有条件的；而资本的显著变动状态则是绝对的，因为资本只有在运动中才能增值，否则资本将失去“生命”。

企业在其生产活动过程中，一方面它生产出商品或是提供劳务，以满足人们生活的各种需要。当商品销售和劳务提供以后，企业会相应发生现金流入或现金要求权的增加，会计上称为“收入”(当然，企业还有其他方面的收入)；另一方面，商品和劳务的提供，又要发生各种经济资源的耗费，包括现金的流出，即发生所谓的“费用”；同时，企业的收入与费用的量是可以比较的，当前者大于后者，企业就获得了利润，反之则为“亏损”。这三个要素在一定期间(注意：不是时点)就形成了下列公式所表示的数量关系：

收入 - 费用 = 利润 ……………………………… (3)

例如，前面列举的某医师的诊所，在该月共发生诊费收入为10000元；为取得这些收入发生了员工的工资、药品等费用为4000元，这样，通过收入与费用的比较，该月就获得了利润6 000元，其数量关系是：

收入(10 000元) - 费用(4 000元) = 利润(6 000元)

如果用列表的形式，就如图表2—2所示。

图表2—2

项目	金额
收入	10 000
减：费用	4 000
利润	6 000

三、资产、负债、所有者权益、收入、费用和利润之间的数量关系

上面我们分别考察了资本运动的相对静止状态和显著变动状态，但它们之间不是孤立的，实际是资本运动的静态与动态是一种辩证的统一。例如，在1月1日，当我们观察资本运动时，它是处于相对静止状态。1月1日至1月31日，由企业的生产经营活动所引起，这期间的资本发生了显著的变动，既有经济资源被耗费又有新的经济资源进入企业；既有收入的发生，又有费用的支出，等等。但当我们在1月31日这个时点对资本运动进行观察，它又是处于静止状态。只不过是1月31日的资本相对静止状态已经不同于1月1日的情况了，即旧的平衡关系被打破，新的平衡关系随之建立。这就告诉我们，企业的资本运动总是一种相对静止→显著变动→新的相对静止→新的显著变动的不断交替过程。因此，资产、负债、所有者权益、收入、费用和利润的数量关系存在着一种内在有机的联系，即可以综合。它们的综合反映是：

资产’+ (收入 - 费用) = 负债’+ 所有者权益’+ 利润(分配前) ………(4)

根据前面的例子，即：

$$15\ 000+(10\ 000-4\ 000)=5\ 000+10\ 000+6\ 000$$
$$21\ 000=21\ 000$$

这一公式的意思是：在某时日资产、负债、投资者权益平衡的基础上，经过某一期间的经营，发生了收入和费用并得到了利润。收入(如现金收入)可视为是增加了企业的资产；相反，费用(如现金支出)可视为是减少了企业的资产，利润则可视为增加了投资者的权益(经营的成果必然会影响投资者权益)。这样，资产、负债、投资者权益又建立了一种新的平衡关系：

△资产 = △负债 + △所有者权益　　(△表示与期初的数量不同)

仍用前面的例子(假定所发生的诊费收入 10 000 元存入银行，而发生的费用则用现金支付)，则：21 000 = 21 000

如果用图表 2—3 表示，可以看得更加清楚。

图表 2—3

资产		负债	
现金(5 000—4 000)	1 000	借款	5 000
银行存款(10 000 + 10 000)	20 000	所有者权益	
		资本——某医师	10 000
		利润	6 000
合计	21 000	合计	21 000

可见，不论在什么时候去观察资本运动的相对静止状态，资产与负债和所有者权益的数量总是保持平衡关系。因此，第(1)式在会计上称为会计恒等式，它既是资本运动的起点，又是资本运动的终点。必须再次强调，这个恒等式对于进一步探讨账户和复式记账的原理是至关重要的。

第二节　设置账户

设置账户是复式簿记系统中的一个专门方法。所谓设置账户，是指在满足管理要求的基础上，对会计要素预先设计和提供科学分类，以及对这种分类的使用程序(包括账户结构、登记的内容与方法)所作的规定。在实际工作中，也有人称之为设置会计科目。本来"账户"与"会计科目"是有区别的。会计科目仅仅是指账户的名称，而账户除了有名称(会计科目)外，还应有可用来进行记录的相应结构。不过，现在人们对账户和会计科目这两个概念已不加以严格区别，往往是互相通用。

一、账户的意义与作用

前面说过，会计的对象是资本运动的数量方面，即资本运动所发出的信息。在企业中，资本运动所发出的信息，又可以具体化为资产、负债、所有者权益、收入、费用、利润六个要素的信息。无疑地通过会计信息系统提供有关资产、负债、所有者权益、收入、费用和利润等方面的信息，它对资本运动的信息已作了初步分类，比资本运动所发出的信息的提法具体得多了，在管理上也具有很大作用。但也不能不看到，这种分类仍然比较粗，尚难适应编制会计报表和满足会计信息使用者的需要。例如，某月某日企业动用银行存款 20 万元购入原材料，这是一项资本运动。它在会计上应当怎样进行记录呢？在没有谈如何记录之前，有必要先说明有关的概念。

实际上，企业随着生产经营活动的不断进行，还有许许多多的具体的资本运动，共同构成了资本运动的"长河"。它们在会计上除了有资本运动这一总的说法外，还根据实际需要概括出"交易"、"事项"或"经济业务"等说法。所谓"交易"，原意是指在一个会计主体与其他主体之间发生的、以商品(或劳务)购销为主要内容，体现等价交换的每一项经济活动。但把其运用到财务会计，由于主体间的经济关系十分复杂，其范围并不局限于商品购销和提供劳务活动，还有理财及投资等其他活动。因此，财务会计上的"交易"，其内涵及外延就有了扩展，往往泛指主体与主体之间或主体与外界一切单位之间已发生的每一项往来，这些经济往来(涉及企业的外部)形成的数据含有财务信息，从而要由会计运用货币形式加以记录和反映，都可以视为是交易；所谓事项是指会计主体，除了同外部发生经济关系有交易之外，在会计主体内部也会发生各种经济活动，这些活动所形成的数据，同样也含有财务信息，从而必须通过财务会计运用货币的形式加以记录和反映，这些不涉及外部应由会计来记录和反映的经济活动，称为"事项"。在我国的习惯上，往往不分"交易"和"事项"，而统称为"经济业务"，有人也称之为"会计事项"。因此，在本书中，"交易"、"事项"和"经济业务"、"会计事项"将不加以严格区分，大量使用"经济业务"这一概念来代替"交易"和"事项"。

看看前面举的经济业务应当怎样加以记录?如果在会计上要加以记录，且仅有六个要素的话，银行存款属于资产，材料也属于资产，只能说成是资产增加20万元、资产减少20万元，其资产总量没有变。这种记录并不能提供任何新的信息。反之，如果把它记录为材料增加20万元和银行存款减少20万元，那么它就能具体地告诉我们：通过这项资本运动，货币资金减少了20万元，材料的储备增加了20万元。还可以进一步地联想到，增加的材料20万元能否满足生产需要?是多了还是少了?还有银行存款减少以后是否妨碍偿还到期的债务，以及货币资本的周转是否困难？这些都是管理者及其有关方面所关心的信息。为此，在会计要素的基础上，还应根据编制报表或提供信息的要求，对会计要素预先进行科学再分类。前面所说到的，账户设置的实质就是对预期提供的财务信息的设计，也就具体地体现出来。

设置账户，在会计的实践上具有以下两个方面作用：

第一，把数据转换为初始信息必须借助于账户。我们知道，企业在生产经营活动的过程中，非常多的事物都有其数量的表现。一切未经确认并按账户分类和正式记录的都属于数据。把数据区分为会计信息和非会计信息的最初界限就是账户。也就是说，数据一旦记入账户，就转化为以账户为标志的信息，而与数据产生了质的区别。当然，这还是属于初始的信息。还有，要把大量多种数据的交易定期地反映在财务报表中，通常它是在一套称为账户的记录中积累起来的。

第二，通过账户可以压缩信息数量，提高质量。随着企业经营活动的开展，企业在每天都会发生数以千计的必须通过会计进行记录的数据，账户可以把单个的、大量重复的数据进行分类、归并、汇总、整理和加工，使之井然有序，并达到了压缩数量、提高质量的作用。总起来说，账户是分类、记录、整理和汇总原始数据和其他会计资料的手段。

二、账户设置的原则

为达到设置账户的目的，账户就不能随心所欲地任意设置，而是要在记账之前，按会计的目标预先设置好，并应遵循下列的一般原则。

(一)要能全面、系统反映与控制财务会计要素及整个财务会计对象

就每个账户而言，应能分门别类地反映各会计要素的某一方面，即应做到所设置的账户能够明确而不是含糊不清地反映不同账户质的区别，以便于对它们进

行可靠的计量。也就是说，每个账户都应具备独特内容，能独立地说明财务会计要素的某一方面；就账户的整体而言，所有账户组成的账户体系则应能系统、全面地反映财务会计要素以及整个财务会计的对象。例如，资产是财务会计中一项内容丰富的要素，其中的现金、银行存款、应收票据、应收账款、原材料、库存商品、固定资产、无形资产等，都是资产的一种特定形态，且容易分别加以计量。因此，它们中的一项就可以单独地成为一个账户。同样，在负债、所有者权益、收入、费用和利润要素之下，也可以分别确定与设置若干个账户。把各个要素的账户组合起来而形成的账户体系，必能反映会计对象的全貌。①

(二)要能配合和满足编制会计报表的要求，从而满足决策与管理的需要

设置账户的目的，是用它来转换、分类、处理数据并储存信息，为输出会计信息的工具——会计报表提供资料。这就要求在设置账户时，应预见到服从会计报表所要揭示的信息——报表项目的要求。换言之，在设置账户之前，账户的设置者就应当充分地了解：财务报告的目标是什么?它有哪些项目?信息的使用者要求提供什么样的信息(指标)?只有这些问题弄清楚了，才能使账户的初始信息通过第二次确认，顺利地转化为报表的信息；也才能使报表所提供的信息满足国家进行综合平衡和进行宏观调控，以及满足企业内外部进行经济决策和加强内部管理的需要。实际工作中，人们设置的账户，基本是与报表的项目相吻合、相关联的。财务报告的目标以及所应揭示的信息，基本上决定应设置账户的数量和内容。这里所说的基本上并不等于完全一致。因为账户不单纯是通向报表的“管道”，它还有前面所提到的一些独特作用；另外，作为报表它也有一些独特的要求，否则，编制报表这个专门的方法就没有存在的必要。关于报表的内容，在以后各章节将陆续介绍。

(三)既要注意保证统一与可比性，又要保持灵活性

要保证会计信息能满足国家进行宏观调控的需要，以及有助于经济决策，强调其统一与可比性，这已经成为会计信息的质量特征。但事物总是复杂的，考虑到社会主义市场经济条件下的企业，它是独立的经济实体，应自主经营、自负盈亏，体现在账户设置上应允许企业有一定的自主权与灵活性。这两方面的要求应该而且是可以统一的，其办法是：既要求坚持必要的集中统一，又要尽可能做到因地制宜。什么意思呢?凡是提供国民经济宏观调控和企业外部其他使用者所需要的通用会计信息，应由所制定的会计准则来规范相应的账户，各企业单位应严

格执行。在此前提下，企业还可以根据各自生产经营管理对会计信息的要求，灵活地增加和减少一些账户。

至于各部门、各行业及不同组织形式企业，应当具体设置哪些账户，在后面的有关章节中会结合实例加以具体说明。不过，不论哪一个企业，也不论其规模的大小，一般应根据上述账户的设置原则，按会计对象的六个具体要素设置资产、负债、所有者权益、收入、费用等类的账户。只有这样，才能全面地揭示企业的资金运动，也才能给复式记账、编制报表及运用其他会计方法带来极大的方便。

三、账户的结构

账户要完成分类、归集与整理并加工会计信息的任务，在设置账户时，除了给予一个含义明确、概念清楚、简明扼要、通俗易懂的规定标准名称(会计科目)外，还应赋予便于分类、归集、整理和加工的一定结构。

(一)账户的借方与贷方

账户结构应根据描述资本运动的要素，即应如实地反映某一部分资本运动的变动方向、变动金额及其结果来进行设计。综观每一次的资本运动，所引起有关账户的数量变化(金额)，不外乎是“增加”与“减少”这两种情况；变化后的结果则是增加或减少后的“余额”。因此，每个账户都要有两个部位：一个部位用于登记增加额，另一个部位用于登记减少额，这两个部位就成为一切账户的基本结构。为便于讲课及做练习，借贷记账法下账户的结构，往往采用被简化的格式“T”形或“丁”形表示。其具体格式如图表 2—4 所示。

图表 2—4

账户名称	
借方，总是左方，简写为(Dr)	贷方，总是右方，简写为(Cr)

严格地说，账户的结构应包括：账户的名称和编号、反映增加和减少金额、对其他会计记录的相互查核、日期和简要说明。上述“T”形账户，仅仅是用来说明实际记账所用账户的轮廓，有些资料，如日期和其他资料一般被简略了。

在实际工作中，通常采用三栏式的账户，见图表 2—5。

图表 2—5

账户名称：

年		凭证号数	摘要	借方金额	贷方金额	借或贷	余额
月	日						

在任何账户中，不论是登记什么及金额大小，凡是记在左方的记录，会计上称为“借项”，有时简写为 Dr；凡是记在右方的记录，会计上称为“贷项”，简写为 Cr。

值得读者注意的是，“借方”与“贷方”同“增加”与“减少”并不是同义语。增加和减少、借方和贷方以及正常余额的模式账户，按账户的五种类别示意如图表 2—6。

图表 2—6

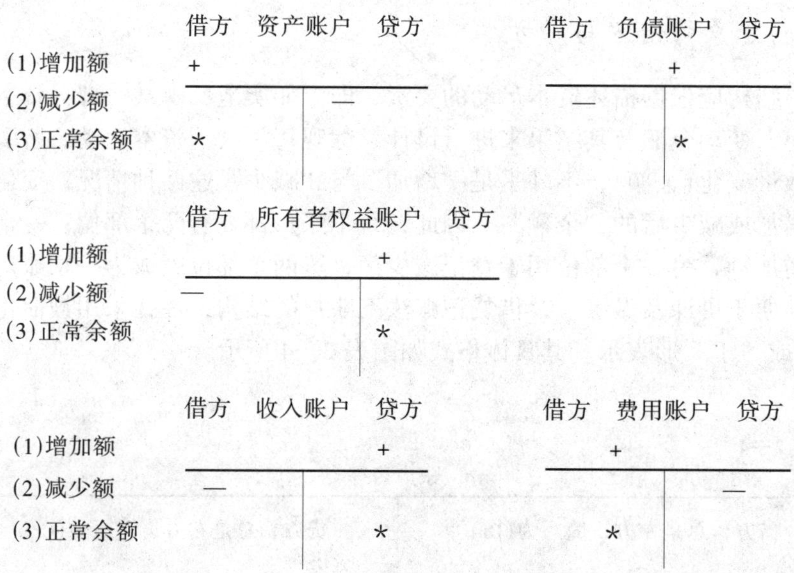

从上列账户的结构中可以看出，账户除了具有共性外，还有各自的特性。就其特性而言，在会计的恒等式中，资产要素列在等号左边，负债及所有者权益列在等号的右边，左右两边的合计数永远相等，即保持平衡。这样，会计恒等式一方的资产与另一方的负债和所有者权益形成了对立统一。为保证会计账户中进行记录不破坏会计恒等式，如果将资产的增加记在左边的话，那么，负债和所有者权益的增加就应相反地记在右边了；对于资产减少由于同资产的增加是相反，增加既然记在左边，那么减少就应该记在右边了。负债及所有者权益与资产相对应，其减少应与资产相反，记在左边。对于收入、费用与利润的记录，其道理与此相同。这样，每一类账户虽然都有借方、贷方，但对于不同性质的账户来说，借方、贷方的含义则不一样，借和贷都有其“双重”的含义。

上述各类账户的结构，是人们为适应借贷记账法(下一个问题将详细介绍)记账规则的要求进行设计的。其所规定的规则，它同交通规则规定车辆应靠右行的原理一样，要求人人要遵守。虽然，如果都把它们反过来，同样是可行的，但重要的问题是大家都必须遵循同样的规则，否则，将造成混乱。

(二)本期发生额、期初余额、期末余额及其计算

为完成账户所担当的任务，在账户的结构中还要考虑到能通过计算提供本期发生额、期初余额、期末余额等项指标。

1. 本期发生额

在上述的“T”形账户中，记入借方和贷方的增加数或减少数，不论它是由多少经济业务所形成的，在会计上统称为“本期发生额”，如果更详尽一些，则分别称之为“本期借方发生额”、“本期贷方发生额”。发生额是记账的直接对象，是记入账户的初始信息。

2. 余额

为了反映每个账户一定期间记账的结果，则可以把借方发生额和贷方发生额加以比较，其比较的结果构成余额，余额可以被认为是记账后的结果。

在理论上，任何一天，甚至每一时刻，账户都可以计算出余额。但在实际工作中，除了特殊的需要外，一般只是到“期末”才需要计算余额。这里的“期”，是指会计报告期。一般的会计报告期分为月、季、年。为什么在月末、季末、年末要结计账户的余额呢?本来，只要企业不停地进行生产经营活动，其资本运动也就是连续不断的，并没有终止的时刻。之所以要进行“分期”，完全是把连续不断的资本运动人为地加以“割断”，分为几个“间隔”，以便于人们定期地总结生产经营活动及其成果，并提供期末的财务会计信息。因为只有这样，才能发挥会计的职能与完成会计目标。相反，如果是把账永无休止地记录下去，不定期加以总结，资产、负债、所有者权益、收入、费用和利润概念也就很难存在，会计也就难于发挥其应有的作用了。此外，期末余额是相对于期初余额而言的，随着时间的推移，它们在相互转化和不断交替：本月末就是下月初，本月初就是上月末。季初、季末、年初、年末的道理也相同。

在计算账户的余额时，必须理解和注意以下两点：

第一，由于每个账户都有借方和贷方，当我们讲账户余额时，必须指明属于

哪一方(借余或贷余)，而不能离开账户的部位笼统讲账户余额。

不同类别账户的余额其正常的方向已在图表2—6中提示过了，这里再次进行明确，如图表2—7所示。

图表2—7

账户类别	正常余额
资产类账户	借方余额
负债类账户	贷方余额
所有者权益类账户	贷方余额
收入类账户(如有余额)	贷方余额
费用类账户(如有余额)	借方余额

确定账户正常余额部位的好处是：当发现账户的实际余额与正常的余额相违背时，它提示了我们有异常情况，应当查明原因。例如，现金账户的正常余额应当在借方，当它出现贷方余额时，说明不是记账错了，就是现金管理上有漏洞，应及时找出原因并加以纠正。当然，也有些情况属于正常。例如，“其他应收款”账户，它属于资产类账户，其正常余额在它的借方，但有时也可能出现贷方余额，这并非记账的错误，而是债务人的款付过了头，企业由应收变为应付了，这时的“其他应收款”应理解为“其他应付款”。

这里还应该注意的问题是：一个账户一般有两种余额——期初余额和期末余额。计算每个账户的期末余额时，由于资本运动的连续性，一定要把期初余额考虑在内。期末余额的计算与金额的多少，取决于“期初余额”、“本期借方发生额”和“本期贷方发生额”等三个因素。

第二，确立计算账户的期末余额，可按账户的不同类别，采用不同的计算公式。由于资产类账户在正常情况下为借方余额，其增加的发生额记在借方，减少的发生额记在贷方，因此，应用下列公式计算其期末余额：

期末余额 = 期初余额 + 本期借方发生额 − 本期贷方发生额
(借方)　　(借方)

资产类账户期末余额的计算可用“现金”账户来具体说明。其具体的计算方法如图表2—8所示。

图表 2—8

借方	现金账户		贷方
期初余额	100 元	(1)支出	20 元
(1)收入	50 元	(2)支出	30 元
(2)收入	150 元	(3)支出	100 元
本期发生额(现金收入合计)	200 元	本期发生额(付出现金合计)	150 元
期末余额(库存现金)	150 元		

期末余额 = 期初余额 100 元 + 本期借方发生额 200 元 – 本期贷方发生额 150 元
= 150 元

由于负债及所有者权益类的账户，在正常情况下的余额为贷方余额，其增加的发生额记在贷方，减少的发生额记在借方，因此，可以运用下列公式计算其期末余额：

期末余额 = 期初余额 + 本期贷方发生额 – 本期借方发生额
(贷方)　　(贷方)

负债及所有者权益类账户可用"应付账款"账户来说明，其具体的计算方法如图表 2—9 所示。

图表 2—9

借方	应付账款账户		贷方
		期初余额	10 000 元
(1)偿还	10 000 元	(1)欠款	2 000 元
(2)偿还	5 000 元	(2)欠款	8 000 元
本期发生额(偿还款项合计)	15 000 元	本期发生额(增加欠款合计)	10 000 元
		期末余额(尚欠的款项累计)	5 000 元

期末余额 = 期初余额 10 000 元 + 本期贷方发生额 10 000 – 本期借方发生额 15 000
= 5 000 元

至于收入与费用类账户如有余额，前者在结构上和余额计算上可以参照负债、所有者权益类账户的计算方法；后者可以参照资产类账户的计算方法。

第三节　复式记账

设置账户，仅仅是对会计要素作出进一步分类，为加工信息提供了"场所"

与工具。但对由大量的经济业务所构成的资本运动加以记录，不只是科学设置账户的问题，而且还要运用科学的记账方法，以解决按什么方式记录经济业务的问题。现在，会计运用的记录经济业务的方法是复式记账法。

一、复式记账原理

复式记账法是相对于单式记账法而言的。会计在其发展的历程中，先有单式记账法，后来才发展为复式记账法。这是两种不同的记账方法，其原理与科学性也不同。

所谓的单式记账法，是指对发生的每一笔经济业务，只在一个账户中记一笔账。在通常的情况下，只重视记录现金的收付以及人欠、欠人等往来的账项。例如，用现金支付有关费用，只记现金减少，至于什么费用的增加就省略不记了。单式记账法的优点是手续简单、易学易懂。在那些规模小、业务少、经济活动及经济关系不复杂、不可能配备专职会计人员的单位里，采用这种记账方法基本上可以达到了解经济活动及其结果的目的。但按照单式记账法，不能全面反映资本运动的来踪去迹，它只是孤立地反映一项经济业务引起资本运动的某一方面的变化；同时，账户的设置并不完整，且账户与账户之间缺乏有机的内在联系，这就难于如实反映资本运动的全貌。为了适应生产发展及管理上需要，客观上要求记账时冲破单式记账的局限，使各项经济活动的来龙去脉都能得到较为详细的揭示，达到全面、系统、连续、综合地反映经济活动的目的。所以，把记账方法由单式推进到复式，是会计核算发展史上的必然，它标志着会计核算方法的重大进步。

复式记账法是一种科学的记账方法。其主要特点是每一项经济业务，要求同时在两个(或两个以上)相互联系的账户中以相等的金额进行记录，相互联系地反映资本运动的来踪去迹。由于记账符号、记账规则等有所不同，复式记账法在我国又可具体地分为借贷记账法、增减记账法和收付记账法等。目前世界各国都已广泛地采用借贷记账法；从 1993 年 7 月 1 日开始，我国的企业会计准则也统一规定要采用借贷记账法。

复式记账法的特征，主要表现在通过两个(或两个以上)相互联系的账户以相等的金额来记录一项经济业务。人们会问，为什么一项经济业务必须通过两个账户才能得到全面的反映?其道理何在?如果要讲清这其中的道理，应当回过头来再认识一下会计的对象，即记账的对象的性质。第一章指出，会计对象可以用资本运动的数量方面来加以概括。恩格斯说：“运动本身就是矛盾。”(《反杜林论》)任何矛盾，必有相互对立而又相互联结的两个方面，资本运动也不例外。

从具体的记账对象来说，那是指由每一项经济业务引起的每一次资本的运动(位移、变化等等)，也必然包括着矛盾的两个方面。怎样观察这一次又一次的资本运动所包含的矛盾的两个方面呢?尽管经济业务是多种多样的，但每一次资本运动，都有一定量的价值，表现为不同来源或不同资产，从某处来，到另一处去。“资本从何处来”和“资本到何处去”是一切资本运动所包含的内在矛盾性。联系到具体的经济业务，矛盾着的这两个方面又可分四种不同的情况：

第一，资本的投入；

第二，资本在企业内部的循环与周转；

第三，不同资本来源的相互转换；

第四，资本退出企业。

这四种不同类型如何具体地加以理解?前面说过，任何一个企业的任一时点，其资产必有其来源，不是来自举债，就是来自所有者投资等所体现的所有者权益，且“资产＝负债＋所有者权益”。如果把资产看成一方，把负债和所有者权益看成另一方，那么，不论在哪种情况下，企业经济业务总是会引起一定数量资本从一方来，到另外一方去；或者是同一方的内部(如资产方)某种形态转换成另一种形态，由一个地点转移到另一个地点。例如，当资产同负债或所有者权益同时增加时，资产是从负债或所有者权益中来，到资产中去，反映了资本从外部流入了。相反，当负债或所有者权益与资产同时减少时，资本是从“资产”中来，返回“负债或所有者权益”中去，反映资本从企业退出到外部。当两个资产一减一增时资本是从减少的“资产”来，到增加的“资产”去，反映资本在企业内部变换停留地点，转变占用形态。总之，每一次资本运动(每项经济业务)，都有“来路”和“去向”，有“起点”和“终点”。如果我们对每一项经济业务所引起的资本运动，都通过两个账户作成双重记录，那么，不但每一次资本运动有“来龙去脉”可寻，而且个别的资本运动还能综合起来反映出企业经营过程和经营成果的全貌。运用了复式记账之后，账户的记载和账户之间的关系再也不是孤立的了。这对于会计当做生产的“过程控制和观念总结”来发挥其作用，是非常必要的。

现以某企业20××年6月份的两项经济业务说明复式记账方法的运用原理。

(1)业主投入资本500 000元，存入银行结算户。

由于发生这项经济业务，引起了500 000元的资本运动。在这一运动中，资本是从业主来到企业，并把它存入银行，占用在企业可随时支配动用的货币形态上。所以，它属于资本投入企业的运动，而矛盾着的两个方面表现为资金来源(在这里为“资本”)和资产(在这里为“银行存款”)都增加500 000元。用借贷记账法来记录这项业务时，就应把 500 000 元分别记在“资本”账户的贷方和“银行存款”账户的借方。“资本”账户的贷方反映资金增加 500 000 元的“来路”，“银行存款”账户的借方则反映资本 500 000 元的“去向”，占用在银行存款这一形态上。这样的双重记录，正好互相对立相互依存地反映资本投入企业的运动。这种运动可用图表 2—10 表示。

图表 2—10

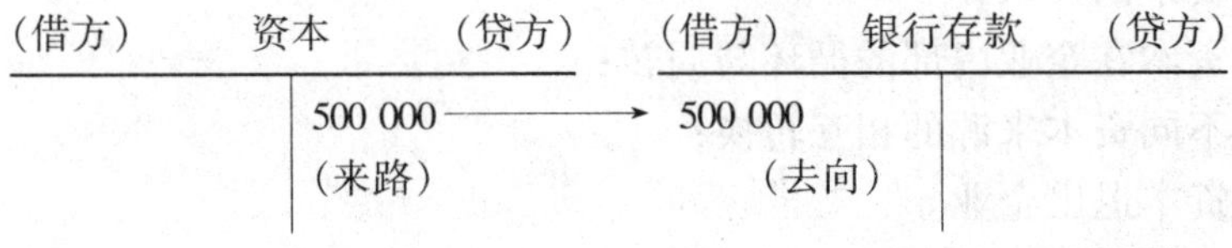

(2)动用银行存款 150 000 元，购买一批原材料。

由于发生这项经济业务，引起了 150 000 元的资本运动。在这一运动中，资本是在企业内部周转，使资本占用形态改变了。由于购买原材料所需 150 000 元的资金是从企业能够支配与运用的银行存款中来的，因而矛盾的两个方面表现为：一项资产占用(在这里为“银行存款”)减少 150 000 元，另一项资产占用(在这里为“原材料”)增加 150 000 元。用借贷记账法来记录这项经济业务时，就应把这 150 000 元分别记在“银行存款”账户的贷方和“原材料”账户的借方。“银行存款”账户的贷方反映资金 150 000 元的“来路”，“原材料”账户的借方反映 150 000 元的“去向”。我们知道，资本的运动既然是处在经营过程中的价值运动，在资本循环的过程中，像这项业务所揭示的货币转化为原材料，不过是一定量的价值从供应阶段来到生产阶段，它抛弃了货币的占用形态，采取了原材料(生产储备)的占用形态。也就是形成一个在不同阶段之间，即不同占用形态之间互相转化的运动。这种运动可以用图表 2—11 表示。

图表 2—11

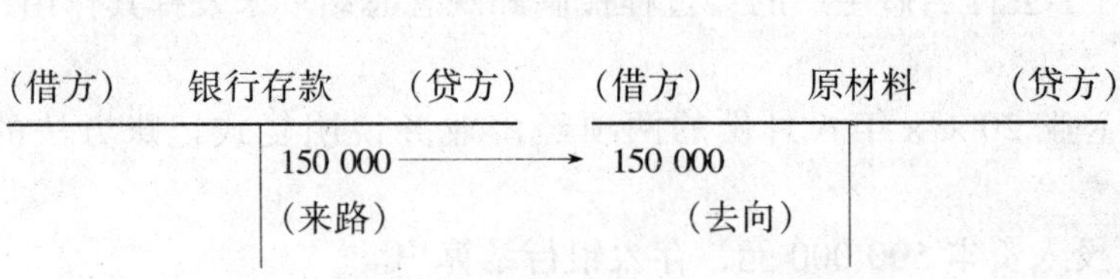

以上，我们是把两项业务的记录，分开来观察每项业务引起的资本运动的来路去向。如果把这两项业务的记录联系起来看，它还能说明两次资本运动的前因后果：

第一，业主所投入的资本还是500 000元，没有增减变动，但最后是占用在两种形态上：货币形态(银行存款)350 000元，原材料形态(生产储备)150 000元。

第二，投入企业的资本500 000元中，350 000元仍处在流通领域，而其余150 000元已完成周转的第一阶段(供应阶段)，并准备进入生产领域。

这两次资本运动的前因后果，也可以用图表2—12来表示。

图表2—12

(借方)　资本　(贷方)		(借方)银行存款(贷方)		(借方)原材料(贷方)	
	500 000 → (来路)	500 000 (去向)	150 000 → (来路)	150 000 (去向)	
	余额 500 000	余额 350 000		余额 150 000	

通过上述复式记账，还把我们经常所讲的人们之间的经济关系具体化了。也就是从上面的会计记录中我们可以看到：这家企业是由某业主所投资的，产权属于某业主；业主投入的资本通过购买原材料活动后，其资本的占用形态已有变化，到此为止，表现为银行存款350 000元及原材料150 000元，业主对它们有支配权和使用权，等等。企业的有关经济关系只有运用复式记账才能较好地定性和定量。特别是通过把按复式记账进行登记的账户资料编成资产负债表及其他报表，更能集中、全面地反映企业各方面的经济关系。从这个意义上说，会计也是反映经济关系的。

由此可见，通过复式记账，貌似孤立而实际上互有联系的企业各项经济业务，才能真实地反映在账面上，企业生产经营活动及其同有关方面的经济关系的全过程才能展现出来。

二、借贷记账法

在国外，复式记账法与借贷记账法几乎是同义语。因为国外的复式记账法，只有借贷记账法一种。借贷记账法的产生及其历史的功绩，在第一章谈到会计的发展问题时已作过简单介绍了，在这里主要阐述怎样具体运用复式记账的问题。构成借贷记账法的要素有：记账符号、会计分录、记账规则以及试算平衡，等等。下面就这些要素分别加以说明。

(一)记账符号

“借”和“贷”原是适应借贷资本的需要而产生的一对矛盾的概念。从借贷资本的角度来说，他们把吸收存款称为“贷”，表示“欠人”；他们贷出的款项称为“借”，表示“人欠”。但随着资本主义生产的发展，工业、商业和其他行业几乎都采用了借贷记账法进行记账，“借”和“贷”就很快地失去了本来的含义，而变成了一对纯粹的记账符号。既然是符号，就不能再按它原来的含义去理解了。对于初学会计来说，切忌望字生义。这对记账符号的作用如下：

1. 表示记入账户的部位

在讲账户的结构时已经讲过，借方和贷方是借贷记账法下账户的两个对立的部位，以表示资金数量的增减变化。“借方”表示记入账户的借方，简称为“借项”或“借记”；“贷方”表示记入账户的贷方，简称为“贷项”或“贷记”。

2. 表示资本运动变化的来龙去脉

经济业务发生所引起的资本运动变化，总会有“来路”和“去向”。“贷方”一般可以说明资本变化的“来路”；“借方”一般可以说明资本变化的“去向”。当然，有些会计事项则是办理会计手续所必需的(一般称为转账业务)，对这类业务就不能照此生搬硬套了。

3. 表示已登记在账户中“借方”和“贷方”的数字所包含的资金数量是增加还是减少。对资产及费用类的账户来说，登记在借方的数字表示增加，登记在贷方的数字表示减少；在负债、所有者权益及收入账户中，登记在贷方的数字表示增加，登记在借方的数字表示减少。

4. 用以判别账户的性质[②]

凡是余额在借方的账户，原则上可以判断为资产及费用类的账户；凡是余额在贷方的账户，原则上可判断为负债、所有者权益及收入类的账户。

借贷记账法，就是运用“借”与“贷”作为记账符号的记账方法，这也是借贷记账法命名的由来。

(二)会计分录

会计分录，实际上是根据有关原始凭证，按记账方法的要求，运用一定的形式，把所发生的经济业务(资本运动的来踪去迹和数量)加以表现，并可据以登入账户。学会把所发生的经济业务作成会计分录，这是掌握复式记账必不可少的一环。而借贷记账法是用“借”和“贷”为记账符号，以确定在账户中的记录方向。作为复式记账，借贷记账法反映每一项经济业务都要相互关系地运用两个或两个以上账户，以相等的金额作成双重的记录，指明资本运动的来龙去脉。这一点，我们已在前面论证复式记账原理时提到过。

借贷记账法对每项业务所作的双重记录，仍以前举的两项业务为例。

(1)对于业主投入企业资本 500 000 元以及存入银行这项业务的双重记录，可以表示如下：

借：银行存款　　　　500 000
　贷：资本　　　　　　500 000

一看到上述记录，我们就可以知道：业主以货币资金的形式投入资本 500 000 元，资本属于所有者权益，其增加记入资本账户的“贷方”；所投入资本占用在银行存款的形态上，银行存款属于资产类账户，其增加记入银行存款账户的“借方”。这个记录把经济业务的来龙去脉表现得清清楚楚。

(2)对于动用银行存款 150 000 元购买原材料这项业务的双重记录，可以表示如下：

借：原材料　　　　150 000
　贷：银行存款　　　　150 000

对此记录，也同样可以运用上述的方式理解到该记录所代表的经济业务的内容。

上面的记录方式，在会计上叫做“会计分录”，简称“分录”，也有人称之为“记账公式”。根据上述，借贷记账法下会计分录的定义是：对每一项经济业务，按照复式记账要求，分别列示出应借、应贷的账户及其金额的一种记录。简单地说，是把相互联系的两个账户分开记录。在教科书和做练习时，会计分录的写法一般是先借后贷；贷方记录的记账符号、科目及金额对比借记要退后两格。在实际工作中，作成会计分录，却是通过填制记账凭证加以完成的，这在后面再作介绍。

任何一种复式记账法，都要对每项经济业务作成会计分录，以便相互联系地分开记入两个账户。

会计分录的作用是：可以明确规定一项经济业务要用到的账户名称，其登记的方向(用记账符号来表示)和记账的金额，以利于登记账簿。

上面列示的各项会计分录，都只涉及两个账户，这种会计分录，称为简单会计分录。此外，还有复合的会计分录(也称为多项会计分录)，它会同时涉及两个以上的账户。例如，某企业某日购入一批原材料价值 10 000 元，经协议，上述的货款先用银行存款支付一半，另外一半暂欠。这项经济业务，可以作成复合会计分录如下：

借：原材料	10 000	
贷：银行存款		5 000
应付账款		5 000

实际上，每个复合会计分录都是由几个简单会计分录合并而成的。因此，上列复合会计分录可以分解为两个简单会计分录。

第一个会计分录：

借：原材料	5 000	
贷：银行存款		5 000

第二个会计分录：

借：原材料	5 000	
贷：应付账款		5 000

什么场合用简单分录，什么场合用复合分录，要看经济业务引起多少账户的变动而定，亦即取决于如实反映记账对象的客观需要。

综上所述：每一个分录至少有两个账户。这两个账户只有彼此联系起来，才能反映一项完整业务，才能说明资本的一次运动。一个分录中的两个账户既然被联系在一起，它们彼此之间就发生关系，这种关系称为账户的"对应关系"，它们彼此称对方为"对应账户"。例如前面所举的第一项业务中，"银行存款"的对应账户是"资本"；而"资本"的对应账户是"银行存款"。至于复合会计分录，由于涉及三个或更多的账户，应当把它还原为几个简单会计分录，才容易看出它的账户对应关系。借助于账户的对应关系，可以分析、了解资本运动的来龙去脉，进而可以看到经济业务的真正面貌。

(三)记账规则

上面所谈到的为经济业务作会计分录，它有没有什么规则可循?回答是肯定的。借贷记账法是建立在复式记账原理的基础上的，这在前面已经说过。具体的记账规则，则由资本的运动及其数量变化的规律所决定。

资本运动及其数量变化的规律如何呢?无论是哪一个企业，经济业务也不管有多少，但从会计记账的观点来看，可以把它归纳为前已述及的四种类型。为了能掌握资本运动及其数量变化的规律，并据此总结出记账规则，应再次对它进行深入理解。

第一种类型：资产与负债或所有者权益的同时增加，一般是由资本投入企业的经济业务所引起的，如我们前面举的业主投入资本的运动；此外，还有业主因经营的需要，获准向银行借款 100 000 元，并存入银行，也是属于此类型。因为通过借款业务，一方面使资产方面的银行存款增加了 100 000 元，应记入“银行存款”账户的借方；也使负债方面的银行借款增加了 100 000 元，应记入“银行借款”账户的贷方。通过分录记入有关账户，可以列表如图表 2—13。

图表 2—13

资　产		负　债	
银行存款	600 000	银行借款	100 000
	(500 000 + 100 000)	所有者权益	
		资本——×××	500 000
合　计	600 000	合　计	600 000

第二种类型：资产减少，负债或所有者权益也同时减少。一般是由资本退出企业的业务所引起的变化。如上例向银行借款 100 000 元中部分已经到期，以银行存款 50 000 元进行偿还。该项业务一方面引起了资产——银行存款减少 50 000 元，应记入“银行存款”账户的贷方；另一方面，对银行负债——银行借款也相应减少了 50 000 元，应记入“银行借款”的借方。通过分录记入账户后，可以列表如图表 2—14 所示。

图表 2—14

资　产		负　债	
银行存款	550 000	银行借款	50 000
	(600 000 − 50 000)		(100 000 − 50 000)
		所有者权益	
		资本——×××	500 000
合　计	550 000	合　计	550 000

第三种类型：一项资产减少，另一项资产增加。一般是由资本在企业内部循环的业务所引起的变化。前面我们所举的动用银行存款购入原材料 150 000 元，

就属于此类业务。也就是银行存款减少了，应记入“银行存款”账户的贷方；原材料增加了，应记入“原材料”账户的借方。通过分录记入有关账户后，可以列表如图表 2—15 所示。

图表 2—15

资　产		负　债	
银行存款	400 000 (550 000 - 150 000)	银行借款	50 000
原材料	150 000	所有者权益	
		资本——×××	500 000
合　计	550 000	合　计	550 000

第四种类型：一项负债或所有者权益的减少，另一项负债或所有者权益增加。一般是因资金来源的渠道相互转化的业务引起的。例如，某企业向别的公司借到 30 000 元，偿还前面的银行借款，就属于此类业务。也就是应付账款增加了，应记入“应付账款”账户的贷方；银行借款减少了，应记入“银行借款”账户的借方。通过增加应付账款和减少银行借款的分录并记入账户以后，可以列表如图表 2—16 所示。

图表 2—16

资　产		负　债	
银行存款	400 000	银行借款	20 000 (50 000 - 30 000)
		应付账款	30 000
原材料	150 000	所有者权益	
		资本——×××	500 000
合　计	550 000	合　计	550 000

从上述资本运动及其记录方法的四种基本类型中可以看到，借贷记账法的基本特征是：

每一项经济业务发生以后，都要用相等的金额同时记入两个账户，一个记借方，一个记贷方。这样，我们可以从中引出借贷记账法的规则，这个规则可以简单地表述为：

有借必有贷，
借贷必相等。

借贷记账法的记账规则，表面看来似乎是统一而简单的，但是运用它来记账，却必须考虑两步：首先，要确定每项经济业务将会引起哪两个(或两个以上)账户的变化，其变化是增加还是减少；其次，要判别这两个账户是属于什么类别的账户，只有联系账户的经济性质看增加或减少，才能确定记入各该账户的方向——借方还是贷方。掌握与运用这两个步骤，对于初学者学会做会计分录是很重要的。

(四)借贷记账法记账规则的进一步具体运用——实例

为了进一步掌握借贷记账法原理的运用，学会运用记账规则，正确地作成会计分录，下面举一个较完整的例子，对每笔经济业务都加以说明和分析，并列示出如何正确地记入各账户的借方和贷方；为简化，账户采用“T”字形账户。

吴明医师经批准可以开办私人的安康诊所。20××年6月发生下列各项经济业务，要求按借贷记账法的记账规则作出会计分录，并记入有关账户。

【业务1】 6月1日，吴明医师以私人的现金100 000元，作为对安康诊所的投资(资本)，存入为安康诊所开设的银行结算账户。

分析业务：这是一笔吴明医师(业主)投入安康诊所资本的业务。涉及业主权益类的“资本——吴明”和资产类“银行存款”两个账户。其数量变化都属于增加。前者的账户属于权益类账户，其增加应记贷方；后者的账户属于资产类账户，其增加应记借方。

会计分录如下：

借：银行存款　　100 000
　贷：资本——吴明　　100 000

有关账户的记录如下：

(借)　资本—吴明　(贷)

借方	贷方
	(1)　100 000

(借)　银行存款　(贷)

借方	贷方
(1)　100 000	

【业务2】 6月2日，开出支票1 000元，支付6月份诊所的房租。

业务分析：支付房租是诊所6月份的一项营业费用。它涉及“银行存款”、“房租费”两个账户。“银行存款”的数量减少，由于它是资产类账户，应记入其贷方；“房租费”的数量增加，由于它是费用类账户，应记入借方。

会计分录如下：

借：房租费　　1 000
　贷：银行存款　　1 000

有关的账户记录如下：

(借)	银行存款		(贷)
(1)	100 000	(2)	1 000

(借)	房租费		(贷)
(2)	1 000		

【业务3】 6月2日，吴明医师动用银行存款40 000元为诊所购买医疗设备。

业务分析：此项业务表示一项资产转化为另一项资产。涉及“设备”和“银行存款”两个资产类账户。前者的数量增加，应记入借方；后者的数量减少，应记入贷方。

会计分录如下：

借：设备　　40 000
　贷：银行存款　　40 000

有关账户的记录如下：

(借)	银行存款		(贷)
(1)	100 000	(2)	1 000
		(3)	40 000

(借)	设备		(贷)
(3)	40 000		

【业务4】 6月8日，赊购医疗用品9 000元。

业务分析：吴明医生是用赊购的方式购入医疗用品，而不是用现金的方式购入，且医疗用品可以随时动用。因此，它涉及“在用医疗用品”和“应付账款”账户。前者属于资产类账户，数量是增加的，应记入借方；后者属于负债类账户，其数量也是增加的，应记入其贷方。

会计分录如下：

借：在用医疗用品　　9 000
　贷：应付账款　　9 000

有关的账户记录如下：

(借)　应付账款　(贷)

借方	贷方
	(4)　9 000

(借)　在用医疗用品　(贷)

借方	贷方
(4)　9 000	

【业务5】　6月8日，诊所收到诊费现金1200元，并将现金存入银行。

业务分析：这笔经济业务，实际上包含两次的资本运动。一是吴明医生诊病后收到了现金，表示“诊费收入”账户的增加，该账户是收入账户，增加应记入贷方；同时增加了“现金”，现金是资产账户，其增加应记入借方。二是把现金存入银行的运动，表明现金减少了，应记入该账户的贷方；由于现金是存入银行，“银行存款”也增加了，应记入该账户的借方。

会计分录如下：

甲、借：现金　　1 200
　　　贷：诊费收入　　1 200
乙、借：银行存款　　1 200
　　　贷：现金　　1 200

有关的账户记录如下：

(借)诊费收入(贷)

借方	贷方
	(5)甲 1 200

(借)　现金　(贷)

借方	贷方
(5)甲 1 200	(5)乙 1 200

(借)银行存款(贷)

借方	贷方
(1)100 000	(2)1 000
(5)乙 1 200	(3)40 000

【业务 6】 6 月 15 日，吴明医师对病人开出 6 月份上半月的诊费账单 3 000 元。

业务分析：该业务与前面一笔业务相同的都是发生了诊费收入，其记录方法如同上笔经济业务；不同之处是有些诊病后不收取现金诊费，而是由病人在日后偿付账单的金额。因此，诊所完成的赊账服务收入使“应收账款”这一资产账户增加了，应记入其借方。

会计分录如下：

借：应收账款　　3 000
　贷：诊费收入　　3 000

有关的账户记录如下：

(借)	诊费收入		(贷)
		(5)甲	1 200
		(6)	3 000

(借)	应收账款		(贷)
(6)	3 000		

【业务 7】 6 月 18 日，吴明医生开出 4 500 元的支票，偿还本月 8 日所赊购医疗用品的部分账款。

业务分析：所开出的 4 500 元支票，当然使银行存款相应减少，应记入“银行存款”账户的贷方；由于这一偿还行为，减少了供应者对诊所的资产索偿权 4 500 元，“应付账款”这一负债账户同时减少，应记入该账户的借方。

会计分录如下：

借：应付账款　　4 500
　贷：银行存款　　4 500

有关的账户记录如下：

(借)	银行存款		(贷)
(1)	100 000	(2)	1 000
(5)乙	1 200	(3)	40 000
		(7)	4 500

(借)	应付账款		(贷)
(7)	4 500	(4)	9 000

【业务8】 6月30日，吴明医师从诊所的银行存款中提取现款2 000元，以供私用。

业务分析：吴明医师提取这笔钱作私人生活费用，其结果是既减少了资产——“银行存款”，同时也减少了吴明医师在诊所的产权。从道理上讲，虽然所有者权益的减少可以直接记入“资本——吴明”账户，但会计上暂不做这样的处理。因为吴明医师宁可有一个单独的账户，来表示他的全部提取，即“提款——吴明”账户。有了这个单独的账户，使业主易于迅速准确地了解到至某时提款的总额，而不必去详细分析资本账户。所以，提款账户被普遍地应用于私人企业(也被称为私人账户)。从上述中可以理解到，“提款——吴明”账户是一种备抵性质的账户，它的余额代表它的相关账户(“资本——吴明”账户)的减少数或抵消额。用借记提款账户反映业主产权的减少，就如同借记业主资本账户的减少一样。当然，到了期末，当净收入已加进业主资本账户的贷方余额之后，就应减去提款账户的借方余额，以得出业主资本的期末余额。从这里再次体现到账户的设置的原则之一是应满足管理的需要。会计分录如下：

借：提款——吴明　　2 000
　贷：银行存款　　2 000

有关的账户记录如下：

(借)	银行存款		(贷)
(1)	100 000	(2)	1 000
(5)乙	1 200	(3)	40 000
		(7)	4 500
		(8)	2 000

(借)	提款—吴明		(贷)
(8)	2 000		

【业务9】 6月30日，吴明医师开出现金支票，从银行中提取现金1 500元，备付工资。

业务分析：这笔业务是提取现金的业务，因而它的分录就较为简单了。“现金”账户是资产类账户，其增加应记入借方；“银行存款”也同样是资产类账户，其减少应记入贷方。会计分录如下：

借：现金　　1 500
　贷：银行存款　　1 500

有关的账户记录如下：

(借) 银行存款 (贷)

(1)	100 000	(2)	1 000
(5)乙	1 200	(3)	40 000
		(7)	4 500
		(8)	2 000
		(9)	1 500

(借) 现 金 (贷)

(5)甲	1 200	(5)乙	1 200
(9)	1 500		

【业务10】 6月30日，吴明医师支付薪金1400元给雇佣在诊所工作的护士及其他人员。

业务分析：当月护士及其他人员所提供服务而发生的工薪费，要当做一项费用，一般用“工薪费”账户进行核算。因此，该项业务涉及“现金”和“工薪费”账户。“现金”的减少应计入其贷方；“工薪费”属于费用类的账户，其增加应记入借方。

会计分录如下：

借：工薪费　　　1 400
　贷：现金　　　　1 400

有关的账户记录如下：

(借) 工 薪 费 (贷)

(10)	1 400		

(借) 现 金 (贷)

(5)甲	1 200	(5)乙	1 200
(9)	1 500	(10)	1 400

【业务11】 6月30日，吴明医师从病员处收到转账支票2 000元，以偿还他6月15日开出的账单，款项已存入银行。

业务分析：收到这笔款项是对病员应收账款的收回，并不是服务的新收入，其收入已在【业务6】中作了记录。当时曾把对病员的诊费索偿权当做一项资产记入了“应收账款”账户，因此，这笔业务的实质是由一种资产的形式——“应收账款”，转化为另一种资产形式——“银行存款”。也就是“银行存款”的增加记入借方；“应收账款”的减少，应记入其贷方。

会计分录如下：

借：银行存款　　2 000

　贷：应收账款　　2 000

有关的账户记录如下：

(借)	银行存款		(贷)
(1)	100 000	(2)	1 000
(5)乙	1 200	(3)	40 000
(11)	2 000	(7)	4 500
		(8)	2 000
		(9)	1 500

(借)	应收账款		(贷)
(6)	3 000	(11)	2 000

【业务12】　6月30日，吴明医师对病员开出6月份下半月的诊费账单6 000元。

业务分析：这笔经济业务，同前述的【业务6】相类似。其结果是：资产——“应收账款”增加，应记入其借方；同时收入——“诊费收入”也增加，记入其贷方。

会计分录如下：

借：应收账款　　6 000

　贷：诊费收入　　6 000

有关的账户记录如下：

(借)	诊费收入		(贷)
(6)	3 000	(11)	2 000
(12)	6 000		

(借)	应收账款		(贷)
		(5)甲	1 200
		(6)	3 000
		(12)	6 000

【业务13】　6月30日，盘点在用医疗用品，剩余6 000元。

业务分析：查前述的【业务4】所购买的医疗用品的成本9 000元，当时已作为“在用医疗用品”入账。平时动用医疗用品时，一般会计不做记录，而是到期末通过盘点在用医疗用品的余额，就可以确定动用了多少医疗用品。期末经盘点在用的医疗用品剩下6 000元，说明在6月份已耗用了医疗用品3 000元(9 000－6000)。如同前面所做的分析一样，耗用的医疗用品形成为6月份的一项医疗费用，通过“医疗用品费”账户进行核算。这样，就要做成增加“医疗用品费”和减少“在用医疗用品”的记录。

会计分录如下：

借：医疗用品费　　3 000
　贷：在用医疗用品　　3 000

有关的账户记录如下：

（借）	医疗用品费	（贷）
(13)	3 000	

（借）	在用医疗用品		（贷）
(4)	9 000	(13)	3 000

【业务14】　6月30日，吴明医师确定(估计)其医疗设备6月份的折旧费为1 800元。

业务分析：医疗设备的使用有助于吴明医师赚取诊费。虽然医疗设备价值不是一下子就被耗费完毕，但其使用有年限，它的价值通过使用会逐渐转化为营业费用。这部分通过使用而转化为营业费用的价值，在会计上称为“折旧费”。折旧费数额的多少要经过计算才能确定，其计算方法将在下面的有关章节中加以介绍。所以，这笔业务是资产——“设备”减少，同时使营业费用——折旧费增加。本来，可以将资产的减少金额直接贷记前述的“设备”账户，但是如同业主提款一样，考虑到管理上的需要，也就是既要了解设备的原始投资总额，又要了解由于折旧而转销的总额，进而计算出设备的净值(设备原值－折旧额＝设备净值)等指标，会计上采用了可以满足上述需要的做法：“折旧费”相应的贷方记录(设备资产的减少)不直接记入“设备”账户，而是把它记入“累计折旧”这一“设备”账户的备抵账户的贷方。累计折旧账户的贷方也就相当于设备账户的贷方了。这些账户之间数量的关系只要阅读后面我们所编的资产负债表就会体现得更加清楚，它不会改变设备和所有者权益的净金额。

会计分录如下：

借：折旧费　　　　1 800
　贷：累计折旧　　　　1 800

有关的账户记录如下：

(借) 累计折旧 (贷)			(借) 折旧费 (贷)		
	(14)	1 800	(14)	1 800	

通过上述14项业务的分析，以及作出会计分录及记入有关账户等过程的介绍，完全可以这样认为，掌握会计分录的做法十分重要，是会计人员的基本功之一，每个会计人员都必须十分熟悉和得心应手。

(五)过账和试算平衡

反映上述14项业务所做的15个分录，在检查审核无误后，应当分别记入各有关账户。

只有通过账户进行分类汇总，才能借以逐步形成各种信息。把会计分录中的金额分别向账户登记的步骤，称为“过账”。在上一个问题中，我们所说的有关账户的记录工作就是属于过账的工作了。

在实际工作中，过账之前，账户中在上月末如有余额，应首先结转为账户中的本月的“月初余额”。上举的例子，由于是新开设的诊所，月初没有余额，因此，不必登记月初余额；然后，再把上列15个分录作为6月份的发生额，按其发生的先后顺序记入有关账户。为了简化，假设吴明诊所20××年6月份只发生上述的14项经济业务，现将过账后的各账户按照资产类、负债类、所有者权益类、收入类、费用类分别列示如图表2—17。

前面说过，本月记入账户的发生额是以会计分录作为登记的根据，且会计分录的编制必须符合记账规则。借贷记账法的记账规则告诉我们：每一分录借贷的金额都是相等的。因此，过账后，如果综合所有账户的借方和贷方变动额(会计上称为“本期发生额”)，那么，就会出现如下的数字平衡关系。现分别用A、B、C、D四个符号代表四种类型经济业务的发生额，它们数字的平衡关系如图表2—18所示。

图表 2—17

资产 = 负债 + 所有者权益

现金

借方		贷方	
(5)甲	1 200	(5)乙	1 200
(9)	1 500	(10)	1 400
本期发生额	2 700	本期发生额	2 600
期末余额	100		

银行存款

借方		贷方	
(1)	100 000	(2)	1 000
(5)乙	1 200	(3)	40 000
(11)	2 000	(7)	4 500
		(8)	2 000
		(9)	1 500
本期发生额	103 200	本期发生额	49 000
期末余额	54 200		

应收账款

借方		贷方	
(6)	3 000	(11)	2 000
(12)	6 000		
本期发生额	9 000	本期发生额	2 000
期末余额	7 000		

在用医疗用品

借方		贷方	
(4)	9 000	(13)	3 000
期末余额	6 000		

设备

借方		贷方	
(3)	40 000		

累计折旧

借方		贷方	
		(14)	1 800

应付账款

借方	贷方
(7) 4 500	(4) 9 000
	余额 4 500

资本—吴明

借方	贷方
	(1) 100 000

提款—吴明

借方	贷方
(8) 2 000	

诊费收入

借方	贷方	
	(5)甲	1 200
	(6)	3 000
	(12)	6 000
	本期发生额	10 200
	期末余额	10 200

房租费

借方	贷方
(2) 1 000	

工薪费

借方	贷方
(10) 1 400	

医疗用品费

借方	贷方
(13) 3 000	

折旧费

借方	贷方
(14) 1 800	

图表 2—18

借方		贷方	
资产增加	来源减少	来源增加	资产减少
A		A	
B			B
	C	C	
	D		D
发生额合计 A+B+C+D		A+B+C+D	

上述的平衡关系说明，运用借贷记账法进行记账的结果，账户的借方发生额与贷方发生额总是相等的，可用下列等式表示：

全部账户借方发生额合计 = 全部账户贷方发生额合计

由于借贷记账法下，要求每一个分录借贷两方的金额相等，过账以后，如前所说，全部账户的借方余额合计与贷方余额合计也必须是相等的。即：

账户的借方余额合计 = 账户的贷方余额合计

或资产类账户余额合计 = 负债类账户余额合计 + 所有者权益类账户余额合计③

在日常核算中，由于种种原因，很有可能把借贷方的金额记错，那么，账户发生额合计和余额的合计将不会平衡。根据这个“讯号”，使我们能及时发现和纠正错误。因此，上列的两个公式，可以作为借贷记账法下进行试算平衡的依据。运用这两个公式进行试算平衡，即检查期初余额、本期发生额和期末余额三个“平衡”(金额合计相等)，具有直接、一目了然的特点。借贷记账法带来的账户记录中的这三个平衡，人们称之为“自动平衡”。自动平衡是借贷记账法对比其他复式记账法的主要特点和优点之一。

但应当指出，仅仅利用试算平衡，并不能发现记账过程中有关账户的方向和登记金额方面的所有错误。也就是说，三个虽然都平衡了，其记账过程有可能是对的，但也可能有差错。例如，记入账户的方向(即借方或贷方)虽没有错，但却记错了账户。比方本应记“现金”账户的借方，却误记“银行存款”账户的借方；或者两个对应账户中记录的金额同时记错，比方本应各记 700 元，却误记为各 7 000 元。像这两种错误，就无法通过试算平衡发现。因此，会计记账人员平时必须养成认真与细致的工作作风，这才是最根本的防错办法。

为了便于试算平衡的实际应用，可以根据上述平衡公式的原理设计一种试算平衡表。在实际工作中，它是通过编制“总分类账户本期发生额对照表”来完成的。现仍以吴明医师诊所6月份资料为例，编制总分类账户本期发生额对照表如图表2—19。

吴明诊所总分类账户本期发生额对照表

图表2—19　　20××年6月30日　　单位：人民币元

账户	期初余额		本期发生额		期末余额	
	借方	贷方	借方	贷方	借方	贷方
现金			2 700	2 600	100	
银行存款			103 200	49 000	54 200	
应收账款			9 000	2 000	7 000	
在用医疗用品			9 000	3 000	6 000	
设备			40 000		40 000	
累计折旧				1 800		1 800
应付账款			4 500	9 000		4 500
资本——吴明				100 000		100 000
提款——吴明			2 000		2 000	
诊费收入				10 200		10 200
房租费			1 000		1 000	
工薪费			1 400		1 400	
折旧费			1 800		1 800	
医疗用品费			3 000		3 000	
合计			177 600	177 600	116 500	116 500

图表2—19所表现的资产与负债及所有者权益的相等关系(平衡关系)说明了什么呢?它说明：

第一，会计的对象是通过全部账户来反映的。其中，账户的“发生额”(借方和贷方)反映了资本运动的动态，是记账的直接对象；而账户的“余额”则反映资本运动的静态，是一定时期记账的结果。

第二，“任何静止、任何平衡都只是相对的”(恩格斯《反杜林论》)。资本运动也是这样。虽然6月30日该诊所资产的合计数与负债及所有者权益的合计数是相等的(即平衡)，下个月的月底同样也会出现上述之间的平衡，但数字绝对不会一样，因为7月份的平衡是建立在7月份对新经济业务进行记录的基础上，已经是“时过境迁”了。

上述的两个方面，具体和再次地验证了前述的会计恒等式。

最后，还必须指出，总分类账户本期发生额对照表除了能把分散在各个账户中的日常核算资料全部综合和集中起来，以便检查总分类账户中的记录是否正确和完整外，根据这种表式，又可一般地了解企业的经济活动。例如，从“银行存款”账户的本期发生额和期末余额可以了解：吴明诊所6月份存入银行的款项一共有103 200元，从银行存款户共付出49 000元，月底在银行的存款还有54200元。这些总括性资料，对于了解情况，加强管理具有一定的作用。此外，总分类账户本期发生额对照表虽不是正式报表，但它所提供的资料，能够作为编制正式报表的依据。具体说来：

积累在收入和费用账户中的数据为编制损益表提供了资料。它可以通过“收入－费用＝利润”这个公式来计算企业的利润，具体的计算如下：

诊费收入－(房租费＋工薪费＋折旧费＋医疗用品费)＝利润

10 200－(1 000＋1 400＋1 800＋3 000)＝3 000

有了利润及“资本”、“提款”等其他数据就可以计算吴明医师6月末的产权。具体的计算如下：

最初投入的资本	100 000
加：6月份的收益	3 000
减：提款	2 000
期末资产负债表业主产权余额	101 000

经过上述处理后(收入与费用的配比表现为利润；利润和提款最终表现为所有者权益。

最后有关的收入类、费用类、利润和提款等账户均无余额，其转账的过程以后再进行介绍)，就可以编制吴明诊所20××年6月30日的资产负债表、收益表和所有者权益表。

吴明诊所的收益表、所有者权益表和资产负债表的格式及内容见图表2—20。

通过这个简单的例子，也就是我们已经历了经济业务发生→会计分录→过账、结账→编制报表的过程以后，对于什么是会计、会计对象的内容如何、会计采用什么样的程序和运用什么方法等等问题，已有了一个较为具体的认识了。通

图表 2—20

吴明诊所收益表

20××年6月份　　单位:人民币元

收　入		
诊费收入		10 200
费　用		
房租费	1 000	
工薪费	1 400	
折旧费	1 800	
医疗用品费	3 000	
费用合计		7 200
净收益		3 000

吴明诊所所有者权益表

20××年6月30日　　单位:人民币元

项目	金额
投资	100 000
加:6月份净收益	3 000
	103 000
减:6月份提款	2 000
20××年6月30日余额	101 000

吴明诊所资产负债表

20××年6月30日　　单位:人民币元

资　产		负　债	
现金	100	应付账款	4 500
银行存款	54 200		
应收账款	7 000		
在用医疗用品	6 000		
设备	40 000	所有者权益	
减:累计折旧	1 800	资本——吴明	101 000
设备净值	38 200		
资产合计	105 500	负债及所有者权益合计	105 500

←→表示数字钩稽及核对

过这个例子，反转过来加深了对总论中所阐述问题的认识。

第四节　总分类核算与明细分类核算

以上我们所说的基本上是属于会计上总分类的核算，但在会计核算工作中，既要进行总分类核算，又要进行明细分类核算，这样才能充分发挥会计的职能，实现会计的有关目标。

一、组织总分类核算与明细分类核算的意义及其原则

从上一节所作的会计分录，不难发现，不论包括两个还是两个以上的账户，它们都具有共同点：一是只能总括反映每项经济业务的基本内容，如借记在用医疗用品，我们只知道医疗用品增加，却不知道增加的是什么种类；二是只能提供货币指标，而不知道其数量和单价，过账后也是如此。这种运用货币指标，总括反映资产、负债、所有者权益、收入、费用和利润的核算称为总分类核算。在总分类核算中，使用的账户称为总分类账户或一级账户(总分类科目或一级科目)。在会计工作中，正确组织总分类核算是全面反映会计对象和加强经营管理的需要。因为通过总分类核算资料，我们才可能概括了解和全面控制资本运动，有利于促进整个企业生产经营的发展。不过，只有总分类核算所提供的资料，对于深入了解资本运动的详细情况还是不够的。

首先，它不够详细具体。为了加强管理，除应掌握那些说明一个企业、一个单位的总括、全面情况的会计信息外，还应掌握那些能说明企业、单位各方面详细情况的会计信息。

这两种会计信息的使用，应当互相补充、互相配合，缺一不可。

其次，总分类核算只有货币指标，即只限于价值核算，这也有局限性。因为“价值只是存在于某种使用价值中，存在于某种物中。因此，如果使用价值丧失，价值也就丧失”。[④]价值与使用价值、资本与物资实际上是不能分离的。价值核算与使用价值核算(实物量的核算)必须紧密结合。实践证明，要管好用好财产，既要组织好它的金额核算，又要组织好它的数量核算。否则，既无法管好用好物资，也无法管好资金，最终当然就谈不上如实反映和有效控制资本运动。

所以，在会计核算中，除了应正确组织总分类核算，提供总括反映资本运动的各项货币指标外，还应正确组织明细分类核算，提供详细反映各项资产、债权，以及各有关收入、费用和所有者权益变动的详细具体信息。其中，有关财产

物资的明细分类核算还需要提供必要实物数量指标。在明细分类核算中，所使用的账户称为明细分类账户或简称明细账户(也叫明细分类科目或简称明细科目)。

总分类账户是概括资产、负债、所有者权益、收入、费用类别进行分别设置，而明细分类账户则是根据每一个总分类账户所核算的内容，按照详细类别进行设置。例如，在制造企业中，为了掌握各种原材料的收、发、结存情况和储备资金的周转情况，就应当在“原材料”这个总分类账户下面，按照原材料的保管地点、明细类别和品种规格，分别设置明细分类账户，既反映各种原材料的价值动态，又反映各种原材料的实物动态。除“原材料”账户外，凡属于资产类的财产、物资账户，如固定资产、半成品、产成品等等，都可比照对原材料的要求，分别按各项财产物资组织明细分类核算，要求它既提供货币指标，又提供实物指标。至于“应收账款”和“应付账款”等账户也应分别按照购买单位和供货单位分户组织明细分类核算，一般只要求它提供详细的货币指标。

在大多数总分类核算中，都可以分别设置这样或那样分明细分类账户，提供详细、具体的指标。但可以并不等于需要，应从实际出发。如果明细分类账户过多，核算的工作量就大了，有时也会流于繁琐。因此，明细分类核算的组织，既要满足管理的需要，又要力求简化核算手续。

由于各个企业规模、业务的繁简不尽相同，某些企业在组织明细分类核算中，有时还要设置比上述明细账户较为总括的账户。这种账户虽然也属明细分类核算的性质，但由于它是介于总分类账户(一级账户)与明细分类账户之间的账户，为了区别这两种详简程度不同的明细账户，习惯上把较为简括的明细账户称为“二级账户”，而把更为详细具体的明细账户称为“明细账户”或“三级账户”。二级账户能帮助一级账户分类统驭所属明细核算资料或使总分类核算的资料较为具体(但又不必像一般明细核算资料那么详细)，以适应经营管理的需要。

例如，在“固定资产”一级账户之下，可按固定资产的类别和使用情况设立工业生产用固定资产、非工业生产用固定资产等几个二级账户。在二级账户下，再根据需要，再设置明细账户。如工业生产用固定资产可按不同的机器、设备分别进行设置。

凡设立了二级账户的一级账户，对于所属明细分类账户，可以不直接进行统驭，而通过二级账户作为中间环节来控制它们。增加了二级账户，一方面可以通过它加强经营管理，但另一方面又会增加核算工作量；而在增加的核算工作中，有些又是在二级账户之间的转账。

因此，设置和应用二级账户，应当根据经营管理的实际需要和编制报表的要求，不宜任意增加。

账户的层次及其相互关系可用图表 2—21 表示。

图表 2—21

- 一级账户（总分类账户）
  - 二级账户
    - 明细分类账户（三级账户）
    - 明细分类账户（三级账户）
    - ……
  - 二级账户
  - ……

二、总分类账户与明细分类账户的平行登记原则

总分类账户与明细分类账户之间的关系，正如前面所指出的是一种统驭与被统驭的关系。而在总分类账与明细分类账（明细账）中进行核算，原则上则应当采用平行登记法。所谓平行登记，就是记入总分类账户和记入明细分类账户的资料，都以会计凭证为根据；当根据会计凭证在总分类账户与明细分类账户中记录经济业务时，必须独立地、互不依赖地进行。在具体操作上，平行登记法的要点可以概括如下：

1. 对于每一项经济业务，一方面要记入有关总分类账户，另一方面要分别记入各总分类账户所属的有关各明细分类账户（不设置明细分类账户的科目除外）。

2. 所记录的经济业务的方向必须相同。如果在总分类账户中是借记，则在所属明细分类账户中也应是借记；如果在总分类账户中是贷记，则在所属明细分类账户中也应是贷记。

3. 记入总分类账户中的金额要同记入所属明细分类账户的金额相等（如关系到几个明细分类账户，则应与其金额之和相等）。

4. 记入明细分类账户中的资料凭据一般要根据原始凭证或记账凭证；记入总分类账户中的凭证则一般根据以原始凭证为基础编制而成的记账凭证或有关的汇总凭证。总之，记入总分类账户及其所属明细分类账户中的资料，原则上都应当直接来自会计凭证。也就是不能根据总分类账来登记明细分类账，也不能根据明细分类账来登记总账。

总起来说，实行平行登记意味着把相同的原始会计数据，通过两个相互联系又相互制约的核算系统——总分类核算和明细分类核算——进行处理，最后使有关指标相符，起自动的核对作用。很明显，这样做，将能随时查明有关核算环节上的差错，保证会计信息的质量。

下面以“原材料”账户为例，说明总分类账户和明细分类账户的平行登记法。为了简单明了，这里不进行原材料的二级核算。

假设某企业总分类账户中“原材料”账户在20××年8月31日的余额，是由图表2—22所列的各项原材料所组成：

图表 2—22

名　称	数　量	单　价	金　额
甲种原材料	1 000吨	300元	300 000元
乙种原材料	2 000公斤	50元	100 000元
合　计			400 000元

在9月份，有关原材料采购结算及原材料收入与发出的业务如下：

【业务1】　9月4日向A厂购入材料一批，价款未付。已验收入库的这批原材料所包括的具体内容见图表2—23。

图表 2—23

名　称	数　量	单　价	金　额
甲种原材料	400吨	300元	120 000元
乙种原材料	200公斤	50元	10 000元
合　计			130 000元

这笔经济业务，应作成下列会计分录：

借：原材料——甲材料　　120 000
　　　　　——乙材料　　10 000
　贷：应付账款——A厂　　130 000

【业务2】　9月10日，向B厂购入丙种原材料一批计700吨，每吨100元，共计金额70 000元，价款未付，材料已验收入库。

这项业务，应作下列会计分录：

借：原材料——丙材料　　70 000
　贷：应付账款——B厂　　70 000

【业务3】　9月11日，生产车间因产品生产需要向仓库领用一批材料，其具体内容见图表2—24。

图表 2—24

名　称	数 量	单 价	金　额
甲种原材料	500 吨	300 元	150 000 元
乙种原材料	600 公斤	50 元	30 000 元
丙种原材料	600 吨	100 元	60 000 元
合　计			240 000 元

这笔业务，应作成下列会计分录：

	借方	贷方
借：生产成本	240 000	
贷：原材料——甲材料		150 000
——乙材料		30 000
——丙材料		60 000

根据上述有关材料月初结存、本月收入和本月发出的资料，分别在“原材料”总分类账户及其所属“甲种原材料”、“乙种原材料”、“丙种原材料”三个明细分类账户中按前所说的平行登记原则进行登记。其登记方法是：

1. 在原材料总分类账户中登记月初余额 400 000 元；同时，分别在“甲种原材料”、“乙种原材料”的明细分类账户中登记其月初数量、单价和金额。前面还说过，之所以我们要进行明细分类核算，是要提供满足管理需要的更为详尽的信息。因此，明细分类账户的结构应同明细分类核算的目标相一致，其结构也就有不同形式。对于原材料的明细账来说，其结构应能提供“计量单位”、“单价”、“收入”、“发出”、“余额”等指标。其格式可见下面的甲种原材料明细分类账户。

2. 将本月收入两批材料的合计金额 130 000 元和 70 000 元，按业务发生的时间先后，记入“原材料”总分类账户中的借方；同时将每批收入各种材料的数量、单价、金额分别记入有关的原材料明细分类账户中的收入栏。

3. 将本月发出材料(车间领用)的合计金额 240 000 元记入“原材料”总分类账户中的贷方；同时将发出各种原材料的数量、单价、金额分别记入有关的原材料明细分类账户中的发出栏。

4. 根据“原材料”总分类账户和所属原材料明细分类账户的记录，分别结算它们的本期发生额和期末余额。

按照上述登记方法，“原材料”总分类账户及其所属三个明细分类账户的登记结果如下图表 2—25 所示。

图表 2—25

总分类账户

账户:原材料 单位:元

20××年 月	日	凭证号数	摘要	借方	贷方	借或贷	余额
9	1		月初余额			借	400 000
	4	(1)	购入	130 000		借	530 000
	10	(2)	购入	70 000		借	600 000
	11	(3)	车间领用		240 000	借	360 000
	31		本月发生额及期末余额	200 000	240 000	借	360 000

明细分类账户

账户:甲种原材料 单位:元

20××年 月	日	凭证号数	摘要	计量单位	单价	收入 数量	收入 金额	发出 数量	发出 金额	余额 数量	余额 金额
9	1		月初余额	吨	300					1 000	300 000
	4	(1)	购入	吨	300	400	120 000			1 400	420 000
	11	(3)	车间领用	吨	300			500	150 000	900	270 000
	31		本月合计	吨	300	400	120 000	500	150 000	900	270 000

账户:乙种原材料 单位:元

20××年 月	日	凭证号数	摘要	计量单位	单价	收入 数量	收入 金额	发出 数量	发出 金额	余额 数量	余额 金额
9	1		月初余额	公斤	50					2 000	100 000
	4	(1)	购入	公斤	50	200	10 000			2 200	110 000
	11	(3)	车间领用	公斤	50			600	30 000	1 600	80 000
	31		本月合计	公斤	50	200	10 000	600	30 000	1 600	80 000

账户:丙种原材料 单位:元

20××年 月	日	凭证号数	摘要	计量单位	单价	收入 数量	收入 金额	发出 数量	发出 金额	余额 数量	余额 金额
9	1		月初余额	吨	100					0	0
	10	(2)	购入	吨	100	700	70 000			700	70 000
	11	(3)	车间领用	吨	100			600	60 000	100	10 000
	31		本月合计	吨	100	700	70 000	600	60 000	100	10 000

在上列分录中，除“原材料”账户外，“应付账款”账户也应按照供应单位设置明细账户，并按平行登记法进行登记，但不必设置数量栏。

三、总分类核算与明细分类核算记录的相互核对

总分类核算与明细分类核算相互配合，既能提供全面总括的信息，又能提供具体详细的信息，以便加强经营管理。无论是总括的信息，还是具体详细信息，都应保证其准确无误。

为了保证记录的准确性，在总分类核算与明细分类核算之间，应当经常核对，保持账账相符，以便相互制约和相互配合，使之组成一个严密的反映和控制体系。总账和明细账是按平行登记法进行核算的，平行登记的资料来源虽然是一个，但记账的程序并不相同。所以，经常需要互相核对双方的记录，及时纠正一方登记的可能错误，做到账账相符，使双方的金额保持着统驭和被统驭的关系。

要进行这种核对，可以根据明细账的记录编制本期发生额和余额表，它是按每一总分类账户所属的全部明细分类账户进行编制的。

现根据上述某企业20××年9月份有关明细分类账户列示的资料，编制本期发生额和余额表如图表2—26所示。

图表2—26

原材料明细分类账户本期发生额和余额表

20××年9月　　　　单位:人民币(元)

明细科目（材料名称）	计量单位	单价	月初余额		本期发生额				期末余额	
			数量	金额	收入		发出		数量	金额
					数量	金额	数量	金额		
甲种原材料	吨	300	1 000	300 000	400	120 000	500	150 000	900	270 000
乙种原材料	公斤	50	2 000	100 000	200	10 000	600	30 000	1 600	80 000
丙种原材料	吨	100	—	—	700	70 000	600	60 000	100	10 000
合　　计	×	×	×	400 000	×	200 000	×	240 000	×	360 000

从原材料明细分类账户本期发生额和余额表可以看到，在总分类核算与明细分类核算之间，应达到四个金额相符，即月初余额、本期增加额、本期减少额、期末余额相符。本例的余额相符见图表2—27所示。

明细分类账户本期发生额和余额表的主要作用是：把日常核算的明细资料加以综合，借以检查每一个总分类账户及其所属明细分类账户的记录是否正确可

图表 2—27

"原材料"总分类账户			原材料明细分类账户				
			甲种原材料		乙种原材料		丙种原材料
1.月初余额	400 000	=	300 000	+	100 000	+	—
2.本期增加额	200 000	=	120 000	+	10 000	+	70 000
3.本期减少额	240 000	=	150 000	+	30 000	+	60 000
4.期末余额	360 000	=	270 000	+	80 000	+	10 000

靠；还可提供有关财产、物资、债权、债务等资料，用于加强日常的管理。

在设有二级账户的情况下，总分类核算与明细分类核算的相互核对，应当包括与二级账户的相互核对在内。总分类账户与二级账户及明细分类账户的相互核对，其道理是相通的，可遵照上述的方法进行，这里就不再详述了。

章末注

①会计要素中有利润这一要素，但为什么不设置利润类账户呢?这是由于在一定期间(如每月、每季、每年)，都要求企业的收入与费用加以配比，计算每一期间的利润。利润是企业资产的一个新的来源，在分配前，可被认为是所有者权益的增加；被分配出去的利润，也就可以理解为所有者权益减少及有关资产的减少；未分配利润是所有者权益的增加。因此，有关利润类的账户，被包括在所有者权益类之内。

②当然，决定账户的性质，归根到底是账户的经济内容而不是用途结构。这个问题，随着后面的学习，所接触的账户多了，大家就能体会到。

③这里为什么没有收入类与费用类账户，前面说过，这是由于到了一定期间，为了总结企业经营活动的成果，企业的收入与费用也就没有余额了。至于所得出的利润，在分配前就属于所有者权益了。

④马克思：《资本论》第一卷。

本章参考文献

1. 葛家澍、余绪缨主编：《会计学》，四川人民出版社 1992 年 8 月第一版。

2. 葛家澍主编：《会计学导论》，立信会计图书用品社 1986 年 6 月第一版。

3. 葛家澍主编：《会计基础知识》，上海人民出版社 1993 年第三版。

4. 常勋、李百龄、李登河编：《西方财务会计》，中央广播电视大学出版社 1989 年 10 月第二版。

5. 葛家澍、吴水澎主编：《会计学原理教程》，天津人民出版社 1986 年 7 月第 11 版。

第三章　会计凭证与账簿

账户和复式记账的相互结合，是复式簿记系统的核心环节；复式簿记系统的运行则需要借助一定的工具或载体。比如，复式记账过程所需要处理的会计数据是如何取得的?企业日常经营活动过程中所发生的大量业务，哪些应由会计系统加以反映?如何保证会计系统所处理的数据具有可靠性和可查性?这些都离不开凭证和账簿，其中，凭证决定了哪些数据可以进入会计系统、哪些数据不能进入会计系统；所有进入会计系统的数据都要通过账簿归集、汇总，并最后体现到财务报表中去。从事后来看，能证明会计系统所提供的信息是否可靠，主要依据就是凭证和账簿。

按照会计工艺的特点，复式簿记可以采取两种主要的载体形式：手写簿记形式和电子数据处理形式。手写簿记借助于填制会计凭证和登记账簿，在科学分类的基础上进行记录，逐步使记录的数据得到系统化，为形成一系列的会计信息提供基础。这一记账程序的运行过程，也是会计发挥反映和控制职能的过程。这也是传统会计产生之初的工艺特点之一。随着计算机的发明并日益渗透到日常生活的每一个层面，传统的凭证与账簿体系也逐步让位给适合计算机系统的会计数据处理与传递特征体系，形成电子数据处理形式，后面将以专门的章节来介绍。

手写簿记核算系统的形成，已有几百年的历史。经过人们的长期实践，它发展成为一个科学、严密的计算与记录系统。这个系统根据人们的不同需要，可以采用不同形式的凭证与账簿，而凭证与账簿的组织不同，登记与汇总等的程序相应存在差异。这些都构成本章所要介绍的内容。

第一节　会计凭证

一、会计凭证的意义

会计凭证是用来接收、记录经济业务发生的全部数据，以便明确经济责任，并作为登记账簿依据的书面证明文件。

为了保证会计信息的客观性、真实性和可稽核性，进入手写簿记系统的每一个原始数据都必须有根有据，这就要求每一项经济业务的发生都要通过凭证来接收其信息(数据)，即应由执行或完成该项经济业务的有关人员运用会计凭证记录经济业务的内容、数量和金额，并在凭证上签章，以对凭证的真实性负完全责任。一切会计凭证还必须经过有关人员审核无误，通过会计确认，方可据以将经济业务的初始数据记入账簿，进行加工处理。

会计凭证的填制和审核，对于如实反映和有效监督企业的经济业务，保证会计信息的真实、完整具有重要意义：

1. 通过填制会计凭证，可以全面记录企业日常发生的经济业务，为登记账簿提供必要的依据，同时为会计检查和会计分析提供具有法律效力的根据。

2. 通过审核会计凭证，可以对经济业务的发生是否合理合法进行监督，借以保护会计主体财产的安全和合理使用，保证财务计划和财务制度的贯彻执行，提高企业经营活动的经济效益。

3. 通过填制和审核会计凭证，可以严格企业内部的经济责任制，发生问题也便于查清责任，促进企业内部的分工协作。

会计上所强调的客观、真实，起点就是会计凭证。没有会计凭证作依据，会计信息所特有的客观、真实也就难以保障。比如，2001 年 6 月，美国世界通信(WorldCom)公司爆出数十亿美元的假账，根据事后的资料，有很多假账都是没有会计凭证、特别是原始凭证做依据的。

二、会计凭证的种类

会计凭证按其填制的程序和用途可分为原始凭证和记账凭证两类。

(一)原始凭证

原始凭证是在经济业务发生或完成时取得或填制，用来证明经济业务的发生，明确经济责任，并作为记账依据的书面证明文件。经济业务发生时，一般会产生含有财务信息的数据，这些数据首先应当用原始凭证把它接收(记录)下来，既可作为经济业务完成情况的书面证明，又可作为会计通过确认(编制记账凭证)进行加工处理的依据。

原始凭证按其来源的不同，分为自制凭证和外来凭证。其中，自制凭证是由本企业经办业务人员在执行或完成某项经济业务时所填制的原始凭证。例如企业仓库保管人员在验收材料入库时所填制的“收料单”，定期盘点库存材料所编制的“盘存表”，领用材料所编制的“领料单”以及本企业对外销售商品或提供劳务，开给其他单位或个人发票的副联(本企业记账的依据)等，都属于自制原始凭证。外来凭证则是在经济业务完成时从其他单位或个人取得的原始凭证，如向外单位购货时由供货单位开出的购货发票等。

由于复式簿记系统的数据处理对象是过去的经济业务，而无论是自制凭证或是外来凭证，都证明经济业务已经执行或已经完成，因而在审核后就可以作为会计记账的依据，将其数据输入复式簿记系统。凡是不能证明经济业务已经实际执行或完成的文件，例如材料请购单、车间派工单等，只反映预期的经济业务，这些业务既然尚未实际执行，其有关数据自然不能进入复式簿记系统加工处理。所以，这些文件不属于会计的原始凭证，不能单独作为会计记账的根据。另外，复式簿记的一个重要特征是货币计价，凡是能够进入会计系统的原始凭证，必须都包括明确、可靠的货币量度，否则，即便该项活动对企业非常重要，也不能作为会计系统的原始凭证，典型的活动包括产品购买或销售的意向合同、聘请厂长的合同（想想 Steve Jobs 对苹果公司的意义）等等。当然，这也构成了会计系统最大的局限性之一。

图表 3—1　　　　**××公司普通发票**

购货单位:珠江公司　　　　20××年9月15日　　　　No.010993312

货号及品名	规格	单位	数量	单价	金　额
文件夹		只	10	23.50	235.00
穿孔机		只	5	18.20	91.00
金额(大写)			零仟叁佰贰拾陆元零角零分		

第二联：客户

复核　　　制单　　　收款　　　　结算方式

原始凭证还可按其填制的手续次数不同，分为一次凭证、累计凭证和原始凭证汇总表。一次凭证是一次性填制完成的原始凭证。日常的原始凭证多属此类，如“发票”（见图表 3—1）、“收据”（见图表 3—2）、“入库单”等。累计凭证是指经多次填制完成的原始凭证，它通常用于反映在规定的时间内重复发生的同

图表 3—2 收　据

20××年 12 月 26 日　　NO.00589

付款单位：王小明　　结算方式：现金

收款原因：交回差旅费预支款

金额（大写）：壹仟肆佰肆拾元整

¥1440.00

备注：

第一联：财务

收款单位（盖章）　审核　经手　出纳

图表 3—3 南江制造厂

限额领料单

领料部门：铸造车间　　发料仓库：2 号库

用　途：甲产品　　20××年 9 月　　编号：15

材料类别	材料编号	材料名称及规格	计量单位	领用限额	实际领用	单价	金　额	备注
	406	灰口铁	公斤	39 000	38 000	0.20	7 600.00	

供应部门负责人：王　海　　生产计划部门负责人：李　江

日期	请领		实发			限额结余	退库	
	数量	领料单位盖章	数量	发料人	领料人		数量	退库单编号
1	13 000		13 000	张振	未工	26 000		
15	13 000		13 000	张振	未工	13 000		
25	12 000		12 000	张振	未工	1 000		
合计	38 000		38 000					

仓库负责人签章：

类经济业务。对于经常重复发生的某种经济业务，使用累计凭证可以简化核算手续，包括制证、记账和汇总手续。最具代表性的是“限额领料单”(见图表 3—3)。原始凭证汇总表是根据许多同类业务的一次凭证或累计凭证定期编制的，如工资汇总表、发料汇总表(见图表 3—4)等，其作用是简化编制记账凭证及登账的手续。

图表 3—4

南宏制造厂
发出材料汇总表
20××年 11 月 29 日

会计科目	领料用途	原材料	燃 料	合 计
基本生产成本	甲产品	150 000	9 000	159 000
	乙产品	76 000	3 000	79 000
	小 计	226 000	12 000	238 000
辅助生产成本	供电车间	……	……	……
	供水车间	……	……	……
	小 计	……	……	……
制造费用	……	……	……	……
企业管理费	……	……	……	……
合 计	……	……	……	……

会计主管　　　复核　　　制表

(二)记账凭证

记账凭证是由会计部门根据已审核原始凭证编制、载有会计分录、直接据以登记账簿的书面文件。会计部门接受原始凭证，只是说明会计这一信息系统把可能进入系统处理的经济数据先收集起来。这些数据(原始凭证所记载的)能否输入会计信息系统须通过会计确认。会计确认，是决定数据应否记录和如何记录、已记录并在账户中加工的信息应否列入报表和如何列入报表的会计程序。它实际上要进行两次。第一次决定在会计上正式加以记录的数据；第二次则决定在会计报表上正式予以披露的信息。很明显，第一次的确认是基本的，作为一个过程，第一次确认是从凭证的审核开始，而以编制成记账凭证、登记账簿才告结束。

原始凭证的审核完成了第一次会计确认的第一步，即确认了原始凭证上的数据可不可以输入会计信息系统(具体地说，在这里就是指复式簿记系统)。如果这些凭证被确认为载有会计信息的数据，也不过是说，它可能通过复式簿记系统加以处理，但尚未实际上进行处理。

第一次会计确认的第二步则是把可以输入的会计数据，采用会计特有的方式——运用账户进行复式记账——来表述其中含有的财务信息，那就是作成会计分录。会计分录首先就填写在记账凭证上。记账凭证不论采取何种形式，具有多少种类，它与原始凭证的本质区别在于它载有会计分录。原始凭证上载有的一切可以用货币计量的内容都还是数据，而会计分录则已由数据转化为信息。虽然会计分录作为信息还是初始的，尚有待于加工，但对比于原始凭证上的数据来说，它已经从中提炼出合乎最终输出的信息雏形，实现了从数据到信息的一次具有决定意义的变换。

因此，编制记账凭证，作成会计分录，并据以登记有关账簿，才标志着第一次会计确认的结束。这样输入会计信息系统的数据就被分类汇总到正处于加工的会计信息群体之中。

在实际工作中，一般把记账凭证按经济业务与货币资金的收付关系分为收款凭证、付款凭证和转账凭证三种。收款凭证用于记载与现金或银行存款收入有关的经济业务；付款凭证则记载与现金或银行存款付出有关的经济业务；转账凭证用于记载与现金或银行存款的收付无关的经济业务。格式分别见图表 3—5、图表 3—6、图表 3—7。如果企业经济活动数量多、种类繁，还可以按现金和银行存款的不同，将收款、付款凭证进一步分为现金收款、现金付款、银行存款收款、银行存款付款等凭证，再加上转账凭证，共五种。

图表 3—5 收款凭证

20××年 12 月 3 日

借方科目:银行存款　　　　凭证编号:收字 1 号

摘　要	贷方科目		账页	金　额	
	一级科目	明细科目		一级科目	明细科目
空调销售收入	销售收入		＊＊	44 800.00	
合　计				44 800.00	

附件 2 张

核准　　会计主管××　　会计××　　出纳××　　填制××

必须注意的是，在实际经济生活中，会发生从银行提取现金或将现金存入银行等导致现金和银行存款此增彼减的经济业务。对于这类业务，目前的惯例是统一按减少方填制付款凭证，以避免带来重复记账的麻烦，即：从银行提取现金业

图 3—6

付款凭证

20××年 12 月 9 日

贷方科目:现　　金　　　　　　　　　　　　凭证编号:付字 3 号

摘　要	借方科目		账页	金　额	
	一级科目	明细科目		一级科目	明细科目
王平预借差旅费	其他应收款	王平	**	1 000.00	1 000.00
合　计				1 000.00	1 000.00

附件2张

核准　　　会计主管××　　　会计××　　　出纳××　　　填制××

图 3—7

转账凭证

20××年 12 月 3 日　　　　　　凭证编号:转字 1 号

摘　要	科目名称		账页	借方金额		贷方金额	
	一级科目	明细科目		一级科目	明细科目	一级科目	明细科目
购入吸尘器,货款未付	库存商品	吸尘器	**	39 000.00	39 000.00		
	应付账款	鹭岛公司	**			39 000.00	39 000.00
合　计				39 000.00	39 000.00	39 000.00	39 000.00

附件2张

核准　　　会计主管××　　　会计××　　　填制××

务只编制银行存款付款凭证，不编制现金收款凭证；将现金存入银行业务编制现金付款凭证，而不编制银行存款收款凭证。

为了简化，记账凭证也可以采用一种通用的格式，即不分收款凭证、付款凭证和转账凭证，一律运用一种记账凭证，其格式与上述转账凭证相同，但名称统一为记账凭证。

三、会计凭证的填制和审核

(一)原始凭证的要素与审核

原始凭证用于接收并记录多种多样经济业务发生的数据，不同规模、不同行业的企业，其可能遇到的原始凭证种类都不相同；而企业规模越大，其可能遇到的原始凭证种类和数量当然也就越多。原始凭证种类多、内容杂，且不可能完全一致。例如收料单记录的是某品种材料收入的数量和金额，而领料单所记录的则是某项用途领用材料的数量和金额，两者的内容显然不同；同样，销售发票所记载的经济业务与企业内部员工预支差旅费，在内容上也相差甚远。但是，一切原始凭证，作为经济数据的载体，都应当起着证明经济业务已发生或实际完成的作用。撇开不同凭证的特殊形式和具体内容，它们都应当具备说明经济业务完成情况和明确有关人员经济责任等若干要素。正是这些要素载有会计信息系统所需要的经济数据与信息。

原始凭证的主要要素包括：

1. 原始凭证的名称，如销货发票、购货发票、限额领料单等。通过原始凭证的名称，能基本体现该凭证所代表的经济业务的类型。比如，购货发票反映了商品买卖的交易，领料单则表明企业内部某职能部门向仓库领用材料的业务，飞机票说明了乘坐飞机的经济活动。

2. 填制的日期，它应该是经济业务发生的日期。对少数不能及时填制凭证的经济业务，也应当在经济业务发生后尽快填制完成，以保证会计系统能及时地反映企业经济活动的情况与结果。

3. 交易双方单位的名称。任何经济业务的发生，都有买卖双方。一份完整的原始凭证应该能载明交易双方单位的名称，以便准确地反映双方的经济责任。会计信息的客观性或可验证性的检验，一个重要内容是审查原始凭证的真实性。如果一份原始凭证没有明确的交易双方，就很难追查其真实性。这里需要注意的是：有很多原始凭证本身就有明确的交易双方（如销售发票或购货发票等），比较容易区分；但有些原始凭证本身并没有非常明确地载明交易双方（如出租车票、火车票等），这就需要我们在审核时能够明确相应的交易方。

4. 经济业务的内容。原始凭证对经济业务内容的反映，可以通过凭证内专门的摘要栏等进行，也可以通过凭证本身来体现。比如，一张购货发票本身就代表了购货活动，而不论该发票是否设置专门的摘要栏；同样，一张飞机票，它所反映的经济业务也很清楚，当然不需要在飞机票上再专门说明这是乘坐飞机的经济活动了。如果有些原始凭证(如通用发票)本身不足以反映经济业务的内容，就需要在专门的摘要栏注明。

5. 经济业务的实物数量和金额，这是对经济活动完整反映所要求的，也是会计记录的要求。特别是没有金额的原始单证(如劳务合同等)，就不能作为会计上记账依据的原始凭证。

6. 有关经办人员的签名、盖章，这也是为明确具体的经济责任所必须的。如果是外来凭证(如购货发票)，还需要外单位加盖公章。

前面说过，原始凭证载有的信息只是含有会计信息的原始数据，要经过会计确认，才能进入会计信息系统进行加工处理。因此，必须认真核查这些信息数据是否具有会计信息的特征，并核查这些数据所代表的经济业务是否真实；对真实的凭证还需要核查其是否符合国家有关法规和本单位相应制度的要求。总的来说，一切原始凭证在正式记入会计系统之前，都应当经过以下两方面的审核：

1. 形式上的审核。即审核原始凭证的填制是否符合规定的要求，凭证中所应具备的内容是否填列齐全，尤其要审核是否真实可靠，数字计算是否准确，有关人员是否都已签章表示承担相应的责任。对不符合形式审核要求的凭证，不予进入下一步骤。

2. 实质上的审核。原始凭证在通过形式上的审核后，就可以进入实质上的审核。实质审核不仅要审查该原始凭证所反映的经济业务是否真实(即凭证来源是否可靠)，还要审查凭证所反映的经济业务是否合法、合理，即：是否符合有关政策、法令、制度、合同、预算和计划等的要求，是否符合规定的审核权限和手续，是否符合提高经济效益的要求等等。会计信息系统所具有的监督或控制作用，主要就体现在原始凭证的审查上。通过原始凭证审查，确保输入会计系统的数据真实、合理、合法，从而为会计系统最终所提供的财务报表信息的质量，提供有效保证。

(二)记账凭证的要素与审核

记账凭证的重要作用正如这种凭证名称所表明的，是把已审核的原始凭证数据，运用账户和复式记账，作成会计分录，转换为会计系统所需的初始信息。记账凭证也必须要具备一些最基本的要素：

1. 记账凭证的名称、填制单位、填制日期和编号。其中，填制单位也就是会计主体，它是固定的；记账凭证的名称随企业所采用的记账凭证类型不同而不同，如采用通用格式记账凭证，所有都称为记账凭证；采用三种格式的，则分别称为收款凭证、付款凭证和转账凭证；记账凭证的编制日期就是填写记账凭证的当日；凭证编号同样要考虑企业所采用的记账凭证类型不同而不同。如果企业采用通用格式的记账凭证，按凭证编制的先后顺序连续编号即可；如果企业采用收款、付款、转账三种格式的记账凭证，需要分别按“收字××号”、“付字××号”、“转字××号”各自独立连续编号；如果企业对收款、付款又区分现金和银行存款的不同，分为现金收款、银行存款收款、现金付款、银行存款付款凭证，则记账凭证的编号也需要分别按“现收字××号”、“银收字××号”、“现付字××号”、“银付字××号”、“转字××号”等各自独立连续编号。如果一笔经济业务同时涉及两种不同类型的凭证，如“购入材料一批，以银行存款支付部分货款，其余暂欠”，就需要同时填制付款凭证和转账凭证，这两张凭证按各自所在序列连续编号，但需要在摘要栏注明相互间的联系。

2. 经济业务的简要说明和所附原始凭证张数。记账凭证是对原始凭证直接处理的产物，因此，在记账凭证摘要栏应简明扼要地说明它所处理的经济业务的类型，以便日后查证。为了表明记账凭证所登载的会计分录有确实凭据，应将原始凭证附在记账凭证的后边，同时，在记账凭证上注明所附原始凭证张数。通过核对记账凭证与所附的原始凭证，可以确定会计处理是否正确。

3. 会计分录，即会计科目(包括子目和细目)的借贷方向和金额，这是记账凭证的主体部分。

4. 有关人员的签名、盖章，收付款凭证还需有出纳人员的签章。这同样也是出于明确各自应负的责任，同时，通过多人检查，有利于防止记账过程出现差错，保证会计系统最终所输出信息的真实、可靠。通过后面关于内部控制的学习，我们会发现，通过多个人员相互检查，不仅能够有效地防止记账过程中发生一些差错，还能有效地降低人为舞弊的风险，最大限度地保证公司财产、物资的安全和完整，从而相应地保护了公司财产所有者的利益。

由于记账凭证是在原始凭证的基础上编制的，因此，为了简化凭证的编制手续，有些由会计机构编制的原始凭证常常把记账凭证的要素结合进去，使之成为既起原始凭证作用，又起记账凭证作用的一种多功能的会计凭证。如图表3—8。

图表 3—8

友谊公司材料耗用汇总表

汇字 12 号　　　　20× ×年 6 月　　　　附件 49 张

日期	领料单张数	贷方科目	借方科目			
		原材料	生产成本	制造费用	管理费用	应付工资
1—10	15	7 600	6 000	1 000	200	400
11—20	13	8 700	7 000	1 000	300	400
21—30	21	8 700	7 000	1 000	300	400
合　计		25 000	20 000	3 000	800	1 200

会计主管　　　　记账　　　　稽核　　　　填制

为了保证账簿记录的正确性，会计机构除了应当正确填制记账凭证外，还要对记账凭证的下列内容进行审核：

1. 记账凭证是否附有原始凭证，记账凭证的内容和原始凭证的内容是否相符；

2. 应借应贷会计科目和金额的计算是否正确；

3. 凭证格式中有关项目的填列是否完备，有关人员是否都已签章。审核时如发现凭证记录有错误，应查明原因并及时更正。记账凭证经审核后认为正确方能据以记入账簿。

严格地说，记账凭证的审核，同原始凭证的审核一样，共同组成会计确认的一个环节，都是在会计账簿上正式加以记录之前的必要步骤。由于会计信息具有控制作用，对凭证编制的严格审核，也可以理解为在复式簿记系统内部增强防护性控制功能的一种措施。

第二节 会计账簿

一、账簿的意义

账簿是由一定格式、相互连接的账页组成，以会计凭证为依据，全面、连续、系统地记录各项经济业务的簿籍。从外表形式上看，账簿是由具有专门格式而又相互连接的若干账页组成的簿籍。而从记录的内容上看，账簿是对各项经济业务进行分类和序时记录的簿籍。

会计凭证经填制和审核接收并确认了各种含有会计信息的数据，就可用来输入复式簿记系统。但是，一个正在经营的企业，经济业务的内容千变万化，而同类业务又不断重复，会计凭证上所载的缺乏联系的单个信息，无法满足经营管理的需要。因此，就有必要利用账簿这一方法把会计凭证提供的原始数据，按经济业务发生时间的顺序和科目的不同性质加以归类、加工、整理。设置和登记账簿的作用，可以概括如下：

1. 提供序时记录，反映企业经济活动的全貌，为经营管理提供系统、完整的会计核算资料。

2. 是发挥会计监督职能的重要手段。通过设置和登记账簿，不仅可以随时掌握各项资产、负债、所有者权益的增减变动情况，而且通过账实核对，可以检查账实是否相符，从而发挥会计的监督职能，有利于保证各项财产物资的安全完整和合理使用。

3. 为编制会计报表提供依据。经过核对无误的账簿记录及其加工的数据，提供了总括、全面、连续、系统的会计信息资料，是编制会计报表的主要依据。

二、账簿的种类

企业日常会计工作中所使用的账簿数量较多，按不同的分类标准，账簿可分为不同的类别。

(一)账簿按用途可分为序时账簿、分类账簿和备查账簿

序时账簿是以每项经济业务为记录单位，按照经济业务发生时间的先后顺序逐日逐笔进行登记的账簿。目前，我国企业会计核算工作中最常用的序时账簿是现金日记账簿和银行存款日记账簿。

在以美国为代表的会计工作中，广泛使用普通日记簿(General Journal)和特种日记账(Special Journal)。应注意的是，它们所使用的日记账的概念，与我国的现金、银行存款日记账不同。普通日记簿实际上是按经济业务发生的时间先后顺序所作的分录账，有点相当于我国会计实践中所使用的记账凭证。而特种日记簿是用来登记大量重复发生的经济业务，如购货、销货等，它又在形式上有点相当于我国的汇总记账凭证(但二者所起的作用并不相同)。正因为如此，日记簿也被译为分录簿，普通日记簿相应地可以译为普通分录簿或通用分录簿，特种日记账则可译为特种分录簿。普通日记簿和特种日记簿的会计分录最后都要登记到分类账(ledger，即我国的账簿)中去。而我国的现金日记账或银行存款日记账只是反映现金或银行存款的收支业务，本身不包含会计分录。

在上面的记账凭证部分，我们已经提及，我国的记账凭证是一种活页式的，每编制完一张，就需要将相应的原始凭证作为其附件。显然，西方采用普通日记簿或特种日记簿方式编制会计分录，不便于将原始凭证附在每一笔会计分录之后。在这一体制下，它们对原始凭证进行编号(如购货发票第××号、销货发票第××号)，并分类统一保管。在编制会计分录时，注明相应的发票号数。这种处理方式与我国的记账凭证和原始凭证保管方式相比，各有优缺点。但由于很多会计、审计方法都是在西方国家发展起来的，能较好地适应这一方式的要求，在将其应用到我国时，需要作相应的修正。比如，审计中广泛应用的根据发票号码随机抽样的方法，至少目前在我国的凭证保管体制下是没有意义的。如果我国要采用对原始凭证的抽样，只能按记账凭证的编号进行。

分类账簿是按照分类账户开设，并对各项经济业务进行分类登记的账簿。按其分类概括程度不同，可分为总分类账簿(简称总账)和明细分类账簿(简称明细账)。前者根据总分类账户开设，可全面反映经济主体的经济活动情况，一般只登记金额，进行总括核算，对所属明细账起统驭作用，可以直接根据记账凭证逐

笔登记，也可以将凭证用一定的方法定期汇总后进行登记；后者根据明细分类账户开设，用来分类登记某一类经济业务增减变化，提供明细核算资料，应根据记账凭证和原始凭证逐笔详细登记，是对总账的补充和说明。

分类账簿与序时账簿的作用不同。序时账簿能提供连续系统的信息，反映企业资金运动的全貌(指西方的普通日记簿和特种日记簿)，或某一部分资金运动的过程(如我国的现金与银行存款日记账)；分类账簿则按照经营和决策需要而设置，归集并汇总各类信息，反映资金运动不同的状态、形式和构成。因此，通过分类账簿，才能把各类数据按账户来塑造成总括、连续、系统的会计信息，满足会计报表编制的需要。

备查账簿也称辅助账簿，是对序时账簿和分类账簿等主要账簿不能记载或记载不全的事项，为便于查考而进行补充登记的账簿。例如所有权不属于企业的租入固定资产，可用“租入固定资产登记簿”来记录。备查簿只是对其他账簿记录的一种补充，与其他账簿之间不存在严密的依存和钩稽关系。

(二)账簿按其外表形式可分为订本式账簿、活页式账簿和卡片式账簿

订本式账簿是在启用前就已把顺序编号的账页装订成册的账簿。其优点是可防止账页的散失和非法抽换；不便于分工记账，也不能根据需要增减账页，将影响账簿记录的连续性或造成不必要的浪费是其不可避免的缺点。

活页式账簿，简称活页账，是在启用时账页不固定装订成册而置放于活页账夹内，随时可以取放的账簿。其优点是可以随时增减空白账页，有利于记账人员的分工；缺点是账页易散失或被人为抽换。

卡片式账簿，简称卡片账，是由许多具有一定格式的硬卡片组成，存放在卡片箱内，随时可以取放的账簿。主要用于反映固定资产明细账等不经常变动的账项的登记。其优缺点类似于活页账。

企业在设计账簿体系时，将那些比较重要、容易流失的项目，采用订本账。比如，现金和银行存款日记账，都是采用订本账；有些企业也会对总账采用订本式。一些次要的，或不容易流失的项目，可采用活页式或卡片式。比如，应收、应付款的明细账、原材料明细账、固定资产明细账等，一般采用订本式或卡片式。

为了防止散失和抽换，活页账的账页和卡片账的账卡在使用时可进行编号并由有关人员在账页和账卡上盖章，使用完毕不再继续登记时应装订成册或封扎保管。

三、账簿的设置和登记

(一)日记账的设置和登记

企业通常会设置现金日记账和银行存款日记账。其中，现金日记账和银行存款日记账是由出纳员分别根据审核后的现金收、付款凭证和银行存款收、付款凭证逐日逐笔顺序登记的，但对于从银行提取现金的收入数，由于已填制银行存款付款凭证，所以应直接根据银行存款付款凭证登记现金日记账，以免遗漏登账。

同样，对于把现金存入银行的收入数或从其他银行存款户转存的收入数，也应该根据现金付款凭证或银行存款付款凭证登记。

日记账的登记，除了应逐日逐笔顺序登记以外，还应做到日清月结。即每日登记完毕后，应加计当日收入、付出合计数及余额；每月末，还应加计当月收入、付出的合计数及余额，以便及时与现金实有额和银行送来的对账单进行核对。

日记账的格式，一般采用借方、贷方、余额三栏式，或收入、付出、结余三栏式(见图表 3—9)。现金和银行存款收付业务较多的企业，也可以采用多栏式的现金日记账和银行存款日记账(见图表 3—10)。由于多栏式日记账是按照现金和银行存款收付的每一对应科目设专栏进行序时、分类登记，能较为全面、清晰地反映现金和银行存款收付的来龙去脉；月末可根据汇总各对应科目的发生额及收入和支出两部分的合计数直接登记入总账。

图表 3—9

现金日记账 第 1 页

20××年		凭证号数		摘　要	收入	支出	余额
月	日	现收	现付				
12	1			期初余额			1 800
	2		001	偿还欠款		800	
	2		002	二季度报刊费		300	
	2		003	车间办公品		100	
	2	001		零售收入	1 000		
~	~	~ ~ ~	~ ~ ~	本日合计	1 000	1 200	1 600
~	~	~	~	~ ~ ~ ~ ~ ~ ~	~ ~ ~ ~	~ ~ ~ ~	~ ~ ~ ~
~	~	~ ~ ~	~ ~ ~	~ ~ ~ ~ ~ ~ ~	~ ~ ~ ~	~ ~ ~ ~	~ ~ ~ ~
~	~	~	~	本月合计	9 800	9 900	1 700

图表 3—10　　　　　　　　　　　　**现金日记账**

第 1 页

20××年		凭证号数		摘　要	收　入			支　出				余额
					应贷科目		合计	应借科目			合计	
月	日	现收	现付		银行存款	销售收入		应付账款	待摊费用	制造费用		
1	1			期初余额								1800
	2		001	偿还欠款				800			800	
	2		002	二季度报刊费					300		300	
	2		003	车间办公品						100	100	
	2	001		零售收入		1000	1000					
~	~	~ ~	~ ~	本日合计	~ ~	1000	1000	800	300	100	1200	1600
~	~	~	~	~ ~ ~ ~ ~ ~ ~	~ ~	~ ~	~ ~	~ ~	~ ~	~ ~	~ ~	~ ~
~	~	~ ~	~ ~	~ ~ ~ ~ ~ ~ ~	~ ~	~ ~	~ ~	~ ~	~ ~	~ ~	~ ~	~ ~
~	~	~	~	本月合计	2000	7800	9800	4000	1000	4900	9900	1700

(二)总分类账簿的设置和登记

总分类账簿概括地反映经济业务，一般只提供较总括的金额(货币量)指标。因此，其格式采用借、贷、余三栏式的订本账或活页账(见图表 3—11)，按科目分类连续登记。企业由于采用不同的会计记账程序，总分类账就有不同的登记程序。可以根据记账凭证或日记账簿(一般指多栏式日记账)逐笔登记；也可以将记账凭证按一定方式进行汇总，然后一次性登记到总账中去。

图表 3—11

总分类账

会计科目:应付账款

20××年		凭证号数	摘　要	对方科目	借方	贷方	借或贷	余额
月	日							
12	1		月初余额				贷	4 000
	3	银付 2	还南江公司货款	银行存款	3 000			
	5	转 5	向南江公司购料	材料采购		5 000		
	8	银付 5	还华美公司货款	银行存款	1 000			
12	31		本月合计		4 000	5 000	贷	5 000

(三)明细分类账簿的设置和登记

明细分类账簿是总分类账簿的必要补充，它所提供的信息对日常的经营管理往往是很重要的。明细分类账簿一般采用活页式账簿，也有的采用卡片式账簿。通常有以下三种主要格式：

1. 三栏式。三栏式明细账的结构与总分类账相同(见图表 3—12)，这种格式适用于只要求提供货币信息而不需要提供非货币信息(实物量指标等)的账户，如债权、债务账户等，常用于应付账款、应收账款、其他应收款、其他应付款等的登记工作。

图表 3—12

应付账款明细账

明细科目:南江公司

20××年		凭证号数	摘　要	对方科目	借方	贷方	借或贷	余额
月	日							
12	1		月初余额				贷	3 000
	3	银付 2	还货款	银行存款	3 000			
	5	转 5	购料	材料采购		5 000		
12	31		本月合计		3 000	5 000	贷	5 000

2. 数量金额式。数量金额式明细账要求在账页上对借方、贷方、余额分别设置数量栏和金额栏，以同时提供货币信息和实物量信息。适用于既要进行金额核算，又要进行实物量核算的财产物资科目，如原材料、库存商品等科目的明细账，见图表 3—13。

图表 3—13

原材料明细账

材料名称:乙材料
计量单位:公斤　　　　仓库:2 号库

20××年		凭证号数	摘　要	借方(收入)			贷方(发出)			借或贷	余额(结存)		
月	日			数量	单价	金额	数量	单价	金额		数量	单价	金额
12	1		月初余额							借	5 000	1.5	7 500
	3	转 3	购入	1 000	1.5	1 500							
	31	转 50	本月发出				4 000	1.5	6 000				
12	31		本月合计	1 000	—	1 500	4 000	—	6 000	借	2 000	1.5	3 000

3. 多栏式。多栏式明细分类账簿是对属于同一个一级账户或二级账户的明细账户，合并在一张账页上进行登记，以集中提供同类一组的若干详细资料。即在“借方发生额”和“贷方发生额”之下，再分别设置若干金额栏，分栏登记各明细账的发生额(格式见图表 3—14)。它适用于费用、成本和收入、利润等类账户的明细分类核算。实际工作中，生产成本、制造费用、管理费用、销售费用等账户的多栏式明细分类账可以只按借方发生额设置专栏，而贷方发生额由于每月

只发生一笔或少数几笔，可运用红字冲账原理，在有关栏内用红字登记(见图表3—15)。

图表 3—14

应交增值税明细账

年		凭证号数	摘要	借方			贷方				借或贷	余额
月	日			进项税额	已交税额	合计	销项税额	进项税额转出	出口退税	合计		

图表 3—15

制造费用明细账

年		凭证号数	摘　要	借方发生额					
月	日			合计	办公费	差旅费	折旧费	修理费	工资

(四)备查账簿的设置和登记

备查账簿是对主要账簿起补充说明作用，因此，它没有固定的格式，一般是根据各单位会计核算和经营管理的需要而设置。

四、账簿的使用和登记规则

登记账簿是会计核算的重要环节，为充分保证会计核算的质量，必须遵守账簿的使用和登记规则。

(一)账簿启用规则

1. 为了保证账簿记录的合法性和完整性，明确记账责任，在账簿启用时，应当在账簿扉页上详细载明：账簿名称、单位名称、账簿编号、账簿册数、账簿共计页数、启用日期、记账人员、主管人员等，并加盖公章。

2. 中途更换记账人员，需要在交接记录中登记并签章，同时，需有会计主管人员监交并签章。

(二)账簿的登记规则

1. 登记账簿的依据只能是经过审核无误的会计凭证。为了在会计信息系统内部形成一个保护性的控制系统，加强数据之间的稽核，减少信息传递过程中的失误，总账和明细账的登记必须遵循平行登记的原则。即总账和明细账均以会计凭证为依据进行登记，而不能互为依据。

2. 为了使账簿记录清晰整洁，便于长期保存，防止篡改，记账时必须以蓝、黑墨水书写，不能使用铅笔或圆珠笔；红色墨水只能在画线、改错和冲账时使用。账簿的文字书写时要端正清楚，数字要登记在金额线内，没有角分的整数，小数点后应写“00”字样，不可省略。

3. 登账时应按照编页连续登记，不得隔页或跳行；应将记账凭证的号数记入账簿内，同时，应在记账凭证上注明账页，或注明记号，表示已经过账；每一张账页登记完毕应在最后一行摘要栏注明“转次页”，加计“本页发生额合计数”，结出余额，然后将发生额和余额记入下一账页的第一行，并在摘要栏写“承上页”。

4. 账簿记录发生错误时，不能刮擦、挖补、涂抹或用褪色墨水更改字迹，可按具体情况，用下列方法予以更正：

(1)画线更正法

在结账之前，如果发现账簿记录有误，但记账凭证正确，即纯属过账时金额笔误，一般即可采用画线更正法更正。更正时，先将错误的数字全部画一条红线予以注销，但应使划销的文字或数字保持原有字迹仍可辨认，以备考查。然后，将正确的文字或数字用蓝字写在画线的上端，并由记账人员在更正处盖章，以明确责任。如记账员陈英登账时，将4 500元误记为5 400元，更正方法如下：

陈英

4 500

~~5 400~~

(2)红字更正法

在记账以后，如果发现记账凭证中的应借应贷科目有误，或科目和金额同时出现差错时，可用红字更正法予以更正。具体方法是，先用红字金额填制一张内容与原来错误的记账凭证完全相同的记账凭证，用红字登记入账，据以冲销原有的错误记录，再用蓝字填制一张正确的记账凭证，重新登入账簿。例如，车间领用材料7 600元生产A产品，记账凭证的分录误为：

借：制造费用　　7 600

　　贷：原材料　　7 600

并已登入分类账。发现这一错误时，可先用红字金额填制一张与上述分录相同的记账凭证：

借：制造费用 7 600
　贷：原材料 7 600

同时，用蓝字填制一张正确的凭证：

借：生产成本——A 产品 7 600
　贷：原材料 7 600

把后两张凭证登入相应的账簿中去，就得到了正确的结果，从而保证了信息的可靠性。

如果原记账凭证中应借、应贷账户并无错误，只是所填列的金额大于应填列的金额，并已过账；或者，记账凭证完全正确，只是登账时发生笔误，使得错误金额大于正确金额，且已结账，这时也要用红字更正法进行更正。具体更正时，只需用红字编制一张金额为错误金额超过正确金额部分的记账凭证，并登入有关账簿即可。

(3)补充登记法

如果在记账过程中出现了与上述恰好相反的错误，即记账凭证科目正确，金额错误，且错误金额小于正确的金额，并已过账；或者，记账凭证完全正确，只是过账中发生笔误，导致金额小于正确金额，已结账，就可用补充登记法更正。更正时，按正确金额与原来所填金额之差作为分录的金额，用蓝字编制一张与原凭证上应借应贷账户完全相同的记账凭证，过入有关账簿。续前例，车间领用材料 7 600 元生产 A 产品，记账凭证的分录为：

借：生产成本 6 700
　贷：原 材 料 6 700

并已过账，则可编制如下记账凭证，并过入有关账簿，即可更正记账错误：

借：生产成本 900
　贷：原 材 料 900

五、结账和对账

(一)结账

结账是会计期末对账簿记录的总结工作。它是一个过程，包括以下基本程序：

1. 查明本期所发生的经济业务是否已全部登记入账。

2. 在全面入账的基础上，按照权责发生制的确认基础将收入和费用归属于各个相应的会计期间，即编制调整分录，包括：摊配已登账的待摊费用和预收收益；计提应承担但尚未支付的应付或预提费用；确认已实现但尚未收到的应收收益等等，再据以登记入账。

3. 编制结账分录。对于各种收入、费用类账户的余额，应在有关账户之间进行结转。如将产品销售收入、产品销售成本、管理费用、财务费用、销售费用等损益类账户的余额转入本年利润账户，以便在账簿上重新记录下一个会计期间的业务。结账分录也需要登记到相应的账簿中去。

4. 计算各账户的本期发生额合计和期末余额，画双线以结束本期记录。然后，将期末余额结转下期，作为下一个会计期间的期初余额。

通过结账，使已记录和储存的会计信息进一步提高清晰性、可靠性和相关性，便于通过会计报表输出并充分加以利用。

(二)对账

在会计这一信息系统内部，基于复式记账原理，已形成了一套以账簿为中心，账簿与实物、凭证、报表之间，账簿与账簿之间的相互控制、稽核和自动平衡的保护性机制。通过核对各种账簿记录中的自动平衡和互相钩稽关系，促使账证相符、账账相符、账款相符和账物相符。对账的内容包括以下几个方面：

1. 账证核对：各种账簿记录应该和会计凭证核对相符。

2. 账账核对：包括总账各账户期末借方余额合计数与贷方余额合计数相核对；总账各账户期末余额与各明细账期末余额合计数相核对；会计账与有关的统计账、保管账、业务账相核对；会计账与有关单位或个人的债权、债务相核对。

3. 账实核对：现金、银行存款、财产、物资等的账面余额应当和库存的实际余额核对相符，其中，银行存款余额的核对相符是通过企业银行存款日记账和银行每月送来的企业银行存款对账单核对相符。如不符，还应编制银行存款余额调节表，说明不符的账项与原因。

4. 账表核对：会计账簿与会计报表、分析表核对相符。

第三节　会计记账程序

记账程序指如何根据记账凭证登记账簿的程序。在我国，常用的记账程序有：记账凭证记账程序、汇总记账凭证记账程序、科目汇总表记账程序、日记总账记账程序等。至于一个企业采用什么记账程序，要根据企业的规模、会计机构和会计人员的水平，以及人们对会计信息的要求等因素才能加以确定。下面将侧重介绍实践中常用的记账程序：记账凭证记账程序、科目汇总表记账程序和汇总记账凭证记账程序。

一、记账凭证记账程序

在记账凭证记账程序下，序时账簿一般设置三栏式现金日记账和银行存款日记账，并将凭证装订成册代替普通日记簿。总账也采取三栏式并按一级账户设置，明细账则根据企业管理需要来设置。记账凭证可以采取单一的格式，也可以分别采用收款凭证、付款凭证和转账凭证等三种格式。

记账凭证记账程序的要点概括如下：

1. 根据原始凭证填制记账凭证；
2. 根据记账凭证及所附的原始凭证登记各种明细分类账；
3. 根据记账凭证（或收、付款凭证）登记现金日记账和银行存款日记账；
4. 根据记账凭证登记总分类账；
5. 会计期间终了，现金日记账、银行存款日记账的余额以及各明细分类账余额之和应当与总账有关账户的余额核对相符；
6. 根据总账和明细账提供的数据编制财务报表。

记账凭证记账程序的要点用图示如图表 3—16 所示。

记账凭证记账程序是最基本的核算程序，它包括了各种核算程序的基本要素，是我们学习记账程序的“入门”。它区别于其他记账程序的根本特点是根据记账凭证直接逐笔地登记总账。其优点是组织程序简单明了、总账反映详细。但总账要逐笔登记，记账工作繁重，也不符合总账总括反映的特点。因而，它只适用于规模不大、经济业务数量不多的会计主体。

图表 3—16

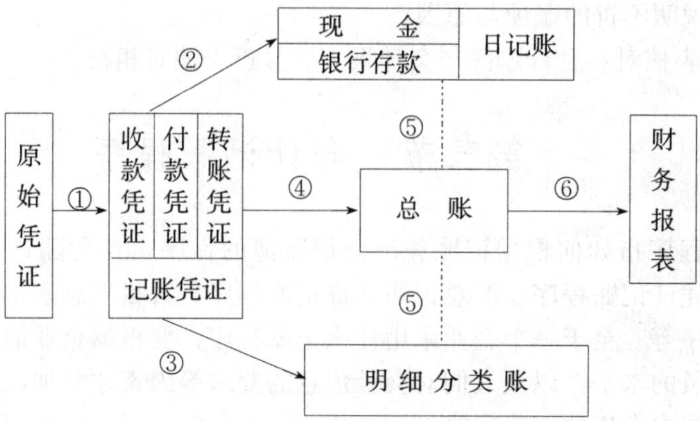

二、科目汇总表记账程序

科目汇总表记账程序和记账凭证记账程序的账簿组织基本上相同，只是在登记总账的方法上有所差别。其主要特点是定期把会计期间内所有的记账凭证按相同科目(账户)加以汇总，编制一张包括全部账户的科目汇总表(见图表 3—17)，然后，据以记入总账。下面以五月花电器商场 2000 年 12 月所发生的部分经济业务为例，具体说明科目汇总表的编制。

(1)2 日向东风工厂购入电风扇 200 台，@ 120 元，电风扇已验收入库，货款由银行付讫。

(2)3 日向鹭岛公司购入吸尘器 50 台，@ 780 元，货物已验收入库，货款暂欠。

(3)3 日销售给南方公司空调器 8 台，@ 5 600 元，收到对方开出的转账支票。

(4)5 日向芗城公司购入应急灯 150 个，@ 180 元，应急灯已验收入库，以银行存款支付 13 500 元货款，余款暂欠。

(5)8 日销售给光明公司电风扇 50 台，@ 140 元，货款已由银行收讫。

(6)9 日业务员王平出差预借差旅费 1 000 元，以现金支付。

(7)10 日以银行存款支付前欠鹭岛公司货款。

(8)10 日向银行提取现金 3 000 元，以备用。

(9)12 日售给春光工厂饮水器 6 台，@ 2 000 元，货款已通过银行收讫。

(10)13 日购入电饭煲 160 个，@ 270 元，电饭煲已验收入库，货款 43 200 元已通过银行付讫。

(11)14 日向银行提取现金 5 000 元。

(12)17 日以现金 6 500 元发放工资。

(13)18 日以现金购入办公用品 200 元，交付相关部门使用。

(14)18日售给泉城商行吸尘器10台，@850元，收到对方开出的60天期、票面利率6.5%的银行承兑汇票一张。

(15)19日王平出差回来，报销差旅费850元，余款交回现金。

(16)20日向长柳公司购入消毒碗柜16台，@800元，货款以银行存款支付，消毒碗柜已验收入库。

(17)21日向鹰扬公司购入电熨斗30个，@180元，电熨斗已验收入库，货款暂欠。

(18)22日以银行存款支付本月汽车费用3 700元。

图表3—17

业务号	凭证编号	账户名称	金额	
			借方	贷方
1	银付字1号	库存商品	24 000	
		银行存款		24 000
2	转字1号	库存商品	39 000	
		应付账款		39 000
3	银收字1号	银行存款	44 800	
		销售收入		44 800
4a	银付字2号	库存商品	13 500	
		银行存款		13 500
b	转字2号	库存商品	13 500	
		应付账款		13 500
5	银收字2号	银行存款	7 000	
		销售收入		7 000
6	现付字1号	其他应收款	1 000	
		现　金		1 000
7	银付字3号	应付账款	39 000	
		银行存款		39 000
8	银付字4号	现　金	3 000	
		银行存款		3 000
9	银收字3号	银行存款	12 000	
		销售收入		12 000
10	银付字5号	库存商品	43 200	
		银行存款		43 200
11	银付字6号	现　金	5 000	
		银行存款		5 000
12	现付字2号	应付工资	6 500	
		现　金		6 500
13	现付字3号	营业费用	200	
		现　金		200
14	转字3号	应收票据	8 500	
		销售收入		8 500

续表

业务号	凭证编号	账户名称	金额	
			借方	贷方
15a	转字4号	营业费用 其他应收款	850	 850
b	现收字1号	现　金 其他应收款	150	 150
16	银付字7号	库存商品 银行存款	12 800	 12 800
17	转字5号	库存商品 应付账款	5 400	 5 400
18	银付字8号	营业费用 银行存款	3 700	 3 700
19	银付字9号	营业费用 银行存款	2 100	 2 100
20	银收字4号	银行存款 销售收入	23 800	 23 800
21	现付字4号	营业费用 现　金	800	 800

(19)26日以银行存款支付本月邮电费2 100元。

(20)28日售给宏源公司冰箱5台，@3 400元；应急灯10个，@220元；饮水器2台，@2 300元。以上货款均已收到并存入银行。

(21)30日以现金支付清洁费用300元，维修费用500元。

对上述经济业务所编的记账凭证，见图表3—17（代记账凭证）。

在编制完记账凭证后，如果按上述记账凭证记账程序的要求，应当以记账凭证为依据，逐笔过入总账；而在科目汇总表记账程序下，则应先编制科目汇总表，再据以过入总账。实际操作中，通常借助“丁”字形账户来完成会计分录数据的汇总工作。“丁”字形账户的过账工作，第二章已作了详细介绍，同时，第四章还将结合期末账项调整作进一步介绍，这里就不再具体列示。下面将直接给出科目汇总表数据(见图表3—18)。

从表中不难看出，科目汇总表具有试算平衡的作用，即借方发生额合计数与贷方发生额合计数一定相等。如不等，表明记账过程或汇总过程中存在差错。由此可见，通过编制科目汇总表，可以及时发现记账过程中的错误。如果企业经济业务较多，每个月需要编制的记账凭证数量多，科目汇总表还可按旬或周编制，也可分别收款、付款与转账来编制。对收款、付款凭证编制科目汇总表，并据以登记总账，在登记分类账的步骤上，就相当于本章正文所介绍的特种日记簿了。不过，科目汇总表不能代替记账凭证。

图表 3—18　　五月花商场科目汇总表

2000 年 12 月份　　汇字 001 号

会计科目	账页		借方发生额	贷方发生额
	借方	贷方		
现金			8 150	8 500
银行存款			87 600	146 300
库存商品			151 400	
其他应收款			1 000	1 000
应收票据			8 500	
应付账款			39 000	57 900
应付工资			6 500	
销售收入				96 100
营业费用			7 650	
合计			309 800	309 800

图表 3—19　　记账凭证记账程序下的分类账

账户名称:银行存款

2000 年		摘要	凭证号数	借方	贷方	余额
月	日					
12	1	期初余额				80 000
	2	向东风厂购电风扇	银付字 1 号		24 000	
	3	南方公司货款	银收字 1 号	44 800		
	5	芗城公司购应急灯	银付字 2 号		13 500	
	8	光明公司货款	银收字 2 号	7 000		
	10	支付鹭岛公司货款	银付字 3 号		39 000	
	10	提取现金	银付字 4 号		3 000	
	12	收到春光工厂货款	银收字 3 号	12 000		
	13	支付货款	银付字 5 号		43 200	
	14	提取现金	银付字 6 号		5 000	
	20	支付货款	银付字 7 号		12 800	
	22	支付汽车费	银付字 8 号		3 700	
	26	支付邮电费	银付字 9 号		2 100	
	28	宏源公司货款	银收字 4 号	23 800		
	31	合计		87 600	146 300	21 300

以银行存款总账为例，如果按照记账凭证记账程序，本月所发生的每笔与银行存款有关的经济业务，都需要过到银行存款总账中去。如果按科目汇总表记账程序，则只需要汇总过入本月银行存款借、贷方发生额即可（见图表 3—19、3—20）。

图表 3—20　　科目汇总表记账程序下的分类账

账户名称:银行存款

2000 年		摘　　要	凭证字号	借　方	贷　方	余　额
月	日					
12	1	期初余额				80 000
	31	汇总登记	汇字 001 号	87 600	146 300	
	31	本月合计		87 600	146 300	21 300

从上面的例子可以看出，科目汇总表记账程序的主要特点是“汇总”，即先对记账凭证进行汇总，再登记总账。如果企业规模越大，每月发生的经济业务数量越多，采用科目汇总表记账程序登记分类账所节省的工作量也就越大。

科目汇总表记账程序的要点概括如下：

1. 根据原始凭证编制记账凭证；
2. 根据记账凭证（或收、付款凭证）登记现金日记账和银行存款日记账；
3. 根据记账凭证及所附的原始凭证登记各种明细分类账；
4. 根据记账凭证定期按每一科目的借方和贷方发生额汇总，编制科目汇总表；

图表 3—21

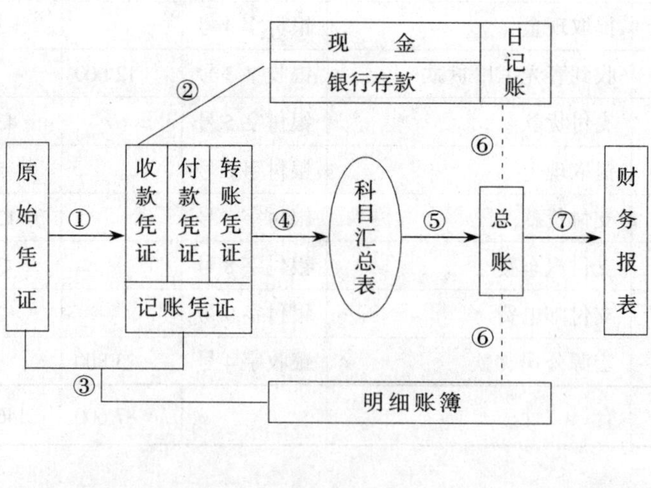

5. 根据科目汇总表登记总分类账；

6. 会计期间终了，现金日记账、银行存款日记账的余额，以及各明细分类账余额之和应和总账有关账户的余额相核对；

7. 根据总账和明细账提供的数据编制会计报表。

科目汇总表记账程序的要点用图示如上页图表 3—21 所示。

三、汇总记账凭证记账程序

上述科目汇总表记账程序的优点在于，最大限度地降低了登记总账的工作量。但它的缺点是不能有效反映账户的对应关系，无法反映各账户间的往来关系，不能用于直接判断各项具体经济业务的发生情况。为了克服科目汇总表的这一缺陷，人们在实践中改进汇总记账凭证资料的方法，创造出汇总记账凭证记账程序。汇总记账凭证记账程序的主要特点是：先根据记账凭证定期汇总编制汇总记账凭证，期末再根据汇总记账凭证登记总账。

1. 汇总记账凭证的编制

与上述科目汇总表的编制不同，汇总记账凭证要求在节省登记总账工作量的前提下，最大限度地保留各账户间的对应关系，因此，它通常是用一个贷方(借方)对应多个借方(贷方)，而不是像科目汇总表那样将所有账户借方和贷方汇总起来，形成多借多贷式的汇总表。

汇总记账凭证的编制，可分为如下四个步骤：

(1)把记账凭证按经济业务的性质分为现金收款、现金付款、银行存款收款、银行存款付款和转账五类。

(2)所有现金收款凭证，其借方都是“现金”账户，贷方账户不尽相同，可按现金账户的借方设置汇总凭证，统一汇总；同样，现金付款凭证按现金账户贷方设置凭证汇总；银行存款收款凭证按银行存款借方账户汇总；银行存款付款凭证按银行存款贷方账户汇总；转账凭证的借方和贷方涉及的可能账户较多，无法像收款和付款凭证那样易于汇总，实务中一律按贷方所涉及的账户进行汇总，即：将所有贷方账户相同的凭证汇总起来，编制汇总记账凭证。

(3)按汇总账户的对应账户汇总本期发生额。

(4)对汇总记账凭证统一编号，经有关人员审核后，据以登记总分类账。

以上述五月花商场的部分经济业务为例，编制汇总银行存款付款凭证如图表 3—22。

2. 汇总记账凭证记账程序的特点

汇总记账凭证记账程序的主要操作步骤与上述科目汇总表记账程序基本相

图表 3—22　　汇总银行存款付款凭证

贷方科目:银行存款　　20××年 12 月　　编号:汇银字 02 号

<table>
<tr><th rowspan="2">借方科目</th><th colspan="4">金　额</th><th colspan="2">总账页数</th></tr>
<tr><th>1—10 日凭证
1 号—4 号</th><th>11—20 日凭证
5 号—7 号</th><th>21—31 日凭证
8 号—9 号</th><th>合　计</th><th>借方</th><th>贷方</th></tr>
<tr><td>库存商品</td><td>37 500</td><td>56 000</td><td></td><td>93 500</td><td></td><td></td></tr>
<tr><td>应付账款</td><td>39 000</td><td></td><td></td><td>39 000</td><td></td><td></td></tr>
<tr><td>现　金</td><td>3 000</td><td>5 000</td><td></td><td>8 000</td><td></td><td></td></tr>
<tr><td>营业费用</td><td></td><td></td><td>5 800</td><td>5 800</td><td></td><td></td></tr>
<tr><td>合　计</td><td>79 500</td><td>61 000</td><td>5 800</td><td>146 300</td><td></td><td></td></tr>
</table>

同，但体现汇总记账凭证记账程序的特色步骤主要表现在两个方面：

第一，记账凭证格式的设计。在记账凭证记账程序下，记账凭证可采用一种格式的通用记账凭证；在科目汇总表记账程序下，记账凭证可分为收款、付款和转账三种格式。但在汇总记账凭证记账程序下，记账凭证必须要分为现金收款、现金付款、银行存款收款、银行存款付款和转账等共五种格式，不如此，将会增加收款和付款凭证编制汇总记账凭证的难度。

第二，登记总账的方法。记账凭证记账程序是根据记账凭证逐笔登记，科目汇总表记账程序则是依照科目汇总表一次汇总登记，而汇总记账凭证记账程序需要按汇总记账凭证登记。这样，它在登记总账的工作量上，要明显少于记账凭证记账程序，略多于科目汇总表记账程序。但与科目汇总表记账程序下的总账记录相比，汇总记账凭证记账程序下的总账记录能反映账户间的对应关系。

下面例示一个简化的汇总记账凭证记账程序下银行存款总账的登记(图表 3—23)。

图表 3—23　　汇总记账凭证记账程序下的分类账

账户名称:银行存款

<table>
<tr><th colspan="2">2000 年</th><th rowspan="2">摘　要</th><th rowspan="2">凭证号数</th><th rowspan="2">借　方</th><th rowspan="2">贷　方</th><th rowspan="2">余　额</th></tr>
<tr><th>月</th><th>日</th></tr>
<tr><td>12</td><td>1</td><td>期初余额</td><td></td><td></td><td></td><td>80 000</td></tr>
<tr><td></td><td>31</td><td>汇总登记</td><td>汇银字 01 号</td><td>87 600</td><td></td><td></td></tr>
<tr><td></td><td>31</td><td>汇总登记</td><td>汇银字 02 号</td><td></td><td>146 300</td><td></td></tr>
<tr><td></td><td>31</td><td>本月合计</td><td></td><td>87 600</td><td>146 300</td><td>21 300</td></tr>
</table>

上述的银行存款总账的栏目还可以进一步细分，以反映账户间的对应关系（图表 3—24）。

图表 3—24　　汇总记账凭证记账程序下的分类账

账户名称:银行存款

2000 年		摘　要	凭证号数	借　方				贷　方				余额
月	日			销售收入				库存商品	应付账款	现金	营业费用	
12	1	期初余额										80 000
	31	汇总登记	汇银字 01 号	87 600								
	31	汇总登记	汇银字 02 号					93 500	39 000	8 000	5 800	
	31	本月合计		87 600				93 500	39 000	8 000	5 800	21 300

未来随着会计电算化的普及，节省登账的工作量以及为防止可能的登账错误而增加一次试算(如科目汇总表的编制)，显得意义不大，因为计算机可以在很短的时间里完成所有的登账工作，且发生登账错误的概率极低。这样，其他各种记账程序相对的实践意义将逐步降低，这里就不再介绍。

第四节　普通日记簿与特种日记簿的应用

以美国为代表的西方国家会计账簿体系，并不采用我国从记账凭证到账簿的数据登录方式，而是采用日记簿和分类账的形式，其日记簿就相当于我国账簿体系中的记账凭证。

日记簿(Journal)是一种原始分录簿(Book of original entry)。它根据原始凭证，按时间顺序，依次记录每一交易与事项。在记录时，日记簿要为每一交易与事项指出应借和应贷的各账户的名称和金额。日记簿可分为普通日记簿和特种日记簿两种类别。

一、普通日记簿

普通日记簿(General journal)可用于记录任何类型的交易与事项，具有格式统一、使用方便等特点。普通日记簿既适用于设置特种日记簿的企业，也适用于未设置特种日记簿的企业。下面以普通日记簿为例，说明在日记簿上编制会计分录的方法。普通日记簿的登录方法如下：

1. 在日期栏内指明编制分录的年月日，年月通常只在日记账每页的顶端以及年月发生变动的地方填写；

2. 按顺序将所作分录序号填入分录号栏；

3. 将交易与事项所涉及的有关账户名称填写在会计账户及摘要栏内。按惯例，每笔分录总是先记借方账户，然后再记贷方账户。借方账户紧靠左边先行登记，贷方账户在借方账户下方向右移两格登记；

4. 把会计分录涉及的相应金额分别记入借方和贷方金额栏。根据复式记账原理，每笔分录的借方和贷方金额必须保持一致；

5. 在借贷账户名称下扼要说明每一笔交易与事项的性质。摘要的长短取决于交易或事项的复杂程度和管理是否要求日记簿本身具有完全的相关信息。最常见的摘要都很简单，细节都通过原始凭证文件来体现；

6. 在过账索引栏内填写上所过入分类账的编号、页码，用于和分类账进行对照检索；

7. 各笔分录之间应留一空格。

仍用五月花商场的部分经济业务为例，编制普通日记簿如图表 3—25 所示。

图表 3—25　　普通日记账　　第 1 页

分录号	账户及摘要	过账索引	借方金额	贷方金额
1	库存商品		24 000	
	银行存款			24 000
	（向东风工厂购入电风扇，@120，计200台）			
2	库存商品		39 000	
	应付账款			39 000
	（向鹭岛公司购入吸尘器 50 台，@780）			
3	银行存款		44 800	
	销售收入			44 800
	（销售空调器 8 台给南方公司，@5 600）			
4	库存商品		27 000	
	银行存款			27 000
	应付账款			
	（向芗城公司购入应急灯 150 个，@180）			
5	银行存款		7 000	
	销售收入			7 000
	（销售电风扇 50 台给光明公司，@180）			

普通日记簿的优点主要有：第一，每笔分录都列示了相应交易与事项的完整借贷记录。此外，日记簿还备有充分的空栏用来说明每一交易与事项，这有利于完整、全面地了解交易与事项的性质与来龙去脉；第二，日记簿序时记录每笔交易与事项，是一部按时间排列的企业经济活动的完整档案。

比较普通日记簿和本章正文所介绍的记账凭证，不难发现，二者无论在格式上，还是功能上，都十分相似。因而，将其过入总账的方式也相同：根据普通日记簿或记账凭证，逐笔过入相应的分类账中。二者之间的最大差别就是装订方式的不同。普通日记簿可单独存放，而记账凭证因为是活页式且每张凭证纸张较小，需装订存放；由于普通日记簿采用序时、连续的方式记录经济活动的发生，相应的原始凭证就需要单独存放；记账凭证采用活页式，可与相应的原始凭证合并装订后存放。

二、特种日记簿

特种日记簿(Special journal)是用来记录重复发生的大量的特定类型交易，如现金的收付、原材料的采购、产品销售等。某个企业应采用哪些特种日记簿，取决于该企业经营业务的性质，以及某类业务的发生次数是否频繁到值得设立一个特种日记簿来予以记录(即特种日记簿的设置要充分考虑效益与成本的关系)。最常见的特种日记簿是现金收入日记簿、现金支出日记簿、销货日记簿和购货日记簿，因为对大多数企业而言，这四类业务发生较为频繁。除此之外，在企业实际工作中，还有许多其他特种日记簿，如销售退回和折让日记簿、进货退回和折让日记簿等。

每个企业，不论是采用手工簿记系统还是电子数据处理系统，都要运用普通日记簿来记录初始交易。但是，对于记录大量重复性交易而言，普通日记簿并不是一个有效的工具。例如，在一个繁忙的销售日，企业若对每一笔赊销交易都要借记“应收账款”、贷记“商品销售收入”，那肯定十分繁琐，更为麻烦的是还要将每一笔分录逐笔过到总分类账中去。所以通过设置普通日记簿的办法来记录这些交易，不仅费时费力，而且耗费较大。

使用特种日记簿可很好地解决这个问题。因为所有的特种日记簿都有一个共同的特点，即将同类型的交易汇集记录在一起，这样就无须为每笔分录写出例行的摘要说明，也无须重复书写设有专栏的账户名称，节省登记分录的时间。而且，过账时只需要将各交易的总和过至总分类账就可。这样，数据的处理将更加快捷、有效和经济。

特种日记簿的优点是：第一，节约人力。若特种日记簿上的专栏标题就是该交易或事项所影响的账户，那在记录时就不用再写所应借记或贷记的账户名称，这样记录交易或事项所需的时间较少，而且过账的时间也随之大大减少了，因为过入各分类账户的是各专栏的金额的合计数，而不是各专栏中的每笔金额数。第二，便于分工。特种日记簿能使交易与事项的记录与过账，都可以分工进行。当某一会计人员在销货日记账上记录销售交易时，另一会计人员可以在现金收入日记账上记录各项现金收入。过账时也一样。

一般大中型企业都将序时记录划分为几本特种日记簿和一本普通日记簿后，各设专人分工负责，以全面、及时、快速地记录企业所发生的交易。限于篇幅，这里简单介绍购货日记账的登记。

购货日记簿(Purchasesjournal)又称购货簿，只有一个贷方专栏，即“供应商”栏(应付账款贷方栏)。因此，只有赊购业务才能记入这种日记账。购货日记簿所设的“发票日期”栏，供计算现金折扣期限时参考。

购货日记簿所列赊欠供应商的金额(应付账款贷方金额)，应逐日过入应付账款的明细账内各有关账户的贷方，过账完毕应将各该账户的账号或页次填入购货日记簿的“明细账页次”栏。每月月末，应结算购货日记簿总数，然后将其分别过入“应付账款”总账的贷方和“购货”(如“原材料”)账户的借方。过账完毕，应将过入总账账户的账号填列在购货日记簿总数下，以表明购货业务已全部过入相应的总账账户。

有三点应特别注意：第一，如上所述，在设置了特种日记簿的情况下，只有赊购商品才记入购货日记簿，现购交易应记入现金支出日记账。第二，只有企业经常、大量发生的购货交易才记入购货日记簿，如工业企业购入原材料、商业企业购入商品，而其他不经常发生的资产购入交易(如购置固定资产等)不应记入该日记簿。它们如何记录，应视具体情况而定，若是现购则应记入现金支出日记簿；若是赊购，由于没有适当的特种日记簿可供记载，所以应记入普通日记簿。前已指出，月终将购货日记簿结出总数后，应过入“购货”(如原材料)账户，以供期末计算销售成本之用，而购入的其他资产与销售成本无关，所以不应记入购货日记簿。第三，购货日记簿过入“应付账款”明细账与总账时，应遵守“平行登记”的原则。

设凌云山公司 20××年 9 月发生如下赊购交易：

3 日向石井公司购入石雕品一批，价款 50 000 元；

9 日向芙蓉公司购入工艺品一批，价款为 60 000 元；

18 日向敬贤公司购入老人用品一批，价款 90 000 元；

26 日向白城公司购入白酒 180 箱，价款为 18 000 元；

28 日向海滨公司购入海鲜一批，价款为 30 000 元。

凌云山公司购货日记账的登记及过账程序如图表 3—26 所示。

图表 3—26

购货日记账　　　　第　页

20××年 月	日	供应商	发票日期 月	日	明细账页次	金额
9	3	石井公司	9	3	1	50 000
	9	芙蓉公司		9	8	60 000
	18	敬贤公司		18	28	90 000
	26	白城公司		26	37	18 000
	28	海滨公司		28	58	30 000
						248 000
						(1 241)　(2 121)

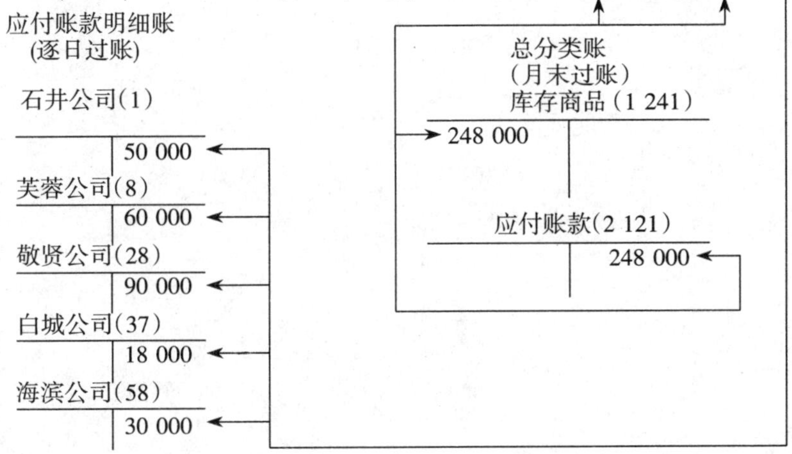

从过账角度来看，它有点类似我国实践中出现过的汇总记账凭证记账程序，但也不完全一样。不过，它们总体的思想是一致的，即：期望通过有效的程序设计，简化登记分类账的工作量。

本章参考文献

1. [美国]罗伯特·N·安索尼等著：《会计学——教程与案例》，骆珣等译，北京大学出版社，第 43 页，2000 年 1 月。

2. 约翰逊·金屈莱著: 斐内—米勒的《会计学原理》，潘兆申审校，上海人民出版社，1989 年版，第 803—805 页。

3. 查尔斯、亨格伦等著：《财务会计教程》(第6版)，孙丽军译，陈小悦校，华夏出版社，1998年10月版，第125—128页。

4. 葛家澍、刘峰主编：《会计学导论》(第二版)，立信会计出版社，1998年。

5. 刘峰主编：《会计学基础》，高等教育出版社，2006年。

第四章　会计循环

第二章介绍了账户设置和复式记账两个基本会计方法，并进行了试算平衡；第三章具体说明了各种凭证、账簿的应用以及如何根据凭证登记账簿的记账程序。实际工作中，这些具体的会计方法是按一定的程序逐步完成的。习惯上，将这种按一定程序依次继起的账务处理方法称为会计循环。通常，一个完整的会计循环包括下面几个基本步骤：

1. 对经济业务进行分析，按复式记账原理编制记账凭证；
2. 将记账凭证内的会计账项按一定程序分别过入总分类账和相应的明细分类账；
3. 根据分类账中的各账户资料进行试算平衡；
4. 期末对应调整事项，按权责发生制要求作出调整分录，并过入相应的分类账；
5. 编制调整后试算表；
6. 根据调整后试算表，编制财务报表；
7. 作出结账分录，结清收入、费用等暂记性账户；
8. 编制结账后试算表；
9. 如果有必要，编制转回分录。

上述各步骤中，1、3 两个步骤在第二章加以介绍，步骤 2 是第三章所讨论的主要内容。下面，将着重介绍后面的各步骤。由于财务报表的编制将辟专章介绍，因此，本章主要介绍的内容是期末按权责发生制进行账项调整和编制试算表。最后，用一个完整的例子说明会计循环的具体应用。

第一节　权责发生制与账项调整

由于会计分期假设的存在，为了使收入与费用相配比，计算企业的盈利，客观上就要求明确：具体某项经济业务所发生的后果究竟应归入哪个会计期间?在与该项经济业务有关的现金收支的期间记录，还是要归入该项经济业务所产生实际影响的期间?在日常的会计处理中，往往从方便角度出发，对经济业务的记录按其最初发生的时间进行的，没有严格地遵守权责发生制的要求。因此，在每个会计期间结束时，要对有关不符合权责发生制要求的账项进行调整。

一、权责发生制与收付实现制

第一章在讨论会计确认时，曾提到两个时间基础：收付实现制和权责发生制。收付实现制，也称现金制(cash basis)，它是以现金收到或付出为标准来记录收入的实现或费用的发生。按照收付实现制，收入和费用的归属期间将与现金收支行为的发生与否紧密地联系在一起。换言之，现金收支行为在其发生的期间全部记作收入和费用，而不考虑与现金收支行为相连的经济业务实质上是否发生。如企业于2000年7月出租一台设备，租期半年，但到2001年1月才收到租金。按收付实现制的要求，这笔租金收入应记人2001年1月那一期间的收入，而不管赚取收入的活动是在什么时候完成的；相应地，对租入设备那一方来说，即使它是在2000年7—12月使用了租入的设备，但支付租金的行为发生在2001年1月，因此，这笔租金只能记作2001年1月的费用。由于收付实现制对未收取现金的收入和未支付现金的费用，均不列入当期损益，也不入账，不能公正地表达主体各期的经营成果。因此，实际的会计工作中，除一些规模极小的零售业外，一般已不用它作为记账的基础。

权责发生制的规定与收付实现制不同，它是以权利或责任的发生与否为标准来确认收入和费用，即：凡是收取一项收入的权利已经具备，不论企业是否取得该项收入上的现金，都应该要确认；同样，只要主体已承担某项费用的义务，即使与该项义务相关联的现金支出行为尚未发生，也应入账并确认为费用。按照这一描述，权责发生制和收付实现制是一对截然相反的记账基础，前者以权利或责任的发生与否为标准来记录经济业务并确认收入和费用，后者则是现金的收付行为是否发生为依据确认收入与费用。续上例。假定这笔租金收入共6 000元，即每月1 000元。按照权责发生制，出租设备的那一方，应在每月(一个最基本的会计期间)末确认未收取现金的收入 1 000 元，而不必像收付实现制那样等到现金收到时才确认，因为企业已享有收取这笔租金的权利。同样，对设备租入方而言，它应将这笔租入设备的费用确认为实际使用该设备的期间——2000 年 7—12 月的费用，因为此时这笔费用的义务——支付设备租金——已经形成。

日常企业的经济活动中，有关收入与费用等经济业务的发生与现金收支行为的发生总是不一致的；有的现金收支行为先于经济业务而发生，有的经济业务则先于现金收支行为发生。而权责发生制又是根据经济业务的发生与否来确认，因此会形成相当的预收、预付、应收、应付等会计项目。这也是权责发生制会计基础的一大特色。由于权责发生制按经济业务是否真正发生为基础来确认收入和费用，它能够恰当地反映具体某一期间企业的经营成果，因而绝大部分企业都按这一基础记账。

尽管权责发生制是较为合理的记账基础，但如果企业在日常的会计工作中，对每项业务都按权责发生制来记录，将会带来很多的麻烦。比如，企业购入一台固定资产，该项设备可以使用 5 年，按照权责发生制，就应当将这台设备的成本平均地分摊到每年中去。试想，在购入设备之初，就将后 5 年的会计分录全部编制完毕是不现实的。即便会计电算化使得技术上可以这样做，也存在一个问题：站在本会计期间，如何报告未来若干个会计期间之后的费用情况？未来各个期间的费用(或收入)如何与本期财务报表相衔接(请回想一下第二章所接触到的会计恒等式)？由于不确定性的存在，预计未来所要发生的费用如果不发生，将作何处理(比如上述固定资产在使用 3 年后提前报废或转卖)？因而平时对一些交易活动，在其发生时，按照方便的原则进行记录。例如，利息收入和利息费用理论上是随时间的推移而发生的，但与利息收入(费用)相关的对外贷款(向外借款)业务总是发生在先，而利息收入(费用)的收取(支付)行为发生在后，且通常是半年或一年甚至更长周期发生一次。因此，企业在发生贷款(借款)业务时，记录贷款(借款)业务的发生；在收到利息收入或支付利息费用时，记录相应款项的收取(支付)；会计期末需要计算当期利润时，应当按本期贷款(借款)的实际投放(使用)情况，确认相应的收入(费用)。又如，企业购入一台设备供长期使用。购入时，按该项资产的实际成本记入“固定资产”账户，当该项设备全部耗用后，就全部转为费用。但企业不可能在平时的会计工作中，每天都计算设备的耗用数，这既繁琐，也无必要。到每期期末计算利润时，就应该根据该资产的实际耗用情况，计算并记录应转作费用的部分。

正是由于平时对部分业务按现金收支的行为予以入账，因此，每个会计期的期末，就应该按权责发生制予以调整，以便合理地反映企业的经营成果；这种期末按权责发生制要求对部分会计事项予以调整的行为，就是账项调整；账项调整时所编制的会计分录，就是调整分录。企业需要调整账项的多少，视企业规模的大小及相关经济业务发生的多少而定，但通常的账项调整共包括四类：(1)应计收入的记录；(2)应计费用的记录；(3)预收收入的分配；(4)预付费用的摊销。以五月花商场为例，说明账项调整分录的具体编制。应注意的是，那些不连续编号的调整分录，则不是五月花商场所发生的业务。

二、应计收入的记录

如上所述，尽管权责发生制是一种较为合理的账务处理基础，但企业不可能一直保持按权责发生制来确认收入和费用，平时的一些交易仍然以现金收支行为的发生来记录。对收入而言，一般要等到现金收到时，才在会计系统中予以记录。因此，到会计期间终了时，往往有一些按权责发生制标准已经赚取，但因现金尚未收到的收入，没有入账。这种企业已赚取现金尚未收取的收入，称为应计收入(accrued revenues)。在会计期间结束、编制报表之前，需要将这种未入账的应计收入计算入账，并按复式记账的要求予以记录，以使收入恰当地归属到应归入的会计期间。下面结合有关会计事项，说明记录的方法。

应收租金　对不以租赁业务为主要经营项目的企业来说，它可能会将暂时闲置的设备、建筑物等设施租出去，以取得租金收入。设五月花商场 2000 年 11 月底与汉威公司签订合同，将部分仓库空闲的容量租给汉威公司，租期从 2000 年 12 月 1 日至 2001 年 3 月 31 日共计 4 个月，期满时汉威公司将一次性支付租金 8 000 元。从权责发生制的观点看，企业只要按要求履行了与该项收入有关的义务，就应该享有取得该项收入的权利。因此，2000 年 12 月 31 日，五月花商场已出租仓库满一个月，这部分收入虽未收到现金，但企业已赚取并具有到期收取这部分租金收入的权利。为了准确反映五月花商场的各项资产、负债和权益，就需要对这种租金收入予以调整入账：

调(1)借：其他应收款——汉威公司	2 000	
贷：其他业务收入——租金收入		2 000

应计利息收入　应计利息是最为典型的账项调整项目。通常企业账务处理中涉及的利息调整有两种类型：一是利息收入的调整，一是利息费用的调整。这里先介绍利息收入的调整。

企业日常所可能出现的利息收入，一般有两种情况：一是存放在银行中的款项，银行按利率计算；二是企业持有其他单位的带息债券或票据。比如，凯旋公司 12 月 18 日出售一批商品给通达公司，计 6 000 元，收到对方开出的利率 8%、期限 60 天的票据一张。到 12 月 31 日，本公司持有该票据 13 天，相应的利息收入已经"赚取"，按照权责发生制，就应该予以确认。

借：其他应收款　　　　17.33
　贷：利息收入　　　　17.33
(注：例中的利息计算如下：6 000 × 8% × 13 天 ÷ 360 天 = 17.33 元)

上例中，五月花商场售给泉成商行商品一批，计 8 500 元，收到对方出具的银行承兑汇票。到 12 月 31 日，本商场已持有该票据 13 天的利息收入已经"赚取"，按照权责发生制，就应该予以确认。作调整分录如下：

调(2)借：其他应收款——泉成商行　　　　20
　　　贷：利息收入　　　　20
(注：利息计算同上：8 500 × 6.5% × 13 ÷ 360 天 ≈ 20 元)

此外，在经营活动过程中，企业还会出现其他各种应计收入的调整账项，如应收租金的调整等。其处理方法与上述一致，这里就不一一列举。

三、应计费用的记录

企业之所以在期末除发生应计收入外，还会产生已经发生、但尚未入账、也未支付现金的应计费用。这是因为在平时按现金收支来登记入账的账项时，对一些义务业已形成、但尚未到支付日期的项目，无法记作费用。因此，到了每期期末，应将未入账的费用调整入账。对企业来说，费用发生后，企业就有支付现金的责任，从而形成了企业的负债。所以，对未入账费用的账项调整，同时还要增加企业的负债。下面举例说明。

应付服务费　企业有很多服务费用，是在对方提供服务满一个计价单位或到全部服务提供完毕后，才一次性支付，由此形成企业已享受了服务，但尚未支付服务报酬的应付服务费项目。设五月花商场 2000 年初与海天广告服务公司签订一项服务合同，由海天公司为其进行广告宣传，为期两年。五月花商场到期一次性支付全部的广告费 120 000 元。按照权责发生制的要求，只要企业已经享受了海天公司所提供的广告服务，就应该确认与这笔服务相关的费用，因此，五月花商场当年每月末的账项调整中，应确认这笔应计费用。12 月末所作调整分录如下：

调(3)借：营业费用　　5 000
　　贷：其他应付款　　5 000

应计利息　应计利息费用与应计利息收入是一组对应的项目，它的发生情形也与应计利息收入完全相同。对上例中所述及的凯旋公司销售商品给通达公司的情形，从通达公司角度，12 月 31 日应当做利息费用的调整分录：

借：利息费用　　17.33
　贷：预提费用　　17.33

本处的“预提费用”和后文的“待摊费用”账户，都是权责发生制下为解决费用发生期间与实际支付期间不一致而设立的。从经济实质来看，预提费用就是那些费用发生在先、实际现金支付在后的项目，理论上，它构成了企业的一项负债；而待摊费用是指那些现金支付在先、实际受益在后的项目，它在经济实质上是一种预付款，可以视为一种资产。在设置账户归集这些项目时，以往的会计制度分别设置了“预提费用”和“待摊费用”账户。2006 年 2 月新发布的企业会计准则取消了这两个账户。我们没有查到官方解释取消的原因，一个可能的理由就是：在资产负债表上，待摊费用不适合作为资产的一个项目存在，预提费用也不适合作为负债的一个项目存在。实际会计活动中，预提费用将通过“其他应付款”账户进行核算，而待摊费用则通过“预付账款”账户进行核算。

作为会计学原理教材，我们重在讲授原理，而不是死记制度。在账户设置上，仍然采用“预提费用”和“待摊费用”两个账户，便于直观地说明情况。

设五月花商场因为经营周转需要，于 2000 年 12 月 1 日向银行借入半年期短期借款 40 000 元，年利率 6%。当 12 月 31 五月花商场确定本期所有费用与收入时，应将已使用一个月银行借款上所发生的利息费用，确认由本期负担，调整分录如下：

调(4)借：利息费用　　200
　　贷：预提费用　　200

四、预收收入的分配

应计收入或应计费用项目的一个共同特点是：现金收支行为的发生，在时间上晚于经济业务的发生。现实的经济生活中，还存在另一类现象，那就是：现金收支行为的发生，在时间上要早于实际经济活动的发生。这种现象就形成了下面所要述及的预收和预付交易事项。

所谓预收收入，是指已经收到现金，但尚未交付产品或提供服务的收入。按照权责发生制，虽然企业已收到现金，但只要相应的义务未履行，这笔收入就不能算作企业已经实现的收入，在以后期间里，企业就有义务履行相关的义务。对商业企业来说，预收收入上的义务要在后续期间里以商品交付的方式来履行。如果企业没有履行相应的义务，就不能将预收收入作为本期的收入入账；只要企业履行了部分的义务，就有权利将这部分的预收收入转为本期已实现的收入。因此，每期的期末，都要对预收收入账项进行调整；将已实现的部分分配作为本期的收入，未实现的部分递延到下期。

五月花商场曾与旭日家电公司签订合同，由五月花商场在 2000 年 12 月到 2001 年 2 月间，向旭日公司提供 50 台液晶彩电，每台约定价格 5 000 元。旭日公司于合同签订时(11 月末)，一次性预付 250 000 元货款。到 2000 年 12 月 31日，五月花商场已交付彩电 30 台，这样，五月花商场年末应作调整分录如下：

	借方	贷方
调(5)借：预收账款——旭日公司	150 000	
贷：商品销售收入		150 000

在这笔调整分录过账以后，预收的 250 000 元收入中，有 150 000 元已转作本期的收入，剩余 100 000 元预收款将递延到下期。

需要说明的是，对预收收入的账项调整，取决于预收收入的入账方法。如果企业在收到预收款项时，能可靠地预计在当期能实现的部分，那么，它就可以在入账时将当期可实现的部分直接记作已实现的收入。因而，首期期末就无需进行账项调整，后续期间的账项调整再按上述方式进行。如天安商场将一组柜台出租给大宝公司作产品陈列台，租期 1 年，从 2000 年 7 月到 2001 年 6 月，每月租金 2 000 元，全部租金一次缴付。天安商场在收到这笔预付租金时，可将第一个月的租金记作当期已实现的收入，其余部分作为预收收入入账。分录处理是：

	借方	贷方
借：银行存款	24 000	
贷：其他业务收入		2 000
预收收入		22 000

在以后的期间里，企业再逐月调整已实现的租金收入。收到预收款的当期不必进行调整。

五、预付费用的摊销

企业在经营过程中，因为各种原因，会出现大量的先支付、后受益的事项。这些支付在先、发生在后的费用，就是预付费用(prepaid expenses)。进而言之，如果支付与发生的时间差不超过一个会计年度的，称为收益性支出，它在一个会计年度内按实际发生或受益情况，全部摊销完毕；如果支付与受益的时间长于一个会计年度的，属于资本性支出，就应该按它的可能受益年限分摊。前者在我国被称为待摊费用，它在企业日常的经营过程中会有各种类型存在；企业大量的固定资产支出，属后一类型，固定资产支出的分摊，一般称为折旧。

待摊费用的记录　一般而言，待摊费用都是摊销期限不超过一个会计年度的预付费用，如预付保险费、预付报刊征订费、预付房屋租金(指租期短于一年的部分)等。它们都有一个共同的特征：与费用有关的现金支出支付在先，效益的实际发生在后。因此，其现金支出发生时，不应记入当期的费用，而作为预付费用，递延到以后的会计期间。

五月花商场曾在上年末一次性支付本年度报刊征订费 4 800 元。由于这笔支出发生时并未给企业带来效益，企业真正的受益是在下一会计年度，因此，应通过会计处理，将其递延到下一会计年度：

借：待摊费用	4 800	
贷：银行存款		4 800

待摊费用的摊销　企业在每个会计期末，应明确预付费用的效益是否已经发挥、企业是否已经受益。如果企业已经受益，就应该按实际受益情况对预付费用进行摊销，编制相应的调整分录。

接上例，上年所预付的报刊征订费，本年度每月平均分摊。这样，本月末应摊销当月应负担的报刊征订费 400 元，调整分录如下：

调(6)借：管理费用	400	
贷：待摊费用		400

六、折旧的账项调整

从经济意义上看，企业购买固定资产的支出，也是一种支付在先、受益在后的巨额预付费用。由于固定资产金额较大，且使用寿命一般长于一年，有的甚至达到十数年之久。因此，按照划分资本性支出与收益性支出的原则，固定资产上的支出应作为一项资本性支出，它的收回通过折旧的方式分期进行。

所谓折旧，就是固定资产等生产资料在使用过程中通过磨损而转移到最终完工产品(或劳务)价值中去的部分，它实际上是固定资产价值的减少。折旧发生时可以直接贷记固定资产账户，减少固定资产价值。但在现实经济生活中，固定资产价值的高低，代表了一个企业的生产规模或生产能力，如果账面上固定资产的价值随折旧的计提而降低，将给人以企业规模在不断萎缩的印象。但实际上，固定资产在其有效使用寿命期内，只要维护适度，都能基本保持其生产能力或水平。这样，就要求固定资产账户能反映各固定资产购入或取得时的价值，对折旧的计提，另设“累计折旧”予以反映。

五月花商场的全部设备，经计算，本月应当计提500元折旧。调整分录如下：

调整(7)借：管理费用—折旧费	500	
贷：累计折旧		500

第二节　工作底稿的编制与基本财务报表

第二章在介绍复式簿记的基本原理时，曾在所有经济业务作会计分录的基础上，编制了一份简单的试算表。实际的会计循环中，这种试算表要多次编制，直至最后完成财务报表的编报。从一个完整的会计循环来看，至少要编制三次试算表：第一次是在对本期所发生的全部经济业务作出会计分录并据以入账后，称为调整前试算；第二次是在编制调整分录并登记到相应的账户中去后，称为调整后试算；第三次则是在结清所有暂记性账户后。

实际工作中，为简化会计账务处理与登记的工作量，对上述的多次试算，是通过编制工作底稿来完成的。本节将说明工作底稿的具体编制。

一、调整前试算

上一章曾列举了五月花商场的例子。这里，仍然沿用这一例子，说明工作底稿的编制。设 2000 年 12 月 1 日五月花商场有关账户期初余额资料如下：

账户	借方	贷方
现金	1 400	
银行存款	80 000	
库存商品	80 000	
待摊费用	400	
长期投资	100 000	
固定资产	335 000	
累计折旧		65 000
短期借款		40 000
预收账款		250 000
实收资本		200 000
留存收益		41 800
合计	596 800	596 800

实际工作中的顺序是：开设账户；登记各账户的期初余额：再将上一章的各项会计分录登记入账；登记各调整分录；结出各账户的期末余额。为使会计循环完整，尚需补充两笔结转账项：

业务(22)期末，结转本期发放的工资。其中，管理人员工资 2 500 元，其余为销售人员工资。

将管理人员的工资记人管理费用，而将直接销售人员的工资记入营业费用。按这一要求，作会计分录如下：

借：管理费用　　2 500
　　营业费用　　4 000
　贷：应付工资　　6 500

业务(23)上述所销售的各种商品，其成本共计 201 200 元。会计分录如下：

借：商品销售成本　　201 200
　贷：库存商品　　201 200

将上述 23 项经济业务的会计分录过入相应丁字形账户。过账记录如下：

现　金

期初余额	1 400	(6)	1 000
(8)	3 000	(12)	6 500
(11)	5 000	(13)	200
(15)	150	(21)	800
合计	8 150	合计	8 500
期末余额	1 050		

应收票据

(14)	8 500		
合计	8 500		
期末余额	8 500		

库存商品

期初余额	80 000		
(1)	24 000	(23)	201 200
(2)	39 000		
(4)	27 000		
(10)	43 200		
(16)	12 800		
(17)	5 400		
合计	151 400	合计	201 200
期末余额	30 200		

营业费用

(130	200		
(15)	850		
(18)	3 700		
(19)	2 100		
(21)	800		
(22)	4 000		
合计	11 650		

其他应收款

(6)	1 000	(15)	1 000
合计	1 000	合计	1 000

管理费用

(22)	2 500		
合计	2 500		

银行存款

期初余额	80 000	(1)	24 000
(3)	44 800	(4)	13 500
(5)	7 000	(7)	39 000
(9)	12 000	(8)	3 000
(20)	23 800	(10)	43 200
		(11)	5 000
		(16)	12 800
		(18)	3 700
		(19)	2 100
合计	87 600	合计	146 300
期末余额	21 300		

销售收入

		(3)	44 800
		(5)	7 000
		(9)	12 000
		(14)	8 500
		(20)	23 800
		合计	96 100

应付账款

(7)	39 000	(2)	39 000
		(4)	13 500
		(17)	5 400
合计	39 000	合计	57 900
		期末余额	18 900

应付工资

(12)	6 500	(22)	6 500
合计	6 500	合计	6 500

销售成本

(23)	201 200		
合计	201 200		

为了简化，其他本期没有发生额的账户，没有登记。

根据上述账户资料，就可以编制调整前试算表。但实际工作中，如将调整前试算、账项调整分录、调整后试算分开进行，因为数据分散，且涉及多本账簿，记账过程很容易出现差错。因此，实际工作中出现了把调整前试算、账项调整分录和调整后试算等放在一起进行，这就是工作底稿。

二、工作底稿的编制

如前所述，账项调整前的试算和调整后的试算，本来是两次不同的试算，但实际处理过程中，为了节省工作量，简化会计核算的程序，将这两次试算放在一起进行。方法就是编制工作底稿。通过工作底稿，将期末会计工作有关的资料汇总起来进行处理，依照工作底稿直接取得编表和结账所需的数据。不仅可以节省工作量，还可以减少错误的发生，以顺利完成期末财务报表的编制工作。

要注意的是，工作底稿并不是会计循环中的一个必需环节，它只是为了节省工作量而设立的。工作底稿的格式也依企业实际需要而确定。一般的工作底稿，

图表 4—1　　　　五月花商场工作底稿

2000 年 12 月 31 日

账户名称	调整前试算表		调整分录		调整后试算表		利润表		资产负债表	
	借方	贷方	借方	贷方	借方	贷方	借方	贷方	借方	贷方
现金	1 050									
银行存款	21 300									
应收票据	8 500									
其他应收款	0									
库存商品	30 200									
待摊费用	400									
长期投资	100 000									
固定资产	335 000									
累计折旧		65 000								
短期借款		40 000								
预收账款		250 000								
应付工资		0								
应付账款		18 900								
实收资本		200 000								
留存收益		41 800								
营业费用	11 650									
管理费用	2 500									
销售成本	201 200									
销售收入		96 100								
		711 800								
	711 800									

应包括调整前试算表、账项调整、调整后试算表、利润表和资产负债表等栏目，也可包括调整后试算，或可依需要再增加栏目。下面将逐步列示工作底稿的编制方法。

1. 根据上面的分类账资料，进行调整前试算。如上页图表 4—1 所示。

图表 4—2　　**五月花商场工作底稿**

2000 年 12 月 31 日

账户名称	调整前试算表		调整分录		调整后试算表		利润表		资产负债表	
	借方	贷方	借方	贷方	借方	贷方	借方	贷方	借方	贷方
现金	1 050				1 050					
银行存款	21 300				21 300					
应收票据	8 500				8 500					
其他应收款	0		(1)2 000		2 020					
			(2) 20							
库存商品	30 200				30 200					
待摊费用	400			(6) 400	0					
长期投资	100 000				100 000					
固定资产	335 000				335 000					
累计折旧		65 000		(7) 500		65 500				
短期借款		40 000				40 000				
预收账款		250 000	(5)150 000			100 000				
应付工资		0				0				
应付账款		18 900				18 900				
其他应付款				(3)5 000		5 000				
预提费用				(4)200		200				
实收资本		200 000				200 000				
留存收益		41 800				41 800				
营业费用	11 650		(3)5 000		16 650					
管理费用	2 500		(6)400		3 400					
			(7)500							
商品销售成本	201 200				201 200					
商品销售收入		96 100		(5)150000		246 100				
其他业务收入				(1)2 000		2 000				
利息收入				(2)20		20				
利息费用			(4)200		200					
	711 800	711 800	158 120	158 120	719 520	719 520				

2. 将调整分录登入工作底稿，并据以编制调整后试算表。

将第一节所作的调整分录，按对应账户登入工作底稿，与调整前试算表的相应余额加减后，编制调整后试算表，见图表4—2。

3. 将调整后试算表各栏目的金额，分别填入利润表和资产负债表。

编制好调整后的试算表，表明本期影响企业资产、负债和所有者权益的所有经济业务，都已登记入账。下一步就应该编制期末的财务报表。但在填入正式格式的报表之前，先在工作底稿中予以编制，可有效地减少正式报表编制过程中产生差错的可能。

在根据调整后的试算表，填列利润表和资产负债表时，要区分利润表和资产负债表项目，凡是属收入和费用类的账户，填入利润表，借、贷方的差额就是本期利润(或亏损)；将利润列入资产负债表的贷方，就可以编制资产负债表。图表4—3就是调整后试算表。

至此，工作底稿已基本编制完毕。下面，就可以根据工作底稿编制基本的财务报表。

三、基本财务报表的编制

第一章曾说明，财务会计的基本目标就是向信息使用者提供对他们有用的财务信息，并概略地说明了这些信息应包括的内容(如关于资产、负债的信息等等)。实际工作中，财务会计向信息使用者提供有用的信息，是通过编制财务报表来完成的。在长期的实践工作中，形成了以利润表、资产负债表和现金流量表等为核心的财务报表体系。依据上述的工作底稿，简要说明利润表和资产负债表的编制。至于对这两张表的详细解释，留待后续的章节。在会计实际工作中，财务报表还包括现金流量表，它将在以后课程中学习。

(一)利润表及其编制

利润表是反映企业在某一期间里经营活动成果的报表。它的结构有单步式和多步式两种，前者是将收入全部列示在上方，费用全部列示在下方，二者的差额就是经营净利润；后者则依据经营活动的性质，逐步列示每一阶段的经营成果。后文将专门讨论利润表，这里，将只列示一个单步式的利润表。见图表4—4。

图表 4—3

五月花商场工作底稿

2000 年 12 月 31 日

账户名称	调整前试算表		调整分录		调整后试算表		利润表		资产负债表	
	借方	贷方	借方	贷方	借方	贷方	借方	贷方	借方	贷方
现金	1 050				1 050				1 050	
银行存款	21 300				21 300				21 300	
应收票据	8 500				8 500				8 500	
其他应收款			(1)2 000		2 020				2 020	
			(2)20							
库存商品	30 200				30 200				30 200	
待摊费用	400			(6)400	0				0	
长期投资	100 000				100 000				100 000	
固定资产	335 000				335 000				335 000	
累计折旧		65 000		(7)500		65 500			-65 500	
短期借款		40 000				40 000				40 000
预收账款		250 000	(5)150 000			100 000				100 000
应付工资						0				0
应付账款		18 900				18 900				18 900
其他应付款				(3)5 000		5 000				5 000
预提费用				(4)200		200				200
实收资本		200 000				200 000				200 000

续表

账户名称	调整前试算表		调整分录		调整后试算表		利润表		资产负债表	
	借方	贷方	借方	贷方	借方	贷方	借方	贷方	借方	贷方
留存收益		41 800				41 800				41 800
营业费用	11 650		(3)5 000		16 650		16 650			
管理费用	2 500				3 400		3 400			
			(6)400							
			(7)500							
销售成本	201 200				201 200		201 200			
销售收入		96 100		(5)150 000		246 100		246 100		
	711 800	711 800								
其他业务收入				(1)2 000		2 000		2 000		
利息收入				(2)20		20		20		
利息费用			(4) 200		200		200			
			158 120	158 120	719 520	719 520	221 450	248 120		
							26 670			26 670
							248 120	248 120	432 570	432 570

图表 4—4

五月花商场利润表

2000 年 12 月

销售收入		246 100
其他业务收入		2 000
利息收入		20
减：销售成本	201 200	
营业费用	16 650	
管理费用	3 400	
利息费用	200	221 450
净利润		26 670

(二)资产负债表及其编制

资产负债表是反映企业某一时日财务状况的报表，包括资产的总额与分布、不同性质的负债金额及所有者权益。从数量上看，资产负债表应能符合会计恒等式的规定性，即：资产 = 负债 + 所有者权益。

按照资产、负债、所有者权益三者的不同排列，可以形成不同格式的资产负债表，如报告式、账户式等。同样，对资产负债表的深入讨论，留待以后章节进行。这里，仅就上述工作底稿的资料，编制一份简化的资产负债表，见图表 4—5。

图表 4—5

五月花商场资产负债表

2000 年 12 月 31 日

资　　产		负债及所有者权益	
现金	1 050	短期借款	40 000
银行存款	21 300	预收账款	100 000
应收票据	8 500	应付账款	18 900
其他应收款	2 020	其他应付款	5 000
库存商品	30 200	预提费用	200
待摊费用	0	负债合计	164 100
长期投资	100 000		
固定资产	335 000	实收资本	200 000
减：累计折旧	(65 500)	留存收益	68 470
固定资产净值	269 500	所有者权益合计	268 470
资产总计	432 570	负债及所有者权益总计	432 570

(三)资产负债表和利润表的关系

作为企业基本财务报表的组成部分，资产负债表反映的是企业在某一时日(点)的财务状况，包括资产、负债和所有者权益的具体构成；而利润表则反映的是某一期间企业的经营成果。前者是静态报表，后者是动态报表。

运动和静止的关系是辩证对立统一。就某一时点来看，事物总是静止的(即哲学上的相对静止)，但如果放大至一个期间(两个时点之间的间隔)，事物又是运动的。所以，静止既是运动的起点，也是运动的终点。而“终点”的静止，则是包含了运动影响的静止。

资产负债表和利润表的关系也是如此。资产负债表是时点报表，它反映的是某一具体时点(会计上表现为某一日)企业的财务状况，是起点；利润表反映了某一期间企业经营活动的成果，它反映的就是运动过程；由于经营活动一定会影响到企业资产的构成、负债的分布，利润又是所有者权益的一部分，因此，期末——运动过程结束时——的资产负债表是在期初资产负债表的基础上，考虑了利润表影响的结果。

单纯就数量关系而言，由于利润表本身只体现收入和费用项目，因此，它无法表明期初资产负债表和期末资产负债表上资产和债权的具体变化。但净利润本身是所有者权益的一部分，在没有其他影响所有者权益业务的前提下，它们之间存在如下关系：

期初所有者权益	241 800
加：本期利润	26 670
期末所有者权益	268 470

第三节　结账与会计循环的结束

一、结账与结账分录

第二、三章我们都学习过结账。不同的是，前面所说的结账是一种程序，它通常与过账相联系而存在。作为一种程序，结账仅指结计出本期发生额和期末余额的工作，每个会计期末都要进行。期末对所有账户结计发生额和期末余额时，要区别不同类别的账户分别进行。企业所开设全部账户可分为两大类，一类是永久性账户，如资产类、负债类、所有者权益类账户，这些账户期末一般有余额，随企业经营活动的延续而递延到下一个会计期间。实际工作中，这类账户也称为实账户。另一类是暂记性账户，如收入和费用类账户，它反映某一期间的经营成果，应归属于特定的会计期间，只要该会计期间结束，这些账户就应该全部结平。到下一个会计期间，再重新开设。这类账户在我国被称为虚账户。

换言之，所有的实账户期末都按其实际变动情况予以记录，并结转到下一个会计期间，而所有虚账户则应全部结平。这种在会计期末为结平收入、费用等虚账户所作会计分录，就是结账分录。因此，结账在这里不再是一种纯粹的技术性程序，它包括了两个方面的含义：(1)为在会计期末结平所有虚账户而作的结账分录；(2)在将结账分录全部过账的基础上，结计出期末余额，并转入下期。实践工作中，也有人把结账归为上述第一层含义。

二、结账业务举例

所有收入和费用类账户及其他的暂记性账户(如独资企业的“业主往来”账户等)，到会计期末都应结平。而为了结平这些暂记性账户，必须做相应的会计分录。具体处理是：先将所有收入和费用账户的余额转入“本年利润”账户，然后再将“本年利润”账户的结果——收入和费用相抵后的净额即利润——转入所有者权益类的“留存收益”账户(我国会计实务中称为“利润分配—未分配利润”账户)。

	借方	贷方
结(1)借：本年利润	221 450	
贷：商品销售成本		201 200
营业费用		16 650
管理费用		3 400
利息费用		200
结(2)借：商品销售收入	246 100	
其他业务收入	2 000	
利息收入	20	
贷：本年利润		248 120

上述结账分录过入“本年利润” 账户后，借贷双方抵减，差额就是净利润。将净利润转入“利润分配”账户，就可以按照相关的政策要求和公司的董事会决议进行利润分配。假定该年进行利润分配的金额是 26 670 元。如果当期所实现的利润没有完全分配完毕，剩余部分转入下一年度，构成所有者权益的一部分。分录为：

结(3)借：本年利润　　26 670

　　贷：利润分配　　26 670

将上述结账分录过入各有关丁字形账户，即可结平相应的暂记性账户。

商品销售收入

		(3)	44 800
		(5)	7 000
		(9)	12 000
		(14)	8 500
		(20)	23 800
		合计	96 100
结(2)	246 100	调(5)	150 000

营业费用

(13)	200		
(15)	850		
(18)	3 700		
(19)	2 100		
(21)	800		
(22)	4 000		
合计	11 650	结(1)	16 650
调(3)	5 000		

其他业务收入

结(2)	2 000	调(1)	2 000

利息收入

结(2)	20	调(2)	20

销售成本

(23)	201 200		
合计	201 200	结(1)	201 200

管理费用

(22)	2 500		
合计	2 500	结(1)	3 400
调(6)	400		
调(7)	500		

利息费用

调(4)	200	结(1)	200

本年利润

结(1)	221 450	结(2)	248 120
结(3)	26 670		

其他永久性账户的结账，与第二章相同，这里不再重复。

在编制结账试算表之后，一个完整的会计循环也就完成了。

最后，需要说明的是，由于会计期间有年度和月份之分，平时每个月对上述暂记性账户的结账，一般都在工作底稿上进行，不作结账分录，也不结平每个暂记性账户。只有到会计年度结束时，才作上述结账分录，并结清收入和费用账户。习惯上，把通过编制结账分录并过入到相应的账户中去，以结平各虚账户的方法叫“账结法”，而把不编制结账分录，只是在工作底稿中进行结转的方法，称作“表结法”。年度内不进行结账，只在工作底稿中进行收入和费用账户间的结转，以编制中期财务报表。这样做，是为了让各有关账户能完整地反映一个会计年度内企业的经营成果，如管理费用全年总额、销售成本全年总额、全年销售收入总额等；到会计年度结束时，才用账结法将所有虚账户结清。下一会计年度开始时，再重新开设收入、费用等账户，以记录新的会计年度的经营成果。

西方教科书介绍会计循环时，在结账后试算表步骤之外，一般会要求编制转回分录，即将那些跨期调整账项作冲回处理，待下一个会计期间该调整账项发生时，可不考虑上期是否已计提部分费用或收入，以减少会计处理过程中出现差错的可能。对账项转回，本书不作具体介绍，理由有二：一是我国到目前为止，仍然不允许企业间相互拆借，实务中理论上不允许企业间出具带息票据，没有跨期计提票据利息收入或费用的现象。而银行借款的利息本就要求按月计提；二是会计电算化的迅速普及，使得原先出于减少记账过程发生错误的账项转回，显得意义不大。对账项转回有兴趣的读者，可参看西方介绍会计循环的教材。

第四节　会计循环：一个商业企业的案例

一、资料

大阳贸易公司20××年12月份有关会计资料如下：

1. 大阳贸易公司20××年12月1日总分类账余额资料如下：

会计账户	借方余额	贷方余额
现金	2 000	
银行存款	466 800	
库存商品	25 000	
应收账款	74 000	
待摊费用[1]	8 000	
长期投资	200 000	
固定资产	775 000	
累计折旧		99 200
短期借款[2]		100 000
应交税金——所得税		64 845
应付账款		35 000
预收账款		50 000
实收资本		1 000 000
本年利润		131 655
未分配利润		70 100
合计	1 550 800	1 550 800

（1.待摊费用借方余额8 000元，系经营部门一次性领用低值易耗品的价值，应分10个月摊销。

2.短期借款系当年11月份借入，借期10个月，年利率6%。）

2. 本年 1 至 11 月，商品销售收入合计 1 315 340 元，商品销售成本 671 708 元，营业费用 321 640 元，管理费用 120 498 元，财务费用 5 594 元，营业外收入 2 200 元，营业外支出 1 600 元。

3. 部分明细账余额情况如下：

应收账款——新星公司	28 000(借方)
——茂名公司	46 000(借方)
应付账款——丙公司	35 000(贷方)
预收账款——甲公司	30 000(贷方)
——乙企业	20 000(贷方)

4. 大阳贸易公司 20××年 12 月份发生以下经济业务：

(1)12 月 1 日，行政部门小李报销购买稿纸、墨水、文件夹等办公用品，计 825 元，以现金支付。

(2)12 月 2 日，行政部门张秘书报销参加本地会议的交通费 24 元，以现金支付。

(3)12 月 3 日，营业部门小刘报销购买宣传颜料、画笔、纸张等费用，计 465 元，以现金支付。

(4)12 月 4 日，将甲企业订购的商品发运给该企业，该批商品售价 30 000 元，成本 13 610 元。

(5)12 月 5 日，以银行存款偿还前欠丙公司货款 35 000 元。

(6)12 月 5 日，银行传来付款通知单，电汇丙公司 35 000 元货款的手续费 12.20 元。

(7)12 月 6 日，开出转账支票预付给兴闽公司购货款 30 000 元。

(8)12 月 7 日，开出转账支票预付本月至次年 2 月份共三个月的物业管理费 1 800 元，给中山物业管理公司。其中，营业部门负担 1 200 元，行政部门负担 600 元。

(9)12 月 7 日，向丙公司采购商品，价款计 15 000 元，以银行存款支付货款，商品已验收入库。

(10)12 月 8 日，收到新星公司偿还前欠货款 28 000 元。

(11)12 月 8 日，行政部门张秘书报销传真费 50 元，以现金支付。

(12)12 月 9 日，销售一批成本为 11 340 元的商品给新星公司，售价 20 000 元，货款未收。

(13)12 月 10 日，从银行提取现金 2 000 元备用。

(14)12 月 10 日，将 19 000 元工资款通过银行划拨到每位职员的银行存款存折工资户上。

(15)12 月 11 日，将部分未使用的固定资产出租给怡山公司使用，协议每月租金 800 元，预收 3 个月租金，现金 2 400 元。

(16)12 月 11 日，将现金 2 400 元存入银行。

(17)12 月 11 日，将乙企业订购的商品发运给该企业，售价共计 10 000 元，该批商品的成本为 4 540 元。

(18)12 月 12 日，营业部门王小明参加商品交易会，预借差旅费 5 000 元，以现金支票支付。

(19)12 月 13 日，收到兴闽公司发来的商品，计 28 000 元。

(20)12 月 13 日，购买传真机一台，价款 3 500 元，以银行存款支付，传真机已验收，交行政部门使用。

(21)12 月 13 日，向电信局办理传真机开户手续，交押金 1 000 元，手续费 50 元，计 1 050 元，开具转账支票。

(22)12 月 14 日,销售一批成本为 6 040 元的商品给新星公司,售价共计 9 600 元,货款已收。

(23)12 月 15 日，接银行付款通知单，支付水电费 3 215 元。经计算，应由营业部门负担 2 615 元，行政部门负担 600 元。

(24)12 月 16 日，接银行付款通知单，支付电话费 1 806 元。经计算，应由营业部门负担 1 300 元，行政部门负担 506 元。

(25)12 月 17 日，王小明参加商品交易会回来，报销差旅费 3 560 元。

(26)12 月 18 日，向怡山公司购入商品一批，计价款 37 000 元，商品经验入库，货款已由银行付讫。

(27)12 月 19 日，销售一批成本为 26 470 元的商品给茂名公司，售价 45 000 元,货款已收。

(28)12 月 21 日，行政部门张秘书报销绿化用花、草费 1 030 元，以现金支票支付。

(29)12 月 22 日，收到茂名公司汇来的部分欠款 25 000 元。

(30)12 月 23 日，将本月支付的 19 000 元工资计入本月费用，其中：营业部门人员工资 15 000 元，行政部门人员工资 4 000 元，并按工资总额的 14% 提取福利费。

(31)12 月 24 日，行政部门张秘书报销招待费 1 770 元，以现金支票支付。

(32)12 月 25 日，行政部门小李报销汽油费 315 元，过桥费 154 元，以现金支付。

(33)12 月 25 日，陈经理出差深圳，预借差旅费 8 000 元，以现金支票支付。

(34)12 月 25 日，收到对外投资分红 20 000 元(假定为税前收益)，已由被投资方转入本公司银行账户。

(35)12 月 26 日，王小明接财务部门通知，将预借的差旅费尚未报销部分归还财务部门。

(36)12 月 31 日，结转本月份的商品销售成本。

(37)12 月 31 日，调整分录，确认本月已实现的固定资产租金收入。

(38)12 月 31 日，调整分录，摊销应由本月负担的低值易耗品。

(39)12 月 31 日，调整分录，计提本月应负担的借款利息。

(40)12 月 31 日，调整分录，确认本月应当负担的物业管理费。

(41)12 月 31 日，调整分录，计提本月折旧 6 200 元，其中营业部门负担 3 200 元，行政部门负担 2 400 元，出租的固定资产计提 600 元。

(42)12 月 31 日，按利润总额的 33% 计提本月应交的所得税。

(43)12 月 31 日，将收入转入“本年利润”账户贷方。

(44)12 月 31 日，将成本、费用转入“本年利润”账户借方。

(45)12 月 31 日，将“本年利润”账户余额转入“利润分配——未分配利润”账户。

二、根据以上经济业务可编制会计分录(代记账凭证)如下

业务号	日期	凭证号	摘　要	会计科目	借方金额	贷方金额
(1)	12.1	现付 1 #	行政部门购稿纸等办公用品	管理费用 　现金	825	 825
(2)	12.2	现付 2 #	行政部门报交通费	管理费用 　现金	24	 24
(3)	12.3	现付 3 #	营业部门报购颜料等费用	营业费用 　现金	465	 465

续表

业务号	日期	凭证号	摘 要	会计科目	借方金额	贷方金额
(4)	12.4	转字1#	发出甲企业订购的商品	预收账款——甲公司 商品销售收入	30 000	 30 000
(5)	12.5	银付1#	偿还前欠丙公司货款	应付账款——丙公司 银行存款	35 000	 35 000
(6)	12.5	银付2#	支付电汇手续费	财务费用 银行存款	12.20	 12.20
(7)	12.6	银付3#	预付购货款给兴闽公司	预付账款——兴闽公司 银行存款	30 000	 30 000
(8)	12.7	银付4#	预付本年12月至次年2月份物业管理费给中山物业管理公司	待摊费用——预付物业费 银行存款	1 800	 1 800
(9)	12.7	银付5#	向丙公司采购商品	库存商品 银行存款	15 000	 15 000
(10)	12.8	银收1#	收到新星公司偿还前欠货款	银行存款 应收账款——新星公司	28 000	 28 000
(11)	12.8	现付4#	行政部门报传真费	管理费用 现金	50	 50
(12)	12.9	转字2#	销售商品给新星公司	应收账款——新星公司 商品销售收入	20 000	 20 000
(13)	12.10	银付6#	提现备用	现金 银行存款	2 000	 2 000
(14)	12.10	银付7#	交付职工工资	应付工资 银行存款	19 000	 19 000
(15)	12.11	现收1#	出租部门固定资产预收3个月租金	现金 预收账款——怡山公司	2 400	 2 400
(16)	12.11	现付5#	将现金送缴银行	银行存款 现金	2 400	 2 400
(17)	12.11	转字3#	销售商品给已预收该批商品的乙企业	预收账款——乙企业 商品销售收入	10 000	 10 000
(18)	12.12	银付8#	王小明差旅费借款	其他应收款——王小明 银行存款	5 000	 5 000

续表

业务号	日期	凭证号	摘　要	会计科目	借方金额	贷方金额
(19)	12.13	转字4#	收到兴闽公司发来的商品	库存商品 　　预付账款——兴闽公司	28 000	 28 000
(20)	12.13	银付9#	购传真机一台交付费用	固定资产 　　银行存款	3 500	 3 500
(21)	12.13	银付10#	交传真开户押金及手续费	其他应收款——电信局 管理费用 　　银行存款	1 000 50	 1 050
(22)	12.14	银收2#	销售商品给新星公司	银行存款 　　商品销售收入	9 600	 9 600
(23)	12.15	银付11#	支付水电费	管理费用 营业费用 　　银行存款	600 2 615	 3 215
(24)	12.16	银付12#	支付电话费	管理费用 营业费用 　　银行存款	506 1 300	 1 806
(25)	12.17	转字5#	王小明报销差旅费	营业费用 　　其他应收款——王小明	3 560	 3 560
(26)	12.18	银付13#	向怡山公司购入商品	库存商品 　　银行存款	37 000	 37 000
(27)	12.19	银收3#	销售商品给茂名公司	银行存款 　　商品销售收入	45 000	 45 000
(28)	12.21	银付14#	行政部门报绿化费	管理费用 　　银行存款	1 030	 1 030
(29)	12.22	银收4#	收茂名公司汇来的前欠货款	银行存款 　　应收账款——茂名公司	25 000	 25 000
(30)	12.23	转字6#	将工资计入本月费用	管理费用 营业费用 　　应付工资 　　应付福利费	4 560 17 100	 19 000 2 600
(31)	12.24	银付15#	行政部门报招待费	管理费用 　　银行存款	1 770	 1 770
(32)	12.25	现付6#	行政部门报汽油费过桥费等	管理费用 　　现金	469	 469

续表

业务号	日期	凭证号	摘　要	会计科目	借方金额	贷方金额
(33)	12.25	银付16#	陈经理出差借差旅费	其他应收款——陈经理 　　银行存款	8 000	 8 000
(34)	12.25	银收5#	收到对外投资分红	银行存款 　　投资收益	20 000	 20 000
(35)	12.26	现收2#	王小明还借款余额	现金 　　其他应收款 　　　　——王小明	1 440	 1 440
(36)	12.31	转字7#	结转本月销售成本	商品销售成本 　　库存商品	62 000	 62 000
(37)	12.31	转字8#	调整分录，确认本月已实现的固定租金收入	预收账款——怡山公司 　　其他业务收入——租金收入	800	 800
(38)	12.31	转字9#	调整分录摊销应由本月负担的低值易耗品	营业费用 　　待摊费用	800	 800
(39)	12.31	转字10#	调整分录计提本月应负担的借利息	财务费用 　　预提费用——利息	500	 500
(40)	12.31	转字11#	调整分录，确认本月应当负担的物业管理费	管理费用 营业费用 　　待摊费用——预付物业费	400 200	 600
(41)	12.31	转字12#	调整分录，计提本月固定资产的折旧费	管理费用 营业费用 其他业务支出 　　累计折旧	2 400 3 200 600	 6 200
(42)	12.31	转字13#	计提所得税（135 400 - 105 036.20 × 33% = 10 020.05）	所得税 　　应交税金	10 020.05	 10 020.05
(43)	12.31	转字14#	结账：将本月收入转入本年利润账户	投资收益 商品销售收入 其他业务收入 　　本年利润	20 000 114 600 800	 135 400

续表

业务号	日期	凭证号	摘　　要	会计科目	借方金额	贷方金额
（44）	12.31	转字 15＃	结账：将本月费用、成本转入本年利润	本年利润	115 056.25	
				商品销售成本		62 000
				其他业务支出		600
				管理费用		12 684
				营业费用		29 240
				财务费用		512.2
				所得税		10 020.05
（45）	12.31	转字 16＃	将本年利润转入未分配利润	本年利润	151 998.75	
				利润分配——未分配利润		151 998.75

三、将上述会计分录过入大阳贸易公司各有关账户（见图表 4—6）

图表 4—6　　银行存款日记账

日期	凭证号	摘　　要	借方	贷方	借或贷	余额
12.1		月初余额			借	466 800
12.5	银付 1＃	偿还前欠丙公司货款		35 000		
12.5	银付 2＃	支付电汇手续费		12.20		
12.6	银付 3＃	预付购货款给兴闽公司		30 000		
12.7	银付 4＃	预付本年 12 月至次年 2 月物业费		1 800		
12.7	银付 5＃	向丙公司采购商品		15 000		
12.8	银收 1＃	收新星公司偿还前欠货款	28 000			
12.10	银付 6＃	提现		2 000		
12.10	银付 7＃	支付职工工资		19 000		
12.11	现付 5＃	将现金解缴银行	2 400			
12.12	银付 8＃	王小明借支差旅费		5 000		
12.13	银付 9＃	支付购传真机款		3 500		
12.13	银付 10＃	交传真机开户押金手续费		1 050		
12.14	银收 2＃	销售商品给新星公司	9 600			
12.15	银付 11＃	支付水电费		3 215		
12.16	银付 12＃	支付电话费		1 806		

续表

日期	凭证号	摘　　要	借方	贷方	借或贷	余额
12.18	银付 13#	向怡山公司购入商品		37 000		
12.19	银收 3#	销售商品给茂名公司	45 000			
12.21	银付 14#	行政部门报绿化费		1 030		
12.22	银收 4#	收茂名公司汇来的前欠款	25 000			
12.24	银付 15#	行政部门报招待费		1 770		
12.25	银付 16#	陈经理借支差旅费		8 000		
12.25	银收 5#	收到对外投资分红	20 000			
		本月合计	130 000	165 183.20	借	431 616.80

现金日记账

日期	凭证号	摘　　要	借方	贷方	借或贷	余额
12.1		月初余额			借	2 000.00
12.1	现付 1#	行政部门购稿纸等		825	借	1 175.00
12.2	现付 2#	行政部门报交通费		24	借	1 151.00
12.3	现付 3#	营业部门报购颜料等		465	借	686.00
12.8	现付 4#	行政部门报传真费		50	借	636.00
12.10	银付 6#	提现	2 000		借	2 636.00
12.11	现收 1#	预收出租固定资产租金	2 400		借	5 036.00
12.11	现付 5#	将现金解缴银行		2 400	借	2 636.00
12.25	现付 6#	行政部门报汽油费等		469	借	2 167.00
12.26	现收 2#	王小明归还借款余额	1 440		借	3 607.00
12.31		本月合计	5 840	4 233	借	3 607.00

管理费用明细账

日期	凭证号	摘要	办公费	交通费	水电费	电话费	绿化费	工资	福利	招待费	物业费	折旧费	合计
12.1	现付1#	行政部门购稿纸等	825										825
12.2	现付2#	行政部门交通费		24									24
12.8	现付4#	行政部门传真费	50										50
12.13	银付10#	交传真机开户手续费	50										50
12.15	银付11#	支付水电费			600								600
12.16	银付12#	支付电话费				506							506
12.21	银付14#	行政部门报绿化费					1 030						1 030
12.23	转字6#	将工资福利计入本月费用						4 000	560				4 560
12.24	银付15#	行政部门报招待费								1 770			1 770
12.25	现付6#	行政部门报汽油费等		469									469
12.31	转字11#	调整确认本月负担物业费									400		400
12.31	转字12#	调整计提折旧										2 400	2 400
		本月合计	925	493	600	506	1 030	4 000	560	1 770	400	2 400	12 684
12.31	转字15#	结账、转本年利润	925	493	600	506	1 030	4 000	560	1 770	400	2 400	12 684

营 业 费 用

日期	凭证号	摘　要	宣传费	水电费	电话费	差旅费	工资	福利	低耗品	物业费	折旧费	合计
12.3	现付 3 #	营业部门报购颜料等	465									465
12.15	银付 11 #	支付水电费		2 615								2 615
12.16	银付 12 #	支付电话费			1 300							1 300
12.17	转字 5 #	王小明报销差旅费				3 560						3 560
12.23	转字 6 #	将工资福利计入费用					15 000	2 100				17 100
12.31	转字 9 #	调整摊销低耗品							800			800
12.31	转字 11 #	调整确认本月负担物业费								200		200
12.31	转字 12 #	调整计提折旧									3 200	3 200
		——	——	——	——	——	——	——	——	——	——	——
12.31		本月合计	465	2 165	1 300	3 560	15 000	2 100	800	200	3 200	29 240
12.31	转字 15 #	结账、转本年利润	465	2 165	1 300	3 560	15 000	2 100	800	200	3 200	29 240

总分类账

银行存款

借方		贷方	
期初余额	466 800	(5)	35 000
(10)	28 000	(6)	12.20
(16)	2 400	(7)	30 000
(22)	9 600	(8)	1 800
(27)	45 000	(9)	15 000
(29)	25 000	(13)	2 000
(34)	20 000	(14)	19 000
		(18)	5 000
		(19)	3 500
		(21)	1 050
		(23)	3 215
		(24)	1 806
		(26)	37 000
		(28)	1 030
		(31)	1 770
		(33)	8 000
本期发生额	130 000	本期发生额	165 183.20
期末余额	431 616.80		

应收账款——新星公司

借方		贷方	
期初余额	28 000		
(12)	20 000	(10)	28 000
本期发生额	20 000	本期发生额	28 000
期末余额	20 000		

应收账款——茂名公司

期初余额	46 000		
		(29)	25 000
本期发生额	0	本期发生额	25 000
期末余额	21 000		

现　　金

期初余额	2 000	(1)	825
(13)	2 000	(2)	24
(15)	2 400	(3)	465
(35)	1 440	(11)	50
		(16)	2 400
		(32)	469
本期发生额	5 840	本期发生额	4 233
期末余额	3 607		

应交税金

		期初余额	64 845
		(42)	10 020.05
		本期发生额	10 020.05
		期末余额	74 865.05

其他应收款

(18)	5 000	(25)	3 560
(21)	1 000	(35)	1 440
(33)	8 000		
本期发生额	14 000	本期发生额	5 000
期末余额	9 000		

预付账款

(7)	30 000	(19)	28 000
(8)	1 800	(40)	600
本期发生额	31 800	本期发生额	28 600
期末余额	3 200		

待摊费用

期初余额	8 000		
		(38)	800
本期发生额	0	本期发生额	800
期末余额	7 200		

库存商品

期初余额	25 000		
(9)	15 000	(36)	62 000
(19)	28 000		
(26)	37 000		
本期发生额	80 000	本期发生额	62 000
期末余额	43 000		

固定资产

期初余额	775 000		
(20)	3 500		
本期发生额	3 500		
期末余额	778 500		

累计折旧

		期初余额	99 200
		(41)	6 200
		本期发生额	6 200
		期末余额	105 400

应付账款

		期初余额	35 000
(5)	35 000		
本期发生额	35 000		

应付工资

(14)	19 000	(30)	19 000
本期发生额	19 000	本期发生额	19 000

应付福利费

		(30)	2 660
		本期发生额	2 660
		期末余额	2 660

预收账款

		期初余额	50 000
(4)	30 000	(15)	2 400
(17)	10 000		
(37)	800		
本期发生额	40 800	本期发生额	2 400
		期末余额	11 600

本年利润

(44)	115 056.25	期初余额	131 655
(45)	151 998.75	(43)	135 400
本期发生额	267 055	本期发生额	135 400

利润分配——未分配利润

		期初余额	70 100
		(45)	151 998.75
		本期发生额	151 998.75
		期末余额	222 098.75

投资收益

(43)	20 000	(34)	20 000
本期发生额	20 000	本期发生额	20 000

商品销售收入

(43)	114 600	(4)	30 000
		(12)	20 000
		(17)	10 000
		(22)	9 600
		(27)	45 000
本期发生额	114 600	本期发生额	114 600

其他业务收入

(43)	800	(37)	800
本期发生额	800	本期发生额	800

商品销售成本

(36)	62 000	(44)	62 000
本期发生额	62 000	本期发生额	62 000

其他业务支出

(41)	600	(44)	600
本期发生额	600	本期发生额	600

所得税

(44)	10 020.05	(44)	10 020.05
本期发生额	10 020.05	本期发生额	10 020.05

预提费用

		(39)	500
		本期发生额	500
		期末余额	500

财务费用

(6)	12.20	(44)	512.20
(39)	500		
本期发生额	512.20	本期发生额	512.20

续表

管理费用

(1)	825		
(2)	24		
(11)	50		
(21)	50		
(23)	600	(44)	12 486
(24)	506		
(28)	1 040		
(30)	4 560		
(31)	1 770		
(42)	469		
(40)	400		
(41)	2 400		
本期发生额	12 486	本期发生额	12 486

营业费用

(4)	465		
(23)	2 615		
(24)	1 400		
(25)	3 560		
(30)	17 100	(44)	29 240
(48)	800		
(40)	200		
(41)	3 200		
本期发生额	29 240	本期发生额	29 240

在采用工作底稿的情况下，有关损益账户在月度结账时也可以不在总分类账中结转，只在年度终了时才予结转，以便保持这些账户的全年累计余额。

四、编制工作底稿

根据上述资料可编制工作底稿如图表 4—7。

图表 4—7

大阳贸易公司工作底稿

20××年12月31日

账户名称	调整前试算表		调整分录		调整后试算表		利润表		资产负债表	
	借方	贷方	借方	贷方	借方	贷方	借方	贷方	借方	贷方
现金	3 607				3 607				3 607	
银行存款	431 616.80				431 616.80				431 616.80	
应收账款	41 000				41 000				41 000	
预付账款	3 800			(40)600	3 200				3 200	
其他应收款	9 000				9 000				9 000	
库存商品	43 000				43 000				43 000	
待摊费用	8 000			(38)800	7 200				7 200	
长期投资	200 000				200 000				200 000	
固定资产	778 500				778 500				778 500	
累计折旧		99 200		(41)6 200		105 400				105 400
短期借款		100 000				100 000				100 000
应付账款		0				0				0
应付工资		0				0				0
应付福利费		2 660				2 660				2 660
应交税金		64 845		(43)10 020.05		74 865.05				74 865.05
预收账款		12 400	(37)800			11 600				11 600
预提费用				(39)500		500				500
实收资本		1 000 000				1 000 000				1 000 000
未分配利润		70 100				70 100				70 100
本年利润		131 655				131 655				151 998.75[1]

续表

账户名称	调整前试算表		调整分录		调整后试算表		利润表		资产负债表	
	借方	贷方	借方	贷方	借方	贷方	借方	贷方	借方	贷方
投资收益		20 000				20 000		20 000		
商品销售收入		114 600				114 600		114 600		
其他业务收入				(37)800		800		800		
商品销售成本	62 000				62 000		62 000			
其他业务支出			(41)600		600		600			
管理费用	9 884		(40)400		12 684		12 684			
			(41)2 400							
营业费用	25 040		(38)800		29 240		29 240			
			(40)200							
			(41)3 200							
财务费用	12.20		(39)500		512.20		512.20			
所得税			(42)10020.05		10 020.05		10 020.05			
	1 615 460	1 615 460	18 920.05	18 920.05	1632180.05	1 622 160		135 400		
							115 056.25	135 400		
净利润						→	20 343.75			
							135 400	135 400	1 517 123.80	1 517 123.80

平衡利润表栏的数字是将进入利润表的净利润

(1. 151 998.75 = 131 655 + 20 343.75)

通过上述例子，我们可以发现，在工作底稿上已将编表所需要的相关数据汇集在一起，可直接据以编制财务报表，因而，工作底稿具有以下优点：

1. 所有总账余额一目了然地体现于表中。

2. 任何调整及其影响都易于确定。在使用账户多、调整事项多的企业，其好处更显而易见。

3. 便于发现和纠正潜在错误以及易忽视的调整。可据以确定调整后的账户余额,并把它们分别归属于利润表和资产负债表,从而为正式编制财务报表提供了便利。

五、编制基本财务报表

根据上述工作底稿，可以直接编制相应的资产负债和利润表。为避免重复，这里将这一过程省略。

本章参考文献

1. [美国]罗伯特・N・安索尼等著：《会计学——教程与案例》，骆珣等译，北京大学出版社，第 43 页，2000 年 1 月。

2. 约翰逊金屈莱著：斐内－米勒的《会计学原理》，潘兆申审校，上海人民出版社，1989 年版，第 803 页至 805 页。

3. 查尔勒・亨格伦等著：《财务会计教程》(第 6 版)，孙丽军译，陈小悦校，华夏出版社，1998 年 10 月版，第 125 至 128 页。

4. 葛家澍、刘峰主编：《会计学导论》(第二版)，立信会计出版社，1998 年。

5. 刘峰主编，《会计学基础》，高等教育出版社，2006 年。

第五章 利润表要素的确认、计量、记录和报告

会计要素，也称为财务报表要素。它是财务报表按照提供会计信息的需要对会计内容或对象所作的基本分类。第一章中，我们已经提到资产、负债、所有者权益、收入、费用和利润这六个财务报表要素。其中，资产、负债及所有者权益是资产负债表要素，收入、费用和利润是利润表要素。本章在对会计确认、计量、记录和报告原理作一般性介绍后，着重介绍利润表各要素的确认、计量、记录和报告的方法。

第一节　会计程序与会计方法

前面各章已提到会计程序与会计方法问题并介绍了其中部分内容。本章和第六章以制造业的经济活动为基础，进一步介绍会计程序与方法的具体应用。

会计确认、计量、记录和报告是会计核算的基本程序，企业日常经济活动产生的大量经济数据，通过这个程序并运用会计核算的基本方法，将它们加工、处理成会计信息提供给企业内、外部信息使用者，以帮助他们作出各种相关的经济决策。

一、会计确认

会计确认是依据一定的标准，辨认哪些数据能否、何时输入会计信息系统以及如何进行报告的过程。它包括初始确认和再确认两个步骤。其中，初始确认也称为初次确认，它决定了哪些数据应当进入会计信息系统进行核算与反映。具体而言，即对企业生产经营活动中产生的大量原始数据，按照一定的标准进行辨认，确定它是否属于交易或会计事项，并通过填制和审核会计凭证的方法，登记

到相关的账簿中。再确认是对账户所反映的企业生产经营活动情况的数据资料，按照一定的标准进行辨认，以确认它是否属于反映企业财务状况和经营成果的信息，并进入到财务报表中。

更进一步地说，会计确认包括以下三个方面的内容：

1. 企业生产经营活动产生的各种数据能否进入会计信息系统，并采用一定的程序和方法进行加工、处理。这个过程实际上就是对企业日常生产经营活动产生的大量数据按照一定的标准和方法进行筛选，以保证会计确认的数据就是会计信息系统所要加工处理的经济业务。第三章所介绍的审核原始凭证方法，能将那些不应当由会计信息系统反映的数据排除在会计信息系统之外。

2. 对经过筛选可作为经济业务的数据应在何时进入会计信息系统进一步加工、处理。这实际上是经济业务应在何时作为收入、费用或资产、负债进行确认的问题。比如，收到客户转账汇来的购货订金，究竟是确认为一项收入还是负债，什么时候确认为收入?购置一台电脑到底是确认为资产还是费用，什么时候确认为费用?等等。为了真实反映企业的财务状况和经营成果，企业会计在处理这些业务时，一般要求采用权责发生制会计基础。第三章介绍的根据原始凭证编制记账凭证以及第四章的账项调整，都是解决这部分的内容。

3. 企业发生的各项经济业务通过初次确认后，进入了整个会计信息系统，但它最终必须浓缩成概括、综合反映企业财务状况和经营成果的财务报表，并对外报告。那么，在会计信息系统中通过账户的形式确认、计量和记录的数据资料有哪些能够进入财务报表？它们又是如何在财务报表中列报？等等，都涉及会计再确认问题。

二、会计计量

会计计量就是用货币或其他量度单位从数量角度计算、衡量、描述企业各项经济业务发生的情况和结果的过程。这里，必须运用货币计价和成本计算这两种会计核算方法。

1. 货币计价

货币计价是指会计提供信息要以货币作为主要计量尺度。它作为一种会计核算方法，主要是解决会计计量尺度和计量属性问题。

企业经营活动是多种多样、错综复杂的，它表现为各种各样的实物形态，如厂房、机器设备、现金、各种存货等。不同的实物形态可采用不同的计量尺度。比如，钢材可以以“吨”为单位计量，房屋可以以“栋”为单位计量，机器设备可以以“台”为单位计量，汽车可以以“辆”为单位计量，等等。以各种不同尺度计量的财产物资在数量上难以进行比较，因此也难以综合反映企业的财务状况和经营成果。会计的主要任务之一，就是要从这些实物表现形态各异、不同质的财产物资或生产要素中找出同质的内容，并通过一系列的会计程序和方法对它们进行全面、连续、系统、综合的反映。不难发现，这些不同质的财产物资或生产要素在价值表现形式上具有同质性，它们都是人类一般劳动的凝结，具有价值。那么，我们就可以用具有一般等价物特性的货币作为计量尺度，把各种不同实物形态的财产物资或生产要素所包含的价值抽象出来，用统一的货币计量单位表示它们的价值量，就可以使不同的财产物资、生产要素进行相加或相减，也可以使收入与相关的费用进行相互配比。这样，就可以综合反映企业的财务状况和经营成果。货币计价还涉及两个相关问题：计量属性与计量单位。至于这一问题的进一步讨论，参见第一章、第八章的相关内容。

2. 成本计算

广义的成本计算，是指对企业经营活动过程中的一切成果都可以核算、确定其成本。比如，企业购买一台设备，要确定该项设备的成本；投资一个项目，要计算、确定该投资项目的总成本。狭义的成本计算，主要是针对制造业而言的，即对制造业各生产过程中所制造完工的产成品或半成品，计算、确定其制造成本的过程。

制造业的生产经营活动有明显的阶段性，通常可分为供应阶段、生产阶段和销售阶段，各阶段都要发生各种各样的资金耗费，必须分别计算各阶段相关对象的成本。供应阶段是为企业产品生产做准备的阶段，它从市场上采购生产所需要的各种原材料，发生各种采购费用，这些费用应由所采购的各种材料承担。所以，必须以所采购的材料为对象，归集和计算材料的采购成本；生产阶段是制造业主要的经营阶段，它对供应阶段采购回来的材料进行制造、加工，生产出可供销售的产品，其发生的各种生产费用应由所生产的产品负担。所以，必须以产品为对象，归集和计算产品的生产成本。

三、会计记录

会计要素的确认和计量只是解决了企业发生的经济交易或事项能否、何时及如何进入会计信息系统的问题，而会计确认和计量的结果必须以适当的方式在会计信息系统中加以记录、核算，形成系统、连续、全面、综合的会计核算数据资料，并通过会计再确认的程序，将这些数据资料编入企业的财务报表，形成有助于使用者做出决策的会计信息。所以，在对企业发生的交易或事项进行会计确认和计量之后，还应当将这些经济交易或事项在账户中进行记录、核算。

会计记录是会计的基本程序之一，它对经过初次确认后可以进入会计信息系统的经济交易或事项，会计计量确定的各要素的货币数据，按照复式记账原理，采用文字和数字叙述的形式在预先设置的账户中记录、反映，是会计核算的一个重要环节。本书第二章介绍了会计记录的基本原理，第三章关于记账凭证的填制和应用，则具体说明了实际工作中会计记录是如何进行的。

四、会计报告

会计信息必须以一定的方式和格式传递给信息使用者，会计报告就是要把按照各种会计核算方法确认、计量、记录的资产、负债、所有者权益、收入、费用和利润等数据编制成财务报表，向使用者提供有关企业财务状况和经营成果的信息。

通过会计初次确认、计量和记录生成的会计数据分散在各相关的账簿中，其数量多且专业性强，不能满足企业内部和外部信息使用者的需要。所以，应用编制财务报表的方法，将账簿记录的数据通过会计再确认的过程进行筛选、压缩，形成高度简化、概括的财务报表，以便外部信息使用者充分利用企业的会计信息进行各项决策。企业财务报表的种类很多，如资产负债表、利润表、现金流量表等。作为会计学原理，本书只在本章稍后和第六章中介绍利润表和资产负债表的编制方法。至于现金流量表及其他财务报表，将在《中级财务会计》中予以介绍。

第二节　费用(成本)的确认、计量与记录

收入、费用和利润是财务会计的三个重要的要素，它们之间的关系可通过利润表予以反映，这在第二章中已作了初步介绍。在财务会计中，成本本身不是一个独立的会计要素，它是按会计的具体要求对费用作进一步对象化形成的。由于它与费用要素密切相关，所以也将在本章中介绍。

一、费用(成本)的定义与分类

费用是一个与收入相对应的概念，在财务会计中，与费用相关或相似的还有支出概念，如营业外支出。①广义地说，它也属于费用的范畴。费用是指企业在日常活动中发生的、会导致所有者权益减少的、与向所有者分配利润无关的经济利益的总流出。这里，经济利益流出企业也可理解为经济资源耗费或资金耗费。一般地说，费用具有以下三个基本特征：

1. 费用是企业在日常活动中形成的，企业生产经营过程也是经济资源的耗费过程。在生产经营过程中，企业为了生产一定量的物质产品(或劳务)，必然要耗费各种人力、财力和物力。从会计角度来看，费用表现为对企业所掌握或控制的经济资源的耗费，其货币表现就是资金耗费。资金耗费具体表现为企业资源的流出，包括现金支出或非现金(如原材料耗费、固定资产折旧或无形资产的摊销等)流出，或者是债务的增加(如银行借款应付未付的利息)。

2. 费用会导致所有者权益的减少。根据“资产 = 负债 + 所有者权益”的会计平衡原理，企业由于发生费用而减少资产，必定会减少所有者权益。同样，由于费用的发生会增加负债而不增加资产，也会减少所有者权益。所以，费用最终将减少企业的所有者权益。要增加所有者权益除了不断增加收入外，还要加强费用的管理和控制。

3. 费用是与向所有者分配利润无关的经济利益的总流出。费用的发生将导致企业资产的减少或负债的增加，从而导致经济利益的流出。其表现形式包括现金或现金等价物的流出，存货、固定资产和无形资产等的流出或消耗等。这些经济利益流出与向所有者分配利润导致的经济利益流出不同，向所有者分配利润流出的经济利益属于所有者权益的抵减项目，所以不是费用。

费用可以按照不同的标志进行分类。如果按照经济用途可分为生产费用和期间费用。何谓生产费用与期间费用？企业的资金耗费，有的是直接发生于产品的生产过程，有的则发生在生产经营活动的组织与管理、产品的销售以及企业资金的筹集等方面。通常，我们把直接发生在产品生产过程的各种资金耗费叫做生产费用；而将发生于生产经营活动的组织与管理、产品的销售以及资金筹集活动的资金耗费叫做期间费用。

生产费用直接发生于产品生产过程，必须由产品来承担。所以，生产费用可通过产品进一步对象化为产品成本。产品成本也可按照其经济用途进一步划分为直接材料、直接人工和制造费用等具体的类别。其中的直接材料是指在生产中用来变成产品主要部分的材料的成本，如制造家具用的木材、制造机械产品用的各种钢材等；直接人工是指在生产过程中对材料进行加工使其变成产成品所发生的人工费用；制造费用则指在生产过程中发生的那些不能直接归入直接材料、直接人工的各种费用，如水电费、固定资产折旧费、修理费、生产车间管理人工资等等。在生产多种产品的企业中，制造费用是这些产品所共同发生的费用，必须按照一定的分配标准分配后计入各种产品的生产成本。

期间费用是企业生产经营活动的组织与管理、产品销售及资金筹集等活动中发生的费用，也可进一步划分为管理费用、销售费用和财务费用等。其中的管理费用是指企业行政管理部门为组织和管理生产经营活动所发生的各项必要的支出，是企业生产经营过程必然要发生的费用。与产品成本相比，管理费用是与企业生产经营活动的全部过程相联系的，一般不具体地由某一项经营活动或某一种产品负担；销售费用则是指企业产品在销售环节所发生的各项费用，是经营活动的一种追加费用，其目的是为了促进、扩大产品的销售，占领市场，最终提高产品的市场竞争能力；财务费用则是企业为筹集生产经营活动所需要资金而发生的与筹资活动相关的各项费用。

二、费用(成本)的确认原理

如前所述，企业为生产一定的物质产品，必然要耗费各种人力、财力和物力。那么，人力、财力和物力在什么时候才能算作被耗费掉而转化为费用、成本呢?一般地说，只有在生产经营过程中实际发生的资金耗费才能确认为费用、成本。但由于现实经济活动的复杂性，往往会出现各种各样的情况，这就需要我们去做具体的确认工作。

在会计分期的前提下，企业发生的资金耗费必须归属于不同的会计期间。经过长期的会计实践，对费用、成本在何时确认，已形成了以下两条具体的确认原则。

一是按划分收益性支出与资本性支出原则确认本期的成本、费用。这也是财务会计的一项基本原则。这里，所谓收益性支出，是指某项资金耗费的发生仅仅是为了取得本期收益或与取得本期收益有关而必须列入本期损益的资金耗费，如企业购入一批供本期生产耗用的消耗配件等；所谓资本性支出则指某项资金耗费不仅是为了取得本期的收益，而且与取得本期以及以后各毗邻会计期间的收益都直接相关，而应当在本期及以后各期共同负担、分别计入各该期间费用的资金耗费，典型的例子就是购入固定资产。

二是按权责发生制原则确认本期的费用、成本。权责发生制在第一、四章中已涉及，这里仍有必要加以具体化。根据权责关系，企业有些支出虽然在本会计期间发生了，但从受益归属期来看，不能构成本会计期间的费用，如企业预付的财产保险费、预付的报纸杂志订阅费及预付的房租等；有的支出虽然不是在本会计期间支付现金，但它事实上应归属于本会计期间，如在用银行借款的利息等。为了准确核算企业产品的生产成本和各经营期间的期间费用，企业必须按照权责发生制原则来正确区分和核算应归属于不同会计期间的成本、费用。

有了上述的确认标准，我们就可以在会计核算过程中，正确地归属和核算属于不同会计期间的费用与支出，以确保各期费用核算的准确性。

费用按照一定的对象归集、计算就形成某一对象的成本，所以成本也称为一种对象化的费用。应该再次指出，这里需要进行对象化的费用是指那些与成本计算对象直接相关的费用，而不是企业某一会计期间发生的所有费用。从企业生产经营过程看，其主要的活动是原材料的采购、产品的生产和销售，所以除了销售费用作为期间费用外，还应该把与企业原材料的采购、产品的生产直接相关的费用，分别对象化并确认为原材料的采购成本、产品的生产成本。

实际应用中，考虑到与现金支出在时间上的关系，费用的确认存在三种时点选择：一是现金支出与费用同时发生；二是现金支出在前、费用发生在后；三是费用发生在前、现金支出在后。

1. 现金支出与费用同时发生。在多数情况下，企业的各项费用与现金支出是同时发生的，而且费用的数额就是在经济业务发生时由企业实际付出的现金额。对这类费用的计量应以企业实际支付的现金数额为依据，因为这类费用在发生时即取得了具有证明效力的原始凭证，它能够客观、真实地反映企业经济活动的情况，可信度高，而且还具有可检验性、可证实性的特点。

2. 现金支出在前，费用发生在后。企业发生的有些费用并不是在本期而是在以前期间付出现金的，之所以要计入本期费用，是因为以前期间的现金支出能够给企业带来连续的经济收益。那么按照收入与费用相配比的会计原则，就需要将这种现金支出中的一部分确认为本期的费用。也就是在企业支出现金的同时要确认一项资产，并按照该资产的使用情况或为企业提供经济收益的情况分摊计入各期的费用、成本。

3. 费用发生在前，现金支出在后。企业的有些费用虽然已经发生了，但根据有关合同、合约的规定或企业从资金调度等方面考虑，并不需要在费用发生时就支付现金。如银行借款的利息费用、部分租赁费用等基本上就是属于这种情况。对这部分费用计量的前提是费用确认采用了权责发生制原则，也就是由于本期从银行借款或租赁这项经济业务中获得了经济收益，就应当承担与其收益相匹配的相关费用。它与第 2 种情况相类似，但它要采用预提的办法，预先确认并计量这部分费用。

三、成本计算的基本原理

从制造业的主要经营活动循环来看，它大致可分为三个阶段：供应阶段、生产阶段和销售阶段。供应阶段的主要活动是组织、购入生产所需的各种原材料；生产阶段则是制造完成各种产品；销售阶段的主要目的就是将这些制成品按合理的价格销售出去。实际工作中，企业为了加强成本的管理与控制，会计算每一阶段的经营成果并确定其成本。作为会计学的入门教材，下面将简单介绍第一阶段材料采购成本的计算和第二阶段产品生产成本的计算。

(一)材料采购成本的计算

制造业生产所需要的各种材料物资一般要在采购阶段(即供应阶段)从市场购买，材料采购是企业为产品生产作准备的阶段。材料物资的采购过程也是资金耗费的过程。在这个过程中，企业需要支付材料物资的采购货款，发生各种材料采购费用。这里，采购货款即为材料采购的发票价格，发生的采购费用包括材料采购的差旅费、驻外采购站经费、材料的包装费、运输费、保险费等。企业发生这些材料采购费用要由所采购的各种材料物资承担，并计算出材料的采购成本，使生产领用各种材料有一个计价的依据。这里，所采购的各种材料物资就是材料采购成本的承担对象或采购成本的计算对象。

上述采购费用，可以根据与材料采购成本计算对象的关系，区分为直接费用和间接费用两类。直接费用指能够直接计入各种材料采购成本计算对象的费用。一般地说，材料的买价即发票价格，购买同一种材料所发生的各种材料采购费用，可以直接归属于所采购的材料采购成本，这些费用都是直接费用；间接费用是指企业采购多种材料共同发生的采购费用，如差旅费、包装费、运输费、采购站经费等。这些费用在发生时无法具体辨别究竟要由哪一种材料采购成本负担，所以要采用一定的分配标准分配后，才能分别计入各种材料的采购成本中。间接采购费用的分配要做到科学、合理，并真实反映各种材料采购的耗费情况。这就要求，在选择分配标准时应考虑材料采购所耗费的采购费用的实际情况。材料采购费用分配标准一般有材料的买价、重量、体积等。在分配差旅费、保险费时，可选择材料的买价作为分配标准；在分配运输费、包装费时，则可选择材料的重量、体积等作为分配标准。间接费用分配公式如下：

某种材料采购费用分配率 = 某种材料采购费用 ÷ 各种材料标准量之和

某种材料分摊的采购费用 = 某种材料标准量 × 某种材料采购费用分配率

材料采购成本要根据实际发生的买价和采购费用计量，并按上述规定和要求计算，不仅要计算各种材料采购的总成本，还要计算各种材料采购的单位成本。

(二)产品生产成本计算

1. 产品成本计量与计算原理

如前所述，制造业的产品制造过程也是资金耗费过程，生产过程发生的资金耗费的货币表现即为生产费用。生产费用是由于生产产品而发生的，它必须由企业生产的产品负担。企业通常生产不同品种、规格的产品，那么产品负担企业发生的生产费用时，同样地必须根据生产费用与产品之间的关系分为直接费用和间接费用。其中，直接费用指为生产某一产品而发生的生产费用，如生产某种产品耗用的原材料和某种产品生产工人的工资等；间接费用则指几种产品生产共同发生的生产费用，如生产车间发生的固定资产折旧费、修理费、保险费、水电费、车间管理人员工资及其他车间管理费用，等等。

产品成本计量、计算过程也是生产费用的归集和分配的过程。所以，对于企业发生不同的生产费用应采取不同的归集和分配方法。其原则是：直接费用直接计入，作为某种产品的生产成本；间接费用通过一定的账户(如下面将要介绍的“制造费用”账户)先行归集后，再按一定的分配标准分配计入，作为某种产品成本的构成部分。因此，产品成本的计量、计算的过程实际上就是“先分后合”的过程。也就是说，在进行产品成本计量、计算时，先应把企业发生的生产费用按照与产品之间的关系分为直接费用和间接费用，通过归集和分配的程序汇总为某种产品的生产成本。这个过程可用图表 5—1 表示。

图表 5—1

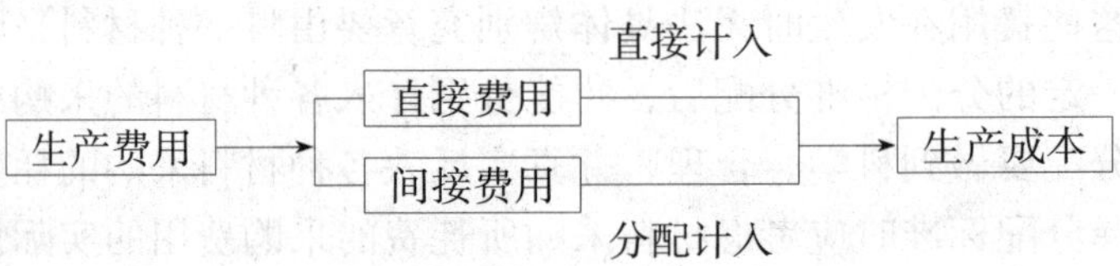

2. 产品成本计算的基本步骤

产品成本必须以产品生产制造过程中的实际资金耗费为标准来计量，并采用一定的方法计算产品的生产成本。但由于生产过程的错综复杂，就决定着整个产品成本计算过程具有很强的技术性。下面简要地介绍产品成本计算的一般原理与基本步骤。

(1)确定产品成本计算的对象

我们说成本一定是指某一具体对象的成本。所谓成本计算的对象，指的是生产费用承受的客体。它是我们归集和计算生产费用的直接依据和进行产品成本计算的前提。而产品成本计算的对象就是企业所生产活动的直接对象，即劳动者借助劳动资料进行制造加工的产品。在企业中，根据产品制造加工的程度，可分为中间性产品或半成品和最终产品或产成品。如果我们以中间性产品作为生产费用承受的客体，那么成本计算对象即为中间性产品或半成品；如果我们以最终产品作为生产费用承受的客体，那么成本计算对象即为最终完工的产成品。

(2)确定产品成本的计算期

确定产品成本计算期主要的目的是：在明确产品成本计算的对象以后，确定在什么时间计算产品成本。

按照权责发生制原则来确认产品成本，就必须使所计算的产品成本能够将为生产该产品所发生的所有生产费用都能归集。所以，确定产品成本计算期也是至关重要的。从理论上说，要把为生产该产品而发生的所有生产费用，都能够归集并由该产品负担，这就要求，成本计算期必须与产品的生产周期相一致。因为只有产品生产完工并完全退出生产过程进入仓库时，才不会再发生生产费用，按此计算的产品成本才能完整、正确。这在实际的会计工作中有时也是可行的，而且也有不少按照产品生产周期来作为产品成本计算期的，比如造船行业、房地产开发企业。但在实践中，也还有大量的企业无法按照生产周期来计算产品成本，因为在现代化的生产过程中，由于大量重复的生产，即不断地投入原材料，不断地生产出产品来，而且在投料与生产出产品的时间上又往往是交叉的，很难按照生产周期来作为产品成本计算期。在这种情况下，从实务操作方便角度出发，往往以月份作为成本计算期。

因此，在实践过程中，产品成本计算应根据不同企业的具体情况来确定，或者以产品生产周期作为成本计算期，或者以会计报告期作为成本计算期。

(3)确定产品成本应包括的生产费用项目

进行产品成本计算，必须按照企业具体的生产特点，正确合理地对生产费用进行分类核算反映，不能只核算一个综合的成本指标。只有对生产费用作出合理的分类与核算，才能便于对产品成本的构成内容进行分析并根据不同的费用内容分别进行控制，以便进一步挖掘潜力，降低产品成本，提高企业的经济效益。所以，如何正确科学地设计和确定成本项目，对于正确计算产品成本和加强对生产费用的控制与管理等都具有重要的意义。

在制造业中，对生产费用按经济用途进行分类，就称之为成本项目。由于产品成本就是产品的制造成本，因而，其成本项目一般包括直接材料、直接人工和制造费用。其中，直接材料是指直接用于产品生产并构成产品实体的各种原材料和有助于产品形成的各种辅助材料；直接人工是指企业支付给直接对产品进行制造加工的生产工人的工资等；而制造费用则指产品生产过程中发生的不能直接归属于某个具体的成本计算对象负担的共同性生产费用，如生产车间管理人员的工资、办公费、车间财产的保险费、固定资产折旧费、修理费等。所以，在进行成本计算时，就按照上述这三个项目来对生产费用进行归集和计算。

(4)生产费用的归集和分配

成本计算指的是制造业将所发生的生产费用按照一定的成本计算对象，采用适当的标准进行归集和分配，以确定各对象的总成本和单位成本。成本计算过程，实际上就是按成本计算对象归集和分配生产费用的过程。所以，确定了成本计算对象、成本计算期和成本项目之后，就必须对生产费用按成本计算对象进行具体的核算。生产费用的核算包括生产费用的归集和分配两个方面。为了合理、正确地计算产品的成本，在归集核算生产费用时，必须遵循如下原则：

第一，应该按照生产费用与期间费用分别归集核算。即对于不是为生产产品而发生的费用，就不能在生产费用的有关账户中归集，而必须分别设置管理费用、财务费用和销售费用等账户进行归集。

第二，应按生产费用与成本计算对象的关系分别设置有关账户归集。如前所述，生产费用可以按其与成本计算对象之间的关系分为直接费用和间接费用。所以，必须分别设置账户来归集核算直接生产费用和间接生产费用。对于直接生产费用还应按照具体的成本计算对象设置明细账户进行归集核算。

生产费用按照上述原则归集后，还必须进一步分配。这里的分配也包括两个方面的分配，即对间接费用在不同的成本计算对象之间的分配，以及归集到某一具体成本计算对象的所有生产费用在完工产品与在产品(指尚未完成最后生产程序，不能对外销售的需要进一步制造加工的产品)之间的分配。对于间接费用的分配，必须按受益的原则，即根据各成本计算对象对间接费用的受益情况，采用适当的分配方法分别计入并由各成本计算对象负担。至于生产费用在完工产品与在产品之间的分配，这是技术性很强又较为复杂的问题，在原理上也必须根据受益原则。即根据完工产品与在产品耗用生产费用的数额，或在产品的完工程度，并结合企业的生产特点及管理要求，选用适合本企业的成本计算方法，进行科学的计算和合理分摊。

(5)正确地选用成本计算方法

企业成本计算方法的选用直接受生产特点和管理要求的影响。不同的生产特点应有与之相适应的成本管理要求，进而必须选择适合这种管理需要的成本计算方法。企业的生产特点包括生产工艺过程和生产组织类型两个方面。从生产工艺过程来看，制造业的生产可以分为单步骤生产和多步骤生产两种基本情况。其中，单步骤生产是指产品生产过程从工艺要求上不能间断或不便于分散在几个不同的地点进行，或必须进行连续不断的生产，如发电、采掘、面粉加工等企业就属于单步骤的生产。多步骤生产则指生产过程从工艺要求方面可以间断或生产过程可以分散在若干个生产车间、经过若干个生产步骤进行的生产，一般的纺织、机械制造、冶金加工、造纸等企业的生产都是属于多步骤的生产。多步骤的生产中，有的企业的各生产步骤也是连续不断进行的，这叫做连续式的生产；有的企业的生产则由各生产车间分别生产产品的一个部分，然后由总装车间装配而成，这叫做装配式的生产。

生产组织类型方面，制造业的生产基本上可以分为大量生产、成批生产和单件生产三种类型。其中，大量生产是指企业重复不断地大量地生产同一品种的产品，如发电厂电的生产、蒸汽厂蒸汽的生产等都是属于大量生产；成批生产则指企业的生产过程是根据某一订单或指令来组织规定数量的产品生产，如机械加工企业一般是根据用户订单所规定的数量来组织生产的；而单件生产是指生产过程不是大量重复生产某一种产品，而是根据用户的需要组织对某一产品进行的生产，如造船厂的船舶制造就属于单件生产。上述的成批生产根据其批量的大小又可分为大批生产和小批生产。大批生产由于每批的生产数量大，它又具有大量生产的特点；小批生产每批的生产数量少，则具有单件生产的特点。生产工艺与生产组织是从两个不同的侧面反映企业的生产活动，在一个企业中这两者是结合起来，即它要么是单步骤的大量生产和大批生产，要么是多步骤的大量生产、大批生产或单件生产。

从成本管理的要求来看，有的企业可能只要对最终完工的产品按品种、批别等进行成本的考核就行了；而有的企业则要分别考核在产品、半成品和产成品的成本，即按生产车间(步骤)落实责任制，分别计算各生产步骤的成本耗费情况。

把生产特点和成本管理要求这两方面结合起来考虑，产品成本计算方法主要有简单法、分批法、分步法等，其中的分步法又分为逐步结转分步法和平行结转分步法两种。企业可根据这两个方面的情况，分别选择确定适合本企业生产特点和成本管理要求的成本计算方法。下面将以成本计算的简单法为例，说明制造业的成本计算原理，至于其他方法将在今后的《成本会计学》中作具体的介绍。

(6)编制产品成本计算表

生产费用按照成本计算对象归集分配后，就把本期发生的所有生产费用都已对象化为各个具体成本对象的成本了；把归集分配的结果分别登记到按成本计算对象设置的明细账簿中去后，就可以进行成本计算的最后步骤了，即按成本计算对象和具体的成本项目编制成本计算表，据以得出产品生产的总成本和单位成本。

四、费用(成本)的记录、核算

根据以上所介绍的费用(成本)确认和计量原理，下面将通过设置账户的方法将费用(成本)确认和计量、计算的结果进行记录。

费用(成本)核算应设置的账户

为了对企业发生的各种费用、成本进行核算，企业应设置如下几个账户。

1. “材料采购”账户

它是一个成本类账户，用于核算和反映企业从市场购入各种材料的买价及发生的材料采购费用，并确定各种材料的采购成本。其借方核算企业已经购买、且已验收入库各种材料的买价及发生的采购费用，据以确定材料采购的实际成本；贷方核算转入“原材料”账户借方的材料采购实际成本等。经结转后，本账户期末无余额。

这个账户应按照采购的各种材料的种类或名称设置二级账户，按材料的品种规格设置明细分类账户，进行明细分类核算。

2. “生产成本”账户

它是一个成本类账户，用于核算和反映企业为生产产品而发生的、需要对象化为具体产品负担的生产费用(包括直接费用和间接费用)。其借方记录各项生产费用的发生数，贷方记录完工入库产品应负担的生产成本，期末借方余额表示尚未制造完工、需要在以后期间继续加工的在制品应负担的生产费用。

这个账户一般要按照成本计算对象设置二级账户，按照成本项目设置明细分类账户，分别归集和核算各成本计算对象的生产费用。

3. “制造费用”账户

主要用于核算企业为生产产品而发生的间接生产费用，这些费用不能直接对象化为各成本计算对象，而需要归集后再按照一定的标准分配给各成本计算对象负担，如车间管理人员的工资、固定资产折旧费及修理费、办公费、水电费、劳动保护费、季节性等停工损失等，它属于成本类账户。其借方记录企业在生产过程中发生的上述各项制造费用，贷方记录在会计期末按照一定的分配标准分配给本期所生产的各种产品负担而转入“生产成本”账户的各项制造费用。经结转后，本账户期末无余额。

制造费用账户应按照费用项目设置明细分类账户进行明细分类核算。

4. “管理费用”账户

该账户主要用于反映和核算企业行政管理及后勤部门为组织和管理整个企业的生产经营活动而发生的各项费用，包括管理及后勤部门人员的工资、差旅费、办公费、固定资产折旧费和修理费、业务招待费、物料消耗、低值易耗品的摊销、职工教育及工会经费、劳动保险及财产保险费用、排污费、研究费用及不符合资本化条件的开发费用，等等。其借方记录企业发生的上述各项管理费用，贷方记录转入“本年利润”账户与本期收入配比的管理费用。经结转后，本账户期末无余额。

这个账户应按照管理费用项目设置明细分类账户进行明细分类核算。

5. “财务费用”账户

用于核算和反映企业在资金筹集活动中所发生的各种费用，包括银行结算的手续费、银行借款的利息费用以及由于企业在收取、支付其他货币时因汇率变动而造成的损失(或利得)等。其借方记录企业发生的上述各项财务费用或损失，贷方记录企业银行存款利息收入，因汇率变动产生的汇兑收益，借、贷方的差额转入“本年利润”账户。经结转后，本账户期末无余额。

财务费用应按照费用项目设置明细分类账户进行明细分类核算。

6. “销售费用”账户

核算和反映企业在产品销售过程中所发生的各项费用，包括运输费、装卸费、包装费、保险费、展览费、广告费以及企业专设销售机构的经费及销售人员工资，等等。其借方记录企业发生的上述各项销售费用，贷方记录转入“本年利润”账户与本期收入配比的销售费用。经结转后，本账户期末无余额。这个账户应按照费用项目设明细账进行明细分类核算。

此外，与费用(成本)确认、计量和记录相关的账户还有“在途材料”、“应付账款”、“应付票据”、“预付账款”、“应交税费”、“原材料”、“应付职工薪酬”、“累计折旧”、“库存商品”、“本年利润”等资产、负债和所有者权益类账户。这些账户将在资产、负债和所有者权益的确认、计量和记录中予以介绍。

下面以中华股份有限公司20××年12月发生的经济业务，说明费用(成本)的确认、计量、记录的方法。

【业务1】　向长城公司采购甲材料50吨，每吨7 300元，计365 000元，增值税62 050元；乙材料100吨，每吨2 400元，计240 000元，增值税40 800元。价款合计605 000元，增值税合计102 850元。货已验收入库，价款及增值税款由该企业开出一张3个月期的商业承兑汇票抵付。

这是一笔货已收、款未付的采购业务。根据我国税法规定，企业采购材料必须按价款的规定比例支付增值税，此为进项税，今后可从产品销售应交的增值税中扣除，所以应确认为应交税费，而不应计入材料采购成本；用商业承兑汇票抵付货款是一种延期付款的方式，它承诺在未来某个约定日期由汇票承兑人履行支付票款的义务，使汇票持有者到期收回票款有一定的保障。这笔业务的账务处理如下：

借：材料采购　　　　605 000

——甲材料　　365 000
——乙材料　　240 000
应交税费——应交增值税(进项税额)　　102 850
贷：应付票据——长城公司　　707 850

【业务2】　采购员张强向渤海公司购买甲材料150吨，每吨7 300元，价款1 095 000元，增值税186 150元。货款已通过银行支付，材料尚未收到。

这是一笔款已付、货未收的采购业务。它应确认为在途材料，待货收到后结转入材料采购，据以确定材料采购成本。所以，企业应设置过渡性的“在途材料”账户，以记录这类采购业务占用的资金情况。这个账户应按供货单位或采购员名称设置明细账，以便落实采购责任。这笔业务的账务处理如下：

借：在途材料——张强　　1 095 000
应交税费——应交增值税(进项税额)　　186 150
贷：银行存款　　1 281 150

【业务3】　向渤海公司采购的甲材料已收到，并如数验收入库。

在途材料收到并验收入库，说明采购员张强的责任已解除。所以，应根据验收入库的情况确认并记录材料采购。这笔业务的账务处理如下：

借：材料采购——甲材料　　1 095 000
贷：在途材料——张强　　1 095 000

【业务4】　用银行存款支付市搬运公司本月材料搬运费12 000元，材料保险费34 000元，包装费3 600元；用现金支付张强差旅费400元。

上述各项采购费用有的是采购某种材料发生的，如采购员张强的差旅费；有的是采购甲乙两种材料共同发生的，如材料的搬运费、保险费及包装费等。对于能够辨认为某种材料采购发生的费用，可以直接计入材料的采购成本；各种材料采购共同发生的采购费用，应按照一定的标准分配后计入材料的采购成本。假设材料的搬运费和包装费按材料的重量分配，保险费按材料的买价分配。其分配情况如下：

(1)搬运费的分配

$$搬运费分配率 = \frac{12\,000元}{200吨 + 100吨} = 40元/吨$$

甲材料分摊的搬运费 = 200 吨 × 40 元/吨 = 8 000 元

乙材料分摊的搬运费 = 100 吨 × 40 元/吨 = 4 000 元

合　　计　　12 000 元

(2)包装费的分配

$$包装费分配率 = \frac{3\,600元}{200吨 + 100吨} = 12元/吨$$

甲材料分摊的包装费 = 200 吨 × 12 元/吨 = 2 400 元

乙材料分摊的包装费 = 100 吨 × 12 元/吨 = 1 200 元

合　　计　　3 600 元

(3)保险费的分配

$$保险费分配率 = \frac{34\,000元}{(200吨 \times 7\,300元/吨) + (100吨 \times 2\,400元/吨)} = \frac{34\,000元}{1\,460\,000元 + 240\,000元} = 0.02$$

甲材料分摊的保险费 = 1 460 000 元 × 0.02 = 29 200 元

乙材料分摊的保险费 = 240 000 元 × 0.02 = 4 800 元

合　　计　　34 000 元

(4)差旅费的分配

由于差旅费为采购员张强采购甲材料而发生的，所以发生的 400 元差旅费应由甲材料负担。

上述材料采购费用分配结果汇总如图表 5—2 所示。

图表 5—2　　20× ×年 12 月份材料采购费用分配表

采购费用项目	甲材料	乙材料	合计
搬运费	8 000	4 000	12 000
包装费	2 400	1 200	3 600
保险费	29 200	4 800	34 000
差旅费	400	—	400
合计	40 000	10 000	50 000

据上表作如下账务处理：

借：材料采购　　50 000
　　——甲材料　　40 000
　　——乙材料　　10 000
　贷：银行存款　　49 600
　　　库存现金　　400

【业务5】　结转本月材料采购成本。

这是在确定材料采购成本的基础上，将各种材料的采购成本从“材料采购”账户转入“原材料”账户。

经过上述分配后，企业在材料采购过程中发生的资金耗费已全部对象化为各种材料的采购成本。为便于对发出材料成本的核算，应编制“材料采购成本计算表”，计算各种材料采购总成本和单位成本，作为结转材料采购成本的依据。“材料采购成本计算表”编制如图表5—3所示。

图表5—3　　20××年12月份材料采购成本计算表

成本项目	甲材料(200吨)		乙材料(100吨)	
	总成本	单位成本	总成本	单位成本
买价	1 460 000	7 300	240 000	2 400
搬运费	8 000	40	4 000	40
包装费	2 400	12	1 200	12
保险费	29 200	146	4 800	48
差旅费	400	2	—	—
合计	1 500 000	7 500	250 000	2 500

根据上表，应作以下账务处理：

借：原材料　　1 750 000
　　——甲材料　　1 500 000
　　——乙材料　　250 000
　贷：材料采购　　1 750 000
　　　——甲材料　　1 500 000
　　　——乙材料　　250 000

【业务6】　开出转账支票购买办公用品6 000元(其中，管理部门5 000

元，生产车间 1 000 元)，支付电话费 7 000 元、邮电费 2 000 元。

这笔业务发生的各种费用均可确认为办公费用，应分别记入管理费用和制造费用。其账务处理如下：

借：管理费用——办公费　　14 000
　　制造费用——办公费　　1 000
　贷：银行存款　　15 000

【业务 7】　公司办公室主任出差归来报销差旅费 3 000 元，用现金支付。

这笔业务作账务处理如下：

借：管理费用——差旅费　　3 000
　贷：库存现金　　3 000

【业务 8】　根据仓库报来的出库单，本月各部门领用材料情况汇总如图表 5—4 所示。

图表 5—4　　**20××年 12 月份发出材料汇总表**

领料部门	材料名称	数　量	单　价	金　额
A 产品	甲材料	20 吨	7 500	150 000
	乙材料	8 吨	2 500	20 000
	小　计			170 000
B 产品	甲材料	54 吨	7 500	405 000
	丙材料	90 吨	500	45 000
	小　计			450 000
生产车间	甲材料	2 吨	7 500	15 000
管理部门	甲材料	1.2 吨	7 500	9 000
销售部门	包装材料	10 立方米	1 200	12 000
合　计				656 400

材料发出成本的计价问题，将在第六章中介绍。这里仅介绍材料发出的经济业务。根据费用(成本)的确认、计量原理，A、B 产品领用的材料为这两种产品生产直接耗费的，应直接计入产品成本；生产车间耗费的材料为生产 A、B 两种

产品共同耗费的生产费用，应通过制造费用账户归集。其他部门耗用的材料分别在管理费用和销售费用中记录。根据上述材料领用汇总表作如下账务处理：

借：生产成本　620 000
　　——A 产品——直接材料　170 000
　　——B 产品——直接材料　450 000
　　制造费用——物料消耗　15 000
　　管理费用——物料消耗　9 000
　　销售费用——包装费　12 000
　贷：原材料　656 000
　　　——甲材料　579 000
　　　——乙材料　20 000
　　　——丙材料　45 000
　　　——包装材料　12 000

【业务 9】 经结算，本月应付各类人员的工资汇总如图表 5—5 所示。

图表 5—5　　20××年 12 月份工资汇总表

人员类别	工资额
工人：A 产品生产工人	50 000
B 产品生产工人	150 000
小计	200 000
管理人员：车间管理人员	10 000
管理机构人员	35 000
产品销售人员	9 000
小计	54 000
合计	254 000

上述工资汇总表中，生产工人的工资为所生产产品的直接费用，可直接计入产品成本，车间管理人员工资为 A、B 产品生产共同发生的间接费用，应通过制造费用账户归集。根据上述汇总表作如下账务处理：

借：生产成本　200 000

——A 产品——直接人工　　50 000
——B 产品——直接人工　　150 000
制造费用——工资　　10 000
管理费用——工资　　35 000
销售费用——工资　　9 000
贷：应付职工薪酬　　254 000

【业务 10】　开出银行转账支票支付水电费 15 000 元。其中，产品生产用水电费 11 500 元，管理部门用水电费 3 500 元。

这里，生产用水电费无法具体计量并确认为所生产产品的成本，所以应作为制造费用处理。其账务处理如下：

借：制造费用——水电费　　11 500
管理费用——水电费　　3 500
贷：银行存款　　15 000

【业务 11】　提取固定资产折旧费 46 400 元。其中，车间固定资产折旧 40 000 元，管理部门的固定资产折旧 6 400 元。

固定资产折旧费应根据固定资产的原始价值、预计使用时间、预计残值和预计清理费等因素，采用一定的折旧方法，按月计提。关于固定资产折旧问题，将在第六章中详细介绍。这笔业务的账务处理如下：

借：制造费用——折旧费　　40 000
管理费用——折旧费　　6 400
贷：累计折旧　　46 400

【业务 12】　开出转账支票以支付本月负担的财产保险费 4 000 元(其中，车间财产保险费 2 500 元，管理部门用财产保险费 1 500 元)、产品的广告费 25 000 元。

这笔业务可作以下账务处理：

借：制造费用——财产保险费　　2 500
管理费用——财产保险费　　1 500
销售费用——广告费　　25 000
贷：银行存款　　29 000

【业务 13】 提取应由本月负担的银行短期借款利息费用 20 000 元。

有些银行贷款是按月向企业结算并收取利息的，这样，企业可以在支付利息的时候确认并记录为利息费用。但有时，银行并不是按月结算利息，而是按季或年结算并向企业收取利息的。有些公司债(三年期或更长)甚至要等到债券到期时一次还本付息。在这种情况下，企业就不能在支付利息的月份将所支付的利息费用全部确认并记录为当期费用，而是应该在平时各月将应付利息预先提取出来，一方面确认并记录当月应承担的利息费用，另一方面确认并记录这笔应付未付利息而形成的负债，并通过“其他应付款”账户核算。所以，这笔经济业务应作以下账务处理：

借：财务费用——利息费用　　20 000
　贷：应付利息　　20 000

【业务 14】 月末，按生产工人的工资额将本月所发生的上述制造费用 80 000 元分配由 A 产品和 B 产品负担。

制造费用是企业生产多种产品共同发生的一项间接生产费用，它在发生时无法具体对象化为某种产品的成本，所以在发生时应确认并记录为制造费用，月末再采用一定的分配方法，分配计入各种产品成本。

制造费用分配的关键是选择费用分配标准。由于制造费用项目较多，各项费用在总制造费用中所占的比例也不同，如果选择分配标准不合理，将使各种产品分摊的费用数额不能真实反映其耗费的情况，从而不利于费用、成本的管理和控制。所以，为了使制造费用的分配尽可能做到负担合理，应保证各项费用与分配标准之间具有相关关系。一般地说，对与人工有关的制造费用，可选择职工人数、人工小时、生产工人工资额或其他与人工有关的类似标准；对与设备有关的制造费用如折旧费用、修理费用以及保险费用等，可按机器运行时数、产品耗用机器时数或其他类似的标准。如果企业所生产的各种产品之间的差别不大，也可以选择按产品产量比例作为标准来分配制造费用，等等。选择并确定了制造费用分配标准后，可先计算制造费用的分配率，然后将本期的制造费用分配给所生产的每一种产品负担。其计算、分配公式如下：

$$\text{制造费用分配率}=\frac{\text{本期制造费用金额}}{\text{各种产品分配标准量之和}}$$

$$\text{某种产品应分摊的制造费用}=\text{该产品分配标准量}\times\text{制造费用分配率}$$

本例中，我们选择 A、B 产品生产工人工资作为制造费用的分配标准。本月发生的制造费用为 80 000 元，A、B 产品生产工人的工资分别为 50 000 元和 150 000 元。则：

$$制造费用分配率=\frac{80\,000}{50\,000+150\,000}=0.4$$

A 产品分摊的制造费用 = 50 000 × 0.4 = 20 000 元
B 产品分摊的制造费用 = 150 000 × 0.4 = 60 000 元
合　　　计　　　　　　　　　　　80 000 元

上述分配过程可编制成“制造费用分配计算表”如图表 5—6 所示。

图表 5—6　　　**20××年 12 月份制造费用分配计算表**

产品名称	生产工人工资	分　配　率	分　配　额
A 产品	50 000	0.40	20 000
B 产品	150 000	0.40	60 000
合　　计	200 000	—	80 000

根据上述分配计算表作如下账务处理：

借：生产成本　　80 000
　　——A 产品——制造费用　　20 000
　　——B 产品——制造费用　　60 000
　贷：制造费用　　80 000

【业务 15】　假设该企业无期初在产品，本月投产 A 产品 800 件、B 产品 10 000 件已全部完工验收入库。请结转完工产品成本。

由于无期初在产品，本月投产的产品全部在本月完工，所发生的生产费用应全部由本月生产的产品负担。经上述会计处理后，本月发生的生产费用已全部归集到 A、B 两种产品的生产成本中，据此可编制产品生产成本计算表如图表 5—7。

图表 5—7　　　　20××年 12 月份生产成本计算表

成本项目	A 产品(800 件)		B 产品(10 000 件)	
	总 成 本	单位成本	总 成 本	单位成本
直接材料	170 000	212.5	450 000	45
直接人工	50 000	62.5	150 000	15
制造费用	20 000	25.0	60 000	6
合　　计	240 000	300.0	660 000	66

根据上表作账务处理如下：

借：库存商品　　900 000
　　——A 产品　　240 000
　　——B 产品　　660 000
　贷：生产成本　　900 000
　　　——A 产品　　240 000
　　　——B 产品　　660 000

上述所列举的 15 笔经济业务，简要说明了该企业费用核算及材料采购成本、产品生产成本计算的基本原理。当然，一个企业日常发生的费用、成本的经济业务很多，这里不一一列举。图表 5—8 列示了与成本、费用核算有关的各“T”形账户过账记录。

图表 5—8

在途材料

借方	贷方
(2)　1 095 000	(3)　1 095 000
发生额 1 950 000	发生额 1 095 000

材料采购(总账)

借方	贷方
(1)　605 000	(5)　1 750 000
(3)　1 095 000	
(4)　50 000	
发生额 1 750 000	发生额 1 750 000

材料采购——甲材料

借方	贷方
(1)　365 000	(5)　1 500 000
(3)　1 095 000	
(4)　40 000	
发生额 1 500 000	发生额 1 500 000

材料采购——乙材料

借方	贷方
(1)　240 000	(5)　250 000
(4)　10 000	
发生额 250 000	发生额 250 000

原　材　料

(5)	1 750 000	(8)	656 000

生产成本(总账)

(8)	620 000	(15)	900 000
(9)	200 000		
(14)	80 000		
发生额 900 000		发生额 900 000	

生产成本——A 产品

(8)	170 000	(15)	240 000
(9)	50 000		
(14)	20 000		
发生额 240 000		发生额 240 000	

生产成本——B 产品

(8)	450 000	(15)	660 000
(9)	150 000		
(14)	60 000		
发生额 660 000		发生额 660 000	

制造费用

(6)	1 000	(14)	80 000
(8)	15 000		
(9)	10 000		
(10)	11 500		
(11)	40 000		
(12)	2 500		
发生额 80 000		发生额 80 000	

管理费用

(6)	14 000		
(7)	3 000		
(8)	9 000		
(9)	35 000		
(10)	3 500		
(11)	6 400		
(12)	1 500		

销售费用

(8)	12 000		
(9)	9 000		
(12)	25 000		

财务费用

(13)	20 000		

产成品

(15)	900 000		

第三节 收入的确认、计量与记录

一、收入的定义与分类

收入是指企业在日常活动中形成的、会导致所有者权益增加的、与所有者投入资本无关的经济利益的总流入。收入具有以下几个方面的特征：

1. 收入是企业在日常活动中形成的，即收入主要来自企业的日常经营活动。制造业的日常经营活动是产品生产和销售活动，所以，产品销售收入是它的主要收入。此外，企业还从事其他相关的经营活动取得其他收入。

2. 收入能导致企业所有者权益的增加。收入的发生将增加企业的资产或减少企业的负债，比如企业由于交付商品而抵偿了预收账款。根据"资产 = 负债 + 所有者权益"的会计平衡公式，在不增加负债的情况下，资产的增加一定会增加所有者权益；同样，在不减少资产的情况下，负债减少也能增加所有者权益。所以，企业取得收入一定能增加所有者权益。

3. 收入是与所有者投入资本无关的经济利益的总流入。收入应当会导致经济利益的流入，从而增加企业所有者权益。但是，经济利益的流入有时是所有者投入资本的增加所导致的，所有者投入资本的增加应当直接确认为所有者权益，而不应当确认为企业的收入。

企业的收入体现在各个方面，若按照收入的主次划分，可分为主营业务收入和其他业务收入。其中，主营业务是指企业主要的经营活动，它可以根据企业法人营业执照上注明的主要业务范围来确定，如制造业制造销售商品、自制半成品、代制品、代修品、提供工业性劳务等活动都应该是它的主营业务活动，主要经营活动取得的收入就是主营业务收入。主营业务收入不仅从业务性质和所提供的收入量方面来看都是企业最重要的收入，而且它还可直接决定着企业经济效益的好坏。其他业务是指企业主营业务以外的其他经营活动，它可以根据企业法人营业执照上注明的兼营业务或其他业务范围来定，如制造业销售材料、包装物出租、固定资产出租、无形资产出租等等都是它的其他业务活动，这些经营活动取得的收入就是其他业务收入，它是企业收入的重要组成部分。过去，在不同的企业中，由于主营业务的内容不同，主营业务收入的叫法也不一样。在制造业中，主营业务收入称为产品销售收入；在商品流通业中，主营业务收入称为商品销售收入。把收入划分为主营业务收入和其他业务收入的目的，是为了加强收入管理，也可为外界提供有价值的信息资料。

二、收入的确认

在第一节中，我们把会计确认定义为交易、事项或情况，应否、何时和如何确认为一个会计要素或财务报表项目的过程，对于收入确认来说，就是企业发生的交易、事项或情况应否、何时和如何确认为收入的过程。收入对于任何一个企业来说都是至关重要的，如何从会计的角度来确认企业收入的取得或实现?简单地说，企业生产经营活动所取得的收入也应根据权责发生制原则以及实现原则作为确认的标准。②

1. 权责发生制原则

根据这一原则，企业的收入不以其是否收到现金作为确认的依据，而是以企业是否具有收取这项收入的法定权利作为标准。这就是说，凡是应属于本会计期间的收入，其款项不管是否在本期收到，都应作为本期的收入来确认；反之，如果不是属于本期的收入，其款项即使是在本期收到，也不能作为本期的收入来确认。按照这一会计原则，只要企业完成了产品销售过程，取得了收取货款的权利，其收入就算实现了。

2. 实现原则

实现原则，是对权责发生制原则起进一步补充说明的作用，它具体规定了收入确认的时间，即收入应具备什么条件才能确认为实现。一般地说，判断收入是否已经实现有两个基本的条件：一是与赚取收入有关的交易行为已经发生，或者产品(商品或劳务)的所有权已经转移。这里，“交易行为”是指产品等货物或劳务的买卖已经完成；而“产品所有权已经转移”则指企业销售的产品已开出提货单或货物已交由运输部门发运等。二是已经收取了货款，或者虽然尚未收取货款但已取得了在将来某个约定时间收取货款的法定权利。只有这两个条件同时具备，才能确认该收入已经实现，进而才能确认为本期的收入。否则，就不能确认为本期的收入。

根据权责发生制和实现原则，结合企业具体的生产经营情况，收入应在何时确认一般有如下几种情况：

1. 在销售时确认收入

即以销售的时点作为确认收入的标志。从理论上看，制造业的经营活动是生产和流通的统一，企业生产出来的产品只有经过流通阶段并将其销售出去，才能实现其价值，才能把原来垫支在产品上的资金收回并实现增值。所以，通常认为制造业的生产经营活动应包括供应、生产和销售三个阶段，这样才算完成了一次资金的循环运动。从实践上看，大部分企业只有在产品销售的时点才能同时具备收入实现所要求的条件，即产品交易业务已发生(所有权已转移)和收入赚取过程已经实际完成并取得销售货款，或在将来某一约定时间收取货款的法定权利。

例如，企业开出提货单或将产品交付运输部门发运，同时收到货款或虽然尚未收到货款但已按照有关法规的规定，将有关单证交付银行委托收款，就可确认为收入已经实现。

2. 按完工进度确认收入

在某些特定的行业或企业(如大型建筑、造船、机车或专用设备制造企业)，由于其生产周期较长，要完成一个生产周期往往要跨越若干个会计期间(年度)。在这种情况下，要按照销售时点来确认收入，会造成企业各个会计期间收入分布不均衡。即一期巨额亏损，而下一期却有高昂利润。例如，某造船厂接到客户制造轮船的订单。该艘轮船的合同价格(即预计销售额)为 4 200 000 元，预计需要 2 年才能制造完工。本年完成 55% 的生产任务(可以用发生的生产成本表示)，那么根据本年完工进度可确认整个合同价款的 55% 为本年的收入。

3. 按收到现金为标志确认收入

尽管企业在销售时一般都能符合实现原则所规定的两个条件，但在现实生活中也有例外的情况，而必须以收到现金为收入确认的标志。

企业为了适应越来越激烈的市场竞争，促进产品的销售，往往需要不断根据市场的需求情况，调整销售策略，如采取分期付款、委托代销等具有风险性的销售方式。在这种情况下，其产品的所有权虽然已转移而且取得了收取货款的法定权利，但从谨慎的会计原则出发，企业往往不能在产品所有权转移时就马上确认为收入，因为按照上述销售方式进行的销售有可能会出现退货的情况。因此，在货物销售出去的同时，就确认销售收入，往往最终货款无法收回。

由于上述原因，按分期付款或委托代销方式销售的，一般要根据与购买方或受托方签订或约定的结算方式及付款时间，在实际收到现金时确认为收入。这将在《中级财务会计》中详细介绍。

三、收入的计量

正确地对收入进行计量是收入会计的另一个重要问题。上述收入确认仅仅指出了哪些收入应在本会计期间确认，并没有解决要确认多少收入的问题。下面将介绍收入计量的问题。

企业生产经营活动所取得的收入，应以货币为单位进行计量，根据买卖双方签订合同协议中所确定的金额，或按双方议定、其他规定的价格，并以交易时向对方开具的发票金额为准进行计量。

但是，企业在商品销售过程中，往往会由于产品质量等原因遭到购买方的退货，也会根据市场竞争的情况以及产品销售数量的大小，给予购买方一定限度的商业折扣(例如，购买者购买1件产品就以原先确定的销售价格销售，若其一次性购买的数量达到10件时就可以给予5%的销售价格折让，若购买超过50件时则可以给予10%的销售价格折让等)；还会从应收账款管理或筹资方面考虑，对提前支付货款的给予一定比例的货款折扣(如规定的付款期为45天，若能在一个月内付清货款可给予货款1%的折扣，若能够在15天内付清货款则可给予货款的2%折扣，它通常以“2/15、1/30、N/45”表示)。由于销售发票体现的是销售净额，因而会计上并不反映商业折扣；后者则称为现金折扣。对已销售产品因质量等问题发生退货、或价格上给客户一定的折让及折扣等，会计上通过“主营业务收入”反映。

退货意味着这部分已确认的收入不能实现，销售折让则意味着已确认的收入中部分不能实现，它们都应作为销售收入的减项确认，并按原售价或约定的折让金额计量。至于现金折扣，则是企业应收账款管理或筹资方面的问题，应确认为财务费用。

四、收入的记录、核算

企业应根据不同的收入来源分别设置相关的账户反映收入的实现情况。一般地说，制造业应设置以下有关收入的账户。

1.“主营业务收入”账户

用于核算和反映企业销售产品取得的收入，是一个损益类的账户。其贷方核算本期已经实现的产品销售收入，借方核算期末结转至“本年利润”账户的本期产品销售收入，使之与本期为取得该收入而发生的费用配比。经结转后，本账户期末无余额。

主营业务收入的明细分类核算应按类别进行。

2.“其他业务收入”账户

它是用于核算和反映企业其他活动所取得的收入情况的一个损益类账户。其贷方核算企业取得的其他业务收入，借方核算期末结转至“本年利润”账户的本期其他业务收入，使之与本期为取得该收入而发生的费用(支出)配比。经结转后，该账户期末无余额。这个账户也应按照其他业务的类别设置明细账进行明细分类核算。

此外，还应设置与企业取得收入相关的各资产、负债类的账户，如“应收票据”、“应收账款”、“预收账款”、“应交税费”，以及费用类的“营业税金及附加”账户，等等。资产、负债类账户将分别在资产、负债的会计记录中介绍。由于“营业税金及附加”账户与收入业务关系密切，需要在这里介绍。

依法纳税是每个公民及企业应尽的义务，企业只要发生应税的经济行为，都必须依法纳税，包括销售环节的各种税金及附加。销售环节的税金一般是根据企业的销售收入依率缴纳，如增值税、消费税、资源税，以及各种附加税费(如城乡建设维护税、教育费附加等)。根据我国现行的税法规定，增值税是一种价外税，即在产品销售收入之外向购货方收取，不增加企业的费用支出。而消费税、资源税则根据国家有关规定对某些产品按销售收入的一定比例征收，各种附加税费则按企业销售环节缴交纳的税金的一定比例征收，这些税金的交纳将增加企业的费用支出，应从产品销售收入中得到补偿。所以，为了核算和反映这些税收，应设置“营业税金及附加”账户。

“营业税金及附加”账户是一个损益类账户，其借方核算企业依税法规定缴纳的消费税、资源税及各种附加税费情况，贷方核算期末结转至“本年利润”账户的本期销售税金及附加税费。经结转后，本账户期末无余额。

下面仍以中华股份有限公司 12 月份发生的业务，说明制造业收入的核算情况(经济业务续上节的编号，为了简化核算举例，下面不列举有关附加税费的例子)。

【业务 16】 将所生产的 A 产品销售 400 件给黄河公司，销售发票中记录每件售价 500 元，合计 200 000 元；增值税 34 000 元，价税合计 234 000 元。黄河公司已凭提货单将货物提走，价款及增值税款尚未收到。

需要指出，向购货方收取的增值税是销售商品价格以外的税收，不能确认为收入，应作为销项税记录，以便在会计期末与购进原材料等发生的增值税(进项税额)对抵后，向税务机关缴纳。所以，它是企业的一项负债，应记录在“应交税费”的贷方。这笔业务应作以下账务处理：

借：应收账款——黄河公司	234 000	
贷：主营业务收入——A 产品		200 000
应交税费——应交增值税(销项税额)		34 000

【业务 17】 将 B 产品 5 000 件销售给东海公司，每件售价 100 元，计 500 000元；增值税 85 000 元。该公司开出经承兑 90 天期的商业票据交给中华股份公司。

这笔业务应作以下账务处理：

借：应收票据——东海公司　　585 000
　贷：主营业务收入——B 产品　　500 000
　　应交税费——应交增值税（销项税额）　　85 000

企业收到购货方开出的商业票据不能直接作为记账的原始凭证，应以其复印件或票据的副本作为原始凭证附在记账凭证后面。至于票据本身，应当单独记录并妥善保管，以便将来到期时可凭票据向出票人或承兑人收取票款，或在企业需要资金周转时可凭票据向银行申请贴现。

【业务 18】　向海洋公司销售 A 产品 100 件，每件售价 500 元，价款 50 000 元，增值税 8 500 元；B 产品 2 000 件，每件售价 100 元，价款 200 000，增值税 34 000 元。合计价款 250 000 元，增值税 42 500 元。结清海洋公司原预付定金 80 000 元，余款收讫。

企业预收的定金在"预收账款"账户核算，结算时应借记该账户予以结清。这笔业务应作以下账务处理：

借：预收账款——海洋公司　　80 000
　　银行存款　　212 500
　贷：主营业务收入　　250 000
　　　——A 产品　　50 000
　　　——B 产品　　200 000
　　应交税费——应交增值税（销项税额）　　42 500

【业务 19】　销售给黄河公司的 A 产品，10 件存在严重的质量问题，同意予以退货，退价款 5 000 元，增值税 850 元；另外 25 件尚可使用。经双方商议，同意每件降价 200 元，折让价款 5 000 元，冲减增值税 850 元。

值得注意的是，不论发生销货退回还是销货折让，都要相应减少增值税，所以，在进行账务处理时，应相应冲减应交税费。这笔业务发生使企业出现 10 000 元的销货退回与折让也相应减少 1 700 元的增值税。其账务处理如下：

借：主营业务收入—A 产品　　10 000
　　应交税费——应交增值税（销项税额）　　1 700
　贷：应收账款——黄河公司　　11 700

【业务 20】　该公司承担华通公司的一项大型设备建造合同，该设备的合同价款为 3 000 000 元，增值税 510 000 元，预计建造成本为 2 000 000 元。本期发生建造成本 1 500 000 元。

这是一项长期工程，该合同的收入可以按照完工进度进行分期确认。本期完工的百分比为 75%（1 500 000 ÷ 2 000 000），则应确认 2 250 000 元收入（3 000 000 元 × 75%）和 382 500 元的增值税（510 000 元 × 75%）。假设开工时预收了华通公司合同款 2 500 000 元。其账务处理如下：

借：预收账款——华通公司　　2 500 000
　　应收账款——华通公司　　132 500
　贷：主营业务收入——××设备　　2 250 000
　　　应交税费——应交增值税（销项税额）　　382 500

【业务 21】　将多余的材料乙 40 吨，按每吨 3 500 元价格售出，计价款 140 000 元，增值税 23 800 元，款已通过银行收讫。

中华股份有限公司是一家制造企业，其原材料是作为生产产品的材料而购入的，目的不是为了销售。有时可能存在材料质量问题或由于企业的生产工艺技术提高而使原来所购的材料不能使用，这时就必须对这部分材料进行处理。销售材料对于该公司来说，只能作为其他业务收入确认和记录。其账务处理如下：

借：银行存款　　163 800
　贷：其他业务收入——材料销售　　140 000
　　　应交税费——应交增值税（销项税额）　　23 800

【业务 22】　根据税法规定，该企业销售的 A 产品应按 4% 的税率缴纳资源税，B 产品应按 10% 的税率缴纳消费税。

根据上述例子可知，该企业本月 A 产品的销售净收入 240 000 元，应缴纳的资源税为 9 600 元（240 000 × 4%）；B 产品的销售收入 700 000 元，应缴纳的消费税为 70 000 元（700 000 × 10%）。其账务处理如下：

借：营业税金及附加　　79 600
　贷：应交税费
　　　——应交资源税　　9 600
　　　——应交消费税　　70 000

上述有关收入业务的账务处理情况可用“T”形账户记录如图表 5—9 所示

(在第二节中已发生业务的账户连续下来记录)。

图表 5—9

主营业务收入(总账)

借方	贷方
(19)10 000	(16)　200 000
	(17)　500 000
	(18)　250 000
	(20)　2 250 000

主营业务收入——A 产品

借方	贷方
(19)10 000	(16)　200 000
	(18)　50 000

主营业务收入——B 产品

借方	贷方
	(17)　500 000
	(18)　200 000

主营业务收入——某设备

借方	贷方
	(20)　2 250 000

其他业务收入

借方	贷方
	(21)　140 000

应交税费

借方	贷方
(1)　102 850	(16)　34 000
(2)　186 150	(17)　85 000
(19)　1 700	(18)　42 500
	(20)　382 500
	(21)　23 800
	(22)　79 600

营业税金及附加

借方	贷方
(22)79 600	

第四节　利润的确认、计量与记录

一、利润及其构成

利润，也称为收益或损益，是企业在某一会计期间生产经营活动所取得的经营成果，它是生产经营收入及其他相关收入与为取得这些收入而发生的费用相配比之后的差额。对于处于正常生产经营活动中的企业来说，这个差额为正数，它表示生产经营活动所取得的正成果，即企业实现的利润；如果这个差额为负数，它表明企业的生产经营活动发生了亏损，也就是通常所说的负效益。

企业的生产经营活动过程既是资金的耗费过程也是资金收回的过程。企业在生产经营过程中，首先必须有一定的经营资金投入，发生资金耗费，才能生产出一定的产品，这是企业产品销售并取得经营收入的前提条件。在这里，资金耗费是一种具有垫支性质的耗费。垫支就意味着企业在未来将通过一定的方式收回，从而得到补偿。企业生产经营的目的不仅仅为了取得已耗费资金的补偿，而是要在补偿的同时，实现资金的增值。所以，利润实际上就是收入与费用这两个会计要素对比的结果，是企业生产经营过程中各种收入扣除各种耗费后的盈余额。

不同企业的利润构成也不同。一般地说，企业利润主要包括营业利润和非营业利润两个部分。

营业利润是指企业生产经营活动产生的利润，它是企业日常经营活动(包括主营业务活动和其他业务活动)的主要成果和经营业绩，是企业日常经营活动收入减去日常经营活动费用后的余额，是企业利润总额的主要组成部分；非营业利润是将企业日常经营活动以外取得的各项利得(直接计入当期利润的利得)减去日常经营活动以外发生的各项损失(直接计入当期利润的损失)后的余额，即营业外收支净额，反映的是企业非日常经营活动的业绩。即企业利润总额 = 营业利润 + 非营业利润 = (收入 - 费用[③]) + (直接计入当期利润的利得 - 直接计入当期利润的损失)。从这一意义来说，为了更加全面地反映企业的经营业绩，企业应当严格区分收入和利得、费用和损失之间的区别。

企业利润总额扣除所得税费用后的净额称为净利润或税后利润，它是企业可供分配利润的最高数额。

二、利润确认的原则

如前所述，利润实际上主要是收入和费用这两个会计要素对比的结果，即利润应通过对收入与费用的衡量、比较来确认。因此，要恰当确定企业的利润，首先取决于按照前两节的原理所确定的费用和收入的正确与否，即收入必须按照权责发生制和实现原则确认，费用必须按照权责发生制和划分收益性支出与资本性支出的原则确认。通过确认，把各会计期间的收入和费用都分别归属于不同的会计期间。在此基础上，再根据配比原则，就可以确定企业各个会计期间的利润。

配比原则是根据费用与收入之间存在的内在联系，将企业所发生的费用与由此而赚取收入相互结合，用收入扣除与之相关的费用来确定净收入或利润。那么，如何确定用于扣除本期收入的费用呢，或者如何明确收入与费用之间存在的内在联系呢?一般地说，收入与费用之间的内在联系大致表现在两个方面：

一是从经济性质上看，它们之间存在有因果关系。即收入是由于一定的资金耗费而带来的，不同收入的取得是由于发生了与之相适应的不同费用，所以它们存在有配比关系。例如，企业要取得产品销售收入，就必定发生与产品销售相关的耗费，包括因产品销售而减少产成品存货、发生在销售阶段的追加费用如应缴纳的各项税金及附加等。

二是从发生的时间上看，它们是一致的。即属于某一会计期间的费用必须与相同受益期的收入相配比，或者说归属于本期实现的收入应与本期发生的费用相对应；如果本期发生的费用尚未在本期以收入的方式体现资金收回(如预付报刊征订费)，那么，它就不应该与本期的收入相配比，而要与以后具体的受益期间的收入相配比。

基于上述两项基本要求，具体的收入与费用配比存在三种方式：直接配比、间接配比和期间配比。其中，前两种所要配比的费用支出与相应的收入之间存在因果联系，只是前者非常直接，如本期已销售产品的制造成本；后者需要经过分配，如两种产品的共同生产费用。至于第三种配比，主要是针对那些与某一会计期间相联系的费用而言的。

三、利润各构成项目的确认与计量

(一)营业利润的确认与计量

营业利润是企业来自日常生产经营的收入扣除为取得这些收入而发生的费用后的净收入，它是企业利润总额最主要的组成部分。因此，营业利润的确认主要依赖于收入和费用的确认，其金额的确定也取决于收入和费用金额的计量。具体来说，由于营业利润=营业收入-营业成本-营业税金及附加-管理费用-销售费用-财务费用-资产减值损失+投资净收益+公允价值变动净收益，所以营业利润的确认与计量也取决于上述具体收入和费用项目的确认与计量。它们中大部分的确认和计量已分别在收入和费用中作了介绍。

上述的营业收入包括主营业务收入和其他业务收入；营业成本包括主营业务成本和其他业务成本；营业税金及附加是为产品销售环节应缴纳的税金及附加，主要包含在产品销售价格内的税金(即价内税，如消费税、资源税等)及按税法规定应缴纳的各种附加税费，价外税不应确认为销售税金及附加；主营业务成本是企业在本期已实现销售的产品按照一定的成本计算方法所确定的生产成本。产品销售活动使企业取得一定的销售收入，同时也减少了产成品存货，即产品销售活动耗费了产成品存货这项资产。这部分被耗费的产成品存货资产应确认为主营业务成本，与相应的主营业务收入配比。主营业务成本是根据产品销售数量和单位生产成本计算确定的。这里应当注意，企业发生销货退回时，退回的产品应从已销售产品中扣减，否则，确认的主营业务成本就不真实。

至于销售费用、管理费用和财务费用，它们与某项收入之间不存在直接的因果关系，它们是为取得本期所有的收入而发生的费用，它们与本期收入的配比可以按照期间配比的标准予以确认。所以，销售费用、管理费用和财务费用应从营业收入中扣减，以确定来自企业营业活动的利润，即营业利润。在对销售费用、管理费用、财务费用确认和计量时应遵循权责发生制原则。由于部分销售费用、管理费用和财务费用的发生时间与实际支付现金的时间可能不一致，这就要求必须按照受益的原则，采用跨期摊配、提取等方式，确认和计量本期的销售费用、管理费用和财务费用。比如，销售费用中的固定资产折旧费、广告费，管理费用中的固定资产折旧费、保险费、报纸杂志费，财务费用中的银行借款利息等，都可能采用提取、摊销、预提等方式确认、计量。

而投资收益是来自企业外部的收益，在多元化经营策略下，它是企业利润的重要组成部分。投资收益一般要按照权责发生制和实现原则确认。例如，购买债券的利息收益一般是按半年、一年支付一次，有的是在债券到期时还本付息。尽管本期实际尚未收到利息收入，但企业已具有收取该收入的权利，所以，应按实现原则分期确认债券的利息收入。债券利息收入应根据发行主体公布的利率及债券本金计量。企业购买上市公司股票的股利收入，可以在上市公司对外宣布分派股利时确认，而不管是否实际收到股利。因为上市公司一旦对外宣布分派股利，企业就取得收取股利的权利。若企业购买股票的目的不是为了拥有企业的所有权及股利收益，而是为了通过股票的买卖获得市场收益，那么其收益应在股票出售时按照买卖的价差确认。需要注意的是，不同的持股比例，决定了股利核算方法的不同。《中级财务会计》将对此作详细介绍。

此外，资产减值损失和公允价值变动净收益，留待《中级财务会计》中学习与探讨。

(二)营业外收支的确认与计量

企业除正常经营活动和对外投资活动外，也会发生一些与正常经营活动无关的利得和损失。企业发生的直接计入当期利润的利得有企业固定资产处置净收益、由于债权人原因而无法支付的呆账收入、企业在购销活动中因对方违反购销合同而没收的定金、取得的赔偿和捐赠利得等等，即营业外收入；企业发生的直接计入当期利润的损失有固定资产盘亏及处理净损失、非常损失以及企业违反合同被对方没收的定金、支付的赔偿金和公益性捐赠支出等等，即营业外支出。通常，营业外收支的发生与企业的正常经营活动没有必然的联系，它只是某一会计期间所不可避免的现象，应作为期间项目，计入当期损益。

(三)关于所得税问题

上述确认和计量的利润为企业的利润总额，利润总额不是可供分配的利润。按照税法规定，企业实现的利润应当缴纳所得税，缴纳所得税后的利润称为税后利润或是净利润。所以，将所得税称为所得税费用从利润总额中扣除。

所得税应根据企业实现的利润总额，按照规定的所得税率计算缴纳。

四、利润的记录与核算

利润是企业经营活动取得的各项收入扣除为取得收入而发生的费用后的差额或净额。这些收入和成本、费用(支出)，通过确认、计量后，已分别记录在有关的账户中。利润的记录就是要根据利润确认、计量的情况，通过设置账户的方法，记录利润的构成情况，对比各项收支。一般地说，利润的记录、核算应设置以下账户。

1.“主营业务成本”账户

这是一个损益类账户，它用于核算和反映按配比原则确认的企业销售产品的生产成本。其借方核算根据销售产品数量应从“库存商品”账户转入的销售产品的生产成本，贷方核算转入“本年利润”账户与主营业务收入配比的销售产品的生产成本。经结转后，本账户期末无余额。

该账户应按销售产品的名称等设置明细分类账户，进行明细分类核算。

2.“其他业务成本”账户

这是一个损益类账户，它用于核算和反映按配比原则确认的企业其他业务的成本。其借方核算根据其他业务量计算的成本及发生的相关支出，贷方核算转入“本年利润”账户与其他业务收入配比的其他业务成本。经结转后，本账户期末无余额。

该账户应按其他业务项目等设置明细分类账户，进行明细分类核算。

3.“投资收益”账户

这个账户主要用于核算和反映企业对外投资取得收益或发生损失的情况。平时，该账户贷方核算企业对外投资取得的收益，借方核算企业对外投资发生的损失；期末，应把投资收益与投资损失对抵后，将投资净收益从该账户的借方转入“本年利润”账户的贷方；若发生投资净损失，则应从该账户的贷方转入“本年利润”账户的借方。经结转后，本账户期末无余额。

4.“营业外收入”账户

这个账户用于核算和反映企业在日常经营活动以外取得的各种收入情况，包括固定资产处置净收益、无法支付的呆账、各种罚没收入、接受捐赠等。其贷方核算发生的各项营业外收入，借方核算转入“本年利润”账户的营业外收入。经结转后，本账户期末无余额。

对营业外收入的明细分类核算应按项目进行。

5.“营业外支出”账户

用于核算和反映企业在日常经营活动以外发生的各种支出、损失的情况，包括固定资产盘亏、固定资产处理净损失、支付的各种公益性捐赠和各种罚没款项等。其借方核算发生的各项营业外支出，贷方核算转入“本年利润”账户的营业外支出。经结转后，本账户期末无余额。

这个账户应根据营业外支出的项目设置明细分类账户进行明细分类核算。

6.“所得税费用”账户

这个账户主要用于核算和反映企业实现的利润按所得税法规定计交的所得税情况。其借方核算按照所得税法规定的应税所得及税率计算的所得税额，贷方核算转入“本年利润”账户的所得税。经结转后，本账户期末无余额。

7.“本年利润”账户

这是一个汇总类账户，其贷方登记企业当期所实现的各项收入，包括主营业务收入、其他业务收入、投资收益(净收益)、营业外收入等；借方登记企业当期所发生的各项费用与支出，包括主营业务成本、销售费用、营业税金及附加、其他业务成本、管理费用、财务费用、投资收益(净损失)、资产减值损失、营业外支出、所得税费用等。借贷方发生额相抵后，若为贷方余额则表示企业本期经营活动实现的净利润，若为借方余额则表示企业本期发生的亏损。

此外，还应该设置“应交税费”、“利润分配——未分配利润”等有关资产、负债及所有者权益类账户。

下面仍以中华股份有限公司12月份的业务为例，说明利润的核算情况。

【业务23】 月末结转本期产品销售成本(假设该公司12月仅发生本章第三节记录核算的产品销售业务)。

从上节的核算情况可知，该公司12月份发生的产品销售数量及成本情况可用图表5—10表示。

图表 5—10

20××年 12 月份产品销售成本计算表

销售产品名称	计量单位	销售数量	单位成本	总成本
A 产品	件	490	300	147 000
B 产品	件	7 000	66	462 000
某大型设备				1 500 000
合　计				2 109 000

根据上表，作如下账务处理：

借：主营业务成本　　2 109 000
　　——A 产品　　147 000
　　——B 产品　　462 000
　　——某大型设备　　1 500 000
　贷：库存商品　　2 109 000
　　　——A 产品　　147 000
　　　——B 产品　　462 000
　　　——某大型设备　　1 500 000

【业务 24】　结转本月销售 40 吨乙材料的成本 100 000 元。

这笔业务作账务处理如下：

借：其他业务成本——材料销售　　100 000
　贷：原材料　　100 000

【业务 25】　向某希望小学捐赠现金 10 000 元，通过银行转账付讫。

根据我国有关法规规定并鼓励企业向教育、卫生、社会福利及救济等公益事业捐赠各种钱物。这些捐赠活动不是企业日常的经营活动，其发生的支出应确认为营业外支出。这笔业务的账务处理如下：

借：营业外支出——捐赠　　10 000
　贷：银行存款　　10 000

【业务 26】　经盘点，发现盘亏设备一台。该设备的原始价值为 25 000 元，已提折旧 21 000 元。经公司领导研究决定，由责任人李青赔偿 1 000 元，其余作损失处理。

根据财务制度规定，企业应定期进行财产清查，对账面记录与实物财产进行核对。在财产清查中，若出现财产盘盈盘亏应查明原因，作出相应的账务处理。其中，盘盈的财产应补记入账；盘亏的财产应查明原因，该由责任人赔偿的应责成其赔偿，并作相应的账务处理。这笔业务除了要由责任人赔偿外，还应对盘亏的固定资产予以销账，即冲减账面固定资产原始价值及计提的累计折旧；盘亏固定资产的净值扣除责任人赔偿款后的数额应确认为营业外支出。其账务处理情况如下：

借：其他应收款——李青　　1 000
　　营业外支出——固定资产盘亏　　3 000
　　累计折旧　　21 000
　贷：固定资产——机器设备　　25 000

【业务 27】　经核实，原欠天宇公司的购货款 9 000 元无法支付，确认为呆账。

这是一笔由于种种原因而无法支付的应付款，企业不必再支付，所以应确认为营业外收入。其账务处理如下：

借：应付账款——天宇公司　　9 000
　贷: 营业外收入——呆账收入　　9 000

【业务 28】　因购货方东方公司违反购销合同，决定没收其预付的 50 000 元购货订金。

购货方违反双方签订的购销合同，可能给企业造成一定的损失。根据《合同法》规定，企业应没收其预付的购货订金。这笔业务虽然是企业购销活动引起的，但没收订金取得的收入与产品销售没有直接的关系，应确认为营业外收入。这笔业务的账务处理如下：

借：预收账款——东方公司　　50 000
　贷: 营业外收入——罚没收入　　50 000

【业务 29】　将一台原始价值 56 000 元，已提折旧 45 000 元的旧设备以 12 000 元的价格处理给某乡镇企业，款项已通过银行收讫。

这笔业务是处置固定资产的收益。由于企业购置设备的目的是为了用于生产产品，而不是为了出售，所以，不属于企业日常的经营活动，其取得的收益应确认为营业外收入。这笔业务的账务处理如下：

借：银行存款　　12 000
　　累计折旧　　45 000
　贷：固定资产——机器设备　　56 000
　　　营业外收入——固定资产处置收益　　1 000

【业务 30】 因资金周转需要，将所持有的长江实业股份公司的股票 50 000 股出售。该股票每股以 15 元的价格购入，以 16 元的价格出售，款项已收讫。

企业为了提高资金的使用效益，可以将暂时闲置的资金用于交易为目的的债券投资、股票投资或基金投资等。所以，其购买长江实业股份公司的股票作交易性金融资产记账，出售该股票应减少交易性金融资产。两者的差额应确认为投资收益。这笔业务的账务处理如下：

借：银行存款　　800 000
　贷：交易性金融资产——股票投资　　750 000
　　　投资收益　　50 000

【业务 31】 假设中华股份有限公司本月份发生上述有关收支业务，结转入"本年利润"账户。

(1)将本期实现的上述各收入项目转入"本年利润"。

借：主营业务收入　　3 190 000
　　其他业务收入　　140 000
　　投资收益　　50 000
　　营业外收入　　60 000
　贷：本年利润　　3 440 000

(2)将本期发生的上述各费用及支出项目转入"本年利润"。

借：本年利润　　2 440 000
　贷：主营业务成本　　2 109 000
　　　销售费用　　46 000
　　　营业税金及附加　　79 600
　　　其他业务成本　　100 000

管理费用 72 400
财务费用 20 000
营业外支出 13 000

上述发生的经济业务作成会计分录后，就可登记“本年利润”账户，以结出该会计期间的利润总额为 1 000 000 元(即 3 440 000 - 2 440 000 = 1 000 000)。

【业务 32】 按利润总额的 20% 计算并结转所得税。

企业所得税的计算比较复杂，它要按照税法规定对企业账面利润进行必要的调整后，再按规定的所得税率计算。企业账面利润按照所得税法调整等将在《中级财务会计》中介绍。这里假设该企业没有需要调整的账项，则其应交的所得税为 200 000 元(即 1 000 000 元 × 20% = 200 000 元)。这项业务应作两笔的账务处理。

(1)计算应交所得税：

借：所得税费用 200 000
　贷：应交税费——应交所得税 200 000

(2)结转所得税，即转入“本年利润”账户：

借：本年利润——所得税 200 000
　贷：所得税费用 200 000

【业务 33】 结转本年实现的净利润。

这笔业务要求将企业本年实现的净利润转入“利润分配”账户，以便企业根据有关规定进行分配。该企业本期实现的利润缴纳所得税后的净利润为 800 000 元(即 1000 000 - 200 000)。其账务处理如下：

借：本年利润 800 000
　贷：利润分配——未分配利润 800 000

紧接第二、三节经济业务登记“T”形账户，将上述经济业务登记如图表 5—11 所示(部分不相关账户省略)

图表 5—11

主营务收入(总账)

借方		贷方	
(19)	10 000	(16)	200 000
(31)	3 190 000	(17)	500 000
		(18)	250 000
		(20)	2 250 000
发生额 3 200 000		发生额 3 200 000	

其他业务收入

借方		贷方	
(31)	140 000	(21)	140 000
发生额 140 000		发生额 140 000	

投资收益

借方		贷方	
(31)	50 000	(30)	50 000
发生额 50 000		发生额 50 000	

应交税费

借方		贷方	
(1)	102 850	(16)	34 000
(2)	186 150	(17)	85 000
(19)	1 700	(18)	42 500
		(20)	382 500
		(21)	23 800
		(22)	79 600
		(32)	200 000

营业外收入

借方		贷方	
(31)	60 000	(27)	9 000
		(28)	50 000
		(29)	1 000
发生额 60 000		发生额 60 000	

应付账款

借方		贷方	
(27)	9 000		

预收账款

借方		贷方	
(18)	80 000		
(20)	2 500 000		
(28)	50 000		

营业税金及附加

借方		贷方	
(22)	79 600	(31)	79 600
发生额 79 600		发生额 79 600	

库存商品

(15)	900 000	(23)	2 109 000

主营业务成本

(23)	2 109 000	(31)	2 109 000
发生额 2 109 000		发生额 2 109 000	

原　材　料

(5)	1 750 000	(8)	656 000
		(24)	100 000

其他业务成本

(24)	100 000	(31)	100 000
发生额 100 000		发生额 100 000	

销售费用

(8)	12 000	(31)	46 000
(9)	9 000		
(12)	25 000		
发生额 46 000		发生额 46 000	

管理费用

(6)	14 000	(31)	72 400
(7)	3 000		
(8)	9 000		
(9)	35 000		
(10)	3 500		
(11)	6 400		
(12)	1 500		
发生额 72 400		发生额 72 400	

财务费用

(13)	20 000	(31)	20 000
发生额 20 000		发生额 20 000	

营业外支出

(25)	10 000	(31)	13 000
(26)	3 000		
发生额 13 000		发生额 13 000	

本年利润

(31)	2 440 000	(31)	3 440 000
(32)	200 000		
(33)	800 000		
发生额 3 440 000		发生额 3 440 000	

所得税费用

(32)	200 000	(32)	200 000
发生额 200 000		发生额 200 000	

利润分配——未分配利润

		(33)	800 000

第五节　利润表的编制原理

一、编制利润表的意义

我们知道，会计对企业生产经营过程中发生的费用成本、收入及利润进行会计的确认、计量和记录(核算)，只是一种日常的核算工作。在日常会计核算中，虽然它已把有关的企业经济活动所产生的数据资料加以具体的识别、判断、选择和归类，并通过复式记账方法将其记录到各有关的会计账户中去，但这些在账户中所记录的财务信息，因为它还很分散，所反映的只是企业生产经营过程中某一个片断和某一方面的情况，无法全面而系统地反映企业各经济业务之间内在的辩证关系及经济活动的规律。如果把这样的资料提供给企业外部的有关人士，那将无助于他们了解他们所需要了解的情况。所以，需要在会计的日常核算基础上进行再确认，即确认会计核算所反映的经济内容如何对它们进行进一步的加工提炼，使其转换成容易为他们接受并符合他们需要的财务信息，而且这个信息必须既能够反映企业经济业务之间的内在联系，又能够非常概括地说明企业的财务状况和经营成果。

企业财务会计向企业外部有关人士和有利害关系的集团提供上述的财务信息，如果从企业费用成本、收入及利润这个角度来看，他们最关心的莫过于利润这个能代表企业经营业绩的经济信息或者称为利润指标了。因为利润反映了企业在一定会计期间的收入与为取得这些收入而发生的费用成本配比的结果，其本身不是一个干巴巴的数字，它是收入与费用成本内在辩证关系的集中体现，不仅反映了企业生产经营的最终结果，而且也反映了企业赚取收入和控制费用成本的经营管理水平，是企业外部有关人士及与企业有利害关系的集团据以做出各种经济决策最主要的依据。所以，企业必须真实地提供这个经济指标。

再从作为会计要素的角度看，利润是收入和费用(及成本)这两个要素的配比的结果，而收入、费用(及成本)分别反映了企业生产经营活动过程的资金耗费及收回情况，是资金运动最重要的内容。因此，利润指标必然要成为企业财务成本指标中一个具有很大综合性的指标。利润指标通常都是通过编制“利润表”进行报告的。

二、利润表编制的原理

(一)利润表的基本内容与基本格式

利润表也称为损益表、收益表等。它作为一个反映企业在一定会计期间经营成果的会计报表，必须包括影响某一会计期间的所有损益内容，即既要包括来自生产经营方面已实现的各项收入、已耗费并需要在本期配比的各项费用，也要包括来自其他方面的业务收支，还要包括本期发生的各项营业外收支。

通常，编制利润表普遍采用的格式有多步式和单步式两种。

多步式的利润表是按照企业利润的构成内容，分层次、分步骤地逐步、逐项计算编制而成的报表。即它是根据经营活动与非经营活动对企业利润的贡献情况排列编制。

多步式利润表编制所依据的计算公式如下：

净利润 = 利润总额 − 所得税费用

或 = 营业利润 ± 营业外收支 − 所得税费用

或 = 营业收入 − 营业成本 − 营业税金及附加 − 销售费用 − 管理费用 − 财务费用 − 资产减值损失 + 公允价值变动收益(公允价值变动损失以“−”表示) + 投资收益(投资损失以“−”表示) + 营业外收入 − 营业外支出 − 所得税费用

多步式利润表就是根据上述顺序排列来编制，以反映企业各个方面的业务对企业利润的贡献。

单步式利润表则不按企业利润的构成内容，而是把企业所有的收入和成本费用等内容搂合在一起，不分层次和步骤，最后计算出企业的总利润。

由于多步式的利润表能够科学地揭示企业利润及其构成内容的形成过程，充分反映企业经营业绩的主要来源及其构成，有助于信息使用者判断净利润的质量及其风险，从而有助于对比分析和预测，所以，它被广泛地采用。

(二)利润表的编制

编制利润表主要是要把企业在某一经营期间的收入、费用以及由此所配比计算出的盈亏情况报告给信息使用者。所以，利润表是一种动态性的报表，它反映的是编报企业在某一会计期间的经营成果。会计工作中，由于只有账户的发生额才能反映一定会计期间的变化情况，因此，利润表的编制，应以账户的发生额数据为依据。进一步地看，并不是所有账户的发生额都与利润有关，只有损益类账户(即收入类和费用类账户)所登记的内容，才能计算出本期的利润。因此，编制利润表应根据损益类账户的本期发生额来进行，即在损益账户记录的基础上，作进一步的加工处理，最后编制成能够全面综合反映企业利润的形成过程及构成内

图表 5—12

中华股份有限公司账户表

损益账户名称	本期发生额	全年累计发生额
主营业务收入	3 190 000	22 135 800
主营业务成本	2 109 000	15 265 000
营业税金及附加	79 60000	628 400
销售费用	46 000	555 000
其他业务收入	140 000	1 850 000
其他业务成本	100 000	1 730 000
管理费用	72 400	821 000
财务费用	20 000	230 400
投资收益	50 000	100 000
营业外收入	60 000	65 000
营业外支出	13 000	21 000

图表 5—13

中华股份有限公司

利　润　表

20××年度　　　　单位：人民币元

项　目	本　期　数	本年累计数
一、营业收入	3 330 000	24 085 800
减：营业成本	2 209 000	16 995 000
营业税金及附加	79 600	628 400
销售费用	46 000	555 000
管理费用	72 400	821 000
财务费用	20 000	230 400
资产减值损失	—	—
加：公允价值变动收益	—	—
投资收益	50 000	100 000
二、营业利润	953 000	4 956 000
加：营业外收入	60 000	65 000
减：营业外支出	13 000	21 000
三、利润总额	1 000 000	5 000 000
减：所得税费用（20%）	200 000	1 000 000
四、净利润	800 000	4 000 000
五、每股收益	—	—

容的报表。

中华股份有限公司 20××年 12 月份发生额及该年度有关损益类账户的累计发生额如图表 5—12 账户表所示。

根据上述编制原理，结合前面的例子，可编制出多步式的利润表如图表 5—13 所示。

章末注

①按照新企业会计准则，营业外支出属于损失范畴，是直接计入当期利润的损失，不为费用范畴。

②在实务中，收入的确认标准又可具体化为若干条件。如，商品销售收入应同时满足下列五个条件的，才能予以确认：企业已将商品所有权上的主要风险和报酬转移给购货方；企业既没有保留通常与所有权相联系的继续管理权，也没有对已售出的商品实施有效控制；收入的金额能够可靠地计量；相关的经济利益很可能流入企业；相关的已发生或将发生的成本能够可靠地计量。

③这里的“费用”不包括所得税费用。

本章参考文献

1. 中华人民共和国财政部：《企业会计准则》(2006)，经济科学出版社，2006 年。
2. 财政部会计司编写组：《企业会计准则讲解》(2006)，人民出版社，2007 年。
3. 葛家澍、刘峰主编：《会计学导论》(第二版)，立信会计出版社，1998 年。

第六章
资产负债表要素的确认、计量、记录和报告

第五章中，我们已经对收入、费用和利润这三个会计要素的确认、计量作了介绍。这些会计要素可通过期末编制的利润表，向企业外部的信息使用者提供企业经营成果的财务信息。作为一个财务信息使用者来说，除了了解企业的经营成果外，还需要了解企业的财务状况，即企业在一定时点所拥有的经济资源的分布状况及资源的来源情况，这也是进行相关经济决策所必需的会计信息。为此，还需要对资产、负债及所有者权益这三个会计要素的确认、计量、记录和报告等内容进行介绍。

第一节　资产的确认、计量与记录

一、资产的定义与特征

资产是指为企业过去的交易或者事项形成的、由企业拥有或者控制的、预期会给企业带来经济利益的资源。这个定义包含以下几个方面的意义或特征：

1. 资产是一项预期会给企业带来经济利益的资源。作为一项资源，它在单独使用或与其他资产结合在一起时，可以直接或间接地为拥有该资源的企业提供经济利益，或具有为企业提供未来的现金净流入的能力。这是确定一项资产的前提条件，也是企业开展生产经营活动的物质基础。资产可以是某项特定的权利，通过拥有和使用该权利给企业带来经济利益；企业还可以用它所拥有的某项资产去交换能够为它带来经济利益的另一项资产。总而言之，作为一项资产必须是能够给企业带来经济利益的资源。

2. 资产是某一企业拥有或控制的资源。这是区别不同主体资产的一个重要

特征，也是一项会计的基本前提。资产应该是企业对它具有所有权或能够行使控制权的资源；或者是企业虽然对某种财产不具有所有权，但它能够对该财产起支配、控制权，使该资产能够按照企业生产经营的计划充分发挥其作用。这种所有权或控制权还表明企业对该项资源具有独占性、排他性，其他主体未经本企业的许可，无权使用该资产。

3. 资产是能够用货币进行计量的资源。会计信息系统的一个重要特征就是提供以货币为主的财务信息，因此，企业的各项资产也必须要能按货币加以计量。否则，会计信息系统就无法予以反映。这就排除了企业所拥有的但不能用货币计量的其他资源。

4. 资产是企业因为过去的交易或事项所形成的。这就是说，企业的资产来源于企业过去的某项交易或事项，如购买、接受投资、自行建造或其他事项取得的。这里，其他事项也包括接受外界人士的无偿捐赠等事项取得的，它的取得尽管没有通过等价交换，但企业拥有该资产的所有权，能够给企业带来经济利益。

5. 资产的形态包括各项有形的财产，也包括各种无形权利，如债权和其他权利。资产不是以它有没有实物形态作为确认标准，而是以它能否给企业带来经济利益，能否为企业拥有或控制，以及能否进行货币计量作为基本的依据。企业有很多资源没有实物形态，如各项应收款项，商标权、专利权、商誉等都没有具体的实物形态，但它们不仅是企业不可缺少的资源，而且可以给企业带来经济利益，所以，也应确认为企业的资产。

二、资产的分类与确认

企业拥有的资产形态多样，在生产经营活动中的特点也各不相同。为了正确地认识资产，需要按照一定的标志对其进行分类。通常，我们可按照资产的流动性即变换为现金速度的快慢或者消耗情况，将资产分为流动资产和非流动资产。

1. 流动资产

按照企业会计准则，资产满足下列条件之一的，应当归类为流动资产：(1)预计在一个正常营业周期中变现、出售或耗用；(2)主要为交易目的而持有；(3)预计在资产负债表日起一年内(含一年)变现；(4)自资产负债表日起一年内，交换其他资产或清偿负债的能力不受限制的现金或现金等价物。

根据上述条件，企业流动资产一般包括各种货币资金、交易性金融资产、应收票据、应收账款、预付账款、其他应收款以及各种存货(如原材料、库存商品等)，等等。其中的各种货币资金理所当然地应属于流动资产，因为它们不需要变换，本身就是现金，如存放在银行中的存款或存放在出纳手中的现金；交易性金融资产是企业持有的以公允价值计量且其变动计入当期损益的为交易目的所持有的债券投资、股票投资、基金投资和权证投资等金融资产；企业的各种应收及预付账款是企业销售产品或采购原材料所形成的，在一个会计年度或一个正常营业周期内，对方要么用现金偿还(如应收账款)，要么以某种劳务或产品偿还(如预付账款)。对于应收票据，企业还可以在需要现金的时候，随时向银行申请贴现而变换为现金；企业拥有的各种原材料，一般是为生产而购入的，这些原材料购入后，将在企业的生产经营中用于产品的生产等，产品制造完工后就会将其销售出去，所以，其耗用或出售或变现的周期一般在一个会计年度或一个正常营业周期内。

2. 非流动资产

非流动资产是指不符合上述条件之一的各项资产。它一般包括长期股权投资、固定资产和无形资产，等等。长期股权投资指企业持有的对子公司、联营企业和合营企业的权益性投资，它一般不以交易为目的。长期股权投资从变换为现金的能力上看，不如流动资产，但优于固定资产。

固定资产是指同时具有下列特征的有形资产：(1)为生产商品、提供劳务、出租(机器设备类)或经营管理而持有的；(2)使用寿命超过一个会计年度。它一般包括企业拥有的各种房屋及建筑物、生产经营用的各种机器设备、交通运输设备、工具器具等。这部分资产的特点是，在较长的使用周期内能够保持其原有的实物形态，但其价值则将会由于使用而逐渐地减少，即逐渐地从其实物形态中分离出来。因此，这在会计核算方面就要求企业不能将用于这些方面的资金耗费当作经营支出，在其发生时直接作为费用列支，而必须要根据其能够为企业提供长期收益的特点，将其资本化为长期资产，并在随后的有效使用期内按照权责发生制，逐渐地将其价值转化为费用。

无形资产就是指企业拥有或控制的、没有实物形态的可辨认非货币性资产。如某项法定的权利、优先权，或者是企业所具有的高于一般水平的获利能力等等，具体包括专利权、商标权、著作权、特许权、专有技术和土地使用权等。企业确认无形资产，除了其没有实物形态以外，还应该掌握如下两条标准：一是它必须是企业耗费一定资金通过交换所取得的，如果企业未耗费任何代价而取得的某种权利、优先权，就不能确认为无形资产；二是它必须能够在将来较长的时期内为企业提供连续的收益，如果不能为企业提供收益的资金耗费，也不能确认为无形资产。

三、资产的计量原理

如果说收入、费用确认和计量的重点在于确定收益的话，那么资产确认和计量的重点应是计价。计价是计量最直接的表现形式，所以资产作了上述的分类确认后，就应当按照会计核算的需要，对其进行计量(计价)。

对于资产的计量，通常是以企业取得各资产时实际支出或发生的资金耗费作为标准来进行。也就是说，企业资产的计量主要以历史成本作为它计量的标准。这是因为以历史成本计量资产所提供的有关资产的会计信息具有客观性，它是保证会计信息质量的基本要求。应该指出，如果采用其他计量属性如重置成本、可变现净值、现值和公允价值计量的，应当确保其所确定的金额能够取得并可靠计量。

下面着重介绍流动资产和固定资产计量的原理，至于长期股权投资、无形资产等的计量问题，留待《中级财务会计》介绍。

(一)流动资产的计量

对某些货币性的资产，如银行存款、库存现金等，其计量是一目了然的，这里主要介绍应收款项和存货的计量原理与方法。

1. 应收款项的计量

应收款项是指企业在与其他单位或个人之间由于交易而形成的各种应收未收的债权，包括应收票据、应收账款等。

(1)应收票据

应收票据是企业的一项特殊资产，它是企业与购货单位之间产品销售结算过程中，为了确定购货单位对其所欠债务的偿还义务，根据购销合同规定，由购货单位开出的承诺其在将来某一约定的时间支付票据所载数额款项的一种具有法律效力的所有权凭证。应收票据一般指的是商业票据，它必须按规定经过承兑才能具有法律效力。这里，商业票据的承兑人可以是购货方，也可以是银行。

作为流动资产，商业票据可以随时根据持有人的需要，向银行申请贴现。贴现是一种将未到期商业票据的所有权转让给银行以换取现金的行为。通常，持有商业票据的单位在需要资金进行周转时，将商业票据交给贴现银行，银行根据其申请和银行贴现利率，计算出自贴现日至到期日的贴现利息，以商业票据的票面价值扣除贴现利息后的金额，支付给贴现申请人。

例如，某制造业企业销售产品一批，货款为 500 000 元，根据合同规定，由购货方开出并承兑一张 90 天期的商业汇票。15 天后，因该企业急需资金周转，将此未到期的商业票据向银行申请贴现，银行受理后，按年12%的贴现利率计算。则该票据贴现所收到的款项计算如下：

票据的票面价值	500 000
$-$贴现利息$(500\,000\times 12\%\times \frac{90-15}{360})$	12 500
票据贴现的实得金额	487 500

应收票据在商业信用发达的国家和地区使用较广泛。一般地说，商业票据有不带息和带息两种。前者叫做光票，后者叫做息票。息票的贴现，其票面所包含的利息归贴现申请人，以票据金额加上票面利息后再扣除贴现利息，为贴现申请人实得的金额。若上述票据附有9%的票面利率，其贴现利率不变，则：

票面金额	500 000
$+$票面利息$(500\,000\times 9\%\times \frac{90}{360})$	11 250
$-$票据贴现利息$(11\,250\times 12\%\times \frac{90-15}{360})$	12 781.25
贴现实得金额	498 469.75

(2)应收账款及坏账准备

应收账款是企业在产品销售过程中，为了促销或对于信誉较好的购货单位，在其购买产品时给予赊销而形成的一种债权。它应按照企业产品销售数量和单价确定的价款及增值税，结合具体的结算情况来计量。

企业的应收账款一般都可以在一定的期限内如数收回。但在商品经济社会里，由于市场竞争的激烈，常常会使有些债务人(企业)因经营不善而破产倒闭。在这种情况下，企业的应收账款收不回来，就变成了坏账。坏账是企业的一种资产损失，在通常的情况下，企业会采取各种措施，以尽量减少乃至避免造成这种损失。比如，在赊销产品时采取现金折扣的办法，鼓励债务人尽快支付账款。会计上对此存在总价法和净价法两种核算和计量方法。总价法要求按实际交易金额计量应收账款，而净价法则要求按考虑现金折扣后的金额计量应收账款。下面以一个简化的例子说明。

某企业向外地A公司销售商品100件，发票总金额为60 000元，付款条件为2/10，n/30。

	总价法		净价法	
(1)销售时:	应收账款	60 000	应收账款	58 800
	主营业务收入	60 000	主营业务收入	58 800
(2)折扣期	银行存款	58 800	银行存款	58 800
内付款	财务费用	1 200	应收账款	58 800
	应收账款	60 000		
(3)折扣期	银行存款	60 000	银行存款	60 000
外付款	应收账款	60 000	应收账款	58 800
			财务费用	1 200

尽管企业采取严格的信用政策，同时，也利用现金折扣政策等鼓励客户尽早付款，但是，商业信用与商业风险是相伴而生的。只要有商业信用，坏账损失就不可避免。对此，企业也可采取两种会计处理方法。

一种是备抵法，即根据以往的经验，确定当期应收账款可能的损失额，预先提取列入费用，作为将来发生坏账的准备金。坏账准备的提取可按照应收账款的期末余额及规定的提取率计算提取。例如，某企业期末应收账款的余额为5 000 000元，其估计的坏账损失率为4%，则应提取200 000元(5 000 000元×4%)的坏账准备,扣除准备的坏账损失后,其应收账款的期末净额就是4 800 000元(5 000 000元－200 000元)。提取坏账准备更为准确的方法是采用账龄分析法，即应收账款账龄越长，提取坏账的比例相应越高。另一种是直接列账法，即平时不提取坏账准备，发生坏账损失时，直接记入当期损益。

2. 存货的计量

存货是企业在日常活动中持有以备出售的产成品或商品、处在生产过程中的在产品、在生产过程或提供劳务过程中耗用的材料、物料等。对于一个持续经营的企业来说，为了保证其生产经营活动的连续不断进行，必须持有一定数量的存货，才能使生产经营活动不至于因存货不足(如材料短缺)而中断经营。所以，存货对于任何企业来说，都是至关重要的。而如何进行计量和核算同样是一个不可忽视的问题。

(1)存货取得成本的计量

通常，企业存货按取得时实际发生的成本计量。即：以其取得时所实际发生的资金耗费作为存货的成本。例如，原材料应以采购阶段实际支付的各项费用(包括购买价款、相关税费、运输费、装卸费、保险费及运输途中的合理损耗等)作为确定原材料成本的依据；在产品和产成品存货则以企业为生产该产品而实际耗费的直接材料、直接人工和制造费用计量，并按照上一章介绍的材料采购成本、产品生产成本计算方法，将发生的采购费用、生产费用在各种材料之间或完工产品与在产品之间进行合理分配后确定。具体的计量、计算过程这里不再重复。

(2)存货结存成本的计量

由于企业生产经营活动的不断进行，使各种存货的数量和金额经常都会发生变化，这就给存货数量和金额的计量造成一定的困难。从原理上说，企业核算存货的数量和金额有两种基本的方法，即：定期盘存制和永续盘存制。

① 定期盘存制。定期盘存制是通过定期(一般为月末)实地盘点确定期末存货的结存数量，并根据存货的单价计算出结存金额，再以期初结存金额、本期购入金额来倒算出本期存货发出成本的一种核算方法。按照这种方法，企业在平时不登记发出的存货数量和金额，本期存货的发出成本则通过以下公式计算求得。即：

$$\begin{matrix}\text{本期存货}\\\text{发出成本}\end{matrix}=\begin{matrix}\text{期初存}\\\text{货成本}\end{matrix}+\begin{matrix}\text{本期购入}\\\text{存货成本}\end{matrix}-\begin{matrix}\text{期末结存}\\\text{存货成本}\end{matrix}$$

假设某企业期初甲材料结存 5 500 公斤，成本 42 900 元；本月购入 20 000 公斤，购入成本(即采购成本)为 156 000 元。月末经盘点，该材料尚结存 5 000 公斤。经计算，月末结存材料的实际成本为 39 000 元。则本月该材料的发出成本为 159 900 元(42 900 元 + 156 000 元 − 39 000 元)。其计算过程如下：

期初存货成本	42 900 元
加：本期购进存货成本	156 000 元
减：期末存货成本	39 000 元
本期存货发出成本	159 900 元

这种盘存方法有两个缺点，一是未被记入期末存货的货物都视为已销售或耗用的存货，使各种可能的浪费、失窃及自然损耗等原因造成的损失都隐含在发出存货中，使存货发出成本计量不够真实可靠。二是由于缺乏日常存货变动的记录，无法随时反映存货的收、发、存情况，从而不利于对存货的动态管理。

② 永续盘存制。这是一种对各项存货设置有数量、单价和金额的账簿，根据各有关会计凭证，逐日逐笔登记其收发存的数量、单价和金额的核算方法。这种存货盘存方法能够随时在会计的账簿上了解企业各种存货的收、发、存数量和金额，对于加强存货管理与控制有重要意义。这种存货盘存制度在实际工作中应用的较为普遍。下面举一简例说明这种方法的应用。

假设某工业企业 20××年 3 月 1 日甲材料库存的数量为 1500 公斤，@4.00

元，金额为6000元；2日生产领用500公斤；5日购入2000公斤，@4.15元，金额8300元；14日生产领用1000公斤；21日购入2000公斤，@4.20元，金额8400元；30日生产领用1600公斤。按照永续盘存制进行记账的情况如图表6—1所示。

图表6—1

库存材料明细账

材料名称：甲材料　　　　　　　　　　　　　　　　　　　　　　第　　页

20××年		摘　要	计量单位	收	入		发	出		结	存	
月	日			数量	单价	金额	数量	单价	金额	数量	单价	金额
3	1	期初结存	公斤							1500	4.00	6 000
	2	生产领用	公斤				500	4.00	2 000	1 000	4.00	4 000
	5	购　入	公斤	2 000	4.15	8 300				3 000	4.10	12 300
	14	生产领用	公斤				1 000	4.10	4 100	2 000	4.10	8 200
	21	购　入	公斤	2 000	4.20	8 400				4 000	4.15	16 600
	30	生产领用	公斤				1 600	4.15	6 640	2 400	4.15	9 960
3	31	本月合计	公斤	4 000		16 700	3 100		12 740	2 400	4.15	9 960

(3)存货发出成本的计量

存货的发出，意味着企业各种存货数量和金额都将减少。在上述材料明细账中可以看出，由于受市场价格波动的影响，企业期初结存的材料单位成本和本月购买的各批次材料的单位成本都不一样。这样，对于企业发出材料的单位成本就有一定的影响，这一影响体现在不同时间发出存货的单位成本也都不一样。在会计核算中，为了解决这个问题，人们采用了各种各样的方法来计量它。这些方法总体分为两大类：一类是计划成本法，按照这种方法，平时存货的出库可按核定的成本予以计价，到月末再根据本期实际存货的实际取得成本来计算存货计划成本与实际成本的差异；另一类是实际成本法，即按存货实际入库的成本来计算发出存货的成本，具体应用时按计算方法不同，主要有移动加权平均法、月末一次加权平均法、先进先出法、后进先出法、个别计价法等。①

① 移动加权平均法。即存货每发生一次变动就重新计算其单位成本。例如，上述的库存材料明细表中，由于材料收发业务频繁，每购入或发出一批材

料，其单位成本就发生一次变化。3 月 2 日发出材料的单位成本为 4. 00 元，由于 3 月 5 日购入材料的单位成本为 4. 15 元，使其库存材料的平均单位成本变化为 4. 10 元，那么，3 月 14 日发出材料的单位成本就必须以 4. 10 元计量；3 月 21 日再购入后，还得重新计算购入后的单位成本，使 3 月 30 日发出材料的单位成本变成 4. 15 元。

② 月末一次加权平均法。它是一个月计算一次存货平均成本的方法。这种方法是根据期初库存存货的数量和金额、本期购入存货的数量和金额加权计算本月存货的平均成本，并以加权平均单位成本作为本月发出存货的单位成本，按照本月发出存货的数量计算本月存货的发出成本。即以存货的数量为权数，计算该月份存货的加权平均单位成本的一种方法。其计算公式如下：

$$\text{某存货加权平均单位成本}=\frac{\text{期初某种存货金额}+\text{本月某种存货购入金额}}{\text{期初该种存货数量}+\text{本月购入该种存货数量}}$$

$$\text{某种存货本月发出成本}=\text{该存货本月发出数量}\times\text{加权平均单位成本}$$

上例中，该企业 3 月份材料的加权平均单位成本及材料发出成本计算如下：

$$\text{加权平均成本}=\frac{6\,000\text{ 元}+16\,700\text{ 元}}{1500\text{ 公斤}+4000\text{ 公斤}}\approx 4.13\text{ 元/公斤}$$

$$\begin{aligned}\text{本月发出成本}&=3100\text{ 公斤}\times 4.13\text{ 元/公斤}\\&=12\,803\text{ 元}\end{aligned}$$

③ 先进先出法。这种方法是假设企业最先购买的存货最先发出生产或领用，并根据这一物流顺序对存货的发出成本和结存成本进行计价。仍以上例加以说明，若该企业是采用先进先出法计价的，那么该企业本月份生产领用而发出的存货成本如下：3 月 2 日领用 500 公斤的单位成本为 4. 00 元，金额为 2 000 元；3 月 14 日生产领用 1 000 公斤的单位成本为 4. 00 元，金额为 4 000 元；3 月 30 日领用 1 600 公斤的单位成本为 4. 15 元，金额为 6 640 元。那么，该材料本月生产领用发出材料的成本合计为 12 640 元(2 000 元 + 4 000 元 + 6 640 元)。

④ 后进先出法。这种方法与先进先出法相反，它是假设企业最后购入的存货最先发出生产或领用，并根据这一逆向的物流顺序对存货的发出成本和结存成本进行计价。上例若采用后进先出法来计算，则其 3 月份生产领用材料而发出的存货成本如下：3 月 2 日领用的 500 公斤的单位成本为 4. 00 元，金额为 2000

元；3月 14 日领用 1 000 公斤的单位成本为 4. 15 元，金额为 4150 元；3 月 31 日领用 1 600 公斤的单位成本为 4. 20 元，金额为 6 720 元。那么，该材料本月份生产领用发出材料的成本合计为 12 870 元(2 000 元 + 4 150 元 + 6 720 元)。

⑤ 个别辨认法。个别辨认法也称个别认定法、具体辨认法。这种方法对发出存货成本是按照其购买或生产时所计算确定的成本进行计量，它一般适用于单位成本比较高、进出不太频繁的存货。

上面所介绍的移动加权平均法适用于永续盘存制存货制度，月末一次加权平均法则适用于定期盘存制的存货制度。此外，上面对先进先出法和后进先出法的介绍，都是以永续盘存制为基础的。这两种存货发出计价方法也可用于定期盘存制。先进先出法在两种制度下，所确定的存货发出成本相同；后进先出法则有可能存在差异，因为，在定期盘存制下，后进先出法将假定本期所有发出存货成本将按入库批次，从后往前，逐渐推移。图表 6—1 所提供的存货流动例子，如采用定期盘存制，按后进先出法确定的发出存货成本为 12965(2000 × 4. 2 + 1100 × 4. 15)。

由此可见，对于存货的不同计价方法所计算的发出材料和结存存货的成本都不一样。所以，为了保证存货及其发出成本的可比性，企业应根据一致性会计原则的要求，尽可能保持不同会计期间存货核算方法的相对稳定性，即不要很频繁地改变存货的核算方法。

(二)固定资产的计量

由于固定资产在企业生产经营过程中的特点为其计量相对比较复杂，如前所述，企业固定资产使用的时间较长，而且可以连续参与企业生产经营周转而不改变其实物形态，但是其价值则会由于使用磨损而逐渐损耗转移到由它帮助形成的产品成本中去，最终从产品销售所取得的收入中得到补偿。所以，固定资产的计量，实际上要计算、确定固定资产的三个不同价值指标。一是固定资产原始价值，即其取得时实际发生或支付的各种成本，简称为原值；二是累计折旧，即固定资产自开始投入使用至当前会计期间累计已磨损转移的价值；三是固定资产净值，即固定资产原值在扣除其磨损(转移)价值之后的净价值。

固定资产原始价值、累计折旧和净值是固定资产的三个不同质和量的价值概念。其中，固定资产原始价值是指企业在最初购置某项固定资产时所实际支付或发生的成本，它表示企业在固定资产方面所投入资金的总额，它是企业生产经营规模的一个重要的标志；累计折旧是指固定资产自购置起至当前为止，由于使用而磨损的价值总和，它表明企业固定资产已磨损或损耗掉的价值，通过对这个价值的计量和反映，可以为企业管理当局提供有用的信息，以便企业筹集资金保证在企业需要对固定资产进行更新改造时，有足够的资金；固定资产净值则指固定资产自开始使用至目前为止，尚余留多少价值，它表明企业固定资产的新旧程度，它是固定资产原始价值与累计折旧之差。用下列计算公式表示它们三者之间的关系。

固定资产净值 = 固定资产原始价值 − 固定资产累计折旧[②]

1. 固定资产原始价值

企业固定资产的计量应以企业为取得某项固定资产所实际支付或发生的成本为依据。即它应包括企业自固定资产采购起至固定资产安装调试完毕交付生产使用为止所发生或支付的各种支出。它一般包含：固定资产的购置价格、购买过程中发生的运杂费、保险费，以及需要安装固定资产在安装调试过程中发生的安装费和调试费等。

例如，某企业购置机器设备一台，其发票价格为 190 000 元，支付的运杂费及保险费 2 500 元，安装及调试费用 7 500 元，则该机器设备的原始价值为：

190 000 + 2 500 + 7 500 = 200 000 元

当然，在一些特定的情况下，固定资产的计量就不宜采用原始成本。如企业盘盈一台设备，其原始成本记录已无法取得；又如，企业接受捐赠设备，也不易获得原始成本的资料。这时，就应该采用其他的成本计量属性如重置成本等作为固定资产的原值。

2. 固定资产折旧

如前所说，企业计提固定资产折旧，是由于固定资产在使用过程中引起的磨损使其价值减少而引起的。现实生活中，固定资产的磨损实际上表现在两个方面，或者说有两种不同形式的磨损。一是有形磨损或称为物理磨损，这是由于固定资产在生产经营过程中因使用而逐渐老化，也包括固定资产风吹雨淋日晒造成的磨损，这是固定资产磨损的主要形式；二是固定资产的无形磨损或称为精神磨损，这是指企业的固定资产由于社会生产力的发展、生产技术和生产水平的提高等引起的磨损。如由于社会生产力水平的提高，同样性能的机器的价格更为便宜；或者由于新技术的发明，生产出性能更好、效率更高的机器设备，使原来的机器设备相对地贬值了。企业在计算固定资产折旧时必须考虑这两个方面的磨损。

在实际工作中，固定资产折旧的计算、计量要考虑四个因素：固定资产原始价值、固定资产使用年限、固定资产在将来报废时还需要追加发生多少的清理费、报废时可收回多少残余价值。与会计分期相适应，企业对固定资产折旧的计算和提取一般是以一个会计期间(如年、月)为依据进行的：

$$年折旧额=\frac{固定资产原始价值+预计清理费-预计的残值^{③}}{固定资产预计的使用年限}$$

$$月折旧额=固定资产年折旧额\div 12$$

一般地说，每个企业的固定资产不论从数量还是种类等方面看，都是相当多的。企业的会计人员并不可能在每个月都采用这种办法来计算固定资产折旧，由于折旧是在固定资产有效使用时间内平均计算提取的，那么为了减少会计人员计算折旧的工作量，一般是按固定资产的有效使用年限计算一个折旧提取的比率即折旧率，再与该固定资产的原始价值相乘，即可得出各期应提取的折旧费。这样，上述计算公式就可转化为：

$$年折旧率=固定资产年折旧额\div 固定资产的原始价值$$

$$或=\frac{固定资产原始价值+预计清理费-预计的残值}{固定资产原始价值\times 预计使用年限}\times 100\%$$

$$月折旧率=固定资产年折旧率\div 12$$

$$或=\frac{固定资产原始价值+预计清理费-预计的残值}{固定资产原始价值\times 预计使用年限\times 12}\times 100\%$$

假设上例中，该机器设备预计可使用10年，报废时预计需花费拆除及搬运等清理费用为5 000元，可收回的残值为25 000元。则

$$年折旧额=\frac{200\ 000+5\ 000-25\ 000}{10}=18\ 000(元/年)$$

$$月折旧额=18\ 000\div 12=1\ 500(元/月)$$

$$年折旧率=\frac{18\ 000}{200\ 000}\times 100\%=9\%$$

$$月折旧率=9\%\div 12=0.75\%$$

上述固定资产折旧以固定资产的使用年限为依据计算的，称为使用年限法。除了使用年限法外，还有其他各种方法，如工作时间法、产量法等。这些方法没有考虑固定资产使用过程中生产能力的差别，因此，实践中还采用加速折旧的方法如余额递减法、年数总和法等，这些方法计提的折旧额，在固定资产使用的前

期较后期多，它可使企业加快固定资产的回收、降低持有固定资产的风险。各种加速折旧的方法，将在《中级财务会计》中具体介绍。

固定资产折旧除了有不同的方法之外，还有不同的方式。比如，对每一项固定资产分别计提折旧的，称为个别折旧法；按固定资产类别计提折旧的，称为分类折旧法；按所有固定资产综合计提折旧的，称为综合折旧法。上述所列举的例子为个别折旧法。在规模较大的企业中，由于固定资产的数量和种类多，不可能对每一项固定资产分别计提折旧，往往是采用分类折旧或综合折旧等简化的方法。分类折旧法要把固定资产划分成若干性质、使用年限、耗费方式相同或相近的类别，根据各类固定资产的原值、预计清理费、预计残值和预计使用年限，计算该类固定资产的折旧率，据以计算并提取折旧。综合折旧法不分固定资产的类别，对企业所有固定资产按统一的折旧率计算并提取折旧。从会计实务看，个别折旧的优点是计算的折旧额比较准确，缺点是计算折旧的工作量大；综合折旧的优缺点与个别折旧恰恰相反。分类折旧介于个别折旧与综合折旧之间，其计算的折旧额相对比较准确，也可简化计算的工作量。所以，企业一般采用分类折旧法计提固定资产折旧。

3. 固定资产净值

确定了固定资产原始价值和累计折旧等后，就可以计算出其净值。固定资产净值反映企业固定资产的新旧程度，是企业的一个重要的财务指标。它以固定资产原值减去累计折旧等计量。

为了提供全面固定资产的有关信息，从理论上说，企业应在资产负债表中分别列示固定资产原值、累计折旧和净值等指标。

四、资产的记录、核算

为了记录和核算企业资产的增减变化情况，企业应设置各资产账户加以核算反映。这些账户包括：库存现金、银行存款、交易性金融资产、应收票据、应收账款、其他应收款、原材料、库存商品、长期股权投资、固定资产、累计折旧、无形资产等账户。这些账户大部分都已在前面各章中涉及到，也列举了很多例子加以说明。下面主要列举一些比较典型的例子进一步说明资产要素的记录、核算及账户设置的情况。

【业务 1】　某工业企业收到投资者投入现金 100 000 元；全新机器设备一台，价值 200 000 元。现金已通过银行收讫，机器也通过验收。

投资者对企业的投资可以有多种形式，如现金投资、设备投资、原材料投资或无形资产投资等。其中，机器设备为企业的固定资产，所以应通过设置“固定资产”账户来核算。需要指出，“固定资产”账户核算企业各类固定资产的原始价值，即使投入的不是全新的设备，也要以该设备的原始价值在这个账户中记录。

企业应根据企业章程或投资协议，及有关原始凭证作如下账务处理：

借：银行存款——××户　　100 000
　　固定资产——机器设备　　200 000
　贷：实收资本——××　　300 000

【业务2】　从银行结算户提取现金6 000元备用。

从银行提取现金这笔经济业务涉及银行结算方式问题。按照我国银行结算办法规定，企业与外界的款项往来有多种方式，不仅同城结算(即对方单位在同一个城市的款项结算)与异地结算(即对方单位不在同一个城市)不同，结算双方即使都是在同城，也有不同的结算方式。同城结算最常见的方式是支票结算，支票结算又分为现金支票结算和转账支票结算。现金支票结算可以提取现金，也可以转账；转账支票只可以办理转账结算，但不能提取现金。本笔业务采用的是现金结算方式，其账务处理如下：

借：库存现金　　6 000
　贷：银行存款——××户　　6 000

【业务3】　将销售产品给南海实业公司取得一张60天期、面值500 000元、票面利率9%的应收票据，在持有15天后向银行申请贴现，贴现利率为12%。

这是上面所列举的应收票据贴现的例子。企业遇到资金周转紧张时往往会将其所持有的票据向银行贴现，以换取现金。这相当于企业以票据为抵押物向银行贷款，所以，必须按贴现利率向银行支付利息。若为附息票据，在计算贴现利息时应注意票面利息的计算，并把两者之间的差额确认为利息费用。这笔经济业务作账务处理如下：

借：银行存款　　499 887.50
　　财务费用——利息费用　　112.50
　贷：应收票据——南海实业公司　　500 000

【业务4】　环宇公司欠本企业的购货款1500元无法收回，现确认为坏账。

坏账是应收款项发生减值的表现，所以企业发生坏账损失应确认为资产减值损失。如前所述，企业对坏账的处理有两种方法，一是直接冲销法，二是备抵法。若采用直接冲销法，应在发生坏账时直接记入资产减值损失，其账务处理如下：

借：资产减值损失——坏账损失　　1 500
　贷：应收账款——环宇公司　　1 500

若采用备抵法，应设置“坏账准备”账户，通过这个账户核算坏账准备的提取及坏账发生冲销的情况。在按应收账款的规定比例提取坏账准备时，应作如下账务处理：

借：资产减值损失——坏账损失　　×××
　贷：坏账准备　　×××

发生上述坏账时，应冲减已提取的坏账准备，其账务处理如下：

借：坏账准备　　×××
　贷：应收账款　　×××

年末根据应收账款余额保持一定比例的坏账准备余额，若坏账准备余额低于这个比例的，应补提，其账务处理如下：

借：资产减值损失——坏账损失　　×××
　贷：坏账准备　　×××

若坏账准备余额高于这个比例的，应将多出部分冲回，其账务处理如下：

借：坏账准备　　×××
　贷：资产减值损失——坏账损失　　×××

“坏账准备”是“应收账款”的备抵账户，应收账款与坏账准备相抵后的应收账款净额反映企业预期可以收回的债权。

【业务5】　提取本月份的生产车间固定资产折旧费5 000元。

如前所述，固定资产在使用过程中因磨损而使其价值逐渐损耗，所以，必须计提固定资产折旧，以便在固定资产报废时有一笔更新的准备金。为核算固定资产折旧的计提情况，需要设置“累计折旧”账户。

“累计折旧”是一个固定资产的备抵账户，用于核算和反映固定资产折旧的提取情况，其贷方核算固定资产折旧的提取，借方核算固定资产报废等原因减少固定资产而转出的已提折旧，期末贷方余额表示企业固定资产提取折旧的累计数。

这笔业务的账务处理如下：

借：制造费用——折旧费　　5 000
　贷：累计折旧　　5 000

上述经济业务的账务处理也应通过“T”形账户进行记录，为简便起见，这里从略。

第二节　负债的确认、计量与记录

一、负债的定义与特征

负债是企业过去的交易或事项形成的、预期会导致经济利益流出企业的现时义务。作为企业的一项负债，它应具有如下几个方面的特点：

1. 负债是企业承担的现时义务。这是债务的一个基本特征。现时义务是指企业在现行条件下已承担的义务，如企业赊购设备、取得某种存货形成的应付款项，向银行贷入款项形成的银行借款，预收产品(劳务)货款形成的预收账款等，这些义务必须要按一定的方式在指定的期间清偿。

2. 负债预期会导致经济利益流出企业。企业的债务必须在将来某个特定的时间用某种资产(如现金或其他实物资产)偿还，或以提供劳务的形式履行负债偿还义务，或将负债转为资本抵偿债务。这些都会导致经济利益流出企业。

3. 负债是企业过去的交易或事项所形成的。也就是说，只有过去的交易或事项才形成负债，企业未来将要发生的承诺、签订的合同等交易或事项，尽管在这些交易或事项发生后可能形成企业的负债，但它不是现时义务，所以不形成企业现在的负债。

4. 负债应当能够用货币的量度进行准确的计算和估计。因为进入会计信息系统，需要用会计信息来表现的事项，都应该符合货币计量的要求。因此，负债也应该有一个准确的应偿付的数额，或者虽然无法进行准确的计算，但必须是可以加以合理的判断和估计。

与资产的分类一样，负债也按类似判断标准分为流动负债和非流动负债。其判断标准是，凡满足下列条件之一的负债，为流动负债：(1)预计在一个正常营业周期中清偿前者；(2)主要为交易目的而持有；(3)自资产负债表日起一年内到期应予以清偿；(4)企业无权自主地将清偿推迟至资产负债表日后一年以上。为此，流动负债一般包括短期借款、应付票据、应付账款、预收账款、其他应付款、应付职工薪酬、应交税费、应付股利等；非流动负债则是不满足上述任一判断标准的负债，如长期借款、应付债券及长期应付款等。

不管是流动负债还是非流动负债，它们在会计核算中是作为一个基本会计要素来进行专门的确认、计量、记录的。下面分别介绍流动负债和非流动负债的确认、计量和记录的情况。

二、流动负债的确认、计量与记录

根据上述负债的特点及流动负债判断标准，企业流动负债的确认，除了其偿还期较短外，更重要的是一项负债的产生必须是交易或事项引起的。这里的“交易”实际上就是一种交换所有权的行为，即企业以一种财产(即会计上的资产)去交换另一种企业所需要的财产。例如企业用现金去交换或购买原材料、机器设备以及服务等，这样就使得企业的一种资产减少(如现金)，另一种资产(如原材料、机器设备或费用)的增加，这是在没有信用存在或以钱货两清的前提下进行的交易。但是，在现代市场经济条件下，为了提高效率，扩大产品或劳务销路，产品或劳务的供应单位往往会利用社会提供的各种信用工具，以提高整个社会经济的效率。例如，通过向银行或其他金融机构取得贷款，或在购买商品或劳务过程中不必马上偿付款项等等。在这种情况下，企业购买商品或劳务，使得其拥有的资产或发生的费用增加了，但这种增加并没有使企业另一种资产相应减少。显然，企业对这项新增资产并没有拥有真正的所有权，它必须在未来某个时间里清偿，从而导致企业负债的增加。

企业确认负债的另一种情况是由于某些事项的发生，使企业负有用其资产偿付的义务。例如，企业由于取得了产品的销售收入或实现了经营利润，就有义务缴纳各种税金。而在尚未缴纳之前，它就成为企业应交而尚未缴纳的税金，这是企业对国家或政府的一项债务，所以也应确认为企业的负债。

至于企业负债的计量，在商品经济社会里，也必须用货币加以确定，即企业在将来某一约定的时间需要用其资产或劳务偿付的具体金额。这个金额在具体确定时又有两种方式：

一是可以按经济业务发生时特定的经济数量指标进行准确计算，即按实际发生数额计算。企业大部分的负债都是可以准确计算的。比如，企业向某单位购买500吨的钢材，每吨价格为5 000元，若企业在购买时尚未马上付款，则它构成企业的一项应付账款，其金额即为2 500 000元。

二是无法在事先进行准确计算的负债。企业的某些负债并没有可据以准确计算的数量指标，而必须根据可能的发生情况加以判断并做出某种估计。比如，企业在当前预计到若干个月以后，车间的机器设备将需要大修理。由于修理费用尚未实际发生，到底将来要发生的修理费用是大还是小，并无法准确地知道，在这种情况下，就需要进行估计，并以估计数额把它确认为费用。对于企业预先缴纳的所得税也是如此，因为应交所得税数额的大小要取决于企业盈利水平的高低、利润数额的大小。

为了核算企业的流动负债，企业应设置短期借款、应付票据、应付账款、预收账款、应付职工薪酬、应交税费等账户。这些账户将在下面所列举的例子中加以说明(经济业务与上一节连续编号)。

【业务6】 某企业由于资金周转的需要，于月初向银行申请取得半年期、年利率9%的短期借款1 000 000元，此借款已存入企业在银行开设的账户中。

企业向银行借入期限短于一年的款项应设置“短期借款”账户记录、核算。该账户贷方核算借款的情况，借方核算借款的归还情况，期末贷方余额表示尚未归还银行的借款。这笔业务的账务处理如下：

借：银行存款——××　　　　1 000 000
　　贷：短期借款——××　　　　1 000 000

【业务7】 向丁公司购入某原材料20吨，每吨价格25 000元，货已验收入库，货款尚未支付。

企业采购原材料可以利用商业信用，采取赊购的方式。在货款尚未支付之前，就形成企业的一笔债务，应设置“应付账款”账户核算。该账户的贷方核算应付未付账款的发生，借方核算应付款项的支付，期末贷方余额表示尚未支付的应付购货款。这个账户应按债权人的名称设置明细分类账户进行明细分类核算。这笔业务的账务处理如下：

借：材料采购——某材料　　500 000
　贷：应付账款——丁公司　　500 000

【业务8】 销售产品550 000元给丙公司，并结清其原预付的购货款600 000元，余款通过银行汇还该公司。

企业销售产品除了采取赊销的方式外，有时也采取预收货款的方式(特别是在资金周转紧张或该产品为紧俏商品时，往往会采取这种方式)。为核算预收账款及结算情况，应设置“预收账款”账户，其贷方核算预收账款的收取，借方核算预收账款的结算或归还情况，期末贷方余额表示已预收尚未办理结算的预收款结余情况。这个账户应按对方单位名称设置明细分类账户进行明细分类核算。这笔业务的账务处理如下：

借：预收账款——丙公司　　600 000
　贷：主营业务收入　　550 000
　　银行存款——××户　　50 000

【业务9】 用银行存款缴纳应交的增值税100 000元，应交消费税30 000元，应交资源税50 000元。

依法纳税是每个公民的义务，也是企业组织应尽的责任。企业只要有销售行为就要缴纳销售环节的各项税金，有应税所得就要缴纳所得税。为了核算企业各种税金的发生及缴纳情况，应设置“应交税费”账户，其贷方核算企业从事经营活动而应缴纳的各种税金，借方核算各种税金的缴纳情况，期末贷方余额表示应交未交的各种税金。这个账户应按照税种设置明细分类账户进行明细分类核算，如增值税、消费税、资源税、所得税等等。

需要指出，企业增值税是根据销售产品等应交的增值税即销项税扣除采购原材料等已支付的增值税即进项税之间的差额计算的，为便于核对缴纳的增值税应设置“应交增值税(已交税金)”明细分类账户。这笔业务的账务处理如下：

借：应交税费　　180 000
　　——应交增值税(已交税金)　　100 000
　　——应交消费税　　30 000
　　——应交资源税　　50 000
　贷：银行存款　　180 000

【业务 10】　月末，计提本月向银行借款 1 000 000 元的利息费用。

短期银行借款利息通常是在借款到期后随本金一次偿还或定期支付。假设这家银行要求企业按季度支付利息，而在尚未支付利息之前，应根据权责发生制原则确认本月应负担的利息费用。企业发生类似预提利息的费用很多，这些费用的共同点是本期已发生支付义务，但款项需等到以后期间才支付。如租用他人资产在前，租金支付在后等。有时，企业能够预计到若干月后将对机器设备进行一次大修理，由于修理费数额比较大，为了均衡各期的成本费用，也可以采用预先提取的办法，使将来进行修理时有一笔资金可供使用。为了核算企业发生的这类业务，应设置"其他应付款"等账户。根据借款数额和规定的利率，该企业本月应负担的利息费用 7 500 元(1 000 000 元×9% ÷12)。其账务处理如下：

借：财务费用——利息费用	7 500	
贷：其他应付款		7 500

三、非流动负债的确认、计量与记录

非流动负债一般是企业向债权人筹集的可供企业长期周转使用的一项资金来源。与流动负债相比，它具有偿付期较长(超过一年或者一个正常营业周期)、每次发生的数额较大、需要支付使用成本(如利息)等特点。一般地说，企业筹集长期资金是为了进行长期资产投资，如添置机器设备、扩建厂房等。筹款方式包括向银行借入、向社会公众发行期限在一年以上的债券以及向租赁公司融资租入固定资产等形式。

由于非流动负债到期日较长，其计量不仅要考虑实际发生的成本，还应考虑货币时间价值。对货币时间价值的考虑，比较复杂，留待以后的课程学习。下面，对非流动负债的计量将只以实际成本为例加以说明。

企业为了对非流动负债进行记录和核算，应设置长期借款、应付债券、长期应付款等账户分别核算不同类型的非流动负债。下面举例说明其核算。

【业务 11】　中华股份有限公司为了购置建造厂房而向银行借入期限 18 个月的借款 800 000 元，并存入其在银行开设的结算户。

借：银行存款——××户	800 000	
贷：长期借款		800 000

【业务 12】　经批准，向社会公众发行公司债券 5 000 000 元，所筹集的资金存入银行的结算户中。

借：银行存款——××户　　5 000 000
　贷：应付债券——公司债券　　5 000 000

第三节　所有者权益的确认、计量和记录

所有者权益是指企业资产扣除负债后，由所有者享有的剩余权益。企业的所有者权益又称为股东权益。

企业的投资人也称为所有者，是企业资金的主要供应者。正是由于他们的资本投入，才使得企业的生产经营活动得以顺利进行，所以他们对企业的资产具有要求权，这种要求权就是通常我们所说的所有者权益。所有者对企业资产的要求权，与债权人对企业资产的要求权不同。由于企业债权人对资产求偿的顺序优先于所有者，因而所有者权益是指企业的投资人对企业净资产的所有权，也被称为余剩权益。从数量上来看，所有者权益主要表现在两个方面：一是作为投资人所投入的原始资本，会计上称之为实收资本或股本；二是企业在经营活动中，由于经营活动形成的盈利，这部分增值的权益同样属于企业的投资人所有，会计上称为留存收益。当然，如果经营不当导致亏损，也全部由所有者承担。此外，所有者权益还包括企业来源于投资者投入资本超过其在注册资本，或股本中所占份额部分和直接计入所有者权益的利得及损失等形成的权益，这称为资本公积。

一、实收资本(股本)的确认和计量

(一)企业组织形式与所有者投入资本

如前所述，实收资本是所有者最初投入资本所形成的权益。这部分权益如何确认、计量和记录，必须结合企业的组织形式来进行分析。

企业是依法律规定的程序成立的一个法人组织或经济实体。由于投资人数量以及其承担的法律责任不同，就存在着各种各样组织形式的企业，主要有独资、合伙和公司三种组织形式。其中，独资企业指由个人或单个投资者出资创办，完全归其个人或该投资者所有和控制的企业；合伙企业则指由两个或两个以上的投

资人通过订立契约、共同投资、共同经营、共担风险而成立的企业；公司是指依据公司法的规定注册登记，并通过法定的方式来筹集资本而成立的一种企业组织形式。公司依其所承担的法律责任一般可分为有限责任公司和无限责任公司。其中，有限责任公司是指公司的股东以其出资额为限对公司承担责任，公司以其全部资产对公司的债务承担责任；无限责任公司是指公司的股东及其公司所承担的债务则负有无限连带的偿付责任。在有限责任公司中，其公司组织最严密的是股份有限公司。

由于公司组织形式不同，所有者投入资本的名称也不一样。其中，股份有限公司是将企业的资本划分成若干等额的股份，由股东(投资者)认购，股东以其所持有的股份，享有股份有限公司的各种法定的权利，并承担相应的责任。所以，股东投入股份有限公司的资本称为股本。除了股份有限公司的股东投入企业的资本称为股本外，其他组织形式的企业的所有者投入企业的资本都称为实收资本。

(二)实收资本(股本)的确认和计量

实收资本(股本)作为企业投资人对企业的投资，在不同组织的企业里，其确认的标准是不一样的。独资企业和合伙企业的投资确认比较简单，因为从法律上说，它们并不是一个法律主体，对于实收资本可以根据其实际的投资额(如独资企业)或合伙协议规定的出资额确认。因为它们对企业负债承担的责任并不以其投资额或出资额为限。

至于公司特别是股份有限公司，由于它是依据公司法的规定经注册成立的法律主体，加上其所有权与经营管理权相分离，法律上就赋予公司股东对公司的负债只承担以其出资额为限的责任。所以，对于其实收资本的确认就变得至关重要。

股份有限公司的股本，应以其经政府依据公司法及其他有关法律规定批准的注册资本来确认。由于股份有限公司的资本是通过发行股票的形式来筹集的，那么其资本金可以一次性全部发行筹集，也可以分期分次发行筹集；而且其股票的发行价格可能有高于其票面价值的，也可能低于其票面价值。但不管股票是按高于票面价值发行还是低于票面价值发行，都必须按照股票的票面价值作为股本确认和计量的依据，而不能按股票的实际发行价格来确认和计量。因为股份有限公司将来的利润分配并不是以其所缴纳的股票价格为依据，而是以其持有股票所代表的股份数为依据。所以，若股份有限公司的股票发行价格高于票面价值时，应把溢价部分作为公司的资本公积来确认。这部分被确认为资本公积的股票发行溢价，虽然不构成股份有限公司的股本，但它仍然是公司所有者(即股东)权益的一个重要的组成内容。

二、资本公积的确认、计量

资本公积作为所有者权益的一个组成内容，是一种特殊的权益。因为它不是来源于企业所有者缴入的法定资本金，也不是来源于企业生产经营的积累。这部分所有者权益有两个主要的来源：即股本(资本)溢价、直接计入所有者权益的利得和损失等等。

1. 股本(资本)溢价

指的是投入资本超过股本或注册资本部分的金额。如前所述，由于股份有限公司的利润分配是根据股东持有、能够代表其在公司拥有股份数额的股票来进行的，而当公司按照高于其股票票面价值发行股票时，就形成了公司股本的溢价。股本溢价部分按规定不能参与利润分配，但它构成公司的股东权益。

股票发行溢价应根据公司法及国家有关法律规章的规定，以股票发行价格与股票面值之间的差额(当然还要扣除必要的发行费用)进行确认和计量。

2. 直接计入所有者权益的利得和损失

指的是不应当计入当期损益、会导致所有者权益发生增减变动的、与所有者投入资本或者向所有者分配利润无关的利得或者损失。如可供出售金融资产的公允价值变动额；自用房地产或存货转换为采用公允价值计量的投资性房地产时，其公允价值大于账面价值之差额；等等。

三、留存收益的确认、计量

留存收益是企业生产经营过程中实现的、尚未分配给投资者的那部分利润。把利润留存在企业有多种的目的或原因，比如从公司经营发展策略的需要，或由于法定的原因等而没有分配。留存收益一般由公司的盈余公积和未分配利润两部分构成。其中，盈余公积是企业从净利润(即税后利润)中提留的一种积累。为了保证企业的生产经营活动能够在原有的基础上不断发展壮大，根据有关法律规定，企业在各会计年度实现的税后利润不能全部分配给投资者，而必须按规定的比例留存于企业，用作企业发展的后备。它虽然不是企业股东投入的资本，但它则是企业生产经营活动创造的资本增值，就其所有权而论，应当归属于所有者。

从实质上说，盈余公积是一种已分派的留存收益，它具有指定的专门用途，一般不能直接用于分派股利。

至于未分配利润则是企业已实现利润扣减各种利润分配后的余存数，它不需要直接计量。

四、所有者权益的记录、核算

经上述确认和计量的所有者权益，必须设置专门的账户进行记录和核算。

1.“股本(实收资本)”账户

它是用于核算和反映企业投资者资本投入情况的账户。其贷方核算企业实际收到投资人投入的资本，若为股份有限公司则核算股东投入的按股票面值确认的股本。为了保护企业债权人的利益，各国公司法一般都规定投资者不得在企业经营期间抽回其投资额，所以其借方一般不进行核算，除非公司解散时，才核算投资人收回的投资额；其期末贷方余额表示公司收到投资人的资本额。

这个账户应按照投资者名称或股份的类别设置二级账进行分类核算，股份有限公司为了反映股东对公司的投资情况，该账户应按照股东名称设置明细分类账户进行明细分类核算。如果公司的股东为数众多，也可以另造股东名册，用于记录股东对公司的投资及其变动情况。

2.“资本公积”账户

它是用于核算和反映股份有限公司发行股票的溢价额、直接计入所有者权益的利得和损失等增加所有者权益或其使用情况的账户。其贷方核算上述各种资本公积的增加，借方核算资本公积的减少；期末贷方余额表示企业资本公积的结余数额。

3.“盈余公积”账户

它是用于核算和反映企业按照有关法律规定从企业税后利润中提留的留存收益及其使用情况。其贷方核算留存收益的提留，借方核算留存收益的使用，期末贷方余额表示企业历年留存收益的积累数额。

4.“利润分配”账户

这是一个用于核算和反映企业实现的利润分配情况的账户。其贷方核算从“本年利润”账户中转入的本年实现的净利润，借方核算企业利润的分配，本账户借贷方发生额相抵以后，若有贷方余额为未分配利润，应反映在资产负债表的“未分配利润”项目。

这个账户应分别设置“未分配利润”、“提取盈余公积”、“分配利润(股利)”等明细分类账户进行明细分类核算。

除此之外，还应设置“应付股利(利润)”等相关的资产、负债账户。

下面举例说明所有者权益的核算情况。

【业务 13】 经批准，中华股份有限公司向社会公众发行普通股股份 200 万股，每股的票面价值为人民币 1 元，发行价格 4 元，所筹集 800 万元资金，存入银行结算户。

这里，该股份公司的股票不是按面值发行，而是溢价发行。那么，其发行股票所得的款额应分别确认为股本和资本公积。其中，按股票面值确认并记录为股本，按超过面值部分的款额确认并记录为资本公积。其账务处理如下：

借：银行存款	8 000 000
贷：股本	2 000 000
资本公积——股本溢价	6 000 000

【业务 14】　假设该企业本年度实现的净利润 4 000 000 元，根据公司法规定及考虑企业发展的需要，该企业按净利润的 25% 提留盈余公积。

提取盈余公积是一项利润分配，该公司应提取 1 000 000 元(4 000 000 × 25%)的盈余公积。其账务处理如下：

借：利润分配——提取盈余公积	1 000 000
贷：盈余公积	1 000 000

【业务 15】　经股东会讨论、董事会决议，宣布本年按每股 0.75 元分派现金股利，共需分派 1 500 000 元。

这里，不论股利是否支付，都要根据董事会的决议作账务处理，即一方面应确认利润的分配，另一方面应确认“应付股利”这项债务。其账务处理如下：

借：利润分配——分配股利	1 500 000
贷：应付股利	1 500 000

第四节　资产负债表的编制

通过上述对企业资产、负债及所有者权益的确认、计量和记录情况的介绍，我们已经把企业有关资产、负债及所有者权益的变动情况，都集中记录到各相应的账户中。期末可通过对账和结账的会计程序，结出各资产、负债和所有者权益的期末余额，据以编制资产负债表。

一、资产负债表的意义

资产负债表是一个反映企业在特定时点(一般为会计报告期末)财务状况的会计报表，通过这张报表可为使用者提供有关企业在这一时点所控制的经济资源的分布，所承担债务的结构以及所有者权益的具体内容等方面的信息。

资产负债表是企业对外提供的基本报表之一，通过这张报表，企业外部的信息使用者可以了解和分析企业资产的变现能力和资本结构，借以评估企业的偿债能力和财务实力，以便他们作出各种相关的经济决策。所以，资产负债表对于企业外部的信息使用者来说，是至关重要的。

编制资产负债表是应用编制财务报表这种会计核算专门方法，按照一定的标准和对会计信息质量的一定要求，把资产、负债、所有者权益账户所提供的核算数据以特定的项目反映在这张报表中。资产负债表和利润表是企业对外提供的主要财务报表，它们都必须按照编制财务报表的一般要求，提供相关、可靠的信息，而且必须及时编制和对外报告。这些要求在第五章利润表的编制中已经作了介绍。

二、资产负债表的基本内容与基本格式

作为一张反映企业在特定时日财务状况的会计报表，资产负债表的基本内容必须包括企业在会计报告期末所拥有或控制的所有资产、承担的所有负债以及所有者权益。

资产负债表一般由报表的表首、内容和表注三部分组成。其中，报表的表首应指明报表的名称、报表报告财务状况的日期以及编制报表所采用的货币名称及计量单位；报表内容则反映企业在报告日的具体资产、负债和所有者权益项目及其余额情况，并以“资产＝负债＋所有者权益”这一会计恒等式作为编制基础；报表的表注则反映企业一些重大的资产负债内容，表注主要对报表主体内容起补充说明作用。

根据上述会计恒等式，资产负债表编制可采用两种基本格式：一是报告式的资产负债表，二是账户式的资产负债表。报告式的资产负债表，是以会计恒等式的另一种表达式即“资产－负债＝所有者权益”为依据展开编制而成的会计报表。按照这一格式，资产负债表应在表内先列示企业的资产，再列示企业的负债，以资产总额减去负债总额后的数额即为所有者权益，它应与所有者权益总额保持相等。其具体的格式见图表6—2。账户式的资产负债表，也称为横

图表 6—2

××公司
资产负债表
××年×月×日　　　　单位：人民币元

资　　产	
流动资产	×××
长期投资	×××
固定资产	×××
无形资产	×××
递延资产	×××
资产合计	××××
负　　债	
流动负债	×××
长期负债	×××
负债合计	×××
所有者权益	
实收资本	×××
资本公积	×××
盈余公积	×××
未分配利润	×××
所有者权益合计	×××

式的资产负债表，是根据账户设置和记录的原理，按照“资产＝负债＋所有者权益”这一会计恒等式展开，按账户形式排列编制而成的报表。这种格式将整个资产负债表分为左右两边：其左边列示企业各资产项目，右边列示企业的负债和所有者权益各项目，并保持左右平衡。其具体的格式可见图表 6—4。

不管是账户式的资产负债表还是报告式的资产负债表，其资产、负债和所有者权益项目应分别按照一定的标志进行排列。

资产项目按其流动性或变现能力的强弱，自上而下排列。变现能力最强的排在最上边，变现能力最弱的排在最后一行。通常的排列顺序是：流动资产按货币资金、交易性金融资产、应收票据、应收账款、预付账款、其他应收款、存货等；非流动资产按长期股权投资、固定资产、无形资产等类别依次排列。

负债项目则依据到期日的远近划分排列：对于将在一个会计年度或一个正常营业周期内到期的流动负债，排列在负债的最上端，并依次按照短期借款、应付票据、应付账款、预收账款、应付职工薪酬、应交税费、应付股利、其他应付款等排列编制；非流动负债则排列在负债类的下半部分，依长期借款、应付债券、长期应付款等排列。

所有者权益是按可供企业使用的永久程度加以排列编制的，越能供企业永久使用的项目排列越在前面。其排列的一般顺序是：股本(实收资本)、资本公积、盈余公积、未分配利润。

三、资产负债表的编制

编制资产负债表所依据的数据资料也来源于日常会计核算的账簿记录。我们知道，任何会计账簿都记录有两个方面的信息资料，即本期发生额(包括借方发生额和贷方发生额)和期末余额。其中，本期发生额是记账的直接对象，而期末余额则是记账的结果。在企业中，账簿既要序时又要分类地记录企业日常发生的经济业务，而且单就分类记录的账簿也有总分类账簿与明细分类账簿之分。究竟资产负债表要根据什么样的账簿资料来编制，也是一个需要明确的问题。

由于资产负债表是一张反映企业在会计报告期末财务状况总括情况的静态报表，它反映的不是记账的直接对象，而是记账的结果，且要总括反映会计报告期末的资产、负债和所有者权益的详细情况，它需要根据总分类账簿(当然有的项目也要参考明细分类账簿)记录中的期末余额来编制。

资产负债表又不是对账户余额的简单照搬。资产负债表是以“项目”来表示的，有些项目可以直接来自账户余额，如应收票据等；有的项目则要根据若干个同类账户的余额来填列，例如“存货”项目就要根据企业的原材料、生产成本、库存商品等流动资产中具有实物形态的各账户余额之和填列；还有一些项目要对两个账户的余额进行分析后才能填列，比如所有者权益中的“未分配利润”项目(必须根据“本年利润”、“利润分配”这两个账户分析其余额所在的方向后进行加减计算填列)、应收账款项目和固定资产项目等；也有另外一些项目则要根据其账户的明细项目情况进行分析后，分别填列，如“一年内到期的非流动资产”项目，或“一年内到期的非流动负债”项目，就应根据非流动资产或非流动负债各账户的明细账，具体分析分别填列在不同的资产、负债项目。

下面举例说明企业资产负债表的编制方法。

假设中华股份有限公司 20××年 12 月 31 日，各账户的期末余额如图表 6—3 所示。

图表 6—3　　中华股份有限公司账户余额表

20××年12月31日　　单位:人民币元

账户名称	账户余额	
	借方	贷方
库存现金	5 650	
银行存款	1 544 350	
应收票据	800 000	
应收账款	2 500 000	
坏账准备		50 000
预付账款	230 000	
其他应收款	120 000	
原材料	2 850 000	
生产成本	150 000	
库存商品	1 800 000	
长期股权投资	500 000	
固定资产	2 800 000	
累计折旧		250 000
无形资产	200 000	
短期借款		1 000 000
应付账款		400 000
预收账款		250 000
其他应付款		70 000
应付职工薪酬		20 000
应交税费		160 000
应付股利		100 000
长期借款		500 000
股本		2 000 000
资本公积		6 000 000
盈余公积		1 200 000
本年利润		4 000 000
利润分配	2 500 000	

(上述账户的余额中,长期投资有50 000元将在一年内到期)

根据上述的各账户的余额，就可编制该股份有限公司如图表6—4所示的资产负债表。

图表 6—4

中华股份有限公司

资产负债表

20××年 12 月 31 日　　　　　　　　单位:人民币元

资　　产	金　额	负债及股东权益	金　额
流动资产		流动负债	
货币资金	1 550 000	短期借款	1 000 000
应收票据	800 000	应付账款	400 000
应收账款	2 450 000	预收账款	250 000
		其他应付款	70 000
		应付职工薪酬	20 000
预付账款	230 000	应交税费	160 000
其他应收款	120 000	应付股利	100 000
存　货	4 800 000	流动负债合计	2 000 000
		非流动的负债	
流动资产合计	9 950 000	长期借款	450 000
非流动资产		负债合计	2 500 000
长期股权投资	500 000	股东权益	
固定资产	2 550 000	股　本	2 000 000
	资本公积	6 000 000	
	盈余公积	1 200 000	
	未分配利润	1 500 000	
无形资产	200 000	股东权益合计	10 700 000
非流动资产合计	3 250 000		
资产总计	13 200 000	负债及股东权益总计	13 200 000

章末注

①从原理上说，存货发出成本的确定方法有上述五种，但在实务中，按照企业会计准则，存货发出成本的确定方法，可以采用先进先出法、移动加权平均法与月末一次加权平均法和个别计价法四种方法；企业不得采用后进先出法确定发出存货的成本。这是我国企业会计准则与国际财务报告准则趋同之一大标志。

②如果固定资产存在减值迹象，经过减值测试，确定发生了减值，由此计提的减值准备应该作为固定资产净值的一个扣减项目。即固定资产净值 = 固定资产原始价值 – 固定资产累计折旧 – 固定资产减值准备

③如果固定资产存在减值迹象，经过减值测试，确定发生了减值，由此计提的减值准备应该作为固定资产计算折旧公式中分子的一个扣减项目。即固定资产原始价值 + 预计净残值(预计清理费用 – 预计残值) – 固定资产减值准备

本章参考文献

1. 中华人民共和国财政部：《企业会计准则》(2006)，经济科学出版社，2006 年。
2. 财政部会计司编写组：《企业会计准则讲解》(2006)，人民出版社，2007 年。
3. 葛家澍、刘峰主编：《会计学导论》(第二版)，立信会计出版社，1998 年。

第七章　企业内部会计监督制度

进入20世纪90年代，会计信息失真成为全社会所关注的热点问题。为了治理这一问题，必须建立并健全单位内部会计监督制度。本章将介绍内部会计监督制度及其相关的问题。

第一节　内部会计监督制度的意义与内容

一、内部会计监督制度设立的意义

第一章总论部分曾指出，现代社会的经济活动，是通过各种形式的企业组织来实现的。其中，最有效的企业组织形式当数公司制。公司制的最大特征是两权分离，即资源(主要体现为资本)的所有者(委托人)将资源委托给具有管理才能的专门的管理人员(代理人)去经营管理。随着公司规模不断扩大，经营活动日趋复杂，管理人员对公司日常经营事务的控制程度越来越高，资源的所有者成为一种外部人，他们不但失去了对资源的直接控制权，也不了解管理人员的具体决策是否恰当、合理，是否对公司有利[①]，从而出现了西方经济学所阐述的经典的“代理问题”。

理性经济人是经济学的一项重要假设。与道德意义上的人不同，经济学假定人都是利己的经济人，他们的各种努力都是为了追求自身利益最大化[②]，尽管这种“自身利益”，可以是通常意义上的物质利益或经济利益，如取得高额的经济报酬；也可以是非物质的，如求得社会认同或博得“留取丹心照汗青”。

将理性经济人放入上述的两权分离的现代公司中，我们不难推断，那些受托管理公司的代理人，也是理性经济人，他们只要有可能，当然会为自己的利益着想，而置委托人的利益于不顾。在国有独资企业，高层管理人员所管理的财产是由政府投入的，政府的各级官员显然不能也无法经常性地监督国有独资公司高层管理人员的行为，就使得国有独资企业的高层管理人员处于一种“无约束、无监督地使用他人财产”的独特境地。时间一长，代理人侵害所有者利益的事情必然发生。即便在上市公司，只要缺乏有效的监督机制，这类现象就会发生。问题在于企业高层管理人员如何使自身利益最大化？由于会计信息系统对外传递的信息具有利益分配和协调之功能，不同的会计数据往往决定了不同利益关系人可能取得的物质利益，因此，会计造假就成为他们追求自身利益最大化的重要工具。或者说，保证会计信息的真实性，就成为保证市场经济正常运转的重要方面。

为了有效地解决两权分离所产生的代理问题，保证会计信息的真实性，应当建立一套有效的监督与制衡制度。国内外的实践表明，这套制度包括外部监督和内部监督两大方面的内容，其中，典型的外部监督包括：市场竞争的监督、资本市场公开信息的监督、注册会计师的监督以及政府管理部门的监督等。

内部监督包括的内容也比较多，包括第一章所提到的建立一个公司股东会、董事会、监事会、经理层等各负其责、协调运转、有效制衡的公司法人治理结构，也包括本章所要重点讨论的内部会计监督制度。

内部会计监督制度的要义在于：在企业内部建立一套有效的相互监督、相互牵制的制度，包括企业各项重大决策和相应资金运转的有效性，同时，尽最大限度保证公司会计资料的真实、可靠。内部会计监督制度的内容包括：一套有效的内部牵制制度；定期财产清查制度；有效的内部审计。

二、内部会计监督制度的内容

企业内部设立会计监督制度，期望能实现两个目标：一是保证企业内部各项财产物资的完全、完整以及有序、有效流动和使用；二是保证企业会计信息能真实、可靠地反映企业的财务状况、经营成果和现金流量。为了实现上述目标，内部会计监督制度至少应包括三方面内容：内部牵制制度、财产清查制度和内部审计。

内部牵制制度从效率角度来看，牵制与效率是不相容的。比如，采购人员购买材料，需要填写“请购单”等相关申请文件，报主管批准后，再向财务部门申请货款使用或支付计划。这一过程需要耗费时间，降低了办事效率。既然内部控制制度会牺牲效率，为什么还需要设立这种制度？这又要回到上面所介绍过的理性经济人假设。

理性经济人假设认为，人都是自私的经济人，只要有可能，他总是最大限度地满足自己的欲望。我们知道，企业经营活动离不开资本与财富，几乎每一个经营环节都要接触、处理大量的财产物资。比如，在资本投入阶段，需要有人负责登记从各种渠道筹集的资本；在供应阶段，购买各种原材料、支付货款等，需要有人经办；生产阶段、销售阶段等也不例外。企业再生产过程中，几乎每个岗位都需要有人去办理，几乎每个岗位都直接或间接地接触到企业的财产物资。如果这些人可以不受限制地处理、支配财产物资，将有可能导致财产的大量流失，最终使得企业的再生产难以为继。因此，设立相应的内部控制制度，牵制、约束并监督经济人的各种自利行为，在牺牲部分效率的同时，保证了再生产过程的顺利、有序地进行。也正因为此，几乎每个单位内部都程度不同地设立了内部牵制制度。

财产清查制度 财产清查是指对各项财产、物资进行实地盘点和核对，查明财产物资、货币资金和结算款项的实有数额，确定其账面结存数额和实际结存数额是否一致，以保证账实相符的一种会计专门方法。财产清查是内部牵制制度的一个部分，它的功能在于定期确定内部牵制制度执行是否有效。企业的日常工作中，在考虑成本、效益的前提下，可选择范围大小适宜、时机恰当的财产清查。

内部审计制度 内部牵制制度旨在保障单位或企业内部各部门相互牵制、相互监督；财产清查只是定期核对财产物资，通过是否账实相符，来检查内部牵制制度的执行情况。设立了内部牵制制度，并不能保证其一定得到有效执行；期末账实相符，也不能必然保证内部牵制制度已经有效运行。通过内部审计，对企业内部包括内部牵制制度在内的各项制度和经济活动进行审计，方能确保内部牵制制度的有效运行。

第二节 内部牵制制度

一、内部牵制的含义与作用

内部牵制(internal check)，是以账目间的相互核对为主要内容并实施岗位分离，以确保所有账目正确无误的一种控制机制。其主要特征是以任何个人或部门不能单独控制任何一项或一部分业务权力的方式进行组织上的责任分工，每项业务通过正常发挥其他个人或部门的功能进行交叉检查(cross - checked)或交叉控制(cross - controlled)；其主要方法是职务分离和账目核对；其主要控制对象是钱、财、物等会计事项；其主要目的在于查错防弊。内部牵制制度的建立主要是基于以下两个设想：

第一，两个或两个以上的人或部门无意识地犯同样错误的机会是很小的；

第二，两个或两个以上的人或部门有意识地合伙舞弊的可能性大大低于单独一个人或部门舞弊的可能性[③]。

通过内部牵制机制，从纵向看，每项经济业务的处理，至少要经过上下级有关人员之手，使下级受上级监督，上级受下级制约，促使上下级均能忠于职守，不可疏忽大意。从横向看，每项经济业务的处理，至少要经过彼此不相隶属的两个部门的处理，使每一部门工作或记录受另一部门的牵制，不相隶属的不同部门均有完整的记录，使之互相制约，自动检查，防止或减少错误和弊端；同时，通过交叉核对也能及时发现错误和弊病。因此，上下牵制，左右制约，相互监督，查错防弊是其主要之功能。

二、内部牵制制度的内容

内部牵制制度的核心内容是不相容职务分离与牵制。不相容职务指的是不能同时由一个人兼任的职务。

我们知道，每一项业务的处理都必须经过授权、批准、执行、记录和检查等五个步骤，在不相容职务分离控制下，为达到有效控制的目的，任何部门或个人不能独揽业务处理的全过程，不同步骤应交由不同的部门或人员去完成，即要求：

第一，授权进行某项经济业务的职务与执行该项业务的职务要分离；

第二，执行某项经济业务的职务与批准该项业务的职务要分离；

第三，执行某项经济业务的职务与记录该项业务的职务要分离；

第四，保管某项财产的职务与记录该项财产的职务要分离；

第五，保管与记录某项资产的职务与账实核对的职务要分离等。

由此可见，不相容职务的分离与牵制，即要求记账人员与经济业务事项和会计事项的审批人员、经办人员、财物保管人员的职责权限应当明确，并相互分离、相互制约。具体包括以下四个要点：

第一，识别不相容职务，即对通常不能由一个人兼任的职务必须有全面的了解，这些职务包括出纳与记账、业务经办与记账、业务经办与业务审批、业务审批与记账、财物保管与记账、业务经办与财物保管、业务操作与业务复核；

第二，合理界定不同职务的职责与权限，只有这样，才能在有关部门各司其职的前提下，合理地分离不相容职务；也只有这样，一旦出现问题，才能准确地分清责任；

第三，分离不相容职务，在进行定岗和分工时，注意将不相容职务分离开来，使其相互牵制、相互制约；

第四，必要的保障措施，如物理措施(保险柜、专用钥匙等)或技术措施(网络口令等)，定期的岗位轮换等。

三、内部牵制制度的方式

一般而言，内部牵制制度的执行可通过以下四种方式进行。

1. 实物牵制由两个以上人员共同掌管必要的实物工具，共同才能完成一定程序的牵制。例如，将保险柜的钥匙交由两个或两个以上的工作人员保管，不同时使用这两把或两把以上的钥匙，保险柜就无法打开，以防止一个人作弊。

2. 机械牵制只有按照正确的程序操作机械，才能完成一定过程的操作，它采用的就是程序牵制。即将单位各项业务的处理过程，用文字说明方式或流程图的方式表示出来，以形成制度，颁发执行。它属典型的事前控制法，即要按牵制的原则进行程序设置，而且要求所有的业务活动都要建立切实可行的办理程序。程序控制的关键是实行以内部牵制为核心的不相容职务分离原则。

3. 体制牵制为防止错误和舞弊，对于每一项经济业务的处理，都要求有两人或两人以上共同分工负责，以相互牵制、互相制约的机制。这主要通过组织分工来实现。其基本要求是职责分离。它不仅要求划分职责，明确各部门或个人的职责和应有的权限，同时还要规定相互配合与制约的方法。因为，恰当的组织分工是内部牵制最重要、最有效的方法。

4. 簿记牵制原始凭证与记账凭证、会计凭证与账簿、账簿与账簿、账簿与会计报表之间核对的牵制。在某种意义上，它也是程序牵制的一个方面。

无论是哪一种方式的牵制，其根本点在于增设核对点和平衡点，以加强上下、左右的制约。值得一提的是，内部牵制制度只是对业务活动及有关记录处理的一种程序或制度规定，该制度是否合理，执行效果如何，则应由内部审计去检查、监督与评判。

第三节 财产清查制度

一、财产清查的含义与作用

财产清查，是指通过实地盘点，核对、查询并确定各项财产物资、货币资金、往来款项的实际结存数，并与账存数核对，以保证账实相符的一种会计核算的专门方法。

财产清查具有十分重要的作用，主要表现在以下三个方面。

(一)财产清查是检查会计信息系统运行正常与否的有效保证

会计是一个以提供财务信息为主的经济信息系统。它以凭证形式输入资金运动发出的信息(初始信息)，经过确认、分类、记录、整理和汇总，最后以财务报表为载体输出其产品——供决策之用的真实可靠的财务信息。在对会计信息质量的要求中，财务报表信息的可靠性最为重要，是报表的“生命”与“灵魂”。为了避免信息在传输过程中(例如从原始凭证→记账凭证→账簿)受到主客观因素干扰而失真，复式簿记系统本身就有一定的内部牵制机制以排除干扰发挥前馈控制的作用。如总分类账与总分类账间要遵循复式记账原理进行复式记账，结果凡是各账户借贷两方面的金额都应保持发生额合计和余额合计的平衡；总分类账与其所属的明细分类账间要实行平行登记原则，结果是同一项经济业务的数据通过两个通道传输和记录，以便于相互核对等。但为了进一步核实日常核算信息(主要是簿记信息)是否如实反映情况，是否可靠，保证账实相符，以提高最后输出财务报表信息的可靠性，在编制财务报表前还要进行财产清查。通过财产清查，可以查明各项财产物资的实际结存数，并与账簿记录(信息)相核对，以更好地发现记账中的错误，核实账实是否相符。若不相符，要查明原因，分清责任，并按规定的手续及时调整账面数字，直至账实相符。只有这样，才能保证根据账簿信息编制的财务报表真实可靠。

(二)财产清查既是内部会计监督制度的重要内容之一，又是检查内部会计监督制度是否有效的控制措施

建立合适的内部会计监督制度，特别是其中的内部牵制制度的目的之一是健全财产物资的管理制度，保护财产物资的安全与完整，提高经营效率。其是否执行、有效与否，又可通过财产清查这一方法来检查。通过财产清查，除可查明账实是否一致外，还可以查明各项财产物资的保管情况，如是否完整，有无毁损、变质、被非法挪用、贪污、盗窃等；可以查明各项财产物资的储备和利用情况，如有无储备不足，有无超储、积压、呆滞现象等，以便及时采取措施，堵塞漏洞，加强管理，建立健全有关内部牵制制度。

(三)财产清查可促进资金加速周转

通过财产清查，特别是对债权债务的清查，可以促进其及时结算，及时发现

坏账并予以处理。同时，可以及时发现企业财产物资超储积压、占用不合理等情况，以尽早采取措施利用或处理，促进企业合理占用资金，加速资金周转。

二、财产清查的种类

财产清查按不同的标志有不同的分类：

(一)按清查的对象和范围可分为全面清查和局部清查

1. 全面清查指的是对单位拥有的全部财产进行全面的盘点和核对。其清查对象包括所有的财产物资、货币资金和各项债权债务。

因为财产清查具有清查内容范围广、清查费用高等特点，所以一般只在以下四种特定情况下才予采用：

(1)年终决算之前，为确保会计资料的真实、正确，需要进行一次全面清查。

(2)单位撤销、合并或改变隶属关系时，需要进行清算，明确责任，要进行一次全面清查。

(3)对单位资产评估、清产核资时，为摸清家底，需要进行全面清查。

(4)企业进行股份改组时，要进行全面清查。

2. 局部清查指的是根据单位管理需要对部分财产物资、债权债务进行盘点核对。对于流动性大，且易发生短缺和损耗的财产物资，如原材料、产成品等，除年终清查外，年内还应定期盘点，重点抽查；对于贵重物品，如现金、银行存款等，需要每日或每月清查一次；对于应收、应付款项，每年应核对一至两次。

(二)按清查时间可分为定期清查和不定期清查

1. 定期清查指的是按预先计划安排的时间，对财产物资、债权债务进行的清查。定期清查一般在会计期末进行，如月末、季末进行，对现金则在每日结账时进行。定期清查的对象和范围及具体时间，可根据财产物资的特点和管理要求确定。定期清查可以是全面清查，也可以是局部清查。

2. 不定期清查指的是事先不确定清查时间，而根据实际需要进行的临时性清查。如在发生意外事故或自然灾害时，为查明损失而进行的临时清查；在更换财产物资保管人员时，为明确责任而进行的临时清查。不定期清查可以是全面清查，也可以是局部清查。

三、财产清查的程序

财产清查工作涉及面广，工作量大，为保证财产清查工作顺利、有效地进行，需要遵循一定的程序。一般地说，财产清查的程序包括：

(一)成立清查组织

因为财产清查工作应由专门人员并经授权后予以进行，所以需要成立清查小组，以具体负责财产清查的组织及具体清查工作。清查小组一般由会计部门、保管部门、管理及使用部门人员组成，配备人员时应考虑监督和控制作用。

(二)清查前准备

在财产清查前，为便于盘点和核对，需要做好以下两项准备工作：

1. 会计部门需将有关会计账簿登记齐全并结出余额，为账实核对做好账簿资料准备。

2. 财产物资保管及使用部门需将有关财产物资的明细账(实物账)登记齐全并结出余额，为账实核对做好账簿资料准备；同时，应进行财产物资的管理，实物卡片的登记，标明财产物资品名、规格、计量单位和结存数量等，为实物盘点做好准备。

(三)实施财产清查

财产清查准备工作做好后，财产清查小组即可根据清查对象特点及清查目的，确定清查的具体范围及时间，采用相应的清查方法实施财产清查。

(四)财产清查结果的处理

财产清查后，如发现财产短缺或溢余，应当查明原因，分别处理。属于正常损耗，应当按程序进行转销；属于财产保管人员责任的，应当由相应责任人员承担。同时，应对内部牵制制度进行相应的评估与改进。

四、财产清查的基本方法

各项财产的存在形态不同，具体清查方法也各异。目前运用的主要方法有：

实地盘点法指对各项实物通过逐一清点，或用计量器具确定其实存数量的方法。这种方法适用范围较广泛，大部分财产物资清查都采用这种方法，如存货、现金清查等等。

核对法指将两种或两种以上的书面资料相互对照，以验视其内容是否一致的方法。银行存款的清查即可用此法。

查询法指通过调查征询的方式，取得必要资料，以查明其实际情况的方法。具体又有面询法和函询法两种。面询法是直接找有关个人进行面谈，函询法就是发函给有关单位或个人，让对方通过函件来说明经济业务的实际情况，作为判断问题的依据。往来账项的清查，一般采用函询法。

五、财产清查应用实例

(一)货币资金的清查

货币资金，一般包括库存现金、银行存款和其他货币资金。这里主要介绍库存现金和银行存款的清查。

1. 库存现金的清查

库存现金的清查是通过实地盘点的方法，确定库存现金的实存数，再与现金日记账的账面余额进行核对，以查明盈亏情况。库存现金的盘点，应由清查人员会同现金出纳人员共同负责。在盘点前，出纳人员应先将现金收、付款凭证全部登记入账，并结出余额；盘点时，出纳人员必须在场，现金应逐张清点，如发现盘盈、盈亏，必须会同出纳人员核实清楚。盘点时，除查明账实是否相符外，还要查明有无违反现金管理制度规定，有无以“白条”抵充现金，现金库存有否超过银行核定的限额，有无坐支现金等。盘点结束后，应根据盘点结果，填制“库存现金盘点报告表”，并由检查人员和出纳人员签名或盖章。此表具有双重性质，即是盘存单又是账存实存对比表；既是反映现金实存数调整账簿记录的重要原始凭证，也是分析账实发生差异原因，明确经济责任的依据。其格式如图表7—1。

图表 7—1　　　　库存现金盘点报告表

单位：　　　　　　　　　　　　　　　　　　年　月　日

币　别	实存金额	账存金额	对比结果		备　注
			盘　盈	盘　亏	

盘点人：　　　　　　　　　　出纳员：

2. 银行存款的清查

银行存款的清查，采用核对法，即将开户银行定期送来的对账单与本单位的银行存款日记账逐笔进行核对，以查明银行存款收、付及余额是否正确相符。在与银行对账之前，应先检查本单位的银行存款日记账的正确性与完整性。通过核对，往往会发现双方账目不相符。其主要原因有二：一是双方记账可能有差错，如错账漏账等，这是不正常的，应及时查明更正；二是存在未达账项，这是正常的。

所谓未达账项指单位与银行之间一方已入账，另一方因尚未收到有关凭证而未入账的款项。未达账项主要有以下四种情况：

(1)银行已收，企业未收；

(2)银行已付，企业未付；

(3)企业已收，银行未收；

(4)企业已付，银行未付。

在(1)、(4)情况下，企业银行存款日记账的余额将小于银行对账单的余额，在(2)、(3)情况下，企业银行存款日记账的余额将大于银行对账单余额。为消除未达账项的影响，企业应根据核对后发现的未达账项，编制"银行存款余额调节表"。

"银行存款余额调节表"(图表 7—2)的编制方法一般是在企业的账面余额和对账单余额的基础上，各自分别补记对方已记账而本单位尚未记账的账项金额，然后验证经过调节后的双方余额是否相符。如果相符，表明双方记账正确，否则，表明有记账错误，应进一步查明原因予以更正。下面举例说明其编制方法：假设某公司 20××年 10 月 31 日银行存款日记账余额为 90 000 元，银行送来对账单余额为 100 000 元。经逐笔核对，发现以下四笔未达账项：

(1)公司月末将转账支票 14 000 元送存银行，公司已记账，银行尚未记账。

(2)公司月末开出支票 7 000 元，公司已记账，银行尚未记账。

图表 7—2　　**银行存款余额调节表**

20××年　10 月 31 日

银行对账单	金　额	银行存款日记账	金　额
银行对账单余额	100 000	银行存款日记账余额	90 000
加:公司已收、银行未收	14 000	加:银行已收,公司未收	20 000
减:公司已付,银行未付	7 000	减:银行已付,公司未付	3 000
调节后存款余额	107 000	调节后存款余额	107 000

(3)银行代公司收入销货款 20 000 元，银行已记账，而公司尚未到银行收款通知，因而未记账。

(4)银行代企业支付水电费、电话费 3 000 元，银行已记账，而公司尚未收到银行付款通知，因而尚未记账。

上表所列双方余额经调节后是相等的，表明双方的账簿记录正确，调节前之所以不相符，完全是由未达账项所致。另外，经过调节后重新求得的余额，既不等于公司银行存款日记账的账面余额，也不等于银行账面余额，它是银行存款的真正实有数，即公司实际可动用的存款数额。

值得注意的是，由于未达账项不是错账、漏账，因此，不需根据上面的调节表(不是原始凭证)做任何账务处理，企业银行存款日记账账面仍保持原有的余额，待收到有关凭证之后(即由未达账项变成已达账项)，再与正常业务一样进行处理。

(二)存货的清查

存货的清查，是指对商品、原材料、在产品、产成品、低值易耗品、包装物等的清查。方法大多采用实地盘点法。清查时，既要数量上核实，还要对质量进行鉴定。在清查过程中，首先必须以各项存货目录规定的名称规格为标准，查明各项存货的名称、规格，然后再盘点数量检查质量，同时为明确经济责任和便于查询，各项存货的保管人必须在场，并参加盘点工作。清查盘点结束时，应及时把盘点的数量和质量情况如实填制“盘存单”（如图表 7—3），并由盘点人和存货保管人签名或盖章。

图表 7—3　　盘　存　单

单位名称：　　存货类别：　　存放地点：　　盘点时间：　　编号

编　号	品种规格	计量单位	单　价	数　量	金　额	备　注

盘点人签章：　　存货保管人签章：

上表盘存单是记录存货盘点结果，反映存货实有数的原始凭证。为进一步查明账实是否相符，确定盘盈盘亏，还应根据“盘存单”和有关账簿记录编制“盘点盈亏报告单”（如图表 7—4）。该报告单既是调整账簿记录的重要原始凭证，也是分析差异原因，明确经济责任的依据。

图表 7—4　　　　　　　　**盘 点 盈 亏 报 告 单**

单位名称：　　　　　　　　　　年　月　日　　　　　　编号

编号	类别及名称	计量单位	单价	实存		账存		差异				备注
								盘盈		盘亏		
				数量	金额	数量	金额	数量	金额	数量	金额	

主管人员：　　　　　　　　会计：　　　　　　　　制表：

六、财产清查结果的处理

财产清查的结果有下面三种情况：

第一，实存数大于账存数，即盘盈；

第二，实存数小于账存数，即盘亏；

第三，实存数等于账存数，账实相符。

财产清查的结果处理一般指的是对账实不符，即发生盘盈、盘亏情况的处理。但对账实相符中如财产物资发生变质、霉烂即毁损时，也是其处理的对象。

（一）财产清查结果——盘盈的处理

造成财产盘盈的原因主要有在保管过程中可能发生的自然增量；记录时可能发生的错记、漏记或计算上的错误；在收发领退过程中发生的计量、检验不准确等。

一旦发生财产盘盈，在一定程度上将引起企业单位的资产增加，有关费用（成本）减少，最终导致盈利的增加。

对于盘盈的财产除要查明原因，分清责任外，还要按规定的程序进行处理。一般地，对于盘盈的固定资产，应作为前期差错计入以前年度损益调整；对于盘盈的其他资产，则冲减管理费用或计入营业外收入等。在会计处理时应分两步进行：

首先应将已查明的财产盘盈数，根据有关原始凭证（如库存现金盘点报告表、存货盘点盈亏报告单等）编制有关记账凭证，并据以登记有关账簿，以保证账实相符。

其次按盘盈发生的原因和按管理权限报经批准的结果，根据有关审批意见及书面文件编制记账凭证，并据以登记入账，作最后的会计处理④。

为反映和监督在财产清查中查明的各种财产物资盘盈、盘亏和毁损及其处理情况，应设置“待处理财产损益”账户。该账户借方登记待处理财产的盘亏、毁损数，及按管理权限经批准后待处理财产盘盈转销数；贷方登记待处理财产的盘盈数，及按管理权限经批准后的待处理财产盘亏、毁损的转销数。因为企业的财产损益，查明原因后应在期末结账前处理完毕，所以本账户期末应无余额。根据需要，本账户下可设“待处理财产损益——待处理流动资产损益”和“待处理财产损益——待处理固定资产损益”两个明细账户。财产清查结果——盘盈的账务处理可如图表 7—5 所示。

图表 7—5

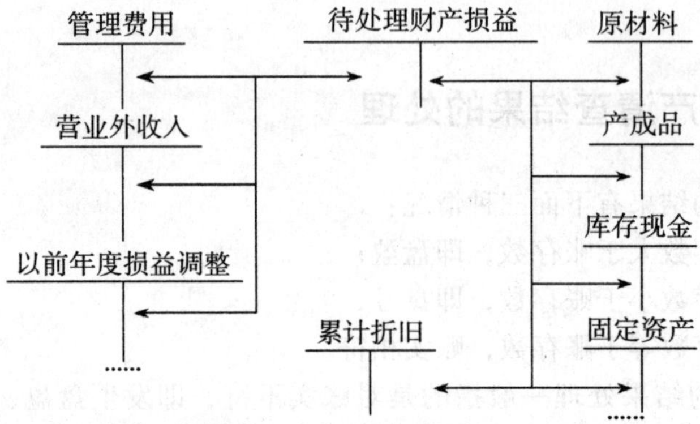

下面举例说明财产清查结果——盘盈的账务处理：

例 1. 企业在财产清查中，发现甲材料盘盈 10 吨，每吨 1 000 元。在批准之前，作会计分录如下：

借：原材料——甲材料　　10 000
　贷：待处理财产损益——待处理流动资产损益　　10 000

经查明，盘盈的甲材料系计量仪器不准盈余，批准冲减管理费用。根据批准处理意见，作会计分录如下：

借：待处理财产损益——待处理流动资产损益　　10 000
　贷：管理费用　　10 000

例 2. 某企业在财产清查中，盘盈账外机器一台，估计重置价值为 5 000 元，已提折旧 3 000 元。

在批准以前，作会计分录如下：

借：固定资产　　5 000
　贷：累计折旧　　3 000
　　　待处理财产损益——待处理固定资产损益　　2 000

上项账外固定资产经批准后转销，作会计分录如下：

借：待处理财产损益——待处理固定资产损益　　　　　2 000

　贷：以前年度损益调整　　　　　　　　　　　　　　　2 000

(二) 财产清查结果——盘亏和毁损的处理

造成财产盘亏、毁损的原因很多，如在保管过程中发生的自然损耗；记录过程发生的错记、重记、漏记或计算上错误；在收发领退中发生计量或检验不准确；管理不善或工作人员失职而造成的财产损失、变质、霉烂或短缺；不法分子贪污盗窃、营私舞弊；自然灾害等等。

一旦发生盘亏、毁损，给企业造成的影响是：在一定程度上引起资产减少，有关费用(成本)增加，最终导致盈利减少。

对于盘亏、毁损的各项资产，除要查明原因，分清责任外，也要按规定的程序进行处理，计入管理费用或营业外支出等。一般地，盘亏、毁损的固定资产，按其原价扣除累计折旧，变价收入和过失人及保险公司赔款后的差额计入营业外支出；盘亏、毁损的存货，扣除过失人或保险公司赔款和残料价值之后，计入管理费用。如存货毁损属于非常损失部分，在扣除公司赔款和残料价值后，计入营业外支出。

在会计处理上，也应分两步进行。首先应根据有关凭证编制有关记账凭证，并据以登记有关账簿，以保证账实相符；其次按盘亏、毁损产生的原因和按管理权限报经批准的结果，根据有关批文编制记账凭证，并据以登记入账，作最后的会计处理。

具体账务处理也通过设置和运用“待处理财产损益”一级账户和“待处理财产损益——待处理流动资产损益”及“待处理财产损益——待处理固定资产损益”两个明细账户进行。财产清查结果——盘亏和毁损的账务处理可如图表 7—6 所示。

图表 7—6

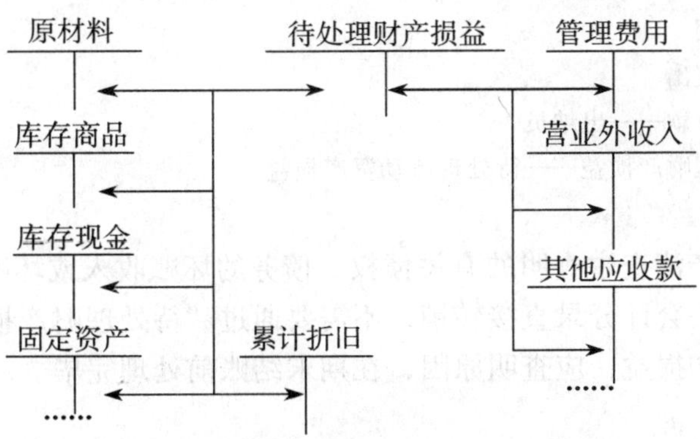

下面举例说明财产清查结果——盘亏和毁损的账务处理：

例 1. 某企业在财产清查中盘亏设备一台，账面原值 10 000 元，已提折旧 8 000 元。在批准前，作会计分录如下：

借：待处理财产损益——待处理固定资产损益　　2 000
　　累计折旧　　8 000
　贷：固定资产　　10 000

上述盘亏设备经批准后转销，作会计分录如下：

借：营业外支出——固定资产盘亏　　2 000
　贷：待处理财产损益——待处理固定资产损益　　2 000

例 2. 某企业在财产清查中发现乙材料盘亏 100 公斤，每公斤 10 元，库存现金短缺 18 元。

在批准之前，作会计分录：

借：待处理财产损益——待处理流动资产损益　　1 018
　贷：库存现金　　18
　　　原材料——乙材料　　1 000

上述盘亏乙材料，经查明自然损耗为 10 公斤，意外灾害造成损失为 80 公斤，无法确定过失人造成的毁损为 10 公斤。现金的短缺，经批准责成过失人——出纳员赔偿。

根据批准处理意见，作会计分录：

借：管理费用　　200
　　营业外支出　　800
　　其他应收款——出纳员　　18
　贷：待处理财产损益——待处理流动资产损益　　1 018

企业在财产清查中查明的有关债权、债务的坏账收入或坏账损失，经确认批准后，按照有关会计分录直接转销，不需要通过“待处理财产损益”账户核算。

企业的财产损益，应查明原因，在期末结账前处理完毕。

第四节　内部审计

一、内部审计的意义与作用

内部审计(Internal Audit)，是建立于组织内部、服务于管理部门的一种独立的检查、监督和评价活动，它既可用于对内部牵制制度的充分性和有效性进行检查、监督和评价，又可用于对会计及相关信息的真实、合法、完整，对资产的安全、完整，对企业自身经营绩效、经营合规性进行检查、监督和评价。具体地说，它包括以下几方面的特征：

第一，审计机构和审计人员都设在各单位内部；

第二，审计的内容更侧重于经营过程是否有效、各项制度是否得到遵守与执行；

第三，服务的内向性和相对的独立性；

第四，审计结果的客观性和公正性较低，并且以建议性意见为主。

内部审计在单位内部会计监督制度中的重要作用主要体现在以下三个方面：

第一，预防保护作用。内部审计机构通过对会计部门工作的再监督，有助于强化单位内部管理控制制度，及时发现问题，纠正错误，堵塞管理漏洞，减少损失，保护资产的安全与完整，提高会计资料的真实、可靠性。这就是内部审计持之以恒的传统职责——防弊。

第二，服务促进作用。内部审计机构作为企业内部的一个职能部门，熟悉企业的生产经营活动等情况，工作便利。因此，通过内部审计，可在企业改善管理、挖掘潜力、降低生产成本、提高经营效率和效益等方面起到积极的促进作用。从这一意义来说，内部审计能为企业提供“兴利”和“增值”服务。

第三，评价鉴证作用。内部审计是基于受托经济责任的需要而产生和发展起来的，是经营管理分权制的产物。随着企业单位规模的扩大，管理层次增多，对各部门经营业绩的考核与评价是现代管理不可缺少的组成部分。通过内部审计，可以对各部门活动作出客观、公正的审计结论和意见，起到评价和鉴证的作用。

但是，如何提高内部审计作用的发挥效果，则需要从企业内外两方面着手。一方面是要加强内部审计的行业自律与引导。我国的内部审计师协会也应该建立一套完整的关于内部审计方面的理论知识体系，包括规定内部审计人员应该具备的知识结构，加深内部审计人员对内部审计的性质、职能及自身定位的认识，加强对内部审计人员的上岗教育和后续教育，提高审计人员的素质，在行业内部形成一定的道德规范及自律机制，形成自己的职业道德和职业文化，在社会上建立足够的声誉，进而形成一定的职业性权威。经过多年的努力，至 2004 年 5 月止，中国内部审计协会已发布了中国内部审计人员职业道德规范和中国内部审计准则，其中中国内部审计准则包括 1 项内部审计基本准则和 15 项（1—15 号）内部审计具体准则。另一方面，企业的管理当局要赋予内部审计机构足够的权力，使之与其承担的责任相配比，以形成足够的管理性权威，便于内部审计行使权力和履行责任，提高内部审计的效率和效果。

二、内部审计的内容

纵观内部审计发展史，内部审计从产生到现在已经历了从萌芽状态内部审计财务导向内部审计、业务导向内部审计、管理导向内部审计、风险导向审计的发展历程。内部审计的内容十分广泛，差异也很大。因此，内部审计内容主要取决于企业的规模、结构及管理当局的要求。通常，与上述内部审计的含义相对应，内部审计的内容主要包括以下四个方面：

1. 检查、监督和评价内部控制制度，尤其是其中的内部牵制制度的健全性、恰当性及有效性。建立恰当的内部控制制度是管理当局的责任，而内部审计的重要职责之一则是具体检查这些制度，监督其运行，并提出改进建议。

2. 检查、监督和评价财务和经营信息。具体包括用于确认、计量、分类和报告该类信息的措施，以及对某些项目的具体查询，包括详细测试交易、金额和范围。

3. 检查、监督和评价经济活动的经济性、效率和效果，包括企业的非财务控制。

4. 检查、监督和评价对法律、规定和其他外部要求的遵循情况，以及对管理当局政策、指令和其他内部要求的遵循情况。

而根据国际内部审计师协会(IIA)，内部审计的内容则具体包括以下六项：

第一，查明企业内部数据是否真实可靠；

第二，查明企业资产核算是否健全，并保证资产不受任何损失；

第三，检查和评价会计、财务和其他控制职能是否健全和充分；

第四，查明企业的政策、计划和规章制度是否认真执行；

第五，评价企业各部门完成各项任务的质量；

第六，提出改进经营管理的建议。

三、内部审计的程序

内部审计人员在进行内部审计过程中通常要遵循以下七个程序。

1. 确定审计的内容。即选择进行审计的经营业务领域。它可以是企业中的某一业务活动、一个系统或一个职能。内部审计人员无须等待管理当局提出审计要求而有权自动地选择审计的领域。不过，在选择审计领域时仍应优先选择由管理当局指派的那些审计领域。

2. 事前准备。审计领域选定后，一方面，要组织有审计才能和经验的内部审计人员深入了解该领域的情况，如研究岗位工作说明和程序手册，出席相关领域的讨论会等；另一方面，审计人员应就审计的性质、目的、拟定施行的程序和编写报告的过程与该审计领域的有关人员沟通。

3. 初步调查。在这一程序中，为查实报告内容编制是否正确，审计人员可对有关凭证进行小型抽样，并在调查的基础上，编制审计工作底稿。

4. 编制审计方案。审计人员应根据初步调查，拟定一个最初的审计方案。而且，在编制审计方案中，应与受审领域的经理进行磋商，以既保证不疏漏应审事项，又增进彼此合作。

5. 调查和分析。在这一程序中，审计人员要审查充分的证据，以得出如下的结论：分配的任务和进行的经营活动是如何紧密地按为管理当局目标而建立的程序和要求办理；发生的经营业务是否正确；编制的报告是否真实、全面、适时；内部控制是否实施及它与其他领域的控制是否恰当地协调等等。

6. 评价和建议。在调查分析的基础上，内部审计人员可就审查结果进行评价，并提出相应的建议。在评价时，审计人员应全面考虑所有被审事实，然后在遵循恰当的程序和发生差距的理由等方面对被审领域进行评价，包括评价控制的恰当性和报告制度的有效性。在作出最后建议前，审计人员还应与被审领域的经理和有关人员非正式地讨论有关调查结果和可能的建议，慎重考虑他们的评价、反应与建议。

7. 最终报告。其内容包括：审计目的、范围、期限和审计人员的调查结论、意见、评价及建议；其要求：简明合理；其呈递对象：财务主管人员或审计人员应向之作报告的有关人员以及被审计领域的经理和有关报告涉及的所有领域的经理们。

总之，内部审计作为一种重要的内部会计监督制度，是内部牵制制度监督要素的主要内容之一，是企业内部牵制制度的一个重要环节和手段，同时也是监督企业内部牵制制度正常运行和不断完善的一个主要工具。它在内部控制系统中占据极其重要而又特殊的地位。内部审计作用发挥好坏，直接影响到内部控制的效率和效果。因此，我国企业在加强自身内部控制建设过程中一定要加强内部审计的建设。

章末注

①这里涉及两个经济学上概念：信息不对称和内部人控制。其中，信息不对称表明，在一些特定的环境下(如上述的大规模的公司中)，某些人具有其他人员所不具有的信息优势(比如，公司真实的经营成果)。这些人可以利用其所掌握的信息优势为自己牟取利益。典型的例子是健康保险市场上，保险购买者了解自己的身体状况，但保险公司无法全部了解；二手车市场上，二手车买主知道车子的真实状况，但潜在的购买方并不知道。内部人控制是指在大规模的公司中，内部高级管理人员控制了所有的资源和重大决策权。

②也有经济学家将其经济人界定为 REMM，即：机智(resourceful)、评价与比较(evaluative)、最大化(maximizing)、模式(model)。其中，机智表明人们为谋取利益最大化而采取各种可能的措施,包括我国普遍所说的“上有政策，下有对策”；在利益最大化的目标上，并不是纯粹追求更多的经济利益(或者说，绝对数量最大化的货币收益)， 而是在不同的结果之间进行评价、比较，最后选择自己最满意的结果(如放弃部分金钱收益而取得更多的闲暇)；最大化当然表明人们总是倾向于更多。参见 Micheal Jensen， The nature of man， The New Corporate Finance： Where the Theory Meets Practice，2nd edition，Irwin McGraw－Hill，1999。

③博弈论中著名的“囚徒困境”，较好地说明了共谋的困难。有兴趣的读者，可参阅张维迎：《博弈论与信息经济学》，1996，上海三联书店。

④对国有企业来说，财产盘盈、盘亏结果的处理，应当经国有资产管理部门批准。实际工作中，为简化手续，通常对超过限额的，需经批准；限额以下的，由企业自行处理。民营企业可自行处理财产盘盈、盘亏的结果，但应当报税务部门备案。

本章参考文献

1. 葛家澍、刘峰主编：《会计学导论》立信会计图书用品社，1988 年 6 月。

2. 徐政旦、朱荣恩、徐建新著：《内部控制论》辽宁人民出版社，1992 年 10 月。

3. 李凤鸣著：《内部控制学》中国商业出版社，1992 年 10 月。

4.《新会计法讲解》编写组编：《新会计法讲解》，中国财政经济出版社，1999 年 11 月。

5.《中华人民共和国会计法》研究组编：《中华人民共和国会计法讲解》，东北财经大学出版社，1999 年 12 月。

6. 朱荣恩、徐建新编著：《现代企业内部控制制度》，中国审计出版社，1996 年 6 月。

第八章 会计工作规范

如果从会计信息的生成过程来看，会计工作就是会计人员对各种数据进行加工、处理的过程。它可以分解为两个基本要素：一是会计人员对各种原始数据进行必要的技术处理以达成最终的财务报表信息；二是会计人员与相应的组织机构的设置及运作。会计工作规范可因此而分解为两个部分：对会计信息生成过程的技术性规范与对会计人员的规范。前者规范会计信息处理过程中的一些技术性问题，如某项支出应归属何处等；后者主要规范的是会计人员的行为。

第一节 会计规范体系

前面的有关章节介绍了会计信息系统的运行程序与运行的基本原理，我国传统的会计工作将其称为“会计核算”，它可概略地用记录、确认、计量和报告等四个程序来表述，亦即：对现实发生于会计主体的经济业务按一定的标准予以确认，用复式簿记进行记录，以货币指标量化表示，借助财务报表定期地加以报告。从中可以发现，在对经济业务进行上述四个环节的处理过程中，往往对同一项经济业务，存在不同的处理方法。如将某一笔支出确认为资产或费用、存货可以按不同的方法来计价、将某项业务在本期或以后期间予以报告等等。正是由于会计信息系统在运行过程中存在这种会计处理多样性的差异，以及人们的物质利益不同，对不同的会计程序与方法有所“偏好”等，导致了会计规范的产生。

所谓会计规范，是指协调、统一会计处理过程中对不同处理方法作出合理选择的假设、原则、制度等的总和，它是对会计行为的约束标准。会计规范在不同的国家有不同的表现形式。

一、会计核算需要有一个规范

第一章在讨论会计的定义时，已明确地将本书的会计限定为财务会计，并将其表述为“一个以提供财务信息为主的经济信息系统”，并且说明了财务会计又称“对外会计”，它的主要任务就是向会计主体以外的各利益关系人提供有关主体的财务状况、财务成果和现金流量的信息。而这里作为会计信息的需求者和使用者的利益关系人具体包括主体的所有者(在我国目前体现为作为投资者的国家和其他各种不同类型的投资者如股东等)、债权人、国家各级管理机构、税务部门、社会公众、企业职工等。

纯粹从外表形式来看，会计信息系统所提供的信息只是一些数字的不同排列与组合。但是，从数字所代表的实质内容来看，会计信息又不同于数学上无实质含义的数学符号。恰恰相反，这里的财务信息本身还具有经济意义：不同的“数字”(即会计信息)代表不同的经济内容，比如，资产负债表中的资产数字，代表了主体的总体规模；负债数字的高低，则反映了企业所欠付的、具有法定求偿力的债务的多少；而利润额(体现为利润“数”)的大小，又代表了主体在过去一定的期间的经营所得，如此等等，不一而足。进一步地看，企业外部各利益关系人所可能取得的经济利益，又直接受这些“数字”的影响，如通过财务报表报告的利润数的高或低，将会直接影响到不同的利益关系人所取得的利益。因为企业的长期投资人关注的是企业未来长期的盈利能力，而非即时的股利；相反，短期股票持有者则要求尽可能多的当期股利，他们二者对当期所报告的利润数高或低的期望是截然相反的。同样，债权人(特别是长期债权人)当然关注的是企业未来的偿债能力，从而要求企业尽可能地推迟支付股利，他们希望会计信息系统当期所报告的可分配利润数额越低越好；而税务部门就希望企业能最大限度地支付更高额的纳税额，因而，他们希望会计信息系统当期所报告的盈利额尽可能地高一些。显然，会计信息系统所报告的信息(即“数字”)的不同，将会影响到企业外不同利益关系人所可能取得的利益。因此，会计信息系统通过对外信息的传递，客观上还起到了利益分配和协调的作用。也正因为如此，保证会计信息的真实、可靠，对保持各种经济关系的正常、良性运转，十分必要。

一方面，会计信息系统具有公平地协调利益分配的作用；另一方面，会计信息系统在进行会计信息的加工、处理与生成过程中，由于对同一项交易或事项存在不同的会计处理方法，最终所报告的信息又将会因处理方法选择的不同而存在差异，从而使得对不同会计方法的选择，最终将影响到利益分配和协调的公平性。所以，为了保证会计信息系统在履行利益协调行为时的公平与公正，就有必要对在会计核算过程中如何选择会计处理方法作出限定和约束，这种限定与约束也就是上文所说的“会计规范”。

现实地看，会计规范是一套用于规定、约束会计信息系统的数据加工、处理与信息生成等行为的法律、标准、制度的总称。作为会计规范，它至少应符合两条基本要求：(1)会计规范的制定过程具有公平性，这是会计规范能公平地进行利益分配与协调的保证。为了达到这一要求，在理论上，会计规范的制定应广泛吸收所有利益关系人和集团的参与；但从实际操作过程来看，如果每个利益关系集团都参与会计规范的制定，其制度成本将是非常高，并且，达到一种普遍接受的规范，也较为困难。因此，各国一般都采取政府干涉的方法，来形成各自的会计规范；(2)对会计行为的约束作用明确、具体。换言之，会计规范对具体会计方法的选择或经济业务处理的约束作用要明确；否则，会计规范本身对会计实务的规范作用就不强。

除了利益协调的作用外，会计信息系统还被人们誉为“通用的商业语言”。这句话有两层含义：第一层含义表明，会计是一种语言，它运用一些具有明确、固定含义的符号，来有效地传递信息。由于会计处理方法多样性的存在，不加规范、在多种可行的处理方法之间任意选择而生成的会计信息，将使得同一个数据(“信息”)在不同企业或同一企业的不同时期，代表了不同的含义。这一现象与语言符号的明确性、固定性的要求是不相符的。因此，为了使会计信息具有明确的含义，就有必要制定相应的规则，即上文所说的会计核算的规范。第二层含义则是表明，经由会计信息系统所提供的信息，应该能够广泛地用于不同国家、地区之间的相互沟通、相互交流。为了达到这种不同国家、地区之间的交流，除了上述的规范外，还需要有一套协调国与国之间会计处理差异的规范，目前学术界所普遍讨论的“国际惯例”或“国际会计准则”，就是属于这一内容。对会计国际化的讨论，已超出本书的范围，后文将不予讨论。

二、会计规范的形式与结构

一般而言，会计规范具有很多不同的表现形式，如各种对会计工作有一定影响的法律(包括公司法、税法等)、国家的财经法规和制度、企业会计准则、会计制度等，其中，最主要的是会计法律、会计准则、会计制度等三种。

会计法律是一种泛称，它指的是所有对会计工作具有约束作用的法律。就目前各国的实践和我国的实际情况来看，这种法律大致有两种来源：一是独立的会计法，即专门针对会计工作而制定的法律，它对会计工作的约束作用较强且直接，如我国 1985 年通过、1999 年第二次修订的《中华人民共和国会计法》及荷兰 1970 年颁布的《企业年度报告法》等。目前各国制定专门的会计法规范会计工作的现象尚不普遍；二是在其他法律中包含的对会计工作的法律规定，几乎各国都存在这一层次的会计法规。如：绝大部分国家的《公司法》和《税法》，都对会计核算与账簿记录作出程度不一的要求。由于法律是由国家立法机构所制定的，它具有高度的强制性，因而，对会计工作的规范作用最强，也最为严肃。

会计准则是目前大部分市场经济国家所采用的、约束会计工作的规范形式。作为会计准则，它应符合这样两条特征：第一，它对企业会计工作的约束是缩小会计惯例中差别和变异的范围，而不是只允许一种解决方案。换言之，企业对会计准则的应用，具有灵活性；在具体方法的选择上，具有一定的可选择性。第二，要由一定的权威机构来颁布或制定。这里，权威机构不仅是指业务上的权威，还表明在法律上具有权威性。并且，后一层次更为重要。由于这种权威机构本身具有相当的法律地位，因而，经由该机构颁布(或明确表示支持)的准则，虽然不是法律，但可视为亚法律，也具有相关的约束性。比如，美国的会计准则(即“公认会计原则”)由美国注册会计师协会颁布、得到美国证券交易委员会支持，这里的权威机构就是美国的证券交易委员会；又如我国的会计准则，由财政部制定和颁布，财政部就是权威机构。在实行会计准则的国家，会计界负有遵守会计准则的义务(尽管这种义务可能是通过法律形式赋予的)。

通常，人们在说到会计制度时，一般有两层含义，一是指宏观范围——通常是一个国家或地区——所应用的会计制度，另一是指具体企业所应用的会计制度。作为宏观的会计制度，它一般是由政府所制定，在执行过程中具有一定的强制性，并在宏观(如一国)范围内强调统一和可比，企业具体执行时没有什么可选择余地；企业会计制度则只是具体规范某一企业主体的会计行为，一般局限于某一个具体主体范围之内。并且，在一定程度上，它们二者呈相互排斥的关系，即：如果有了统一的会计制度，那么，企业会计制度的制定就不必要；反之，如企业会计制度对工作具有较大的约束作用的话，那么，一定不存在宏观会计制度。

目前，世界上以宏观会计制度规范一国会计行为的国家为数不多，中国过去的统一会计制度、法国的“国民经济总计划”就是这一类型。而绝大部分企业都是依据相应的会计法律和会计准则，制定符合各自企业情况的企业会计制度。

从各国会计规范的总体类型来看，一般会计准则占主导地位的，称为“会计准则型”的会计规范；如果会计制度在某一国家的会计工作中居于主导地位，则这种会计规范称为“会计制度型”的会计规范。总体而言，实行会计制度型会计规范的国家，其经济运行是以计划经济为主，其国有经济的比重在整个社会经济中占有相当大的比重。如前苏联、1993 年以前的中国，都是实行统一的会计制度。在这些国家，由于国有经济占整个国民经济的比重较大，而且国家计划在国民经济运行中起到重要的调节作用，因此，国家(其直接代表是具体的政府)成为经济利益的最直接、同时也是最主要的承担者。统一会计制度就是为满足国家利益需要服务。综观各国的统一会计制度，它们无不呈国家利益保护倾向，如以国家的宏观调控的需要、以是否有利于国家利益作为选择具体会计方法的标准，等等。相反，推行准则型会计规范的国家，基本上都是市场经济国家。在这些国家中，一方面，国有经济比重不大；另一方面，调节社会经济运行的主要是市场本身，而不是国家计划。这一类型国家的典范是美国、英国等。我们知道，在美、英等国家，私有财产在整个社会经济中占重要地位，同时，国家不直接制定指导国家经济运行的宏观计划，社会经济的运行主要由市场来调节，国家在这种运行过程中，将运用一些经济杠杆来引导市场经济的有效、有序运行。从目前实行市场经济各国的现状来看，国家不再是参与市场运行的主体，甚至是唯一的主体了，它只是参与市场运行的主体之一，并和其他主体居于一种同等的地位，市场上经济利益关系呈多元化分布。因此，服务于各具体企业——主要是股份公司经营形式的——财务会计，也要满足这种多元化经济利益关系的要求。会计准则的施行，就是这种多元化利益关系的具体体现，如：允许企业根据各自情况的不同，选择适合的会计方法；财务报表是根据大多数人的共同需要确立的，旨在满足绝大部分信息使用者的共同需要；在规定具体的会计程序与方法时，尽可能保护企业的经济利益(谨慎原则是这一规定的具体化)，等等。

至于会计规范的具体结构，也视准则型抑或制度型而不同。实行以会计准则为核心的会计规范体系的国家，由于会计准则的要求不是具体、详细，应允许实际应用时，可以根据自身情况的不同，制定符合各具体企业的会计制度。这一规范体系的结构如图表 8—1 所示。

图表 8—1

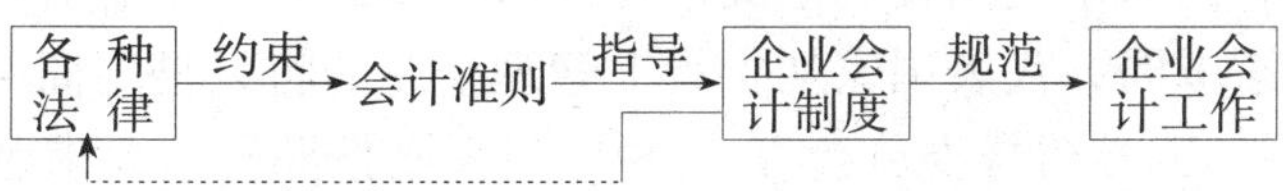

而对制度型的会计规范而言，因统一会计制度规定比较详细，并要求每一个企业必须要执行，所以，再具体制定企业的会计制度，并无必要。这样，会计规范的结构如图 8—2 所示。

图表 8—2

三、市场经济与我国会计规范体系的构建

(一)社会主义市场经济下的企业及其利益关系人

众所周知，我国的经济体制经历了从高度集中的计划经济向社会主义市场经济的转变，特别是20世纪80年代末、90年代初全面推行的股份制改造，促使我国经济体制由计划经济向市场经济跨越了一大步；原有存在于计划经济环境下的国家为唯一利益关系人的局面已经被彻底打破，新的、多元化的利益格局已经形成。在新的利益关系格局中，国家不再是企业经营活动的唯一利益关系人，与企业经营活动具有利益关系影响的还有其他利益主体。

(1)企业的所有者。当前我国以公有制为主体、多种经济成分并存的经济环境下，企业资本可能的所有者包括：作为国有财产代表的国家(即各级国有资产管理部门)；参与投资的各种法人；持有股票的社会公众，包括以各种形式投资的外商(含个人与法人)。其中，国有独资企业的所有者只是国家；国有控股上市公司的所有者不仅包括国家，还包括法人机构和个人。非国有控股的上市公司，其所有者主要是机构持股者(可称为法人投资者)和个人投资者。

(2)作为管理者的政府各级机构。企业的经营活动，必须要依存相应的经济环境，遵守基本的经济秩序，接受必要的监督。当前，我国经济生活中，很多政府机构都直接或间接地管理(协调)企业的运行，如企业的各级主管部门、政府计划部门、财政部门、工商部门等，上市公司还需要接受证券监督委员会的监管。从发展的眼光看，未来我国社会主义市场经济逐步完善，政府对企业的直接管理与监督程度逐渐减弱，代表国家从宏观上管理企业的将只是工商部门和其他一些专业管理机构(如证券监督委员会等)，税务机关则按照税法要求企业照章纳税。

(3)企业的债权人。当前，我国金融体制中，国有银行仍然是主体，因而企业的债权人主要是各类国有商业银行；各种类型的非银行金融机构和少量的社会公众(指部分持有企业债券的个人)也是企业的债权人；少量企业在资本市场上直接发行债券，那些持有企业债券的机构和个人，成为企业的债权人；此外，企业在日常经营活动过程中因购销往来等形成的欠款，使得企业之间相互成为债权人。未来随着我国金融体制改革的深化，特别是加入世界贸易组织后金融市场对外开放，外国商业银行和类似金融机构进入我国，外资银行和类似的金融机构也会成为企业的债权人；未来通过在资本市场上发行债券融资的企业，数量也将会不断增加，所有这些，都将使我国企业的债权人的成分更为复杂。

(4)企业的管理者。管理者与企业的利益关系体现在两个方面：首先，企业经营的好坏，直接体现了经营者的能力，也决定了经营者能否继续担任企业管理者的职位。在相对有效的经理人市场上，一个经营成功的管理者，其市场价值会随之上升；反之，一个经营失败的管理者，其市场价值也将大幅度下降。这样，企业的经营业绩与其管理者之间就存在着非常直接的关系。第二，如果企业董事会与管理者之间签订了激励方案(如超过一定的业绩，给予相应幅度的货币奖励或股票期权奖励)，则企业管理者的利益还与企业当期经营业绩之间存在直接的利益关系。

(5)企业的职工。企业经营的好坏对职工的影响体现在两个方面：一是直接发放给职工的报酬的高低是否合理。比如，美国篮球联赛(NBA)的球员曾通过罢赛方式抵制1998—1999赛季的联赛，理由就是球员报酬太低。二是企业未来发展是否稳定、有利，没有人愿意长期受雇于一个没有发展前途或即将倒闭的企业的。

上述这些利益关系主体与企业之间的利益关系，如图表8—3所示。

图表8—3

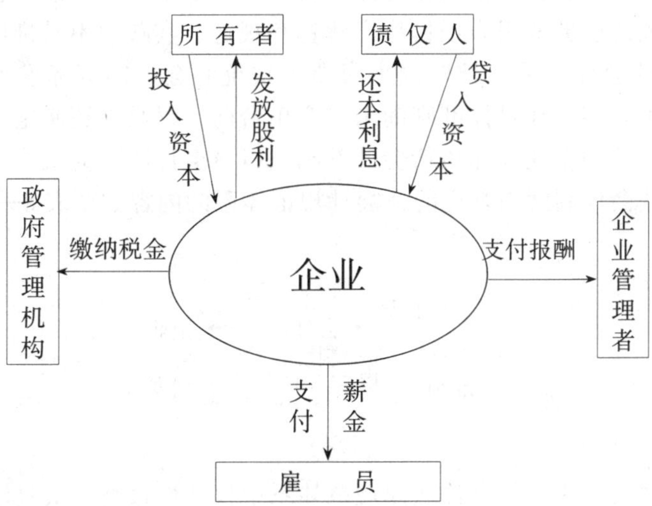

显然，在上述的以企业为中心的多元化利益关系格局下，相应的会计准则等规范体系也要作出调整。为此，我国从20世纪80年代末开始逐步建立新的以会

计准则为核心的会计规范体系。

（二）新会计规范体系及其基本结构

早在20世纪80年代初，由于经济体制改革，产生了一些传统会计制度所无法解释的经济现象，当时只是针对各具体问题作出具体的调整与处理，没有从根本上触动现存的会计规范。真正全面改革原有会计规范的工作，开始于20世纪80年代末期。

1988年10月，财政部成立了会计准则课题组，着手研究与制定会计准则。经过四年的反复论证与研究并广泛征求意见，于1992年11月正式颁布了《企业会计准则》。以此为标志，我国新的会计规范体系基本形成。

如上所述，统一会计制度服务于国家单一利益关系的需要，企业会计核算以国家为唯一目标，国家的宏观需要决定了报表的种类、结构和项目。会计准则将以企业外各利益集团为服务对象，要求能公平地兼顾到所有与企业有着利益关系的利益主体的利益。

在以会计准则为核心内容的会计规范体系中，国家对企业会计的管理，不再是按行业、部门所有制一统到底；代之的是不分行业、部门、所有制的差别，实行统一的会计准则。而且这套会计准则对企业会计行为的约束与规范，是指导型的，即：国家只是从一些主要方面对企业的会计行为作出规定，对于具体问题的处理，则由企业根据各自的情况相应作出处理。由于基本会计准则较为概略，没有针对具体的经济业务或报表项目作出解释和规定，实践中不易推广、执行，特别是我国广大的会计人员，长期以来习惯于按统一会计制度标准来进行会计处理。考虑到这个现实，在具体准则尚未完全出台前，财政部还制定了若干行业示范会计制度，以帮助企业具体执行会计准则。以《会计法》为根本，以会计准则为核心，以企业会计制度为补充的新会计规范体系的内容如图表8—4所示。

图表8—4

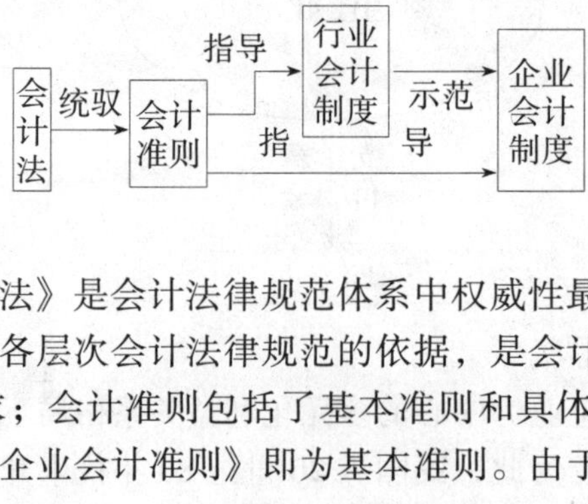

上图中，《会计法》是会计法律规范体系中权威性最高、最具法律效力的法律规范，是制定其他各层次会计法律规范的依据，是会计工作的基本法，也是对会计工作的一般要求；会计准则包括了基本准则和具体准则两部分。1993年7月1日开始实施的《企业会计准则》即为基本准则。由于基本准则尚不具备可操作性，所以还需要制定大量的具体准则。自 1993 年以来，财政部一直致力于具体准则的研究和制定。从 1997 年 5 月到 2001 年 11 月，已陆续发布了《企业会计准则——关联方关系及其交易的披露》等 16 项具体会计准则；行业示范会计制度是统一会计制度向会计准则转换过程中的一种过渡手段，其目的是为了减少会计工作混乱，促进会计实务的转换，待到广大会计工作者基本熟悉在会计准则的指导下直接进行本单位的会计工作后，行业会计制度就失去其存在的必要；企业会计制度是各企业以《会计法》和国家统一的会计制度(其中主要是会计准则)为依据，根据每个企业各自情况的不同，分别制定的，它是会计准则在会计实务中的具体体现，是对会计准则的必要补充和配合。当时，由于应用性会计准则尚未全部出台，企业制定各自的会计制度时，可以参照行业会计制度进行。

而 2006 年 2 月，《企业会计准则——基本准则》等 39 项会计准则的出台，则标志着适应我国市场经济发展要求，与国际财务报告准则趋同的新会计准则体系得到正式确立。我国上述会计准则和会计制度并存局面将为此得到改变，会计准则作用和地位全面加强，有关会计制度将逐步弱化，乃至最终取消。

四、会计准则的结构与内容

不同国家的会计准则，无论在内容上还是在同一问题的处理规定上，必然会存在差别，就是在结构层次上，各种表述也相差甚远。例如，有的将会计准则限定为具体业务(如合并、折旧、研究和开发费用等)的准则；有的把准则区分为会计报告准则和具体处理准则两部分；也有的将准则理解为各具体会计要素的确认与计量准则。但是，从对会计实务的指导作用来看，会计准则可分为基本准则和具体准则两部分。基本准则解决的是会计核算工作中所必须遵循的基本要求以及会计工作中所涉及和运用的基本概念，诸如记账方法、记账主体、资产和负债等要素的内容、财务报表的内容等，它一般不直接指导实务；具体准则则不同，它都是关于具体经济业务如何处理——即有关确认、计量、记录和报告的原则性规定，如关于存货、合并报表、收入、投资、汇兑损失等等如何计算与处理。通过这些具体准则，会计实务就可具体地据以进行操作。因此，具体准则对实务的影响较为直接。我国所制定的会计准则，也是按这一分类方式进行的。1992 年底颁布的《企业会计准则》和 2006 年 2 月颁布的《企业会计准则—基本准则》就是一项基本准则，规定的都是会计工作所必需遵守的一些原则性规定。2006 年 2 月颁布的《企业会计准则—基本准则》是纲，主要规范会计目标、会计假设 、会计信息质量特征、会计要素确认、计量和报告原则等，其作用是指导具体会计准则的制定和为尚无具体准则规范的会计实务问题提供处理原则。2006 年 2 月颁布的《企业会计准则第 1 号——存货》等 38 项具体会计准则是目，主要规范企业发生的具体交易或事项的会计处理，为企业处理会计实务问题提供具体而统一的标准。而 2006 年 10 月发布的《企业会计准则——应用指南》是补充，除对 32 项具体准则中的重点、难点和关键点作出解释性规定外，还根据具体准则中涉及确认和计量要求规定 156 个会计科目及其账务处理，基本涵盖所有企业的各类交易或事项。至此，我国的会计准则已形成一个相对完整的、与国际财务报告准则趋同的架构体系。即我国的会计准则体系由基本准则、具体准则和应用指南三部分构成，具体如图表 8—5 所示。

图表 8—5

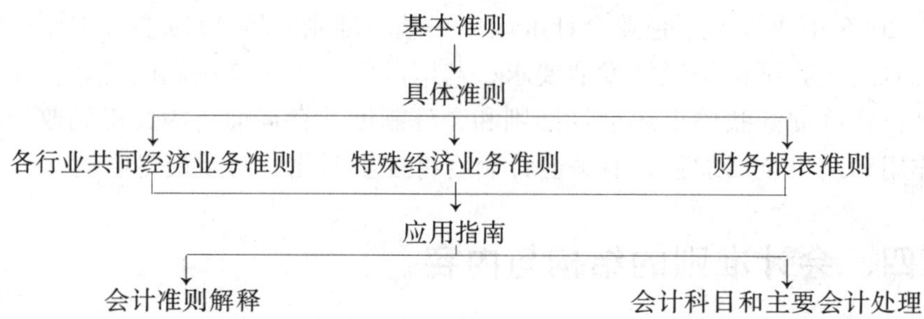

由于具体准则的介绍涉及具体的确认、计量、记录和报告的方法，而这些方法的大部分要等到以后的《中级财务会计》和《高级财务会计》等课程中才学习，因此，下面对准则的介绍，将以基本准则为主，并简单地说明具体准则包括的内容。

(一)基本准则

基本准则究竟应该涵盖什么内容?各国都有不同的处理。一般而言，其最主要的部分有会计的基本假设、会计信息的质量特征和基本的会计原则等。

1. 会计基本假设

财务会计系统在运行过程中，会涉及多方面的问题，其中之一就是外部经济环境的规定性，即会计基本假设问题。

会计作为一个以提供财务信息为主的经济信息系统，密切依存于其所赖以存在的外部经济环境——市场经济。市场经济环境具有的一些内在特性，必然会对财务会计系统提出某些要求和规定性，这些要求和规定性，构成了财务会计系统运行的前提条件。会计上，我们将那些来自特定的市场经济环境(也包括政治、社会等因素)、对财务会计系统的运行和发展具有制约和约束作用的基本前提，称为会计基本假设。

实践表明：这些基本假设对会计系统的运行，不可或缺。如果违反这些基本前提的规定，会计就不能作为科学的信息系统为人们提供服务。但是，就目前对实践认识的水平来看，人们又无法或不能证明它，因此，将其界定为“假设”。事实上，科学的发展，本身就无法排除假设的存在。恩格斯曾说，“只要自然科学在思维着，它的发展形式就是假说”。假设所代表的前提和制约条件具有客观性质，但是人们认识这些前提和条件，在一定程度上又取决于判断。因此，也不能排除基本假设中的主观和相对成分。反映在会计学界，虽然人们承认会计基本假设的存在，而就目前对实践认识的水平来看，人们又无法或不能证明它，因此，将其界定为“假设”。当前，人们对会计基本假设所包括的内容，看法之所以不一致，道理就在这里。

也有人将假设比作几何学上的“公理”。在平面几何学中，存在公理和定理等一组规则。其中，公理为人们所普遍接受，但目前无法证明或在一定条件下才成立的命题。比如，“两点成一条直线”、“两条平行直线永远不相交”等；而定理则是借助公理和其他已证明的定理所推导出的命题，如“三角形内角之和等于180°”等等。虽然公理是人们所无法证明的，但它的命题为真”，是显而易见的；或者，在一定范围内为“真”，是人们所可能接受的。超出一定的范围或度，它就可能会变成“伪”(比如，两点成一条直线，在无限大的空间里，将不再成立)。进而言之，这些公理是几何学所赖以建立的前提，没有这些公理或假定这些公理的命题不成立，几何学也就无法建立，甚至要被彻底推翻。

作为外部经济环境对会计信息系统提出的客观规定性，会计基本假设就相当于几何学中的“公理”，目前人们尚无法证明它，但这些“命题”为“真”的确定性，很容易为人所理解；并且，依据这些假设，可以推导出相当于“定理”的会计基本原则的正确性。如果没有这些假设，或这些假设所规定的内容是不成立的，那么，现代财务会计的一系列原则、方法，都必须要重新构建。

会计基本假设的内容取决于会计所处的客观经济环境。根据我国社会主义市场经济的基本特征，并考虑国际上对这一问题的通行观点，可以确定以下会计主体、继续经营、会计分期、货币计价等基本假设。

（1）会计主体假设

会计信息系统所处理的数据、所提供的信息，不是漫无边际的，而是要严格限定在每一个经营上或经济上具有独立性或相对独立地位的单位或主体之内。或者说，要以这些单位为空间界限，会计信息系统所接受、处理的数据、所输出的信息，都不应该超出这些单位的界限。这每一个具有独立性的单位，就是“会计主体”。会计信息系统在设计、运行时，要以每一个主体为空间界限，则是“会计主体假设”。

会计主体假设所规定的会计活动的空间范围，从根本上确立了会计这一信息系统立足于微观经济主体，主要为微观服务的属性。它要求：会计所提供的信息，只能反映会计信息系统所依存的特定会计主体的财务状况、经营成果及其他相关信息，它既不应该与别的主体相混淆，也必须同主体所有者自己的资产、负债和经营活动相区分。

会计主体假设在具体应用时，有三层含义：一是决定了什么样的数据可以输入会计信息系统，即：凡是与本主体经济利益有关或最终影响了本主体经济利益的交易和事项，都是应该要输入会计信息系统并予以反映。主体假设的这一层面的含义，决定了财务会计是服务于具体微观企业的；二是决定了会计信息系统在具体进行信息的加工、处理时，应站在什么立场上。前面在介绍经济业务的处理时，出现了收入、费用、资产、负债，这些都潜含了明确的利益立场。比如，一笔赊购材料的业务，对购买方而言，是负债；对销货方来说，则是资产。主体假设就是要求在具体的账务处理时，应该有明确的利益立场，即：要代表某一具体的利益主体来进行信息的处理和加工，一切经济业务，要以对这个主体的利益的影响为出发点来进行处理；三是要求严格区分不同主体之间、主体和主体的所有者之间的利益界限。这都是主体假设最初形成时的要求，因为早期的企业形式，大多数是独资经营，业主和业主所经营的企业之间，界限不是很明确。为了准确地核算企业的经营成果，不划分主体的财产和主体所有者的财产、不区分主体的活动和主体所有者的活动，是无法做到的。因此，这一层面的含义要求，严格区分不同主体的活动以及主体的所有者和主体之间的利益界限，也正是为了准确地核算各主体的经营活动。

需要注意的是，会计主体与法律主体之间，不完全一致。一般而言，任何一个具有独立经济意义的法律主体(即：所有注册登记的企业)，都应该是会计主体。但是，那些规模小、不需要记账的经济主体，就不成为会计主体了。反过来，大部分会计主体，应当是法律主体，但有两种例外：一是大企业内部的独立核算部门，可以成为会计主体，但不一定是法律主体；二是因控股等行为而编制的企业合并报表，其合并会计主体，显然也不是独立的法律主体。

我国目前正在进行社会主义市场经济体制和现代企业制度的建设，对会计主体假设也有着相应的影响。按照主体假设，会计信息系统所依存的经济单位，应当具有独立的经济利益关系，这也与现代企业制度的基本思想是相一致的。

按照会计主体假设，企业的盈利只能来自不同主体之间的交易行为，同一个主体内部各部门之间的交易，不产生利润。这样，在编制合并报表时，就需要对原有各成员企业财务报表所报告的利润进行分解，将其中来自各成员企业间的利润予以剔除。会计主体假设的进一步运用还要求：会计上所报告的利润，必须要来自不同主体间的、可确指的交易，即：主体内部的任何活动，本身不产生利润；同时，企业所报告的利润，必须要有相应的主体间交易与之对应。这导致现有会计系统无法确认自创商誉。因为，自创商誉主要来自企业长期卓有成效的经营和管理，它主要产生于内部的管理活动，且不与某一项交易活动相关。只有当企业进行兼并、改组等行为时，商誉才能加以确认。

（2）持续经营假设

持续经营假设，又称连续性、继续经营、非清算性等，其含义是：除非存在明显的“反证”，否则，都将假设一个主体的经营活动是连续下去的。而所谓的“反证”，就是那些表明企业经营活动将会中止的证据，如合同规定的经营期限即将到期、企业资不抵债已被宣告破产、国家法律明文规定要求停业清算等。这一假设可以有两层理解：一是各主体在可能预见的未来不是期望清理或清算的；二是假定各主体能执行现有的经营活动，包括各项合同、各种既定的经济活动等，并无法确定其结束时间。

持续经营假设，是基于在市场经济条件下，作为会计主体的企业存在着竞争，其经营的持续期间带有不确定性而提出的。会计主体假设为会计的活动规定了空间范围，而持续经营假设则为会计的正常活动作出时间的规定。从具体市场经济环境来看，由于竞争风险和不确定性的存在，确实没有一个企业能够无限期地存在下去。然而，企业在何时将关、停、并、转，又难以预料。在这种情况下，企业应如何提供信息?提供什么样的信息?或者说，是基于会计主体随时可能会关、停、并、转的考虑加工、处理信息，还是基于企业会长期经营下去的考虑来生成信息?从企业的主观愿望看，除少数企业在完成了预定的经营目标或经营期限后清算外，绝大部分企业都争取实现长期、连续经营，不断发展、壮大。尤其是现代社会，一方面，现代化的生产和经营，要求企业一次性投入数额较大的资本，如果短期内中止经营，将难以收回相应的投资；另一方面，股份公司的股权比较分散，特别是上市公司，一旦股票公开发行以后，股票与企业事实上是相互分离的，股票之间的交换、转让，也是独立于企业之外的。所有这些，都要求现代企业、特别是股份公司，能长期存在下去。可以说，持续经营假设的依据和基础，也就在于此。

尽管现实经济环境中，企业的经营活动存在着不确定性，但会计信息系统加工、处理、提供会计信息，应当立足于企业将持续进行经营的基础上。否则，一些最基本的会计信息的加工、处理方法，都无法确立。如企业在取得一项固定资产后，一般按照其预计可使用年限进行折旧。可以想象，对一个处于破产或清算状态的企业来说，要求其在未来若干年计提固定资产折旧，是不可能的。类似的方法很多，包括权责发生制、收入实现、费用配比、历史成本等原则在内的会计方法，都是以持续经营假设为前提的。

对于持续经营假设，还应当注意两个特点：

第一，持续经营假设的提出，为会计在每个主体中的正常活动提供前提，它要求作为人造系统的会计信息系统，在立足于会计主体无限期经营的前提下，提供有助于信息使用者作出经营和理财等各种决策的信息。这种前提一经确定，会计信息系统中各个要素的相互依存和相互作用，信息的加工、交换、传输和利用，都服从于持续经营所追求的目标，即：企业价值或股东价值最大化。但是，有持续经营，就一定有停业清理甚至破产清算，虽然后者的概率较小，却不能不予考虑。在这种特殊情况下，会计就要以法律(如破产法)、法令为依据，按照清算的要求，如实反映企业清算时的财务状况和财产关系，提供有关企业清算能力和清偿义务的信息，有助于企业的各利益关系方作出恰当的决策。所以，当会计主体需要停业清理或破产清算时，会计信息系统就要相应地进行立足点的转变——从立足于持续经营向停业、清算(破产)转变。当然，前提的变化必然导致相应的会计原则和方法的改变，权责发生制、收入实现、费用配比等原则，应让位于收付实现制、可变现净值等原则。

第二，持续经营假设的提出，是由于商品经济或市场经济中普遍存在着风险和不确定性，只要企业是在市场经济条件下进行经营，外部环境中的不确定性或无组织(无序)状态，通过企业的经营活动反映到企业会计信息系统，就不可避免。持续经营假设只是试图使处于不确定性的环境中的会计信息系统的运行方向，保持人为(设定)的稳定状态。但是，客观存在于市场经济环境和会计主体经营过程中的不确定性，不会由于提出了这一假设而减少。要减少以致消除经营活动过程中的不确定性，恰恰需要会计信息系统提供有效的信息。因此，在我国，把会计作为一个经济信息系统的作用，集中到一点，就是：在会计主体中，以持续经营假设为前提，帮助企业和其他与企业有利害关系的单位、部门与个人，减少经营和理财活动中的不确定性，增加差别性，提高决策水平。

(3) 会计分期假设

按照持续经营假设，一个主体的经营活动应当是无限期的，这又为会计核算带来难题：什么时候进行会计核算?显然，不可能等到企业最终解散或清算时才来核算，才提供会计信息，这在逻辑上要求为会计信息的提供规定期限。会计分期假设因此而产生了。持续经营假设和会计分期假设是两条相辅相成、互为补充的假设，它们共同限定了财务会计系统运行的时间条件。

所谓会计分期，就是对主体持续不断的经营活动，人为地分割成一个个等距离的时间“间隔”，以便于核算和报告主体的财务状况和经营成果。会计分期作为一项假设，它实际上是持续经营假设的补充。持续经营把主体的经营活动看成是延续不断的“长河”，会计分期则把这连续的“长河”，人为地“隔断”以测定其流量。持续经营假设和会计分期假设相配合，产生了一系列的会计基本原则，如收入实现、费用配比等。上面所说的固定资产的支出，按照持续经营假设，可以将支出递延到以后期间，会计分期假设则具体规定了应在什么期间收回。没有这两条假设，会计上的递延、应计、预提、摊配等方法都失去其存在的基础。如果没有会计分期假设，划分“资本性支出”和“收益性支出”，也就失去其相应的前提。

历史地看，持续经营假设和会计分期都是在一定历史阶段才形成的。中世纪的意大利，当时的经济活动规模小，主要以家族式为主，这在客观上并不需要严格的会计分期。当时有些家族式企业一次结账时间长达十数年；有些企业在遇到特殊事情如账簿记完或家族发生重大事情才结账。这一时期，海外冒险活动较为盛行。每次冒险，都是一次独立的活动。东印度公司1600—1617年间，主办了117次航海贸易活动，每次航行都作为一次独立的冒险活动，结束后进行清算。直到英国的工业革命，导致股份公司形式的出现，使得持续经营成为一种客观上的必要，同时，定期地报告股份公司的经营情况，以方便股东及时了解情况，这样，会计分期也才成为必然。

理论地看，最理想的报告期间的长度，应该与企业经营活动的周期相一致，这样，所报告的收益与成本最为准确。但是，随着现代化大生产的日益普及，产品生产的周期越来越短，这样，大部分企业采用日历年度作为报告期间。也有的企业以年度作为基本的会计期间，但会计年度的开始与结束，并不完全与日历年度一致，而是考虑其自身的经营特点而定。因此，在国际惯例中，会计年度可以采用公历制(每年的1月1日至12月31日)，也可以采用7月制(每年的7月1日至次年的6月30日)。我国的《企业会计准则——基本准则》规定，我国的企业会计分期只能采用公历制，并将我国的会计期间划分为年度、半年度、季度和月份。每年1月1日至12月31日为一个会计年度，每季度的第一月的第一天至该季度的最后一天为一个会计季度，每月的第一天至最后一天为一个会计月份。

当然，在商品经济环境下，由于风险和不确定性的存在，企业破产或清算时有发生。只要存在足够的“反证”，就应该放弃持续经营假设，而改用其他的核算基础。这时，分期也将是不必要的了。在这种特定的情况下，假设就成为“伪”命题了。

(4) 货币量度单位假设

这一假设规定了会计信息系统主要提供的是可以用货币计量的信息，也就是第一章所说的“以财务信息为主的经济信息”。以货币作为计量单位，与其说是一种假设，倒不如说是复式簿记经过长期发展所形成的一种规定。因为，会计信息系统在反映某一主体的经营活动时，涉及影响主体的一切经济业务，只有运用货币量度单位，才能将各种不同的经济活动综合地反映、再现出来。

按照货币量度单位假设，会计核算所采用的是名义货币单位。我国的名义货币单位是“元”，因此，我国的会计核算就是以“元”作为基本量度单位。量度单位假设还有第二层含义，就是假定币值稳定不变，或少量上下波动，但可相互抵消，忽略不计。正是有了这一层面的含义，历史成本计量才能付诸应用，会计的各种跨期处理的方法才可有效地施行。否则，不同期间的币值不一致，跨期处理就是不恰当的了。

由于物价变动的存在，币值不变假设已失去其前提。因此，研究物价变动条件下会计计量问题，成为当代财务会计的一个重要课题。这在我国财务会计中也有着极为重要的现实意义。

货币量度单位假设，使得财务会计系统只能反映可以用货币计量的经济活动，这导致财务报表信息存在严重不足。因为市场竞争激烈的加剧、企业经营活动日益复杂，大量非财务信息，对信息使用者具有越来越重要的意义。因此，如何突破货币计价的限制，使得财务会计系统能提供更多、更有用的信息，成为未来会计研究的一个重要课题。

以上四条基本假设，主要是在 20 世纪 50 年代前后形成的。随着冷战的结束，世界经济进入了新的发展时期。特别是 20 世纪 80 年代起，由于电子通讯设备等的日益进步，国际经济一体化的进程加快，出现了众多原有经济环境所难以想象的经济活动，如并购热潮、衍生金融工具的不断创新和广泛使用，这使得立足于传统商品经济环境的会计基本假设，在一定程度上，不能有效地适应现代市场经济的需要。比如，受会计主体等假设的约束，企业不能确认自创商誉。但 20 世纪 80 年代开始的并购热潮中，有些企业的账面有形资产仅占其合并交易价格的 10% 左右。如此巨额的合并商誉，平时的会计信息中得不到任何反映，显然是不合理的；同样，金融工具、特别是衍生金融工具的大量应用，已突破了原有对交易或经济业务的界定，很多衍生工具在履行最后的“交易”之前，其风险或收益的转移已经完成，如不进入会计系统予以反映，这样的信息，显然不能完整地反映企业的经济实质(substance)，对使用者的有用性，也将大打折扣。如进入会计系统进行反映，传统的会计基本假设和相应的会计原则又将受到挑战和冲击；又如，20 世纪 90 年代日渐普及的网络技术，大大缩短了信息传输的时间与空间限制，为财务报表的实时报送提供了技术保障，这对会计分期假设提出新的挑战。因此，认真研究、总结当前市场经济的基本特征，分析其对会计信息系统的总体要求和规定性，重新检讨传统会计基本假设的内容，对于我们更好地研究财务会计的基本问题，有着极为重要的理论意义。

2. 会计信息的质量特征

在明确了会计系统运行的前提——会计基本假设和运行方向——会计目标之后，下面，我们就可以具体讨论会计信息的质量特征。

任何一种商品如果要对其拥有者有用，就必须要符合一定的质量标准。比如，一支钢笔，要能用于流利地书写，并要有好的外观，且能方便、舒适地握持。这里已涉及三项质量标准。如果将会计信息视为一种特殊形式的“商品”，它也应该要符合一定的质量要求，否则，它对其使用者将没有什么用处，亦即会计信息使用者将无法据此信息作出准确合理的决策。这种使会计信息有用的最基本的质量要求，也就是对财务报表及其信息披露的基本规定，就是会计信息质量特征。

任何商品的质量标准，都不是固定的，其最高要求可以无限穷尽，不同的人，可以有不同的要求。因此，通常所说的商品质量应该有最基本的标准。只要满足了这些标准，它对大部分人都会有用。同样，会计信息质量标准的确定，也是遵循了这一思想，即：以对大部分使用者有用为主。依此所确定的标准，称为会计信息质量的基本特征。

由于会计信息主要是通过财务报表形式公布的，因而，这里所说的会计信息质量标准主要就是针对企业财务报表设计的。它又可进一步分为报表内容标准和报表形式标准。报表内容标准，是指那些用于界定财务报表信息内容的质量要求，它由可靠性和相关性组成；报表形式标准，指的是财务报表信息提供过程中，其外在表现形式所应该满足的标准，它一般包括可比性、可理解性和充分披露等。

（1）报表内容标准

①可靠性。按字面理解，可靠就是可以依靠、可以信赖。具体地说，是指财务报表信息能准确、合理地反映报告主体的财务状况和经营成果，信息使用者在依据这些信息作出决策时，不会产生重大错误。而要达到这一要求，财务报表信息必须要符合下面三个条件：

第一，如实反映。财务报表信息反映了它所希望要表述的内容。具体到会计系统中，要求财务报表信息能如实地反映企业的财务状况、经营成果和现金流量的变动。亦即：如实、合理地报告企业的资产的价值及构成、负债规模与到期时间、当期的盈利情况、企业现金流量的变动等。如实表述，要求所提供的信息准确、合理，不高估，也不低估，且与真实的经济现实基本相符。比如，对资产的高估、低估、分类不当等，就不是如实表述。新修订的《会计法》第一条要求会计资料做到真实，就是如实反映的浓缩表现。

第二，可验证性。指所有会计程序的选择、会计数据的获取、会计信息的加工(即具体的确认、计量、记录和报告的过程)，都应该是可以验证的。换言之，由不同的人来操作，应该能得出相同或相似的结果。具体地说，它又分为直接验证和过程验证。其中，直接验证是指某项数据是否具有客观证据可以证实；过程验证则是指证明按规定的计量标准和方法，其计量过程是否正确、合理。比如，企业购入某项设备，其入账成本一般包括买价、运杂费、保险费、安装调试费等，这些费用发生的原始单据如果保存完好，则入账成本的数据本身是可以验证、确认的，这就是直接验证；而随后对逐年计提折旧费用的验证，就属于间接验证，它涉及折旧方法本身是否正确、年限和残值的估计是否合理、各年间运用是否一致等。从会计计量角度来看，经济业务发生时的实际成本的信息，因为有客观、独立的凭证可以检查，因而其可验证性最强。可验证性是对真实性(如实表述)的有效保障。

第三，中立性。也被称为"不偏不倚"。它要求会计人员在进行会计方法的选择，会计信息的加工与生成，以致最终会计信息的披露等过程中，主要应考虑会计信息是否可靠、合理、相关，而不应考虑选择这种或那种方法对特定利益集团的影响。

由于会计信息具有协调各利益主体利益分配的功能，而只有符合可靠性要求的信息，才能做到公平地协调各方的利益关系。因而，可靠性成为第一位的信息质量要求。

②相关性。会计信息的相关性，是指财务报表信息与使用者将要作出的决策相关联，能改进使用者所要作出决策的质量。对使用者来说，他们在决策时，需要在两种以上的备选方案中，寻找较佳方案，并作出判断与决定。只要存在可供选择的不同方案，就表明决策中存在着"差异"或"差别"。会计信息的相关性，就是指帮助信息使用者发现"差别"，从而更有效地作出决策的能力。

如果进一步加以分解，相关性包括了预测价值、反馈价值和及时性。其中，预测价值是指会计信息能帮助使用者提高其预测未来某事件的能力；而反馈价值则是能帮助信息使用者证实过去的某项预测或对现有的预测进行更新。在现实经济生活中，这两者有时很难加以准确的区分。而及时性要求，财务报表信息能及时地传递出去，以便于使用者能充分利用其价值。比如，新闻的价值在于及时，10年前的财务报表对使用者当前的投资决策，价值极低。虽然，及时性本身不会增加相关性，但是不及时的信息，将会使会计信息原来所具有的相关性完全消失。

由于可靠性要求会计信息尽量基于已发生的经济业务，但是，完全建立在历史事件基础上的信息，其相关性程度比较低。这就形成可靠性与相关性二者不能兼得的矛盾。比如，企业账面上的应收账款，只有等到最终真正收回了，再予以报告，其可靠性程度最强，但相关性将大受损失。因此，实际工作中，需要会计人员履行必要的职业判断，在相关性和可靠性之间进行权衡。比如，对上市公司而言，其会计信息要同时能满足现有股东评价企业管理当局经营业绩和潜在股东作出购买股票的投资等不同种类的决策，因此，可靠性和相关性应受到同等程度的重视。而对国有企业，其财务报表信息主要应满足所有者评价管理当局对国有资产的保管、经营是否有效，在这种情况下，可靠性应得到更高程度的重视。

（2）形式质量标准

①可比性。它指的是同一时期不同企业所提供的信息应该能够相互比较。这要求企业能采用基本相同的财务报表形式和结构，以及相同或相近的确认、计量的方法等。当然，可比性要求是有范围限定的，即：应用于那些处于同一行业或生产特性相近的企业。如果两个行业特性完全不同的企业，就难以做到信息可比。与可比性相近又略有区别的是一致性，后者针对同一企业前后不同期间的财务报表，要求选用相同的会计方法或会计政策，便于对前后不同会计期间的财务报表进行对比。

②可理解性。相对而言，较为抽象。它要求财务报表信息对使用者来说，是可以理解的。但是，会计信息的提供毕竟有其专业术语和框架，因此，可理解性也要求，会计信息使用者必须具备一定的会计知识且愿意付出努力去研究这些信息。如果使用者连基本的会计恒等式都不了解，那么，会计信息即便再通俗易懂，也是“对牛弹琴”。

③充分披露。也可理解为完整性。即要求财务报表所提供的信息，应充分地反映与报告主体财务状况和经营成果等有关的所有重要方面。如果某项信息的遗漏会导致信息使用者的误解，那么，对这项信息的披露就是必需的。根据这一要求，企业往往在财务报表之外，补充披露一些重要的事项，如会计政策及变更、一些重要或特别事项等。

可见，除了可靠性和相关性外，会计信息还应能符合其他一些质量要求。

3. 会计原则

会计原则是一个口径宽、争议较大的概念，它既可以广义化到包含一切会计的基本原则或准则，如上面所介绍的会计基本假设、会计信息质量等以及具体的会计原则；也可以狭义地仅指会计确认、计量过程中所运用的原则。这里取其狭义解释。

实践中所应用的会计原则较多，穷尽介绍，篇幅不允许，也不必要。下面，将选取其中应用较普遍的一些原则，略作介绍。

（1）一致性原则。是针对因同一会计问题存在多种会计处理方法而设立的，它要求企业会计处理的方法在前后期之间应当一致，不能随意变更。如，准则允许的固定资产折旧方法有平均年限法、年数总和法和余额递减法等，如果企业采用了平均年限法，那么，在没有什么重大问题发生或环境的重大改变的前提下，就应该一直采用这种方法；而不能本年度采用的是平均年限法，下一年度却采用年数总和法或余额递减法。同样，对存货发出的计价也是如此，一旦选用了先进先出法，在嗣后的会计期间里，就要延续使用下去，中途一般不得随意变更。如果确有必要变更，则应将变更的情况、变更的原因及对企业财务状况和经营成果的影响在财务报告中予以说明。

(2)权责发生制原则。这是会计中应用最为广泛的确认、计量和报告基础之一。前面各章对此已进行多次讨论与介绍，这里不再重复。

(3)收入实现原则。这条原则实际上是建立在权责发生制之上的。它要求：企业收入确认必须要符合两项基本条件：第一，收入的赚取过程已经完成；第二，已经取得货款或具备收取货款的权利。收入的赚取过程已经完成，具体是指：对以产品销售为主的主体来说，商品已经交付；对那些服务性的主体而言，则是劳务已经提供。在现实的商品经济环境中，企业在交付了商品或提供了劳务之后，通常会立即取得货款；如果存在商业信用，企业收取货款的权利，也应该有可靠的保证，即：企业应当具备收取货款的法定权利。这通常要求交易双方之间订有合同。

在实际应用时，收入实现原则一般要求在交付货物或提供劳务时确认收入。但市场经济是一个动态、发展的经济，新的交易方式不断被创新，因此，究竟何时确认收入，也应考虑具体的情况而定。一般而言，只有当销售方的风险已基本转移到购买方时，或者，销售方不存在收取货款的风险时，就可以确认收入。具体地说，对分期付款销售，特别是付款期限比较长的情况下，销售方就可以考虑在货款收到时，才确认收入；但在长期建筑合同项目下，如果建筑周期长于一年，甚至更长时，尽管最终交易的完成是在项目完工之后，只要建筑方收取货款不存在重大风险，且工程成本、收入等可以合理、准确地预计，就可以按照工程完工进度，提前确认收入。

(4)费用配比原则。它同样是建立在权责发生制基础之上的，用于确定何时确认费用。通常，费用的发生，是为了取得收入，因此，费用配比要求采用受益原则，所有费用应当与收入联系起来确认。即：费用应该于它所直接和间接产生的收入被确认的期间内确认。如果收入推迟确认，其费用也应推迟确认。比如，企业本期确认了某项销货收入，就应该要将为取得该项收入有关的所有支出，确认为本期费用；但如企业将某项收入递延到下期确认，它也应该将相关的支出同时递延。

(5)实际成本原则。它有两层含义，一是指对财产物资、债权债务的计价，以各该项目取得或交易发生时的实际交易价格为依据。这里所说的交易，应当是公平交易，即发生在两个相互独立交易方之间的自愿交换行为。第二层含义则是指在各项目按实际成本入账后，除非该项目被结转或冲销，否则，不得调整其账面价值。也就是说，各项目的实际成本一经入账，再也不发生变动。因此，它也被称为历史成本。

企业采用实际成本作为计量属性具有很多优点。首先，实际成本是买卖双方在市场上通过交易客观地确定下来的，或者是企业的财产物资在购建过程中实际支付的金额，比较客观。其次，实际成本有原始凭证作为依据，因而可以随时进行验证，既获取方便又真实可靠。第三，与其他计量属性相比，采用实际成本计量(计价)不会因物价变动而频繁地调整账面记录，这不仅可以大大简化会计核算手续，还能够在一定程度上防止企业随意改动账面记录，造成财务状况和经营成果失实。最后，采用实际成本计量的费用是经营过程中实际耗费的资源，收入是企业商品销售实际成交的价格，收入与费用配比和收益确定都是建立在实际交易的基础上，它能够真实反映企业会计期间的盈亏情况，从而避免了受管理当局的操纵。由于实际成本具有上述优点，所以，各国企业会计均选择它作为主要的计量属性。

实际成本原则的有效应用，是建立在持续经营和货币量度单位等假设之上的。对一个无法持续经营的企业来说，它要考虑资产的变现能力，采用历史成本原则就是不恰当的；同样，如果物价发生较大幅度的变动，比如在物价持续上涨的情况下，历史成本原则将会导致资产严重补偿不足。严格地说，考虑到通过公平交易，交易价格可以在不同时点上发生，实际成本原则应由过去的交换价格、现在的交换价格和未来的交换价格加以取代，更符合市场经济特点的计量属性应是广义的交换价格原则。正因为如此，企业会计准则—基本准则在计量属性的选择上指出，计量属性除历史成本外，还包括重置成本、可变现净值、现值和公允价值等。即便如此，历史成本计量仍然具有一般指导性的意义。因为根据企业会计准则—基本准则，企业一般应当采用历史成本计量，采用重置成本、可变现净值、现值和公允价值计量的，应当保证所确定的会计要素金额能够取得并可靠计量。

(6)谨慎原则。亦称稳健性原则。市场经济与风险、不确定性总是相伴而生的。由于风险的存在，增强企业的实力、提高企业抵御风险的能力，显得十分必要。一般认为，当面临风险和不确定性时，推迟确认企业的收益和资产，对信息使用者更有利，实践中因此而逐步形成了体现谨慎思想的会计方法。谨慎性原则的总体要求是：如果存在两种以上的备选会计方法时，应该要选择能推迟确认资产和收益、提前确认负债和损失的方法。会计中较为常见的体现谨慎性原则的方法有：物价上涨情况下，存货发出采用后进先出法计价；对应收账款计提坏账准备；采用加速折旧法计提固定资产折旧等等。

需要注意的是，谨慎性原则的应用，必须要在合理的范围内进行，它本身不会影响会计信息可靠、相关的质量要求。任何有意多计损失、少计收入的方法，则不属于谨慎性原则。

实践中，也有人将谨慎原则称为一种惯例，即：实践中得到普遍遵守的一种习惯做法。

（二）具体准则

具体准则是根据基本准则的要求，就会计核算业务作出的具体规定。按照具体准则所包含的内容，它又可分为三个方面：(1)具有共性的经济业务处理准则，如资产、负债等各要素的具体内容及确认、计量与报告，财务报表的编制等，这些是所有企业的会计核算都要遵守的。目前，已发布的这类会计准则有存货、固定资产、收入等。(2)特殊问题的会计准则，如企业破产清算、汇兑损益、融资租赁、企业合并与报表合并等的处理规定，这些问题只是部分企业会涉及，但在具体处理时却颇为复杂。目前，已发布的各项准则中，涉及这一部分的较多，如关联方关系及其交易的披露、建造合同、资产负债表日后事项、非货币性交易、债务重组、或有事项、会计政策、会计估计变更和会计差错更正等。(3)特殊行业的会计准则，如石油和天然气行业、影像业、保险业等。目前，已发布的这类会计准则有石油天然气开采、原保险合同、再保险合同等。由于行业特点的不同，它们在具体的会计处理上存在着特殊之处。

第二节　会计机构与会计人员

会计准则只是会计工作的技术规范，会计准则的准确、有效运用，离不开会计人员。科学地设置会计机构，合理配备会计人员，是充分发挥会计作用的前提条件。因为会计机构和会计人员是会计工作的主要承担者。《会计法》第三十六条明确规定："各单位应当根据会计业务的需要，设置会计机构，或者在有关机构中设置会计人员并指定会计主管人员；不具备条件设置的，应当委托经批准设立从事会计代理记账业务的中介机构代理记账。"

一、会计机构的设置

所谓会计机构，指的是"单位内部所设置的、专门办理会计事项的机构"。在实际工作中，会计机构通常又被称为会计科(处、部、股)、财务科(处、部、股)和财会科(处、部、股)等等。

原则上说，任何一个需要独立核算的主体单位都应设置会计机构。虽然各类单位性质不同，会计机构的设置也不尽相同，但是，会计机构的设置一般有以下三种类型。

(一)国家管理部门所设置的会计机构

国家各级管理部门分别设置会计①司、处、科等，其主要任务包括：组织、指导、监督所属单位的会计工作；审核、汇总所属单位上报的会计报表；核算本单位和上下级之间缴、拨款等事项。

各级财政部门下属的会计机构除了上述任务外，还需要完成如下任务：(1)会计准则的制定、修订与解释。这一任务目前主要由中央财政部下设的会计司来完成。目前，财政部在会计司内成立了“会计准则委员会”，专门负责会计准则的研究与制定工作。会计司的其他部门还负责相关会计制度的建设工作；(2)会计人员的专业技术资格考试。我国已经实行会计人员资格考试，这一工作主要也由各级财政部门组织完成；(3)其他有关会计事项，如会计工作达标升级、会计师事务所的管理②，等等。

(二)行政、事业单位设置的会计机构

行政、事业单位在资金的取得与使用上和企业单位有着根本的不同。那就是：它们经费的来源，主要是由预算拨款所形成。因而，这些单位在设置会计机构时，只要能满足对经费收支及时进行核算和报告的要求即可，而不必像企业单位那样考虑其他多方面的需要。当然，为保证各单位预算资金的安全完整和合理使用，行政、事业单位在设置会计机构时，也必须要考虑内部控制等基本事项。

此外，在市场经济的影响、推动下，过去那种全额预算单位越来越少，除国家行政机关外，绝大部分事业单位都实行了企业化管理和核算，他们通过各种有偿服务的方式取得收入。对于这些单位，其会计机构的设置要比全额预算单位来得复杂，它既要能有效地反映资金的支出、使用情况，还要满足有效地核算资金的取得与形成的需要。对于盈利活动多且复杂的事业单位，其会计机构的设置可比照企业单位进行。

(三)企业单位设置的会计机构

我们这里所说的企业单位，也就是通常所说的盈利单位，它包括各种类型的企业组织。除了那些规模小、业务简单而不需要设立专门会计机构的单位外(但必须要进行正常的会计核算)，所有的企业单位都必须要设置会计机构。所设置

的会计机构要能够：(1)有效进行会计核算；(2)进行合理的会计监督；(3)制定本单位的会计制度；(4)参与本单位的各种计划的制定，并考核计划的执行情况。为保证所设立的会计机构能够顺利、有效地完成上述任务，应该在会计机构内部进行一定的分工，按照会计核算的流程设置责任岗位，配备会计人员。按照《会计法》的要求，大型国有企业还应当设立总会计师，全面负责本单位会计工作。此外，会计机构内部的岗位分工上，应符合内部控制制度的要求，以保证各项财产物资的安全完整。

如果企业规模大、业务多，在设置会计机构时，应贯彻分散与集中相结合的原则，以从总体上减少企业会计核算的业务量，提高会计信息的准确性。具体的做法是：视企业规模大小，分厂部、车间与班组等设置多层会计机构，班组指定专门的会计核算人员；车间可设置会计机构，配备适量的会计人员进行核算；厂部的会计机构规模可相应减少。这样，有助于提高会计核算的效率。

目前，我国企业会计工作的实际内容往往包含了财务工作，即企业的会计机构不仅担负着进行会计核算、提供会计信息的目的，而且还负责资金的筹集与使用。后者是财务工作，而非会计工作。在当前我国市场经济初步发育、企业财务工作压力不重的情况下，会计机构同时履行这两方面的工作，弊端尚不明显。但是，可以预见，随着市场机制的逐步完善，企业财务工作的压力将越来越重。那时，仍不区分财务工作和会计工作，把两者混为一谈，将不利于企业的发展。而区分财务工作与会计工作，又视企业的实际需要而定，可以分设会计机构和财务机构，也可以在会计机构中分别配备会计人员和财务人员。

二、会计人员的配备

会计人员，指的是具体承担一个单位会计工作的人员。按照职位和岗位分，一般有会计部门负责人、主管会计、会计、出纳等；按照专业技术职务分，一般有高级会计师、会计师、助理会计师、会计员等。

各单位应根据规模的大小及业务的需要，配备适量的会计人员。这是一个单位会计工作得以正常开展的重要条件。会计人员的配备，应该要符合会计机构内岗位设置的要求。一般而言，每个设置专门会计机构的单位，除配备适量的会计人员外，还应该设置会计主管人员，大、中型企事业单位还可以设置总会计师，来统筹整个单位的会计工作。

(一)会计人员的从业资格

会计工作是一项专业性很强的技术工作，对于从业会计人员的胜任能力有严格的要求。这些要求主要体现在会计人员从业资格的认定上。但对于不同层次的会计人员的任职资格有不同的要求。

1. 对于一般具体从事会计工作的人员，《会计法》第三十条第一款规定，“凡从事会计工作的人员，必须取得会计从业资格证书”。各单位的会计人员必须持证上岗，没有会计从业资格证书的人员不得从事会计工作。

2. 对于担任单位会计机构负责人(会计主管人员)，《会计法》第三十条第一款规定，“除取得会计从业资格证书外，还应当具备会计师以上专业技术职务或从事会计工作三年以上的经历”。

3. 对于总会计师，根据《总会计师条例》，其任职资格是：取得会计师任职资格后，主管一个单位或单位内一个重要方面的财务会计工作时间不短于三年；有较高的理论、政策水平，熟悉国家财经法律、法规、方针、政策和制度，掌握现代化管理的知识；具备本行业的基本业务知识，熟悉行业情况，有较强的组织领导能力以及其他基本要求等。

上述所说的取得会计从业资格证书，指的是取得会计证，它是具备一定会计专业知识和技能的人员从事会计工作的资格证书。因为，目前我国会计人员从业资格的认定是通过会计证制度来推行的，而会计证颁发实行的是考试与考核相结合的办法，并实行验证制度。

可见，是否取得会计从业资格证书，特别是是否具备必要的专业知识是《会计法》对所有会计人员的共同要求，也成为我国会计人员任职资格的先决条件。

那么，如何衡量会计人员的从业资格是否具备?目前的途径有两条：一是学历教育，即凡是经过专业知识学习并持有相应证书的，视为具备专业知识，可以从事会计工作；二是参加资格考试，只要通过一年一度的会计人员资格考试，就可以取得相当于会计师、助理会计师或会计员的任职资格。

需要说明的是，接受了学历教育，只表明可以从事会计工作。如果要想取得会计师、助理会计师或会计员的任职资格，还必须要参加各级水平的资格考试。不过，对学历教育按不同层次又有一定的区别，如受过本科以上水平教育的可直接参加会计师资格考试等。

(二)会计人员的职责

为提高会计人员的工作效率，增强会计人员的责任感，企业应该根据岗位需要配备会计人员，明确各会计人员的工作岗位和职责范围，减少以致杜绝会计人员在日常工作中因工作安排不当所造成的浪费现象。

目前，会计人员的职责主要有：

1. 进行会计核算。会计核算指的是以货币为主要的计量尺度，运用一系列会计专门方法，对单位的经济业务所进行的连续、系统、全面、综合的记录和计算，据以编制财务报表的活动。具体内容包括：(1)款项和有价证券的收付；(2)财物的收发、增减和使用；(3)债权、债务的发生和结算；(4)资本、基金的增减；(5)收入、支出、费用、成本的核算；(6)财务成果的计算和处理；(7)其他会计事项。会计人员在进行会计核算时，必须填制会计凭证、登记账簿，定期进行财产清查、编制财务会计报告。

2. 实行会计监督。会计监督，指的是会计人员依照国家的有关法规，对本单位的经济行为进行监督。具体内容包括对不真实、不合法的原始凭证不予受理；对违法的收支、不予办理；积极配合有关机构如财政、审计、税务机关的监督等。

3. 拟定本单位会计事务处理的具体办法。即要根据国家的会计法规，财政经济方针、政策和本单位的具体情况，制定出本单位会计工作所必须遵守的具体要求及对经济事务的具体处理规定。如会计科目的设置及其使用方法的规定，有关凭证、账簿、记账程序的规定，有关资产、负债、所有者权益、收入、费用、利润等要素具体核算的规定，成本计算与收益分配核算的规定，财产清查的方法及其结果处理的规定，财务会计报告及其编制的规定，会计档案保管、销毁办法的规定，等等。

会计凭证、会计账簿、财务会计报告和其他会计资料等都是重要的经济档案和历史资料——会计档案。各单位应当按照《会计法》、《会计基础工作规范》和《会计档案管理办法》的规定建立会计档案的立卷、归档、保管、查阅和销毁管理制度，保证会计档案妥善保管，有序存放，方便查阅，严防毁损、散失和泄密。根据《会计档案管理办法》，会计档案的保管期限分为永久和定期两类：对于那些记录内容相对稳定，具有长期使用价值，并对以后会计、审计工作具有重要影响和直接作用的会计档案，必须永久保存；对于那些记录内容经常变化，只供当期使用或下期参考的会计档案，则须定期保管。定期保管会计档案的保管期限分为3年、5年、10年、15年和25年5种；保管期限从会计年度终了后第一天算起。会计档案保管期满，单位应当按照规定的审批程序报经批准后予以销毁。

在会计准则实施之后，国家原则上不再制定一统到底的会计制度，企业需要根据《会计法》、会计准则的要求及自身的业务特点，制定适合本企业的会计制度，因而此项职责在今后的企业会计工作中具有非常重要的地位。

应该说明的是，本单位会计事务的具体办法的拟订，属于会计制度设计的内容。广义地看，会计制度设计不只包含上述会计业务处理的内容，它还包含会计机构如何设置、会计人员如何配备，以及内部控制制度的设计和运用等。

4. 参与拟定经济计划、业务计划，考核和分析预算、财务计划的执行情况。

5. 其他相关的会计业务。

三、会计人员的权限

为了保障会计人员能切实履行《会计法》赋予自己的职责，《会计法》同样赋予他们相应的、必要的权限。归纳起来，主要有以下几点：

1. 会计人员按照国家统一的会计制度的规定对原始凭证进行审核时，如发现不真实、不合法的原始凭证，有权不予受理，并向单位负责人报告；如发现弄虚作假、严重违法的原始凭证，有权不予受理，同时，应当予以扣留并及时向单位领导人报告，请求查明原因，追究当事人的责任；如发现记载不准确、不完整的原始凭证，有权予以退回，并要求按照国家统一的会计制度的规定更正、补充。

2. 会计人员如发现会计账簿记录与实物、款项及有关资料不相符的，按照国家统一的会计制度的规定有权自行处理的，应当及时处理；无权处理的，应当立即向单位负责人报告，请求查明原因，作出处理。

3. 会计人员对违法的收支，有权不予办理，并予以制止和纠正；制止和纠正无效的，有权向单位领导提出书面意见，要求处理。对严重违法损害国家和社会公众利益的收支，会计人员有权向主管单位或者财政、审计、税务机关报告。

4. 会计人员对伪造、变造、故意毁灭会计账簿或账外设账的行为，对指使、强令编造、篡改财务报告的行为，有权予以制止和纠正；制止和纠正无效的，有权向上级主管单位报告，请求作出处理。

5. 会计人员有权对单位制定的预算、财务计划、经济计划、业务计划的执行情况进行监督。

第三节　会计职业道德

第一节关于会计准则的讨论，明确了会计工作中的技术规范；第二节的讨论明确了会计工作主体——会计人员的机构设置和相应的权限；会计工作的有序进行，会计资料的真实、完整，要求会计人员准确理解与应用会计准则，这又涉及到会计人员的行为规范问题。本节所要讨论的会计职业道德，实际上就是解决会计人员的行为规范。

近年来，会计职业道德问题受到越来越多的关注，对职业道德问题的讨论成为一个社会公众所普遍关心的问题。下面，我们也将对这一问题作出讨论，并尝试性地提出我国会计职业道德应遵循的道德标准和道德规范。

一、会计职业道德的一般理解

通常，我们所说的职业，对等的英文是"profession"，是指"一种需要专门的知识和长期、强化的学院培训的专门性行业"；职业人员就是"那些遵循某一行业或职业的技术或道德准则的人"。会计职业则是一种需要专门的会计知识和长期、强化的学院培训的专门性行业；会计职业人员当然就是从事会计工作的专门人员；道德是社会意识形态之一，是人们之间相互关系及其行为的准则和规范。因而，会计职业道德应该是会计职业人员在从事会计工作、履行会计行为时所应遵守的道德标准。

从会计职业人员从事会计工作的地位和作用来看，他们又可分为两大部分，一是在某一单位(如企业、事业单位、行政机关等)内部从事会计核算工作的人员，其任务是核算各该单位所发生的经济活动，报告各该单位的财务状况与经营成果及现金流量情况。他们通常被称为"会计人员"。我们前面所介绍的会计核算(即财务会计)工作，就是由这些人完成的；另一部分人员不受雇于某一具体单位，他们以中立者的身份，接受企业单位以外的利益集团的委托，对企业的经营行为与会计行为的确当性进行鉴证。这部分人所从事的活动通常被称为审计工作，他们则被称为审计人员或注册会计师。狭义上的会计职业和会计职业人员就是上述第二层含义。

由于会计职业人员包含了上面这两个层次，因而会计职业道德应该能同时对这两部分人员都有约束、规范作用。但是，会计人员和审计人员所处的地位、所从事的具体工作、所承担的责任等又相差甚远，体现在道德规范上，针对不同的人员，又应该有着不同的要求。

二、企业会计人员的职业道德要求

严格说来，企业会计人员由两部分组成：一部分是从事财务会计核算的人员，另一部分是从事管理会计和内部管理核算的人员。我们这里所说的企业会计人员是指前一部分会计人员。

企业财务会计人员所从事的具体工作是：恰当地组织企业的会计核算工作，通过定期提供的财务报表，合理地反映企业的财务状况与经营成果及现金流量情况；所承担的责任是：如实地提供关于企业财务状况和经营成果等信息；所处的地位则是近似于我国传统的计划经济体制下会计人员的“双重”地位：一方面企业会计人员处在企业内部，并作为企业职能管理部门的一个组成部分，他们必须要听从企业管理当局的领导与安排，并对管理当局负责；另一方面，企业会计人员所提供的会计报表的真实与否，又将直接影响到企业外各利益关系主体的利益，因此，企业会计人员还要对企业外各利益关系人负责。

由于企业会计人员同时既要向管理当局负责，又要对企业外部某些特定集团的利益负责，因而他们的道德问题(即不道德行为)主要体现在两方面：(1)因疏忽或有意隐瞒而未能真实地反映企业的经营状况，甚或有贪污或其他类似行为；(2)与管理当局相配合，以虚假的财务报表共同欺骗企业外部的信息使用者。

为了从根本上杜绝上述这种不道德行为的发生，应该要建立起一些行之有效的制度。比如，企业内部要建立内部控制制度，企业外部则建立有效的报表审计制度。同时，建立会计人员职业道德规范，强化对会计人员的道德约束，防止和杜绝会计人员在工作中出现违背职业道德行为的发生。

关于企业会计人员的道德要求，狭义地看，它只是若干条道德品质方面的要求。但是，对一个具备良好的道德品质的会计人员来说，如果他的业务素质不高、工作能力不强，甚至不能胜任，他是很难做到对管理当局和外部信息使用者负责的。因此，企业会计人员的道德规范要求将广义化地包括业务素质、能力素质和道德品质三方面。

业务素质。美国会计学会会计教育改革委员会于 1990 年曾发布一份题为“会计师教育的目标”的报告。该报告要求会计毕业生应具备基础知识、组织与商业知识、会计知识等内容。这可视为对会计人员业务素质的总体要求。

鉴于我国企业会计人员分工较为细致，很多会计人员只从事某一环节或少数几个环节的会计工作，因而对他们的业务素质要求可相应降低一点。但是，对企业会计主管人员的业务素质，则要有一个高标准的要求。

能力素质。一个具备了相应的业务知识，但不能胜任所担负工作的会计人员，他是很难完成所担负的任务的。因此，会计人员应该要具备相应的能力。作为企业会计人员，他们的主要任务就是对企业所发生的经济事项进行会计核算，应用会计知识解决现实问题的能力，是对每一个会计人员最基本的要求。

除此之外，会计人员还应具备良好的“情感智慧”，良好的人际交流技能，特别是会计主管人员，更应如此。这样，将有助于会计人员推行正确、合理的会计方法。

道德品质。道德品质事关个人道德修养，因而，任何与个人修养有关的品质要求，会计人员都必须要具备。

从企业会计人员所处的特定地位来考虑，以下两条道德品质应特别强调：(1)诚实；(2)正直。这两条品质将约束会计人员不隐瞒任何事实，以及不从事任何欺骗管理当局和股东的不道德行为。

章末注

①除财政部下设会计司外，其他各部委下设的类似机构很多称为财务司。这里，会计与财务是一对既交叉、又重复的术语。如果从职能的履行来看，财政部下设的会计司，负责会计相关制度与准则的建设，财务司负责财务相关制度与准则的建设，二者之间理论上存在区分；其他部委的财务司不仅履行资金收支的实际工作，也承担必要的会计和财务制度的建设。

②目前的会计师事务所的管理，是由财政部下属的中国注册会计师协会负责的。

本章参考文献

1. 葛家澍、刘峰主编：《会计学导论》，上海立信会计图书用品社，1998 年。

2. 吴水澎主编：《财务会计基本理论》，辽宁人民出版社，1996 年版。

3. 葛家澍、刘峰：《会计理论》，中国财经出版社，1998 年。

4. 陈汉文：《注册会计师职业行为准则研究》，中国金融出版社，1999 年。

5. 美国会计学会会计教育改革委员会 1 号立场报告：“会计师教育的目标”，1990 年。

6. 《中华人民共和国会计法》研究组编：《中华人民共和国会计法讲解》，1999 年 12 月。

7. 财政部会计司编写组：《企业会计准则讲解 2006》，人民出版社，2007 年 4 月。

8. 中华人民共和国财政部制定：《企业会计准则—应用指南 2006》，中国财政经济出版社，2006 年 11 月。

第九章 电子计算机在会计中的应用

在第一章言及会计的技术手段时，曾指出除手工操作方式外，还有电子数据处理的方式，即当前电子计算机在会计中已得到广泛的应用。本章主要介绍电子计算机在会计中应用的原理。

第一节 电子计算机的一般介绍

一、电子计算机简略发展情况

电子计算机(Electronic Computer)是一种能够自动、高速、精确地进行信息处理的现代化电子设备。世界上第一台电子计算机是1946年由美国宾夕法尼亚大学莫奇利(J. W. Mauchley)和艾科特(J. P. Eckert)领导研制的ENIAC(Electronic Numerical Integrator And Calculator)。纵观40多年来电子计算机的发展，大致经历四代的演变，并开始研制第五代计算机。第一代是电子管数字计算机(1949—1958年)，第二代是晶体管数字计算机(1958—1964年)，第三代是集成电路数字计算机(1964—1971年)，第四代是大规模集成电路数字计算机(1971年以后)，现在美国、日本等许多国家正在加紧研制第五代计算机。可以预见，这将是以超大规模集成电路和人工智能为主要特征的崭新的一代计算机。

二、电子计算机系统组成

一个完整的电子计算机系统包括硬件和软件两部分。

(一)硬件

所谓硬件是指组成计算机的任何机械的、磁性的、电子的装置和部件，又称机器系统，它们是组成计算机的物质基础，是计算机系统中的实际装置，是系统的基础和核心。计算机的硬件可以分为主机和外围设备两大部分。

1. 主机：即电子计算机的核心部分，它由运算器、控制器、内存储器所组成。

(1)运算器是依照指令的功能，在控制器的作用下,对信息进行处理加工的部件，经常进行的有算术运算、逻辑运算、移位运算和一些其他运算。

(2)控制器是全机的控制中心，用它来实现计算机本身运行过程的自动化。它指挥计算机的各部分按照指令功能的要求进行所需要的操作。

(3)内存储器是计算机用来存放程序和数据的记忆装置，是计算机各种信息存放和交流的中心。它的基本功能是能够按指定位置存入或取出信息。

2. 外围设备：除主机以外的各种输入输出设备和外存储器统称为外围设备。

(1)输入设备是把按一定形式表示的计算机处理程序和原始数据传送给计算机的设备。例如键盘是最常用的输入设备之一。

(2)输出设备是把计算机运算操作的结果转换成人或其他设备能够接收和识别的信息形式。显示器是每台机器必备的输出设备，计算机操作的结果送到屏幕上显示出来，供用户使用。为了适应各行各业的需要，目前已经设计、生产出了各种类型的输出设备，如各类打印机和各类绘图仪等。

(3)外存储设备是用于存放当前不需要立即使用的信息，一旦需要，再和主存成批交换数据。常见的外存储器有硬盘、软磁盘、磁带等设备。

电子计算机的硬件系统如图表 9—1 所示。

图表 9—1

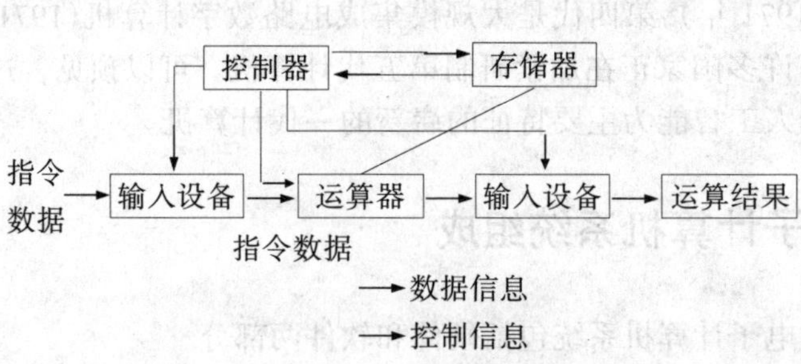

(二)软件

所谓软件是指为了方便用户和充分发挥计算机效能的各种程序总称，又称程序系统。它是属于信息性的东西，是计算机系统的灵魂。通常认为，计算机软件包括系统软件、支撑软件和应用软件三个方面。

1. 系统软件： 能使计算机系统各个部件、相关的软件和数据协调、高效地工作，它是计算机系统必不可少的一个组成部分。这类软件包括操作系统、汇编程序、编译程序等。

(1)操作系统是在管理程序的基础上，进一步扩充许多控制程序所组成的大型程序系统，其功能主要有：组织整个计算机的工作流程，整理和调度各种软、硬件资源，检查程序和机器的故障，实现计算机资源供多个用户共享等。

(2)汇编程序能把用汇编语言写成的源程序翻译成为机器语言的目标程序。

(3)编译程序能把用高级语言编写的源程序，编译成某种中间语言或者机器语言的目标程序。

2. 支撑软件： 是协助用户开发软件的软件，包括帮助程序人员开发软件产品，也包括帮助管理人员控制开发的进程。例如文本编辑程序、图形软件包、库管理程序等。

3. 应用软件： 用户为解决各种实际的问题利用计算机及其各种系统软件所编制的计算机处理程序。常用的应用软件如表格处理软件 EXCEL、电子集成软件 LOTUS1—2—3。用于账务处理、计算机辅助设计、系统模拟、人工智能等方面的专用软件等，都属于应用软件。计算机系统的层次图如图表 9—2 所示。

图表 9—2

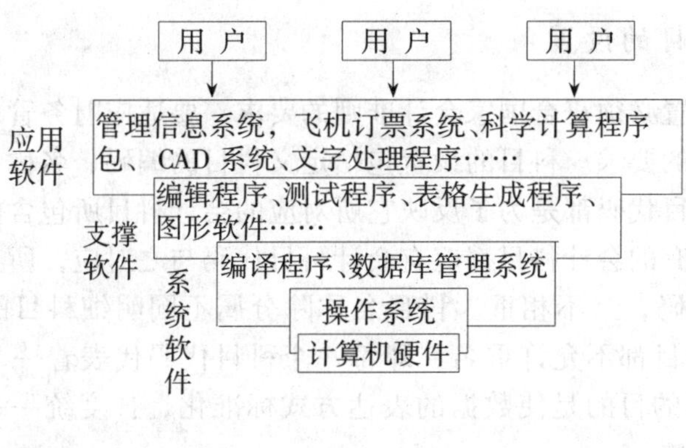

厦门大学会计系列教材——第3版

第二节 会计电算化的基本原理

一、会计电算化

“会计电算化”一词，是1981年中国会计学会在长春市召开的“财务、会计、成本应用电子计算机专题讨论会”上正式提出来的，其含义是指以电子计算机为主、将当代电子技术和信息技术应用到会计实务中的简称。具体而言，它是用电子计算机代替人工记账、算账、报账，以及替代部分由人脑完成的对会计信息的分析和判断的过程。会计电算化是会计发展史上的又一次重大革命。

目前，会计电算化已成为一门融电子计算机科学、管理科学、信息科学和会计科学为一体的边缘学科，其主要任务是研究如何在会计实务中应用电子计算机，以提高会计核算和管理水平。

二、会计电算化信息系统的基本原理

(一)会计电算化数据处理所依据的会计原理

会计电算化信息系统必须要符合国家现行的会计准则，记账方法按照我国颁布的《企业会计准则》的规定。即企业会计核算应该采用借贷记账法，并以资产 = 负债 + 所有者权益为会计平衡公式。

(二)会计科目的设置

会计科目的设置必须符合国家会计准则的要求，要适应财务管理的需要，要满足编制会计报表的要求。科目的设置包括定义科目的编码、名称、类型、级次等。每一个会计科目代码都是为了反映它所对应的会计科目所包含的一定的经济内容而编制的。所有的会计科目都应有会计科目代码与之对应，所有的科目都按统一的编码规则编码，互不相重。科目名称除分属不同明细科目的多栏科目可以重名外，其他科目都不允许重名，即每一个科目代码代表着一个会计科目。编制会计科目代码的目的是使数据的表达方式标准化、长度统一，便于计算机处理。

(三)会计数据的处理

数据处理一般指对数据的收集、校验、分类、排序、运算、汇总、贮存、检索、复制、传输、显示打印等。会计电算化程序就是在电子计算机中实现对会计数据的计算和处理过程，它通常要经过系统调查与分析、系统设计、系统调试及试运行。

1. 系统调查

主要任务是了解使用者的要求及现实环境。通过对企业调查，了解企业的组织机构、会计部门与其他部门的信息联系，通过对会计部门的调查，了解会计记录的特点和方法。系统调查的目的是要对信息作出科学合理的归纳、汇总，对业务的数据流作出准确的判断分析。

2. 系统分析

系统分析的主要任务是明确新系统要做什么，即通过对现有系统进行全面详细的调查分析，用文字、符号、图表来描述调查结果，包括系统总体结构及划分，系统界面及内部接口、功能、数据流程图、数据字典、输入输出要求等系统的逻辑模型，作为下一个阶段系统设计工作的重要依据。

(1)数据流程图及其画法：它是用符号绘制而成的反映各项会计核算业务处理过程和会计信息流向的图表，一般地，它由以下四种基本元素组成：

→：数据流，表明数据流动方向；
=：数据文件，一组相关数据的集合；
○：加工，对数据进行加工处理；
□：数据流的源点/终点。

数据流程图的设计思想是“自顶向下，由浅入深，逐层分解”。我们以账务系统为例进行简要说明。首先把账务系统看成只有一个输入、输出源和一个加工的简单系统，如图表 9—3。

图表 9—3

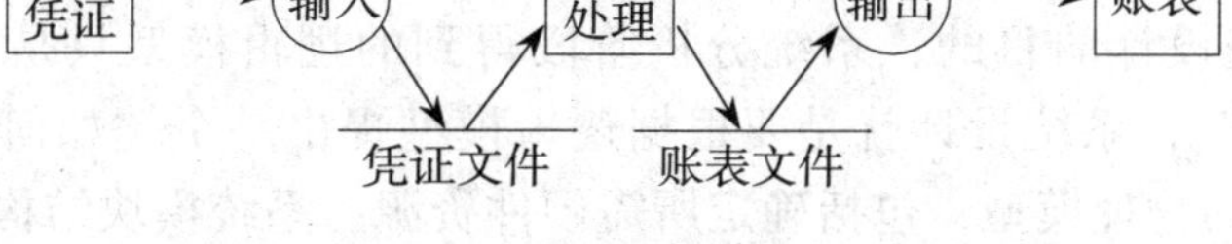

接着，逐步分解这些输入、加工、输出处理，可得到更深一层的流程图，直

到不能或不必要分解为止。

(2)数据字典：它和数据流程图密切配合，能清楚地表达数据处理的要求，数据流程图给出了系统的组成及其相互的关系，但却未说明数据元素的含义，只有数据流程图，人们尚无法理解它所描述的对象。数据字典的任务就是对数据流程图中出现的所有数据元素给出定义，它使数据流程图上的数据流名字、加工名字和文件名字具有确切的解释。数据流名字说明每一个数据流是由哪些数据组成以及它从哪个文件取得，供“谁”“加工”使用，加工名字就是主要说明一个加工的具体的输入、输出数据及处理方法。加工说明必须准确明了，通常采用文字说明并辅之决策树、判定表等方法来描述。文件名字说明每个文件是由哪些数据项组成及其数据项类型、长度等。

(3)会计电算化信息系统逻辑模型的提出：通过分析得到了手工系统的逻辑模型(数据流程图 + 数据字典等)，然而，这一具体模型在计算机条件下并不一定合理、最佳。因此还需要根据用户要求以及计算机数据处理的特点等，全面分析具体模型在数据流向、账表设置、处理过程和方法等方面的不合理之处，并提出改进意见、修改原模型有关数据流程图、数据字典等，就得到电算化会计信息系统的逻辑模型。

(4)编写系统分析说明书：系统分析说明书是系统分析阶段的最后一项工作，这个说明书是整个系统分析阶段工作的总结，它是开发人员和用户共同理解新系统的桥梁，也是设计系统的依据，主要内容有：

① 原有系统的描述。有说明原有系统的工作任务、工作内容、工作对象、工作方式、组织结构关系及系统数据流程图、数据字典等。

② 新系统描述。包括新系统目标、任务、业务范围界面划分等，新系统分层的数据流程图及数字字典、处理过程定义与现系统的差别等。

③ 新系统的逻辑模型。这个模型是以数据流程图为主要描述工具，并结合数据与功能分析的资料进行说明的。

④ 新系统设计实施等工作计划。

系统说明书经单位审查批准后，就作为系统设计及验收等工作的重要依据，不得随意改变。

3. 系统设计

(1)系统设计的目的：系统分析阶段得到的逻辑模型只是指出了系统应该“做些什么”，系统设计就是要根据逻辑模型提出一个“如何去做”的具体方案，即系统的物理模型，包括确定所需硬件资源、系统模块结构图、模块设计说明书、数据库设计、代码设计、输入输出设计等，编程人员根据这个方案就能编出满足功能要求的应用软件。

(2)模块结构图设计：系统设计的一个主要任务是设计系统的模块结构，即确定整个系统(软件)应由哪些模块组成，以及这些模块之间的联系。结构化系统设计方法(SD 方法)是系统设计中较为常用的方法。它是把系统逻辑模型转换成模块结构图的重要工具。由两部分组成，一部分是按模块化设计要求，自顶向下地设计出模块的层次结构图；另一部分是设计各模块的输入、加工、输出。

① 模块图的设计

模块：是模块图的组成部分，用方框表示，表示完成一定的功能。模块有三个基本要素，输入、加工、输出。系统实现后，每一个模块就是一个独立的程序。

模块调用：表示一个模块在一定条件下转去执行另一个模块的功能，完成后又返回。调用关系用"→"表示。模块有三种调用关系，即顺序、选择、重复三种。

下面以账务系统为例，简要说明如何用 SD 方法设计模块结构图。

任何一个系统，都有输入、加工、输出这三个特性，据此可得到账务处理系统的初始模块结构图(图表 9—4)。

图表 9—4

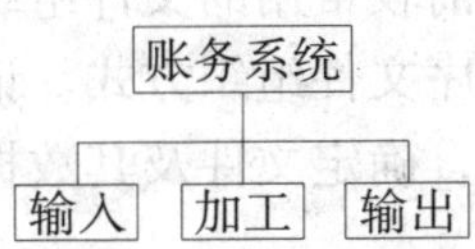

对数据流程图进行分析，确定哪些是输出、输入，位于输入输出之间的就是加工。然后根据它们的具体内容逐步分解，可得到越来越细的模块结构图，见图表 9—5。

图表 9—5

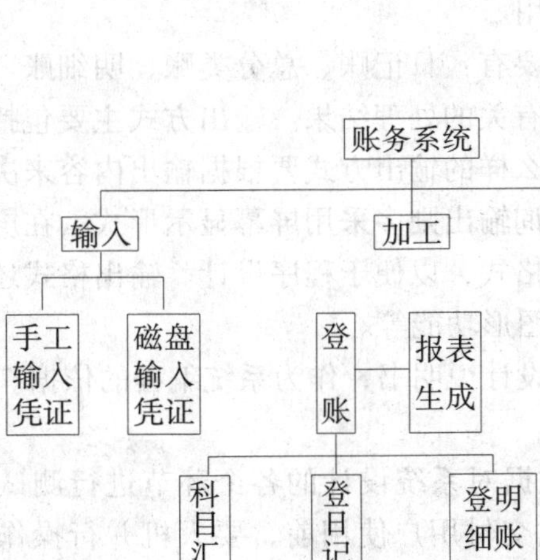

模块间的联系主要有两种：一是控制联系，表示某一模块是另一个的下层模块，执行完下层模块的任务后，控制权回到上一层模块。如上图中“登账”完成后，就回到“加工”模块；二是数据联系，表示一个模块为另一个模块提供输入数据，这种联系都是通过文件实现的，所以在模块图中不加表示。

模块分解到什么程序才算画好模块结构图?一般地，模块分解要符合“低耦合、高内聚”的原则，即模块间联系要越少越好(低耦合)，同一模块内的功能联系密切(高内聚)。

② 模块描述图

设计好模块结构图后，就要明确地描述每一个模块的输入输出和加工的具体内容。

(3)文件(数据库)的设计：文件设计是系统设计的一个重要环节，其设计好坏，直接影响到系统水平。

在文件设计时，首先要根据系统数据流程图、数据字典中的有关说明以及业务处理的要求和特点，建立有关文件，如凭证文件、账簿文件、报表文件等。在设计时尽量减少文件数量，合并一些性质相似、处理要求相同的文件。其次要确定文件的组织和存取方式。目前较常用的文件组织方式有顺序文件、索引顺序文件等，序时账文件一般采用顺序文件组织方式。记录数多、查找频繁的文件，宜采用索引顺序文件方式。再次，确定文件及其数据项名称、性质、长度、存取权限等。

(4)输入输出设计：输入输出设计又叫 I/O 设计，这部分设计好坏，直接影响系统使用的方便程度，一个功能很强的系统由于输入输出不方便而被废弃不用的情况是不乏其例的。因此，设计时要从实务操作角度出发，尽量简化输入、输出的工作，真正做到方便、实用。

会计信息系统输出内容主要有：日记账、总分类账、明细账、报表、内部管理报表、自动转账凭证和其他有关的处理结果。输出方式主要包括打印账表、输出文件和屏幕显示等。采用什么样的输出方式要根据输出内容来决定。如账簿输出一般采用打印输出形式，查询输出则多采用屏幕显示形式。在屏幕输入输出设计时，必须详细描述输入输出格式，以便于程序设计。输出格式还受输出设备限制，如每行字数、每屏行数、图形功能等。

系统设计完后，形成系统设计说明书，作为系统编程的依据。

4. 系统调试及试运行

设计完毕，首先以模拟数据对系统设计的各个环节进行测试，从而发现问题，不断完善。其次，在正式交付用户使用前，要人机并行操作若干个会计月度，以便两相核对，进一步检验系统设计是否正确、可靠。会计电算化系统的数据处理过程如图表 9—6 所示。

图表 9—6

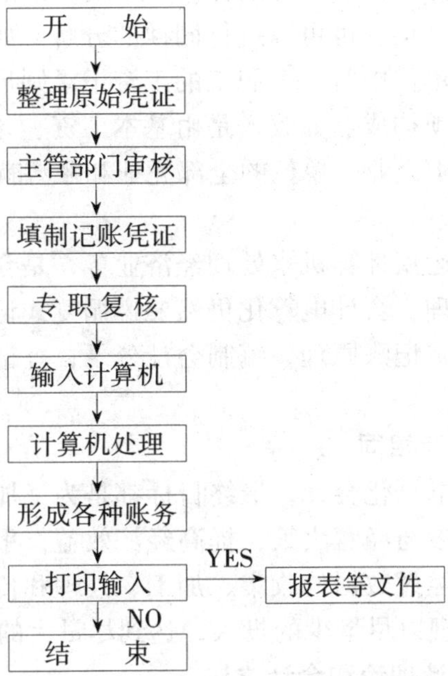

第三节　会计电算化的特点及展望

一、计算机会计系统的特点

这里通过手工会计系统与计算机会计系统的比较来认识后者的特点。

(一)手工会计系统与计算机会计系统的相同点

电子计算机应用在会计工作中后，尽管会计操作技术在进步，数据处理的手段在演进，但是手工和电子计算机的数据处理，其基本职能是相同的，它们有下列的共同点：

1. 数据的层次结构相同

系统的一个重要特点是层次结构，电算化会计的数据结构层次是由字符、初等项、组合项、记录、文件及数据库所构成的。其中字符是数据的最小单位，它可以是数字，也可以是字母或各种符号；初等项由一个或一组字符组成，而若干字符或初等项则构成组合项；记录由字符、初等项或组合项构成；几个或一类记录的集合体就是文件，全部相关文件的集合，便形成了数据库。

手写簿记系统的数据结构层也可以进行同样的分解。如一个单位的全部职工工资记录就是一个文件，单位中每一个职工的工资记录则形成一个记录，而这个记录由许多初等项和组合项构成。如收入是由基本工资、各种津贴、奖金等初等项组成。在手工会计系统中企业、单位的全部凭证和账簿就是一个数据库。

2. 基本原理相同

在会计工作中，广泛运用计算机来处理经济业务，是会计技术上的革命，但并没有改变会计的基本原理。会计电算化仍然要遵循复式记账的基本原理，对发生的经济业务都要运用复式记账原理，编制会计分录，登记账户，然后编制会计报表。

3. 目标一致，基本功能相同

无论是手工会计还是电算化会计，最终目标都是为了加强经济管理，提供会计信息，进行经济预测，参与经营决策，提高经济效益；手工会计或电算化会计要达到系统目标，都必须经过数据的收集、加工、处理和传输，从价值方面入手来控制经济活动，努力实现以尽量少的投入，达到尽量大的产出。

4. 都要遵循基本的会计理论和会计方法

电算化会计会引起会计理论和会计方法上的变化，但这种变化是渐进型的，而不是突变型的，目前的电算化会计必须遵循基本的会计理论和会计方法。

5. 共同遵守会计法规和会计准则

电算化会计不能置会计法规和会计准则于不顾，相反应当更严格地执行，从措施上、技术上杜绝可能的失误。

6. 都必须保存会计档案

会计档案是会计的重要历史资料，必须按照规定妥善保管。实行电算化会计，大部分会计档案的物理性质发生了变化，由手工会计下纸质的会计档案变为磁性介质的会计档案，备份消失和复制都很容易。这就要求用更科学的方法，加强会计档案的保管。

(二)手工会计系统与计算机系统的不同点

会计的电子计算机操作较之手工操作，有如下的不同：

1. 所使用的计算工具不同

手工操作的主要工作是算盘、计算器，而计算机操作使用电子计算机及一些辅助设备，计算省时省力。

2. 数据载体不同

手工操作系统中数据载体主要是纸张，占用空间大，查找困难，保管不易。电算化系统的数据载体除必要的原始凭证外，记账凭证、账簿均可用磁性材料(磁盘、磁带等)作为载体，它占用空间小，便于检索，易于保管。

3. 数据处理形式不同

手工会计系统中，数据的处理要经过分类、计算、过账和登记，而电算化会计处理数据是自动进行的。

4. 查找方式不同

手工会计系统的查找要翻阅各种凭证、账簿、报表，查找速度慢，而会计电算化系统，查找方便、迅速。

5. 内部控制方式不同

手工会计系统会计资料的正确性控制主要是通过账证核对、账账核对来实现的。而电算化会计系统中，由于计算机系统工作的集中性和连贯性，在手工会计信息系统中发挥重要作用的一些职责的分离已经消失。这并不意味着职责分离这一内部控制的基本形式已经不能发挥作用，而是在会计电算化信息系统中控制的界限发生了变化。因此，会计电算化系统的控制要求更严密，范围更大。

6. 错误更正方法不同

手工会计中，账簿记录的错误要用画线更正法、红字冲销法和补充登记法更正。电算化会计中，输入数据要经过逻辑性校验(例如，会计科目逻辑校验、借贷金额平衡校验)，因此不需要用画线更正法来更改账簿记录。如果账簿有问题，往往采用输入"更正凭证"，加以更改，类似于红字冲销法，称为负数冲销法，以便留下改动痕迹。

7. 账务处理程序不同

手工会计在进行会计数据处理时，根据会计业务的繁简和管理上需要，选用其中的一种，规定凭证、账簿、报表之间的关系，以及怎样来进行记账。但无论采取何种方式的，都避免不了重复转抄的根本弱点，伴之而来的是会计人员和处理环节增多，如不加强内部控制和相互核对，免不了出现错误和舞弊。在电算化会计账务处理中，整个处理过程分为输入、处理、输出三个环节，其控制的重点是在输入这个环节，从输入会计凭证到输出会计账表，一气呵成，一切中间过程都在机内操作，而需要的任何中间资料信息，都可以通过查询得到满足，因此，在电算化会计中有数据处理业务一体化的倾向，这样就废除了手工会计中不同的账务处理程序。

8. 账务设置方法和账簿登记方法的不同

在手工会计中，要为会计六大要素分别设置资产、负债、所有者权益、收入、费用、利润等六大类账户，并要设置总分类账和不同的明细分类账。而在电算化会计中，把设置账户定义为：为了将来取得某种信息，预先设置好这种信息的模型。所有的账户都给予一个科目号，这个科目号的第一位就标志这个会计科目的大类别，前三位标志了总账的会计科目，这样就可以很方便地进行总分类账、明细账、日记账等各种处理，它完全打破了手工会计下各种账簿的不同处理方式和核对方法，它已实现了数据都从凭证上来，数据共享。

9. 会计工作的组织体制不同

在手工会计中，会计工作组织体制以会计事务的不同性质作为主要依据。一般手工会计中划分如下专业组：材料组、成本组、工资组、资金组等等，它们之间通过信息资料传递、交换、建立联系，相互稽核牵制，使会计工作正常运行。在电算化会计中，会计工作的组织体制以数据的不同形态作为主要依据。一般电算化会计中划分如下的专业组：数据(信息)收集组、凭证编码组、数据处理组、信息分析组、系统维护组等等。

10. 会计人员素质不同

在手工会计中的人员均是会计专业人员，其骨干是会计师，在电算化会计中人员应由会计专业人员，电子计算机软件、硬件和操作人员组成，会计人员不但精通本专业，还要熟悉电子计算机，形成复合型人才，其中骨干应是懂电子计算机的高级会计人员。

11. 对账、结账和期末账项调整的方式、方法不同

在手工会计中，填制记账凭证的差错、记账或过账的差错、数量或金额计算上的差错，以及财产物资的盘盈盘亏等，都难免发生。因此，在结账前进行对账，确保账证相符、账账相符和账实相符。在电算化会计中，对账的形式和方法都发生了变化。例如，在电算化会计中不存在记账和过账上的差错。输入的凭证都经过计算机的逻辑校验，所有的日记账、明细账、总账都出于同一数据源，不会发生账证、账账不符的情况。如果要确保输入凭证本身的正确性，那么控制重点应放在输入凭证的审核上。至于财产物资的盘盈盘亏，那么只能依靠手工盘点，作成盘点表，输入计算机，和机内的账存数进行核对，以确定盘盈或盘亏。

在权责发生制情况下，手工操作的期末结账通过一系列的账项调整，把应归属于本期的收入和费用完全登记入账，以计算确定本期的利润或亏损，把经营成果在账上揭示出来，还要分别结算出每个账户的本期发生额及期末余额，并将期末余额转为下期的期初余额。这一系列工作都要通过手工编制各种转账凭证来进行。在电算化会计中，这些工作都由计算机根据预先编好的程序来完成，只要给了结账的指令，计算机就自动完成这一系列工作，并自动生成各种有规律的转账机制凭证，并打印输出。一旦结账完毕，计算机能完全摒弃修改，已结的账就不能再任意更改。

(三)计算机会计系统的特点

从上述比较可以看出会计电算化系统比之手工会计系统来说，使得会计这一信息系统变得更加灵敏、及时与准确，它既是会计电算化的特点，也是它的优点。具体说来，其优越性表现在以下几个方面：

1. 提高了会计数据处理的及时性和准确性

由于电子计算机能够长时间大量存储数据，并能以极高的速度和准确性自动地进行运算和数据处理，从而打破了手工操作的局限性，可以为经济管理工作提供更为详细、更加及时的信息。

2. 扩展了会计数据的领域

会计电算化以后，由于计算机有大量存储并易于调用，不仅可以提高会计数据的处理的及时性和准确性，而且从广度上大大扩展了会计数据的领域。在已建立起的过去经营活动详细记录的基础上，通过适时处理，不仅可以及时掌握当前经济活动的最新动态，而且还可以对未来经营方案进行预测，这就为日常管理、分析、预测和决策，随时提供可靠的依据。

3. 为充分发挥会计的职能作用创造了有利条件

采用电子计算机进行会计处理，整个数据处理过程能全部由计算机自动完成，人们只需做一些辅助性的操作，如输入数据等，从而使人们从一些重复的、繁杂的具体事务中解脱出来，把工作的重点和主要精力放在对经济活动的分析、预测和日常管理方面，更好地完成会计反映和监督生产经营活动的各项任务，充分发挥会计的职能。

但需要注意的是，由于计算机是通过大量的磁质介体来保存数据的，一旦数据丢失或被更改，在磁质介体上不会留下任何痕迹，因而，在系统设计时要对数据和处理程序进行必要的备份，以免发生不必要的损失。今后的课程中还会进一步接触到如何加强对电算化会计系统的控制及审计等课程，这里不作详细说明。

二、会计电算化的展望

随着现代信息技术，尤其是网络技术在会计领域的应用和发展，预示着会计技术手段将由会计电算化进一步跨越到会计信息化的阶段。网络会计的出现将是会计发展史上又一枝艳丽的奇葩，它将对会计基本理论与方法、会计实务、会计教育等提出新的挑战，予以前所未有的、强烈的冲击。

(一)网络会计对会计基本假设的影响

1. 对会计主体假设的影响

在互联网的电子商务中，出现了一些看不见、摸不着的网络公司、网上公司、网际公司等虚拟公司。它不同于传统意义上的企业组织，它可借助于计算机网络根据工作任务或市场变化，迅速地进行分合、重组，即其主体可能时而膨胀、时而缩小，甚至解散。这将使得会计信息系统活动的空间范围处于一种模糊状态。为此，需要重新认识和拓展会计主体假设的空间范围。有学者就提出，应将传统的会计主体假设(一个实实在在的单位实体)变为相对会计主体假设。

2. 对持续经营假设的影响

虚拟公司是一种临时性组织，从事的多是一次性的交易。它通常为了一个特定的目标，在短时间内结合形成一个新的公司，待目标完成后又可能立即解散，生命周期极短，显示出即合即分的“即时性”特征。而传统的持续经营假设却设定了企业在未来的一定期间内不会发生解体清算。因此，引发了对持续经营假设的否定。有学者就提出，应改持续经营假设为即时经营假设。

3. 对会计分期假设的影响

如果说 PC 时代的会计主要解决的是工作量问题，那么网络会计将在此基础上重点突破的是速度问题。在网络环境下，依靠计算机强大的运算和传输功能，使得实时财务报告成为可能，即企业在任何时点均可提供满足不同需要的财务报告，而信息使用者随时可通过因特网查询到他们所需要的信息。而传统的会计分期假设则是定期提供财务报告，一般是一年一次，而使用者的决策却是不断进行的，因此无法满足有关方面对会计信息的及时需要。网络会计的实时性使会计分期假设消除了时间的断点，变定期为适时。1999 年 11 月，国际会计准则委员会就发布了“因特网上的会计报告”的文件。随着中国互联网用户的与日俱增，为了实现优质高效广泛的信息传播，提高信息处理率，中国证监会规定从 2000 年 1 月 1 日起，即从 1999 年度报告起，上市公司在指定报刊上刊载年度报告摘要的同时，应将年度报告正文登载于中国证监会指定的国际互联网网站上。这一举措为中国迈向实时财务报告描绘了一幅全新的图景，预示着借助现代信息技术，尤其是网络技术，实时财务报告将不是一个遥远的梦。

4. 对货币量度假设的影响

随着在互联网进行交易的电子商务的兴起，货币的质地也将发生变化，不再是原来的纸币或硬币，且已不存在货款的直接交易，代之的是以电子货币进行网上结算。这将对货币量度假设产生深刻的影响。

此外，随着知识创新和技术的进步，对无形资产(特别是知识产权)和人力资源的计量，对高级专门技术人员和高级管理人员价值的计量，对高科技企业潜在的高风险回报的计量，对通货膨胀的计量等等，已成为当前的一个突出问题。如何公允地反映它们的价值将是问题的核心所在。传统的会计信息系统之所以未能对上述事项进行充分反映和报告，一方面(主要)是遵循历史成本原则的缘故，认为如用现行价值、公允价值对它们计量，其可靠性值得怀疑；另一方面是因为如果在现有技术条件下用现行价值、公允价值对它们计量，那么编制财务报告的成本太大，基于成本与效率考虑，现行价值、公允价值很少使用。但随着信息技术的不断发展，网络会计的出现，在未来的财务报告中，计量属性将趋向多元化，而非单一性——历史成本。

(二)网络会计对财务报表要素的影响

在现行财务报告系统下，一般将财务会计对象——资本运动进一步分为资产、负债、所有者权益、收入、费用和利润六大财务报表要素。在现代信息技术的支持下，如果索特(Sorter, 1969)的“事项会计”的思想得到全面应用的话，财务报表要素的划分将越来越细，而且人们有可能对传统的财务报表要素概念进行全盘修正。因为索特认为，在无法确切定义与描述使用者迥异的决策模型情况下，会计目标应立足于提供与各种可能的决策模型相关的经济事项的信息，由使用者从中选择自己感兴趣的信息。

而借助于网络计算机强大的通讯与计算能力，实时报告系统不再是一种手工会计系统简单的电子化翻版，而是一种自动数据处理系统。一方面，对内通过与各个业务部门处理子系统的互联，会计信息系统不再是信息海洋中的孤岛，而是处于与各个业务部门之间信息的随时沟通之中，以实现对各类经济业务的实时反映与控制；另一方面，对外企业将所发生的各种生产经营活动和事项即时反映在财务报告上，同时将其储存在可供使用者查阅的数据库中，供使用者随时通过因特网查询。

(三)网络会计使得大规模按需报告模式成为可能

根据决策有用学派，财务会计的目标是以信息使用者的决策需求为导向的。而现行公司财务报告模式是一种通用报告模式，即一种大批量生产一种标准产品模式，旨在满足大多数用户的大多数类似需要。殊不知，不同的信息使用者的具体决策模式千差万别，他们所需的信息也各不相同，通用财务报告显然难以满足所有使用者的信息需要。

为更好地满足不同使用者多样化的信息需求，在运用最新的信息技术，特别是因特网技术条件下，肖泽忠(2000. 1)提出了大规模按需报告模式，即大规模

"量体裁衣法"。在大规模按需编报的财务报告模式下，不管是财务报告的内容，还是财务报告的表现形式，都可按需生产以满足使用者的特定信息需求和特定的认知方式；同时，财务报告既可以是已按需要编制好的(即报告已经为使用者编好，并且立即可以使用)，又可以是可按需要来编制(即报告并不可以立即使用，但可以按使用者的要求进行"量体裁衣")。它具有灵活性、交互性和实时性的特征。

第四节 会计电算化与内部控制

前面所说内部控制具体应用是针对手工操作而言的。在会计电算化的条件下，虽然其内部控制目标和手工操作是一致的，某些手工时行之有效的控制制度仍可沿用，但由于大部分会计数据由计算机处理，有其特殊性，所以，产生了一系列原控制制度所不能控制的问题。为了保证会计电算化处理数据的真实性、可靠性，需要相应采取适合会计电算化的内部控制制度。它一般包括一般控制和应用控制两种。

一、一般控制

亦称管理控制，指的是对电算化会计信息系统的组织、开发、应用环境等方面进行的控制。一般控制的强弱，将直接影响到每项计算机应用的成败。它主要包括组织控制系统、开发控制、系统工作环境控制、系统安全控制和文档控制等。

1. 组织控制。其目标是减少发生错误和舞弊的可能性，其基本要求是职责分离，其主要内容包括数据处理部门与使用部门的职责相互分离，数据处理部门内部的职责分离和数据处理部门之外有检查和控制其活动的部门或领导等。

2. 系统开发与维护控制。系统开发控制是为了保证计算机会计信息系统开发质量而在开发过程中合理设置的控制。因为系统开发一般要经历系统分析、系统设计、程序设计、系统测试和系统维护等阶段，相应地，系统开发的控制措施主要包括系统分析控制、系统设计控制、程序设计控制、系统测试控制、系统试运行控制和系统运行与维护控制等。

3. 硬件及系统软件控制。硬件控制，又称设备控制，是由计算机生产厂家在计算机设备中实现的控制功能或技术手段。它一般包括奇偶校验、重复处理校验、回波校验、设备校验和有效性校验等。系统软件控制是利用系统软件如操作系统、数据库管理系统而实现的控制。它一般包括错误处理，程序保护，文件保护和系统接触控制等功能。

4. 系统安全控制。它是为保证计算机系统资源的实物安全，保障系统正常运转而采取的各种控制措施。它一般包括硬件安全控制，软件与数据的安全控制，环境安全控制和防病毒、防“黑客”袭击控制等。

5. 系统文档控制。系统文档包括计算机会计信息系统中的凭证、账簿、报表及有关软件技术文件，如系统可行性报告、系统分析与设计说明书、程序流程图、系统调试与测试分析报告和操作手册等。这些资料对系统及其控制都作了详尽的描述，因此要建立文档管理及安全保密制度。如文档应由专人保管，只有经批准的人才能接触系统文档资料等等。

二、应用控制

指的对计算机会计信息系统中具体的数据处理功能的控制。它一般包括输入控制、处理过程控制和输出控制三个方面，它们都由计算机程序来控制。

1. 输入控制。除对操作人员明确职责以外，还应当用计算机程序来控制，目的是控制有意无意的凭证插入或遗漏。在程序设计时，机内凭证由计算机自动连续顺序编号，输入凭证由人工编制，两者互相核对。

2. 处理过程控制。是对计算机系统进行的内部数据处理活动的控制。为保证控制数据输入或运行的真实性、准确性，处理过程控制完全由计算机程序来自动控制的。方法有数据控制、无用数据控制、主副控制三种。

3. 输出控制。是对系统的输出结果进行的控制。其目标有二：一是保证输出结果的正确性；二是保证输出的结果安全地送到有权使用者手中。为此，由计算机程序控制输出的凭证、账页、报表，无论正确与否，任何人不得任意更改。

主要参考文献

1. 葛家澍主编：《会计学基础》，中国财政经济出版社，1989 年 5 月。

2. 葛家澍主编：《会计学导论》，立信会计图书用品社，1988 年 6 月。

3. 财政部会计司组织编写：《会计电算化概论》，湖南科学技术出版社，1993 年 6 月。

4. 财政部会计事务管理司主办：《会计改革与会计管理》，《会计改革与会计管理》编辑部，1991 年 11 月。

5. 用友电子财务技术有限公司组织编写：《会计电算化指南》，中国商业出版社，1990 年 11 月。

6. 贾大龙、袁树民编：《计算机在会计工作中的应用》，中国经济出版社，1990 年 2 月。

7. 邱胜利、张玉编著：《会计电算化与计算机审计实务》，中国审计出版社，1991 年 8 月。

8. 张人伟编著：《会计制度之内容与设计方法》，中国预算管理学会，1986 年 9 月。

9. 郑人杰编著：《实用软件工程》，清华大学出版社，1991 年 7 月。

10. 朱仲英编著：《微型计算机原理与应用》，上海交通大学出版社，1990 年 8 月。

11. 肖泽忠：“大规模按需报告的公司财务报告模式”，《会计研究》2000 年 1 月。

12. 吴东辉：“信息技术发展与企业的实时报告系统”，《会计研究》1998 年 6 月。

厦门大学会计系列教材

总编　葛家澍　常　勋

会计学原理

第3版

学习指导与习题

第一章　总　论

【教学目的与要求】

掌握会计的定义；会计产生与发展的主要阶段；会计信息系统的内容、职能与目标；会计所固有的基本程序、方法与技术。

【教学重点与难点】

本章主要介绍会计学的一些最基本的知识和概念，它也是学习会计学所必需的入门知识。

对初学者来说，由于没有接触过企业及单位具体的经济活动，不具备对企业经济活动的感性认识，因此，本章的几乎所有内容，都是难点。但等到学完本书的全部内容后，再回头看本章的内容，很多原来似乎“拗口”、“艰涩”的概念，显得相当的“平易近人”。如果在学完会计学的一些主干课程如“中级财务会计”、“管理会计”、“企业理财学”、“审计学”等后，再看这些概念，高屋建瓴，对它的理解也就更为轻松。

必须着重理解的概念与内容有：

1. 会计的定义。对一个初学者来说，这是最难理解的概念之一。政治经济学是会计的理论基础，为了更好地理解会计的定义，需要联系政治经济学关于商品生产和交换过程的知识，这样，才能对企业经营活动的过程有一个形象的认识，并与企业经营活动过程的抽象层面——资本运动联系起来，更好地领会资本运动的含义及其过程。此外，还要了解经济信息、财务信息、信息系统等的概念，从而达到对“以提供财务信息为主的经济信息系统”有较深入的理解。

2. 会计的产生与发展。熟悉会计的历史发展过程，将有助于初学会计的人形成一个较完整的“会计观”，确立对会计学科的总体印象，为此，我们建议教师对这一节的讲授要细致一些，必要时，可参考几本论述会计史的著作，将会计的发展与商品经济的发展过程联系起来，特别是要联系一些经济学和历史学的知识，介绍会计的产生与发展以及会计与经济环境之间的关系，包括理性经济人、代理理论与会计的产生、十字军东征与意大利商品经济的发展、英国的产业革命的大致过程及对成本会计的影响、美国1929—1933年经济危机对财务会计的促生等，将会计的发展与初学者在高中时所掌握的历史事件联系起来，增加他们对学习会计的兴趣。此外，我们还推荐几本书供参考：郭道扬：《会计发展史纲》，中央广播电视大学出版社，1984年版；查特菲尔德原著、文硕等译：《会计思想史》，中国商业出版社，1989年版；A. C. Littleton，ACCOUNTING EVOLUTION TO 1900，1933；葛家澍、刘峰主编：《会计学导论》第一篇，上海立信会计出版社，1999年。

3. 会计的职能与目标。这是一组既有联系又有区别的概念。本书将会计视为一个经济信息系统，职能是指该系统客观上所应该具备的功能，目标则是人们期望该系统所应当达成的境地或标准，或者说，是人们在设计该系统时期望它应能完成的任务和要求。尽管职能是客观的，但它的内容在相当程度上取决于人们的认识水平和认识层次。由于会计作为一个信息系统的存在，具有一定的抽象性，对这一抽象系统的职能的认识，存在争议也就不足为奇了。本书将职能的内容表述为反映、控制、评价、预测、决策等五个方面。相对而言，学术界关于目标的争议要少一些。本书对目标的论述，采用以美国为代表的西方会计理论界最为流行的观点的基础上，结合我国的实际情况，加以改造，提出会计的目标是向国家、企业外部、企业内部提供经济信息。

4. 会计的基本程序。主要是从一个完整的会计工作所应当包括的具体环节来看，它总体分为确认、计量、记录、报告等四个环节。这些环节大致可以按上述次序排列，但又不是绝对不变的。比如，确认包括了哪些数据可以进入会计信息系统和哪些数据应该在报告上体现两大内容，前者是会计工作的开始，后者已表明会计的一个完整循环将要结束；计量是和确认不可分割的，经济数据一旦进入会计信息系统，就需要用货币加以量化表述，可以说，计量是贯穿整个会计活动始终的；记录与确认也联系在一起，前者是从技术方法来说，后者则关注于具体的操作；报告一般是每次会计工作循环的最后环节。

需要注意的是，本书也穿插介绍了我国会计实务中习惯所称的八个会计基本方法，它们是：账户设置、复式记账、填制凭证、登记账簿、成本计算、货币计价、财产清查、编制报表。其实，这八个方法与会计程序实质上是一致的，只是界定的角度、名称等的不同而已。

名词解释

经济信息　信息的一种，较为通俗地说，它是对人类经济活动的状态、特征及其变化的表述。

财务信息　经济信息的一个组成部分，是对价值运动的状态、特征及其变化的表述。

经济信息系统　系统的一种。系统一般是由两个以上相互联系、相互作用的要素所构成的、具有特定功能的有机整体；以信息的输入、交换和输出为主的系统，称为信息系统；在信息系统中，输入、交换和输出的信息主要是经济信息，则为经济信息系统。本书所说的经济信息系统，是立足于微观经济组织（主要是企业）而言的。

会计　一个以提供财务信息为主的经济信息系统。它借助专门的方法，利用货币为主要的量度单位，处理各企业和单位资本运动所发出的信息，通过信息的加工，可以连续、系统、全面、综合地反映资本运动的状态、特征及变化，以帮助信息使用者作出令人满意的经济决策。

古代会计　时间上大略是从会计的产生到复式簿记的出现并付诸应用为止。基本特征：复式簿记方法尚未产生，以单式簿记方法为主；计量采用实物量度和货币量度并存，没有统一的量度单位；会计所涉及的内容比较广，包括了统计、业务技术核算等其他经济核算的工具。

近代会计　时间上从运用复式簿记开始（一般以1494年卢卡·巴其阿勒的《算术·几何·比与比例概要》的出版为标志），到20世纪50年代结束。主要特征：复式簿记方法全面付诸应用；随着19世纪中后期英国产生了成本会计，从而使簿记发展为现代意义上的会计，会计已成为一门较完整的学科；1854年英国爱丁堡会计师公会的成立，标志着会计作为一个独立的职业，已经被社会所接受；20世纪40—50年代，美国“公认会计原则”逐步形成，标志着以对外提供信息为主、受“公认会计原则”约束和指导的财务会计的形成。

现代会计　时间从财务会计的形成并付诸应用起，直到当前。几乎在财务会计正式形成的同时，主要向内部管理当局提供信息的管理会计，逐渐从传统会计中分离出来，成为与财务会计平行的学科。在这一时期，由于经济环境的变化，会计还面临着一些新的发展和变化，出现了很多新的分支领域，如物价变动会计、国际会计、人力资源会计、环境会计、社会责任会计等等。

财务会计 建立在企业或其他主体范围内、旨在向企业或其他主体外部提供以财务信息为主的一个经济信息系统。它有这样三个基本特征：一是以存在于企业外部，与企业有利害关系的各利益集团或个人为服务对象，因此，它也被称为“对外会计”；二是受会计准则或“公认会计原则”的约束与指导，所提供的信息是通过规范化的报表来完成的；三是在信息最终提交给外部各利益关系人之前，应接受具有独立身份的注册会计师的审计。

管理会计 主要是为了满足内部经营管理的需要，通过对财务会计信息进行再加工以及其他一些可以利用的资料，形成关于企业经营活动的预测、决策、评价等方面的信息，旨在帮助管理当局正确地进行管理决策和有效经营。与财务会计相比，它有三个截然不同的特征：一是以内部管理当局为服务对象，因此，也被称为“对内会计”；二是不必接受外部审计人员的定期审计，也没有完整的、类似于会计准则或“公认会计原则”的约束；三是主要提供关于未来的预测性信息，财务会计则以处理过去的、历史的信息为主。

会计职能 会计信息系统的本质功能，具有反映经济活动、控制经营过程、评价经营业绩、参与经济决策和预测经济前景等五项，其中，反映和控制是最基本的职能。随着人们对会计信息系统认识的深化，关于会计职能的认识，也将会不断发展。

会计目标 也称为会计目的，是指会计信息系统的运行应当达到的境地或标准。具体说，是向国家、企业外部、企业内部提供有助于实行宏观调控、优化社会经济资源配置、合理地进行投资和信贷决策、加强内部经营管理所必需的、以财务信息为主的经济信息。

会计确认 会计基本程序之一。是指依据一定的标准，辨认哪些数据能否、何时输入会计信息系统以及如何进行报告的过程。其中，辨认哪些数据能否、何时输入会计信息系统，为“初次确认”；确定哪些信息是否及如何进行报告，为“再确认”。

会计计量 会计基本程序之一。是对具体的会计要素按货币量度进行量化的程序，主要确定采用何种计量尺度和什么样的计量属性对会计要素加以量化。目前所普遍采用的计量尺度为名义货币，计量属性是历史成本（实际成本）。此外，计量属性还有重置成本、可变现净值、现值和公允价值等。会计计量贯穿了会计工作的全过程，是会计的核心。

会计记录 会计基本程序之一。运用预先设计的账户，对经过确认进入会计信息系统的每项数据，按复式记账的要求，运用文字和金额在账簿上进行登记。通过记录，既对资本的运动进行详细的描述与量化，又可以对数据进行分类、汇总及加工。

会计报告 会计的基本程序之一。是指把会计所形成的财务信息传递给信息使用者的手段，包括财务报表和其他财务报告。

第二章 设置账户与复式记账

【教学目的与要求】

掌握会计最基本的要素和反映这些要素之间关系的会计恒等式；账户的设置与应用；复式记账方法的原理；如何进行明细分类核算。

【教学重点与难点】

本章介绍会计核算的两个基本方法——账户与复式簿记。它们是会计学区别于其他学科的主要标志，对初学者来说，抽象难懂的内容比较多，特别是关于账户的类别、结构和具体运用等。

1. 会计要素与会计恒等式。会计要素一般可理解为会计对象的具体化，而会计要素的数量表现存在着内在的联系，形成了会计恒等式。对它们正确理解，关系到能否掌握和运用会计核算方法等。因此，这是会计学原理的最基本内容，财务会计的主要内容也都是围绕会计恒等式和会计要素展开的。在本章，要理解什么是会计要素，资产、负债、所有者权益、收入、费用、利润等六大会计要素数量上的相互关系，特别是资产、负债、所有者权益三要素与收入、费用、利润三要素之间的关联性。

2. 账户。理解账户是如何确定的；账户的结构有什么特点；将账户的种类、结构与会计恒等式联系起来，有助于理解账户在结构上对称的特点，即：从记录增加或减少来看，所有账户可分为两大类，一类是处于会计恒等式的左方，一类处于等式的右方，这样，处于等式左方的账户的借方（实际上也是账户的左方）记录增加，对应地，处于等式右方的账户的贷方（实际上是账户的右方）记录也增加。

在掌握了账户的基本结构后，联系会计的期间，可以进一步了解期初余额、本期发生额、期末余额的含义、内容、计算和表现方法及三者间的相互关系。

3. 借贷记账法。要了解借贷记账法是以“借”和“贷”为记账符号的复式记账方法。

对记账符号“借”和“贷”的理解，一定要舍去其字面含义，仅仅将其作为一种符号，与不同性质的账户相联系，分别代表了增加和减少。比如，资产类账户的借方表示增加，贷方表示减少；相反，负债类账户的借方表示减少，贷方表示增加。

“有借必有贷，借贷必相等”的记账规则，是借贷记账法科学性的体现。对它的理解，应当和会计分录结合起来。这一记账规则还有助于我们更简便地编制会计分录，并检查其正误。当然，期望仅凭文字理解就领会、掌握具体的会计分录，是不现实的。唯一的办法只能通过大量的练习，熟能生巧。

4. 总分类核算与明细分类核算。要了解明细分类核算的目的在于提供货币性信息以外的各种辅助性信息，包括实物量、债权和债务人等。因此，并不是所有总分类核算都需要有明细分类核算加以补充。

进行明细分类核算，需要设置明细分类账户，要了解哪些总分类账户需要设置明细账户，明细账户的级次如何划分；明细分类核算的平行登记原则概括起来是“依据相同、方向相同、金额相等”，它实际上起到了一次试算差错的作用。

名词解释

会计要素 是会计对象——资本运动的具体化。由于资本运动可以分为静态和动态相互联系的两个方面，其中，静态反映了某一时点企业经营资本的占用状况及这些资本的来源，动态反映了某一时间企业经营资本的耗费和收回，通过耗费与收回的对比，形成了利润（或亏损），这样，会计要素又可以大致分为资产、负债、所有者权益、收入、费用、利润（或亏损）等。

对会计要素还可从另外一个角度理解，即：会计要素是构成会计学科最基本的“构件”，舍弃这些构件中的任何一个，都将会打破会计学的基本框架。比如，资产要素。

资产 企业过去的交易或者事项形成的、由企业拥有或控制的、预期会给企业带来经济利益的资源。一般来说，任何一项资产都应该同时满足四项标准，第一，因为过去的经济业务所取得。换言之，企业没有“天上掉下来”的资产；第二、由企业拥有或控制的；第三，可以用货币计价，这是会计信息系统的根本要求；第四，它应当是一项有用的经济资源。会计上，根据各种不同的标准，资产还可以分成不同的类别。

负债 企业过去的交易或者事项形成的、预期会导致经济利益流出企业的现时义务。资产和负债是相反相成的，有人也称其为“负资产”，因为它在根本性的特征上和资产相反。具体而言，负债也具有三个特征。第一，因为过去的经济业务而产生了义务，比如向银行借款或赊购材料等；第二，负债也必须能用货币加以计量；第三，对它的偿付将会减少企业的资产，包括现金或非现金资产，或者，企业应在未来提供劳务去抵偿负债。负债的分类主要按债务期限的长短划分为流动负债和非流动负债。

所有者权益 企业资产扣除负债后，由所有者享有的剩余权益。它主要由投资人的投资和经营过程中累积的利润所组成。由于“资产＝负债＋所有者权益”也可以变为“资产－负债＝所有者权益”，表明企业的资产只有在偿付了债务后剩余的部分，才归所有者，因此，它也称为“净资产”或“剩余权益”。

收入 企业在日常活动中形成的、会导致所有者权益增加的、与所有者投入资本无关的经济利益的总流入。对它的分类按企业取得收入的经济活动的不同而异。实际经济活动中，收入的取得具体表现为资产的增加（如取得现金销售收入或应收账款销售收入）或负债的减少（如抵付预收账款等）。

费用 企业在日常活动中形成的、会导致所有者权益减少的、与向所有者分配利润无关的经济利益的总流出。费用的分类一般按照所耗费资源的性质或用途进行。与收入正好相反，实际经济活动中，费用的发生表现为资产的减少（如以银行存款支付业务招待费）或负债的增加（如已发生但尚未支付的广告费）。

利润 企业在一定会计期间的经营成果，它是收入和费用相抵减后的余额。如果收入大于费用，企业获得了利润；反之，如果收入小于费用，表明企业经营过程是“亏损”的。利润也可以按照形成来源的不同进行区分。利润最终归所有者享有，形成所有者权益的一部分。

会计恒等式 表明各会计要素之间的数量关系的关系式，也称为会计方程式或平衡公式。最基本的会计恒等式是“资产＝负债＋所有者权益”，它反映了某一时点企业的资产分布状况和形成资产的相应来源；由于收入（费用）体现为资产的增加（减少）或负债的减少（增加），这样，“资产＝负债＋所有者权益”等式可进一步扩展，将收入、费用、利润等纳入其中，从而可完整地反映会计主体任一时点上各会计要素间的相互关系。

经济业务 分为“交易”和“事项”两部分。前者是指一个会计主体与其他主体之间发生的、以商品（或劳务）购销为主要内容的各种经济活动；后者指会计主体内部发生的各种经济活动。应注意的是，会计上所界定的“经济业务”，与一般日常所说的经济业务有所不同，会计上强调的是对会计等式产生了影响、需要加以记录和反映，否则，不能称为“经济业务”。按照美国注册会计师准则委员会的界定，除交易、事项外，“情况”也是会计系统需要处理的对象之一。这里的情况是指那些发生过程不明显或难以察觉，但实际产生的结果对主体的财务状况和经营成果产生明显的影响。比如，债务人企业破产，导致债权人企业蒙受相应的损失。

账户 根据内部管理和对外提供信息的需要，对会计要素按其性质进行再分类，并给每一类别以标准的名称和结构，形成账户。它是复式记账方法得以运用的基础。

科目 根据内部管理和对外提供信息的需要，对会计要素按其性质进行再分类，并给每一类别以标准的名称，就是科目。与账户相比，科目只有名称，没有相应的结构，不能反映经济业务对会计要素的具体影响。由于账户和科目在对会计要素的分类及标准名称上完全一致，实际工作中已不再严格地区分这两个概念，而是互相通用。

发生额和余额 发生额是指某一会计期间里记入各账户的增加或减少额，由于它总是和会计期间相联系的，通常称为“本期发生额”。按照记入借方或贷方的不同，可具体为“本期借方发生额”和“本期贷方发生额”。对资产类账户来说，本期借方发生额表示本期的增加额，本期贷方发生额表示本期的减少额；负债和所有者权益类账户则恰好相反。

余额是指某一时点各账户的结余数，通过将一定会计期间的借方发生额和贷方发生额相比较而形成，是一定会计期间记账的结果。一个会计期间开始时的余额，称为“期初余额”；而一个会计期间结束时的余额，称为“期末余额”。本期期末余额就是下期的期初余额。

发生额和余额之间还存在着一定的联系，即：期末余额=期初余额±本期发生额。

单式记账法 对所发生的经济业务，只在一个账户中记一笔账。通常情况下重视记录现金的收付及欠人、人欠等往来账项。虽然它对反映经济活动、帮助管理产生过一定的促进作用，但它是一种不成熟、不科学的记账方法，在复式记账方法14、15世纪产生于意大利并被推广后，单式记账方法逐渐退出历史舞台。

复式记账法 对所发生的经济业务，要求同时在两个（或两个以上）相互联系的账户中以相等的金额加以记录，从而相互联系地反映资本运动的来踪去迹。它是一种较科学的记账方法。在西方国家，复式记账法就是借贷记账法；我国曾产生过与借贷记账法略有区别的增减记账法和收付记账法，《企业会计准则》规定要统一使用借贷记账法，因此，这两种复式记账方法已废止。

借贷记账法 以“借”和“贷”为记账符号，遵循“有借必有贷、借贷必相等”记账规则的复式记账方法。它也是目前最为科学的复式记账法。我国从1993年7月起，全面恢复运用借贷记账法。

会计分录 亦称“记账公式”。是指对每一项经济业务，按复式记账的要求，分别列示应借应贷账户及其金额的一种记录。一般简称为“分录”。在教科书和做练习时，注意使用如下的基本格式：

借：固定资产　50 000.00

　贷：银行存款　50 000.00

试算平衡 利用借贷记账法记账规则的自动平衡机制，检查记账过程中是否存在差错的一种方法。即：利用借贷记账法的借、贷方期初余额相等，本期借、贷方发生额相等，期末借、贷方余额相等的三个公式，对本期记账过程中的各项数据进行相应的试算，如不平衡，则表明存在差错，应当予以检查，直到平衡为止。应当注意的是：平衡只是记账正确的必要条件，也就是说，平衡了有时也会有差错。

总分类核算与明细分类核算 总括地反映每项经济业务的基本内容，并提供单一、总括的货币指标，称为总分类核算，所设置的账户称为总分类账户；在总分类核算的基础上，提供详细地反映财产物资和各项债权、债务及收入、费用等的变化情况的详细、具体信息，称为明细分类核算，所运用的账户称为明细分类账户。总分类账户和明细分类账户之间的关系是统驭与被统驭的关系。它们的登记方法则采用平行登记。

平行登记 进行明细分类核算过程中所遵循的基本原则，其内容包括：依据相同，即都是以原始凭证或记账凭证为依据登记入账的；方向相同，凡是登入总分类账户借方的，明细分类账户也应登记在借方；反之，登入明细分类账贷方的，其总账也应该登入贷方；金额相等，要求登入总分类账户的金额，与同时登记入明细分类账户金额的和相等，反之亦然。月终，要对总分类账和明细分类账进行定期核对。

习题

习题一

【目的】熟悉资产、负债、所有者权益等要素的内容。

【资料】中山公司 200×年 4 月 30 日有下列资产、负债和所有者权益所属项目：

现金　银行存款　实收资本　应收账款　应付账款　短期借款　原材料　产成品
应付工资　盈余公积　预收账款　其他应收款　固定资产　其他应付款

【要求】根据上列资料，列示资产类、负债类和所有者权益类项目。

习题二

【目的】熟悉与掌握资产、负债、所有者权益、收入、费用等要素的具体内容。

【资料】青青文具总汇有下列资产、负债、所有者权益、收入和费用项目：

业主资本　预付保险费　办公用品　应付账款　服务收入　业主提款　库存商品
折旧费　销货运费　佣金收入　利息收入　工薪费　水电费　应收账款

【要求】根据上述资料，分别列示资产类、负债类、所有者权益类、收入类、费用类所属项目。

习题三

【目的】熟悉与掌握会计恒等式。

【资料】友谊商店 200×年期初及期末资产负债表上列示的资产总额及负债总额如下：

	期初	期末
资产	800 000 元	900 000 元
负债	200 000 元	100 000 元

【要求】根据下列三种情况，分别计算该商店本年度的利润：

1. 本年度业主投资不变，营业费用为 150 000 元，试问本年度利润和营业收入各是多少？
2. 年度中增加投资 40 000 元，利润是多少？
3. 年度中曾收回投资 20 000 元，但又增加投资 30 000 元，其利润是多少？

习题四

【目的】练习与掌握会计恒等式、账户金额要素之间的关系。

【资料】东方红公司 200×年 5 月初的资产总额为 1 800 000 元，5 月份发生下列五笔经济业务：

1. 投资人增加货币资金投资 200 000 元；
2. 从银行取得短期借款 50 000 元；
3. 收到中华公司曾欠货款 5 800 元；
4. 归还曾欠江南公司的货款 20 900 元；
5. 从银行提取现金 10 000 元，备发工资。

【要求】请计算该公司 5 月末的资产总额。

习 题 五

【目的】熟悉与掌握在借贷记账法下各类账户的结构及其登记内容。

【资料】1.“现金”账户；　　2.“实收资本”账户；　　3.“应付账款”账户；
4.“服务收入”账户；5.“水电费”账户。

【要求】对上述账户，判别它们所属的类别，画出“丁”字形账户结构，标注借、贷方向及其登记内容，正常余额在哪一方，并说明理由。

习 题 六

【目的】练习账户的结构及期末余额的计算方法。

【资料】中鹭公司 200×年 12 月 31 日有关账户的资料如下：

账户名称	期初余额		本期发生额		期末余额	
	借方	贷方	借方	贷方	借方	贷方
固定资产	400 000		220 000	10 000	(　　)	
银行存款	60 000		(　　)	80 000	90 000	
应收账款	(　　)		30 000	50 000	20 000	
应付账款		80 000	70 000	60 000		(　　)
短期借款		45 000	(　　)	10 000		30 000
实收资本		350 000	—	(　　)		620 000
其他应付款		25 000	25 000			(　　)

【要求】根据账户期初余额、本期发生额和期末余额的计算方法，填列上述资料中的空缺部分。

习 题 七

【目的】练习与掌握经济业务发生后对会计恒等式的影响。

【资料】嵘峥公司 200×年 8 月 1 日的资产总额为 4 888 000 元，8 月份发生下列经济业务：

1. 职工刘捷预借差旅费 2 000 元，以现金付讫；
2. 以银行存款偿付到期的短期借款 50 000 元；
3. 向兴华公司购入甲材料 4 000 公斤，每公斤 10 元，材料已经验收入库，货款暂欠；
4. 将盈余公积 120 000 元转增资本。

【要求】试说明每一项经济业务所属类型及对该公司资产总额的影响。

习 题 八

【目的】练习与掌握引起资本运动及其数量增减变化的四种类型经济业务及其对会计恒等式的影响。

【资料】1. 长江公司200×年1月31日资产负债表如下：

资产负债表

200×年1月31日　　　　单位：人民币元

资　产	金 额	负债及所有者权益	金 额
现金	500	短期借款	19 200
银行存款	25 000	其他应付款	800
应收账款	5 000	应付账款	4 500
原材料	20 000	实收资本	326 000
固定资产	300 000		
合　计	350 500	合　计	350 500

2. 2月份发生如下经济业务：

2月3日　以银行存款偿还短期借款8 000元；

2月8日　向黄河公司购买甲材料一批，价款13 000元。材料已验收入库，货款暂欠；

2月15日　收到江南公司前欠货款4 000元，存入银行；

2月20日　从银行提取现金4 000元，以备用；

2月21日　业主增投一台设备，价值50 000元；

2月25日　向银行借款，以偿还前欠黄河公司购买甲材料的已到期货款；

2月28日　用现金偿还全部的其他应付款。

【要求】1. 判别上述各项经济业务所属类型；

2. 计算并说明上述各项经济业务的发生对资产、负债及所有者权益项目增减变动的影响，及其对会计恒等式“资产＝负债＋所有者权益”的具体影响情况（列出等式说明）；

3. 根据四种类型经济业务对会计恒等式的影响，简要说明借贷记账法记账规则的理论依据。

习 题 九

【目的】初步熟悉借贷记账法。

【资料】某会计师事务所发生以下经济业务：

1. 业主投资现金；
2. 赊购电脑一台；
3. 以银行存款购买办公桌等办公设备；
4. 为外地顾客提供服务，收到转账支票；
5. 业主从银行提取现金以自用；
6. 签发转账支票，以偿付前欠购买电脑之款项；
7. 为本地顾客提供服务，取得现金支票；
8. 签发现金支票支付本月水电费。

【要求】对上述经济业务列示所涉及的会计科目，说明各项经济业务对各会计科目的增减影响，并指明应记入所涉及会计科目的方向。

习 题 十

【目的】进一步掌握借贷记账法的应用。
【资料】复康私立医院 200×年3月份发生下列经济业务：
1. 为改善医疗设备条件，医院股东增加投资 300 000 元，存入银行；
2. 以银行存款购买医疗设备 38 000 元；
3. 吴院长因外出开会，暂借差旅费 2 000 元，以现金付讫；
4. 赊购医疗用品 54 000 元；
5. 从银行提取现金 1 000 元，以备用；
6. 以银行存款支付本月电话费 600 元；
7. 从银行提取现金 6 800 元，并发放本月员工薪金。

【要求】对上述经济业务作会计分录，并加以说明。

附：会计分录及其说明举例

业务号	会计分录	说　明
1	借　银行存款　300 000 　贷　实收资本　300 000	该业务引起银行存款、实收资本同时增加 银行存款是资产类账户，增加应记借方；实收资本是所有者权益类账户，增加应记贷方

习题十一

【目的】进一步掌握账户的结构，并进行试算平衡。
【资料】飞天公司 200×年4月份有关账户的资料如下：

账户名称	期初余额		本期发生额		期末余额	
	借方	贷方	借方	贷方	借方	贷方
固定资产	(　)		10 000	—	110 000	
原材料	9 900		(　)	22 805	21 695	
应收账款	4 000		—	4 000	(　)	
银行存款	20 600		5 100	(　)	15 700	
现　金	5 200		5 000	4 945	(　)	
应付账款		2 700	2 545	(　)		7 150
短期借款		(　)	4 000	2 500		18 500
实收资本		(　)	—	(　)		(　)
合　计	(　)	(　)	(　)	(　)	(　)	(　)

【要求】根据账户的有关指标计算方法和借贷记账法的自动平衡原理，填补上述括号中的数字。

习题十二

【目的】 了解账户的对应关系，进一步熟悉与掌握借贷记账法。

【资料】 集美公司 200×年 9 月份发生的部分经济业务的账户记录如下：

现金

借	贷
期初余额 1 000	（3） 2 500
（1） 3 000	（7） 380
（8） 900	

应收账款

借	贷
期初余额 7 000	（2） 4 000
（6） 5 130	

银行存款

借	贷
期初余额 98 000	（1） 3 000
（2） 4 000	（4） 10 000

实收资本

借	贷
	期初余额 580 000
	（5） 60 000

产品销售收入

借	贷
	（6） 5 130
	（8） 900

其他应收款

借	贷
（3） 2 500	（7） 2 500

管理费用

借	贷
（7） 2 880	

应付账款

借	贷
	期初余额 12 000
（4） 10 000	

固定资产

借	贷
期初余额 250 000	
（5） 60 000	

【要求】 根据上述资料，根据账户的对应关系，请说明每一项经济业务的经济内容，并作出相应的会计分录。

习题十三

【目的】 进一步练习掌握借贷记账法与试算平衡。

【资料】 李君在 200×年 4 月获准创办信实会计师事务所，当月份发生的经济业务如下：

4 月 2 日　李君投资 100 000 元开设信实会计师事务所，款项已存入其银行结算账户；
4 月 3 日　以银行存款支付本月份办公室租金 4 500 元；
4 月 5 日　赊购办公用品 1 000 元、办公设备 50 000 元；
4 月 8 日　以现金支票支付本月份财产保险费 600 元；
4 月 10 日　为某公司提供会计服务，取得 8 000 元转账支票一张；
4 月 12 日　从银行提取现金 2 800 元，以备用；
4 月 14 日　为某银行提供会计服务，服务费收入 5 500 元的发票已经开出，但款项尚未收到；
4 月 19 日　开出现金支票 1 000 元，以偿付前赊购办公用品的欠款；
4 月 20 日　向银行提取现金 2 500 元，支付本月小王、小张的薪金；
4 月 25 日　李君从银行存款户提取现金 3 900 元自用；
4 月 30 日　以银行存款支付本月水电费 600 元、电话费 1 360 元；
4 月 30 日　经清点办公用品剩余 600 元；
4 月 30 日　计提本月办公设备折旧费 700 元。

【要求】 根据上列资料：1. 编制会计分录；2. 开设“丁”字账户；3. 将会计分录过入相应的账户；4. 进行试算平衡；5. 编制基本的财务报表。

习题十四

【目的】 掌握借贷记账法试算平衡的基本原理。

【资料】 敬贤安装服务公司 200×年 4 月 30 日的账户余额试算如下：

账户	借方	贷方
银行存款	3 752	
应收账款	5 683	
备品备料	1 457	
预付保险费	100	
设备	14 600	
应付账款		13 000
其他应付款		2 960
业主投资		10 042
业主提款	3 500	
服务收入		38 200
工薪费	21 400	
房租费	4 500	
广告费	200	
水电费	900	
合　计	56 092	64 202

经查，有下列事项影响到试算结果：

（1）银行存款余额多记 1 000 元；

（2）一笔金额为 210 元的银行存款在过账时误为 120 元；

（3）一笔金额为 2 000 元的业主提款，在过账时登记到业主投资账户的贷方；

(4) 广告费应该为 1 200 元;

(5) 一项 450 元的应收账款，没有登账;

(6) 一笔价值 310 元的备品备料被客户退回，登账时误按 130 元贷记该账户;

(7) 应付账款的余额多计了 3 000 元;

(8) 杂项费用账户余额 840 元未纳入试算表;

(9) 一项 710 元的其他应付款未登账。

【要求】根据上述资料，编制更正的会计分录，并为敬贤公司重新编制试算表。

习题十五

【目的】练习总分类账户和明细分类账户的平行登记。

【资料】1. 康元百货公司总分类账户中“应收账款”账户 200×年 4 月 30 日的余额是由下面两个购货单位所组成:

名　称	金　额
华丰公司	18 670 元
白桦公司	4 900 元
合　计	23 570 元

2. 康元百货公司 200×年 5 月份有关应收账款增加与减少的业务如下:

5 月 3 日　销售一批商品给白桦公司，货款 6 350 元暂欠;

5 月 5 日　收到华丰公司前欠货款 10 000 元，存入银行;

5 月 9 日　收到白桦公司的转账支票，偿付前欠的货款 4 900 元;

5 月 15 日　销售一批商品给华丰公司，货款共计 6 850 元。其中 4 500 元已收到并存入银行，余款暂欠。

【要求】1. 根据资料 1 开设“应收账款”总分类账户及明细分类账户，并登记期初余额;

2. 根据资料 2 编制会计分录，过入“应收账款”总分类账户，同时登记其明细分类账户;

3. 对总分类账户和明细分类账户进行试算平衡。

习题十六

【目的】进一步练习和掌握总分类账户与明细分类账户的平行登记。

【资料】1. 宏达公司 200×年 7 月 31 日有关总分类账户与明细分类账户的余额如下:

(1) 总分类账户

“原材料”　150 000 元

“应付账款”　80 000 元

(2) 明细分类账户

“原材料——甲材料”　2 000 件　单价 50 元　100 000 元

“原材料——乙材料”　10 000 公斤　单价 5 元　50 000 元

“应付账款——北方公司”　30 000 元

“应付账款——南方公司”　50 000 元

2. 8月份发生下列有关经济业务：

（1）2日　向南方公司购入甲材料1 000件，每件50元，材料已经验收入库，货款暂欠；

（2）8日　以银行存款偿还曾欠北方公司货款30 000元、南方公司货款40 000元；

（3）13日　向北方公司购入乙材料3 000公斤，每公斤5元；向南方公司购入甲材料500件，每件50元。上述材料已经验收入库，货款暂欠；

（4）18日　仓库发出材料一批用于产品生产。其中：甲材料1 800件，乙材料4 000公斤；

（5）25日　仓库发出材料一批用于产品生产。其中：甲材料1 000件，乙材料7 000公斤；

（6）28日　以银行存款偿还曾欠北方公司货款15 000元、南方公司货款35 000元。

【要求】1. 根据资料1开设"原材料"、"应付账款"总分类账户和明细分类账户，并登记期初余额；

2. 根据资料2编制会计分录，并平行登记"原材料"、"应付账款"总分类账户和明细分类账户；

3. 结算"原材料"、"应付账款"总分类账户和明细分类账户的本期发生额和期末余额；

4. 根据"原材料"、"应付账款"明细分类账户的本期发生额和期末余额分别编制"原材料"、"应付账款"明细分类账户本期发生额、余额表，并与相应的总分类账户进行核对。

习题十七

【目的】1. 练习总分类账户和明细分类账户的登记；

2. 练习总分类账户本期发生额对照表及明细分类账户本期发生额和余额表的编制方法。

【资料】1. 维嘉公司200×年4月30日资产负债表如下：

维嘉公司资产负债表

200×年4月30日　　　　单位：人民币元

资　产	金　额	负债及所有者权益	金　额
现　金	5 800	应付账款	78 000
银行存款	80 000	短期借款	17 000
原材料	50 000		
产成品	10 000	实收资本	150 800
固定资产	100 000		
资产总计	245 800	负债及所有者权益总计	245 800

2. "原材料"和"应付账款"账户的明细资料如下：

原材料

顺序号	材料名称	计量单位	数 量	单 价	金 额
1	甲材料	米	1 000	2.00	2 000 元
2	乙材料	吨	40 000	1.00	40 000 元
3	丙材料	公斤	500	16.00	8 000 元
	合计	—	—	—	50 000 元

应付账款

顺序号	供应商名称	金 额
1	利民公司	65 000 元
2	友谊公司	13 000 元
	合 计	78 000 元

3. 该公司 5 月份发生下列经济业务：

5 月 2 日　仓库收入外购材料一批，共计 9 000 元，货款未付。详细的资料如下：

供应商名称	材料名称	数 量	单 价	金 额
利民公司	甲材料	500 米	2.00 元	1 000 元
友谊公司	乙材料	8 000 吨	1.00 元	8 000 元
合 计				9 000 元

5 月 8 日　收到投资者增加投资 30 000 元，存入银行；

5 月 10 日　仓库发出材料一批用于产品生产。其中：

材料名称	数 量	单 价	金 额
甲材料	900 米	2.00 元	1 800 元
乙材料	25 000 吨	1.00 元	25 000 元
丙材料	300 公斤	16.00 元	4 800 元
合 计			31 600 元

5 月 15 日　仓库收入外购材料一批，货款已通过银行存款支付。其中：

材料名称	数 量	单 价	金 额
甲材料	500 米	2.00 元	1 000 元
乙材料	8 000 吨	1.00 元	8 000 元
丙材料	200 公斤	16.00 元	3 200 元
合 计			12 200 元

5 月 18 日　以银行存款偿还下列应付账款：

利民公司	65 000 元
友谊公司	13 000 元
合 计	78 000 元

5 月 21 日　柯总经理因公出差，预借差旅费 3 000 元，以现金付讫；

5 月 25 日　从银行提取现金 500 元，以备用；

5 月 30 日　柯总经理报销差旅费 2 500 元，余款交回；

5 月 30 日　以银行存款偿还下列应付款项：

利民公司	800 元
友谊公司	5 000 元
合 计	5 800 元

【要求】1. 根据资料1各项目开设总分类账户，并登记期初余额；根据资料2开设“原材料”、“应付账款”两个科目的明细分类账户，并登记期初余额；

2. 根据资料3编制会计分录，过入相应账户，结出本期发生额和月末余额；

3. 编制“总分类账户本期发生额对照表”；“原材料”、“应付账款”明细分类账户本期发生额和余额表，并与总分类账户相核对。

案　例

丁光以每月50元的租金在乡村高尔夫俱乐部内租了一间房屋，用于向会员们提供相关的服务，包括出租手推车等。丁光没有受过任何会计方面的训练，他将所有的收支情况记在笔记本上。200×年7月份的记录包括：

7月1日　向父亲借入800元，作为开业准备金；
1日　支付给乡村高尔夫俱乐部50元，作为当月房屋的租金；
3日　购买各种高尔夫用备料（包括高尔夫球等）计160元，已支付现金；
3日　支付杂项费用35元；
4日　租入40辆手推高尔夫车和10辆电动高尔夫车，每月租金800元，预付500元，剩余300元在本月20日支付；
7日　赊购其他各种备料计305元；
12日　1—12日的现金收入计870元；
12日　1—12日的收入中，尚有183元为欠条；
15日　支付兼职服务生工资70元；
17日　支付赊购物品的部分欠款180元；
20日　支付高尔夫车的租金300元；
22日　赊购各种备品备料计280元；
25日　收到会员支付欠条的现金141元；
28日　支付各种杂项费用61元；
31日　13—31日的现金收入960元；
31日　13—31日的欠条收入151元；
31日　支付当月电费51元；
31日　支付当月电话费30元；
31日　支付兼职服务生的工资60元；
31日　月末备品备料结存计200元。

根据上述资料，请你完成如下工作：

1. 帮助丁光整理账目，编制会计分录；
2. 登记丁字账户；
3. 编制试算表；
4. 编制收益表；
5. 在7月份中，丁光曾拿出部分现金供自用。如果7月31日仍有665元的现金，请问：丁光当月共拿出多少现金供自用？
6. 假定7月份丁光如不在乡村高尔夫俱乐部从事上述活动，他可以去麦当劳快餐厅兼职，一个月可以得到325元的收入。请问：哪一种方式给丁光带来的收益更高？如果你是丁光，8月份你是继续留在乡村高尔夫俱乐部，还是去麦当劳？

第三章 会计凭证与账簿

【教学目的与要求】

掌握会计凭证的分类与填制；账簿的种类；各类账簿的登记；如何根据凭证登记账簿的记账程序。

【教学重点与难点】

本章主要介绍的是会计方法中操作性很强的部分，因此，学习本章特别要注意具体的格式、步骤等。自己动手做练习，是学习、掌握会计凭证和账簿的最佳方法。教学的重点和难点内容有：

1. 记账凭证的分类和编号。设立一种通用格式的记账凭证，比较好理解，但根据与货币资金的关系，分别设收款、付款和转账三种基本格式的记账凭证；收款和付款按照现金和银行存款的不同，可进一步分为现金收款、银行存款收款、现金付款、银行存款付款及转账等五种格式的记账凭证。对三种或五种格式的记账凭证，初学者学习起来有一定的难度。多种格式的记账凭证，编号也更为复杂。此外，关于凭证必须掌握的内容还包括原始凭证和记账凭证的要素、填制与审核。

2. 会计记录错误的更正。对凭证和账簿记录所发生的错误，不允许用通常的改错方法如涂、擦、刮、补等，只能运用专门的方法予以更正。这些方法有画线更正法、红字更正法、补充登记法。要准确理解各种方法的适用性，以免更正错误时“错上加错”。

3. 账簿与账户。上一章学习了账户，本章学习账簿的种类与登记。学习过程中，容易产生混淆：账户与账簿之间的联系与区别何在？学生在这一环节如果能接触到具体企业的账簿，将有助于确立形象、具体的认识。其实，账簿是账户的具体化和延伸。第二章学习分类账户时，主要是了解如何应用账户进行必要的会计记录，强调的是基本原理；本章主要学习实际工作中会计人员是如何运用账簿进行会计记录的，强调的是具体应用。比如，总分类账簿就是根据第二章所学习的总分类账户开设的。任何一个会计主体的总分类账簿，都将包括该主体开设的所有总分类账户，但账簿中所运用的账户必须要与具有固定格式的账页相结合。简言之，账簿就是一个一个具有固定格式账页所组成的账户体系。

4. 记账程序。记账程序的实质是解决会计凭证的数据登记到账簿中，经过环节的多少。根据会计凭证和账簿之间的关系，最基本的记账程序是记账凭证记账程序，它要求对所有记账凭证逐笔登记账簿；汇总记账凭证记账程序、科目汇总表记账程序等，都程度不同地解决了总账登记的工作量。

5. 普通日记账与特种日记账。以美国为代表的西方国家会计实务中所广泛应用的一种数据接受与传递的载体。这里的日记账，英文原文是 JOURNAL，它是指按时间顺序对企业所发生的经济业务进行记录，包括应借、应贷账户及金额等。更为准确的翻译应当是“分录账”，即：载有会计分录的账簿。它又分为普通日记账和特种日记账。其中，如果企业只采用普通日记账，则登记分类账簿的工作程序，相当于我国记账凭证记账程序；采用特种日记账，可减少登记分类账簿的工作量，其程序与汇总记账凭证记账程序有相似之处。

应特别注意的是，这里的日记账与我国目前会计核算体系中所存在的现金或银行存款日记账有着本质的区别，前者只是分录登记簿，后者相当于分类账簿体系中的一种明细分类账簿，专门用来逐笔登记现金和银行存款收支。

名词解释

会计凭证 用以记录经济业务，明确经济责任，作为记账依据的书面文件。它也是组织、协调经济活动、传输经济信息等的重要工具。按照其来源、特征、内容和作用等的不同，一般分为原始凭证和记账凭证两大类。

原始凭证 经济业务发生或完成时所取得的，用来证明经济业务的发生、明确经济责任，并作为记账依据的书面证明文件。它具有两个最基本的特征：一是具有法律证明力；二是采用货币计价、可以作为记账依据。按照来源的不同，可分为自制凭证和外来凭证；按填制手续的不同，分为一次凭证和累计凭证。

记账凭证 由本单位财会部门根据经审核的原始凭证所编制的，载有反映经济业务的会计分录及简要内容，可直接作为登记账簿依据的书面文件。它不具备原始凭证所有的法律证明力。根据企业经济活动规模、性质等的不同，记账凭证可以采取一种通用格式，也可以采取三种或五种专用格式。在实际工作中，根据不同记账程序的需要，还包括汇总记账凭证。

汇总原始凭证 将一定期间里重复发生的同类经济业务的原始凭证汇总起来编制的凭证，称为汇总原始凭证。如企业中大量采用的发料汇总表、费用分配汇总表等。采用汇总原始凭证，可以简化核算手续，提高核算工作效率。

账簿 是将许多具有相同格式的账页固定装订在一起，用以连续、系统地登记企业经济业务发生的簿籍。根据用途的不同，有分类账、日记账和辅助账；按外表形式则可分为订本账、活页账、卡片账；按账页格式的差异，分为三栏式、多栏式、数量金额式等。

分类账 用于分门别类地登记经济业务的账簿。根据分类程度的不同，有总分类账簿和明细分类账簿两大类。其中，总分类账簿又称总账，是总括地反映企业经济业务的账簿，一般只提供货币性指标；明细分类账簿是在总账的基础上，根据管理的需要等，对财产物资、债权债务等进行详细反映的簿籍，它除了可提供货币指标外，还可以提供实物量度指标等。

日记账 又称"序时账"，用来按经济业务发生的先后顺序，连续登记其发生的簿籍。企业通常开设"现金日记账"和"银行存款日记账"。

辅助账 也称备查账簿。是用来登记那些不经常发生或分类账与日记账不便登记的经济业务，以便日后查考的账簿。如"租入固定资产登记簿"等。辅助账簿的设置，视企业具体需要而定。

订本账 将许多具有相同格式并连续编号的账页，固定装订在一起的账簿，称为订本账。它可以防止抽换账页或账页的散失，一般用于现金和银行存款日记账和总分类账等容易流失的资产的账簿或较重要的账簿。

活页账 将许多具有相同格式的账页放置在活页夹内所形成的账簿。在登记完成后再装订成册，以便保管。它的优点是可随时增加或减少账页，不会造成不必要的浪费，也有利于分工登记；但账页容易出现因抽换散失等现象。多用于各种明细账。

卡片账 将许多具有相同格式的卡片账页存放在卡片盒中，所形成的账簿，称为"卡片账"。卡片账的账页较小，只能用于登记那些变化较少的事项，并具有活页账所有的优点和缺点。固定资产明细账多用这一形式的账簿。

对账 在期末结账前，对账簿记录进行核对，以保证其准确、可靠的一种专门方法。包括账簿与凭证之间的核对（账证核对）、总账与明细账及日记账之间的核对（账账核对）、账簿与实物的核对（账实核对）等。

结账 经对账确定本期所有经济业务已全部登记入账的基础上，对该期内的账簿记录进行汇总，结算出发生额合计和余额。它是结束本期会计核算工作、编制财务报表所必需的环节之一。不同格式的账页，其结账的技术方法也存在差异。

画线更正法 更正会计记录错误的专门方法之一，要求在错误的文字或数字上画红线，将其全部注销，然后，在错误文字或数字的上方空白处，用蓝色或黑色墨水填上正确的文字或数字，予以更正，并盖章。适用于登账前发现的记账凭证上的错误或结账前发现的账簿记录中文字或数字的错误。

红字更正法 更正会计记录错误的专门方法之一，要求用红字冲销或冲减原账簿数额，以更正或调整账簿记录的一种方法。适用于：(1) 记账或结账后，发现记账凭证用错科目或记账凭证正确、但登账时登错了科目；(2) 编制记账凭证时金额错误并大于正确的金额，已经登账；(3) 记账凭证编制无误，但登账时发生金额的错误，错误金额大于正确的金额，已经结账。上述三种情况的更正方法也有所不同。

补充登记法 更正会计记录错误的专门方法之一，用增记金额以更正账簿记录的错误。适应于：(1) 编制记账凭证时金额错误并小于正确的金额，已经登账；(2) 记账凭证编制无误，但登账时发生金额的错误，错误金额小于正确的金额，已经结账。上述两种情况的更正方法略有差异。

记账程序 指填制传递凭证、登记账簿的先后顺序。其核心内容是如何根据记账凭证登记总分类账的程序问题。按照凭证、账簿的组织形式和登记总账的程序的不同，记账程序也有多种形式。如本章所列举的记账凭证记账程序、汇总记账凭证记账程序、科目汇总表记账程序等。

记账凭证记账程序 最为基本的记账程序。其要点是根据每一张记账凭证逐笔登记总账。适用于规模不大、经济业务数量不多的企业。

科目汇总表记账程序 根据记账凭证的资料定期地编制科目汇总表，再据以登记总账的记账程序。它是对记账凭证记账程序的改进，可以大大节省登记总账的工作量，同时，编制科目汇总表还起到试算查错的作用。但账簿记录不能清楚地反映各项经济业务的对应关系。适用于规模大、经济业务数量多的大中型企业。

汇总记账凭证记账程序 根据记账凭证定期编制汇总记账凭证，再根据汇总记账凭证登记总账的记账程序。它既能降低登记总账的工作量，同时在账簿记录上也保持了各经济业务的对应关系。由于编制汇总记账凭证本身较复杂，因此，只有规模较大的企业才有必要采用这一方法。

多栏式日记账记账程序 根据多栏式现金和银行存款日记账以及转账凭证或转账凭证科目汇总表登记总账的记账程序，它既能节约登记总账的工作量，又能在账簿上体现各经济业务之间的对应关系，但根据日记账登记总账，破坏了总账和日记账之间的稽核作用。适用于规模较大的企业。

普通日记账 按照经济业务发生时间的先后顺序，逐笔对各该项业务进行会计处理、列明会计分录的登记簿。它在功能上相当于我国的记账凭证。

特种日记账 一种用来对企业大量重复发生的某一类别交易（如赊购或赊销等）进行记录的分录登记簿。日常经济活动中，企业某些类别的交易会大量、重复发生，比如制造业需要大量采购材料和各类商品，在商业信用较普及的情况下，赊购业务将会不断发生。将所有赊购业务集中到“购货登记簿”上登记，再向分类账簿过账时，就简单很多，因为，赊购业务的会计分录借贷方科目都是相同的。常见的特种日记账有购货登记簿、销货登记簿、现金收入登记簿、现金支出登记簿等。

如果企业经济业务相对简单，企业可以只设立普通账。当企业规模较大、重复发生的经济业务较多时，就可针对这部分经济业务设立特种日记账，其余经济业务仍然通过普通日记账进行登记。

复习思考题

1. 何谓原始凭证？原始凭证在会计信息系统中具有什么意义？

2. 原始凭证的要素有哪些？为什么要对原始凭证进行审核？请结合第五章关于会计确认的论述，讨论原始凭证审核对会计信息系统的意义？

3. 试比较记账凭证与普通日记簿之间的异同。

4. 现金（银行存款）日记簿与普通日记簿有什么区别？它们在各自的会计工作体系中处于什么样的地位？发挥什么样的作用？

5. 账簿与账户的区别与联系何在？

6. 会计主体为什么要设置账簿？每个会计主体至少应当设置哪些账簿？

7. 更正会计记录错误的基本方法有哪些？它们各适用于什么情况？

8. 什么是记账程序？不同记账程序的区别何在？

9. 分析讨论题：

1999 年 3 月，美国国会开始介入盐湖城冬奥会申办“丑闻”。与此同时，一些媒体也呼吁对日本长野冬奥会申办过程中存在的类似问题进行调查。但很快，日本方面传出消息，长野冬奥会申办过程中所有账簿资料已全部“遗失”。长野冬奥会组委会账簿的“遗失”，加之日本方面对外界呼吁检查冬奥会申办过程是否存在“丑闻”的不合作态度，使得对日本长野冬奥会进行调查的各种呼吁最终不了了之。

请就上述资料说明：

（1）会计凭证和账簿在会计信息系统中的地位与作用；

（2）未来会计全面电算化后，会计凭证和账簿是否会被替代？为什么？

习 题

习 题 一

【目的】练习与掌握原始凭证的填制方法。

【资料】江南公司（账号：102168；开户行：商业银行鹭岛市支行）200×年 4 月份发生的部分经济业务如下：

4 月 3 日　向中华公司购入小天鹅洗衣机 100 台，每台价值 1 500 元，洗衣机已验收入库，货款未付。请填制收货单；

6 日　出纳员李黎从银行提取现金 10 243.57 元，备发工资。请填制现金支票；

8 日　销售给思明公司 1.5 匹松下空调器 50 台，每台 10 000 元。另按 17% 的税率收取增值税。商品已经发出，货款暂欠。请填制发货单和销售发票（思明公司开户行：建设银行闽南市支行，账号：487013，纳税人登记号：1350087，电话：887996；江南公司电话：8816898，纳税人登记号：3762108）；

10日　由经理王纪批准，业务员刘晓青出差预支差旅费600元，以现金付给。请填制借款单。

习题二

【目的】练习记账凭证的编制。

【资料】鹭杏百货公司200×年6月份发生下列经济业务：

3日　向万宝冰箱有限公司购入电冰箱50台，每台单价2 350元，冰箱已验收入库，货款通过银行付讫；

5日　向无锡洗衣机厂购入洗衣机100台，每台850元，货款暂欠，洗衣机已经验收入库；

7日　从银行提取现金1 500元，以备用；

9日　职工李哲出差预借差旅费800元，以现金付讫；

11日　售给北方公司夏普空调器5台，每台7 880元，货款如数存入银行；

12日　职工报销市内交通费86元，以现金付讫；

14日　收到南方公司上月所欠货款3 650元，存入银行；

18日　售给东方公司29英寸乐声电视机2台，每台11 000元，货款暂欠；

21日　李哲出差回来，报销差旅费680.70元，余款交回；

25日　从银行提取现金4 800元，当即发放工资；

26日　以银行存款偿还短期借款5 000元；

30日　以银行存款支付前欠货款3 800元；

30日　计提本月固定资产折旧费1 835元。

【要求】根据上述资料编制通用记账凭证（注意判别每笔经济业务应取得哪些原始凭证）。

习题三

【目的】练习与掌握记账凭证的编制。

【资料】鹭江公司200×年10月份发生的部分经济业务如下：

1日　向钢花钢铁厂购入碳结钢1 000吨，每吨售价138.00元，商品已验收入库，货款尚未支付；

3日　许厂长出差，暂借差旅费600元，以现金付讫；

6日　销售碳结钢450吨给广厦建筑公司，每吨售价188.00元，收到该公司开出的转账支票；

9日　销售碳结钢380吨给天宇建设公司，每吨单价190.00元，货款尚未收到；

10日　从银行提取现金500元，以备用；

16日　许厂长出差回来，报销差旅费725元，差额部分补给现金；

18日　从银行提取现金6 800元，发放本月职工的工资；

20日　收到天宇公司前欠货款，如数存入银行；

21日　开出转账支票一张，支付前欠钢花钢铁厂的货款；

23 日　将零星销售收入的现金 669 元存入银行；
24 日　向凯达公司购入新机器一台，货款 85 000 元尚未支付；
30 日　计提本月份固定资产折旧费 450 元；
30 日　结转本月职工的工资，其中，管理人员的工资为 1 600 元，直接销售人员的工资为 5 200 元。

【要求】根据上述资料，编制专用记账凭证（用收款、付款和转账三种格式）。

习 题 四

【目的】练习记账凭证的编制。

【资料】群贤公司 200 × 年 9 月份发生的部分经济业务如下：

（1）从银行取得 6 个月期的借款 150 000 元，存入银行；
（2）投资者追加投资 580 000 元，款项已存入银行；
（3）某职工经批准暂借款项 1 800 元，以现金付讫；
（4）仓库收入外购材料一批，共计 90 000 元，货款的一半冲抵预付款，余款以银行存款支付；
（5）用现金偿还其他应付款 940 元；
（6）仓库发出材料一批用于产品生产。其中，A 材料 200 件，每件 100 元；B 材料 500 公斤，每公斤 10 元；
（7）结转本月完工产品成本 50 800 元；
（8）销售产品一批 110 000 元，货款尚未收到；
（9）以银行存款支付本月办公室租金 1 500 元，电话费 2 300 元；
（10）经研究决定，向希望工程捐款 8 000 元，已通过银行转账完毕；
（11）结转本月销售产品成本 42 700 元；
（12）收到某职工偿还的借款 2 300 元。

【要求】1. 根据上述资料编制通用记账凭证；
2. 根据上述资料编制专用记账凭证。

习 题 五

【目的】练习现金日记账和银行存款日记账的登记方法。

【资料】1. 龙盛百货批发公司 200 × 年 3 月 31 日现金和银行存款的余额如下：

现金　　　　1 950 元
银行存款　459 000 元

2. 该商店 4 月份发生与现金、银行存款收付有关的业务有：

5 日　向银行借取期限 9 个月的借款 35 000 元，存入银行；
6 日　销售毛巾被 100 打，计 33 900 元，货款如数存入银行；
7 日　职工高原因公出差，预支现金 800 元；
10 日　从银行提取现金 60 000 元，发放职工薪资 54 430 元，余款以备用；
11 日　购买各式暖水瓶 35 箱计 350 只，计 4 639 元。商品已验收入库，货款通过银行付讫；

15 日　以现金购入办公用品 287 元交付有关部门使用；

16 日　销售暖水瓶 28 箱至日新百货商店，价款总计 4 482 元，尚未收取；

18 日　收到坤兴公司前欠货款 5 000 元；

20 日　以银行存款支付本月广告费 3 500 元；

20 日　向山特公司购入不锈钢保温杯 15 箱计 300 只，商品已经验收入库货款 9 000 元暂欠；

25 日　职工高原出差归来，报销差旅费 576 元，余款交回；

26 日　销售不锈钢保温杯 12 箱计 240 只给华天公司，货款 8 640 元已收到；

27 日　本月共收到零星销售的现金 394 元；

28 日　以银行存款偿还前欠海阳公司货款 27 300 元；

30 日　将多余现金共计 6 000 元存入银行。

【要求】1. 登记现金、银行存款日记账的月初余额；

2. 根据上述经济业务编制收款凭证、付款凭证和转账凭证，并据相关记账凭证登记现金、银行存款日记账；

3. 经核对无误后，结出本期现金和银行存款日记账的发生额和余额。

习 题 六

【目的】练习与掌握总分类账的登记及其结账方法。

【资料】1. 鹭江公司 200×年 10 月 1 日有关账户的余额如下：

账户	借方	贷方
现金	1 194	
银行存款	139 500	
应收账款	66 120	
库存商品	90 600	
固定资产	293 300	
累计折旧		30 000
短期借款		32 000
应付账款		65 714
实收资本		400 000
盈余公积		63 000
合　计	590 714	590 714

2. 该公司 10 月份发生的经济业务及所编制的记账凭证见习题三。

【要求】1. 根据鹭江公司 10 月 1 日账户余额开设账户，并登记期初余额；

2. 根据习题三所编制的记账凭证登记有关总分类账；

3. 结算本期有关总分类账的发生额和期末余额。

习 题 七

【目的】练习会计记录错误的三种更正方法。

【资料】凌云公司于200×年11月30日将11月份的账簿记录与记账凭证进行核对时，发现下列经济业务的记账凭证内容或账簿记录有错误：

1. 5日 杨总经理出差回公司报销差旅费1 850元，冲抵预借款后补给现金350元。记账凭证填制无误，但在登记总账时，误将“现金”账户的贷方金额登记为3 500元。
2. 10日 开出现金支票1 300元，以偿付赊购办公设备的欠款。填制记账凭证时，将贷记“银行存款”账户误填为贷记“现金”账户，并且已经登记入账。
3. 26日 收到华东公司前欠的货款10 000元，存入银行。填制记账凭证时，误将金额填为1 000元，并且已经登记入账。
4. 30日 用现金购入办公用品835元，并即予交付管理部门使用。填制记账凭证时，误将金额填为853元，并且已经登记入账。

【要求】将上述各项经济业务账簿处理的错误分别采用适当的错账更正方法予以更正。

习 题 八

【目的】进一步练习会计记录错误的三种更正方法。

【资料】中华公司200×年8月份发生的部分经济业务及其在核算中所发现的错误如下：

1. 3日从银行提取现金1 000元以备用。记账凭证填制无误，并已登记入账。月末结账前发现登记账簿时把金额写成10 000元，应予更正。有关的账簿记录如下：

现　金

200×年		凭证字号	摘要	借方	贷方	借或贷	余额
月	日						
8	1	期初余额			借	823	
	3	银付1	提现	10 000			
	5	现收1	零星销售	800			

银行存款

200×年		凭证字号	摘要	借方	贷方	借或贷	余额
月	日						
8	1	期初余额			借	340 000	
	3	银付1	提现		10 000		
	6	银收1	销售产品	4 000			

2. 4日外购一批材料计60 000元，材料已验收入库，货款暂欠。填制记账凭证时将“应付账款”账户误填为“其他应付款”账户，并已登记入账。10日支付货款时才发现错误，应予更正。其账簿记录如下：

原 材 料

200×年 月	日	凭证字号	摘要	借方	贷方	借或贷	余额
8	1		期初余额			借	76 000
	4	转字 1	购买材料	60 000			
	10	转字 5	发出材料用于生产		5700		

其他应付款

200×年 月	日	凭证字号	摘要	借方	贷方	借或贷	余额
8	4	转字 1	购买材料		60 000		

应付账款

200×年 月	日	凭证字号	摘要	借方	贷方	借或贷	余额
8	1		期初余额			贷	4 000

3. 10 日销售产品一批，计 80 000 元，货款尚未收到。填制记账凭证时，将金额误填为 8 000 元，并已登记入账。25 日收到货款时才发现错误，应予更正。其账簿记录如下：

应收账款

200×年 月	日	凭证字号	摘要	借方	贷方	借或贷	余额
8	1		期初余额			借	1 300
	10	转字 3	销售产品	8 000			

产品销售收入

200×年 月	日	凭证字号	摘要	借方	贷方	借或贷	余额
8	10	转字 3	销售产品		8 000		
	15	转字 11	销售产品		10 000		

4. 若资料 3 的错误是将记账凭证金额误填为 800 000 元，并已登记入账，25 日发现时应予更正。其账簿记录如下：

应收账款

200×年		凭证字号	摘要	借方	贷方	借或贷	余额
月	日						
8	1		期初余额			借	1 300
	10	转字3	销售产品	800 000			

产品销售收入

200×年		凭证字号	摘要	借方	贷方	借或贷	余额
月	日						
8	10	转字3	销售产品		800 000		
	15	转字11	销售产品		10 000		

5. 若资料1中登账的错误不是在月末发现，而是9月1日收到银行对账单时才发现，应予更正。其账簿记录如下：

现　金

200×年		凭证字号	摘要	借方	贷方	借或贷	余额
月	日						
8	1	期初余额			借	823	
	3	银付1	提现	10 000			
	5	现收1	零星销售	800			
	15	银付3	提现备发工资	5 600			
		……	……	……	……		
	31		本月合计	106 422	96 431	借	10 814
9	1	期初余额				借	10 814

银行存款

200×年		凭证字号	摘要	借方	贷方	借或贷	余额
月	日						
8	1		期初余额			借	340 000
	3	银付1	提现		10 000		
	6	银收1	销售产品	4 000			
	13	银付2	偿还借款		5 000		
		……	……	……	……		
8	31		本月合计	674 530	720 600	借	293 930
9	1		期初余额			借	293 930

【**要求**】请按正确的更正方法将错误予以更正。

习 题 九

【目的】练习与掌握科目汇总表的编制，并根据科目汇总表登记总分类账户。

【资料】1. 中闽百货公司200×年10月1日各总账余额如下：

现金	950	短期借款	80 000
银行存款	137 500	应付账款	41 400
应收账款	4 000	累计折旧	25 000
库存商品	187 000	实收资本	200 000
固定资产	98 000	留存收益	81 050

2. 该公司200×年10月份发生的部分经济业务如下：

2日　向伊汀电脑公司购入电脑15台，每台6 500元。商品已验收入库，货款暂欠；

3日　向小天使童车厂购入童车60辆，每辆85元。商品已验收入库，货款由银行付讫；

4日　收到华北公司前欠货款2 200元，存入银行；

6日　售给华闽公司武夷牌自行车100辆，每辆280元。货款如数存入银行；

7日　以银行存款偿还上月所欠的货款10 000元；

9日　以现金购入零星办公用品50元，并交付管理部门使用；

10日　从银行提取现金500元，以备用；

10日　鹭岛大学计算机中心购买电脑10台，每台售价7 200元。收到该中心开出的转账支票一张；

12日　天鹭幼儿园购买小天使童车50辆，每辆98元。天鹭幼儿园支付了1 000元货款，余款暂欠；

13日　向龙声冰箱有限公司购入电冰箱50台，每台2 100元，货款已通过银行支付；

15日　从银行提取现金5 000元，发放职工工资；

16日　职工报销市内交通费28元，以现金支付；

18日　售给鹭京公司洗衣机10台，每台售价1 050元；电冰箱50台，每台2 600元。货款先收取50%，其余暂欠；

20日　以银行存款偿还短期借款18 000元；

21日　以银行存款支付广告费3 500元；

22日　销售洗衣机60台至百大洗衣站每台售价1 000元。货款已收到并存入银行；

25日　向国货电器公司购入录像机20台，每台3 150元；音响10台，每台4 200元。商品已验收入库，货款中50 000元以银行存款支付，其余暂欠；

26日　销售彩电30台给正大酒楼，每台售价5 850元。正大酒楼支付了货款的30%，已收到并存入银行。其余暂欠；

28日　以银行存款支付本月电话费1 500元；

29日　售给新兴公司录像机12台，每台售价3 950元；音响6台，每台售价4 880元。货款已收到并存入银行；

29日　收到鹭京公司本月18日购货所欠的余款；

30日　以银行存款支付本月2日欠伊汀电脑公司的货款；

30 日　计提本月固定资产折旧 300 元。

【要求】1. 根据中闽公司 200×年 10 月 1 日的总账余额开设总分类账，并登记月初余额；
2. 根据该公司 10 月份发生的经济业务编制记账凭证（采用收款、付款和转账凭证三种格式）；
3. 月末根据记账凭证编制科目汇总表；
4. 根据科目汇总表登记总账。

习 题 十

【目的】练习与掌握汇总记账程序。

【资料】见习题九。

【要求】1. 根据中闽公司 200×年 10 月 1 日的总账余额开设总分类账，并登记月初余额；
2. 月末根据习题九所编制的记账凭证编制汇总记账凭证；
3. 根据各种汇总记账凭证登记总账。

第四章　会计循环

【教学目的与要求】

掌握账项调整的必要性和基本原理；编制工作底稿；根据工作底稿编制基本财务报表；结账。

【教学重点和难点】

本章承继前两章，讲解会计循环。因此，了解会计循环的各步骤，联系会计工作的具体运行环节，形成直观、形象的认识，尤为重要。

1. 权责发生制与收付实现制。是指会计确认的时间基础，主要解决各经济业务何时确认为收入、费用或资产、负债等。收付实现制以现金的收到或付出为标准确认收入和费用，权责发生制则以权利是否形成或责任是否发生为依据确认收入和费用。从理论上来说，权责发生制是一种更为科学的方法，所有经济业务都应该以此为标准进行确认。但由于平时所发生的大量经济业务中，有一部分的权利和责任是否已形成，当时并不明确。为了便于会计工作的正常进行，这些经济业务在发生时，暂时按收付实现制入账，到期末，再根据权责发生制进行调整。调整时所涉及的内容包括应计收入、预收收入、应计费用、预付费用四类。

（从历史发展来看，早期会计确认以收付实现制为主；到 20 世纪初，开始逐步转向权责发生制；但放眼未来，又有可能走向二者融合、并举的道路。）

2. 会计循环。指会计工作从开始到结束所经历的各个方法和程序。第二章到第四章都是介绍会计循环的不同阶段。重要的是，将这几章的内容贯穿起来，形成一个总的会计循环的观念。

3. 工作底稿。它是会计循环中最为重要的组成部分之一，内容可根据实际工作的需要进行调整。一个完整的工作底稿包括了试算表（调整前、调整后和结账后三次试算）、调整分录、利润表与资产负债表。学会利用和编制工作底稿，将有助于整个会计工作的顺利进行。

名词解释

权责发生制　会计确认的时间基础。它是按权利是否形成或义务是否发生，记录收入的实现和费用的发生。即：凡是收取一项收入的权利已经具备，不论企业是否取得这项收入上的现金，都应该要确认；只要主体已承担了某项费用上的义务，即使与该项义务相关联的现金支出行为尚未发生，也要确认费用的发生。目前企业会计实务中主要采用这一基础。

收付实现制　会计确认的时间基础。它是按现金收到或付出为标准，记录收入的实现和费用的发生。即：收到现金就确认为收入，付出现金则形成费用。在以盈利为目的的企业，这一基础目前已退居次要和辅助的地位，实务中大量应用的是权责发生制。而在行政、事业单位等则采用收付实现制。

账项调整　每一个会计期的期末，为准确确定该期间的收入、费用和资产、负债，根据权责发生制对部分会计事项予以调整的行为。调整账项一般通过编制账项调整分录进行。

应计收入　指企业收入已经赚取（完成了商品交付或劳务提供的过程）、但尚未收到现金、也未在账上加以反映的项目。如根据劳务合同已提供劳务、但尚未办理结算的收入，应收票据和银行存款上的应收到期利息等。确定应计收入并进行必要的账项调整，符合权责发生制的要求。

应计费用　指义务或责任业已形成、但尚未入账、也未支付现金的项目。这些费用上的现金支付行为，一般会在以后的会计期间发生。具体有银行借款的到期未付的利息，按合同已享受劳务、但尚未结算的劳务或服务费等。同样，确定应计费用，是权责发生制的要求。我国会计工作的习惯称其为“预提费用”。

预收收入　指已经收到现金、但尚未交付商品或提供劳务等收入赚取过程的项目。这部分现金收入按照权责发生制，不应该作为收款当期的收入，而要在以后的期间根据商品交付或劳务提供的情况，逐步确认为各该期间的收入。

预付费用　指那些现金支付行为已发生、但其受益是在以后的各会计期间的项目。从理论上说，一切现金支付在先、受益在后的项目，都应该是预付费用。但按收益性支出与资本性支出的划分，将期限短于一年的，称为预付费用。我国会计工作习惯上又将其称为“待摊费用”。

工作底稿　会计核算过程中，为了简化核算手续、提高核算工作的效率，将调整前试算、账项调整、调整后试算、基本财务报表等工作放在一张给定格式的草稿中进行，从而形成所谓的“工作底稿”。工作底稿所包括内容的多少，可以根据企业具体情况和会计核算的要求来确定。

会计循环　指按一定程序依次继起的账务处理方法。一个完整的会计循环从会计工作的开始到最后提供财务报表并结账等结束。具体步骤有：（1）交易分析与编制记账凭证；（2）登记各种账簿；（3）第一次试算；（4）期末账项调整；（5）调整后试算；（6）编制财务报表；（7）结清各暂记性账户；（8）结账后试算。必要时，还应该进行调整账项的转回。

复习思考题

1. 什么是会计循环？试结合第二、三章的学习，具体谈谈对会计循环的理解。
2. 什么是账项调整？为什么会计循环过程中要进行账项调整？
3. 结合本章所学习的账项调整，具体说明权责发生制与收付实现制的含义与应用。

4. 权责发生制作为记账的基础时，对收入和费用的确认，有什么具体的标准？
5. 企业通常需要进行账项调整的业务有哪几个方面？
6. 什么是工作底稿？编制工作底稿有什么作用？
7. 一次完整的会计循环通常应进行几次试算？各有什么作用？
8. 什么是结账？为什么结账时需要编制结账分录？
9. 试说明“账结”与“表结”的区别，并说明二者在会计循环中如何应用？

习 题

习题一

【目的】练习收付实现制和权责发生制下收入及费用的确定。

【资料】武夷公司5月份发生的经济业务如下：

1. 销售A产品30 000元，货款如数存入银行；销售B产品46 000元，货款暂欠；
2. 预付第三季度办公室租金3 600元；
3. 收到黄山公司上月所欠货款10 000元，存入银行；
4. 预收货款38 900元；
5. 以银行存款支付本月份的电话费770元；
6. 本月应负担年初已支付的财产保险费500元；
7. 计提本月应计银行借款利息150元，并以银行存款支付上一季度银行借款利息450元；
8. 本月应计利息收入1 000元；
9. 上月预收销货款的产品本月实现销售收入28 000元。

【要求】1. 试按权责发生制和收付实现制分别对上述经济业务进行账务处理；
2. 分别按照收付实现制和权责发生制列表计算该公司5月份的收入、费用及利润；
3. 试比较两种会计基础下的利润总额，并予简要说明。

习题二

【目的】进一步练习掌握权责发生制下收入和费用的确定。

【资料】1. 米兰公司200×年1月1日至12月31日按收付实现制确定的收入、费用及利润情况如下：

收入	50 000元
费用	31 400元
利润	18 600元

2. 上述资料若以权责发生制为基础，则有关资料如下：

	年 初	年 末
预收收入	1 500元	1 800元
应计收入	1 000元	900元
预付费用	840元	1 130元
应计费用	1 870元	1 460元

厦门大学会计系列教材——第3版

【要求】假设该公司年初的预收预付项目在年度内均已转为收入、费用，年初的应计项目也在年度中支出或收到现金。试根据上列资料计算该公司200×年度以权责发生制为基础的收入、费用和利润。

习题三

【目的】练习账项调整的会计处理。

【资料】龙盛公司200×年12月份需要调整的有关项目如下：

1. 1月份曾预付本年度财产保险费9 600元；
2. 上年度预收货款中有26 000元本月已实现销售；
3. 1月1日将100 000元存入银行，期限3年，年利率12%。请计提本月份银行存款的应计利息；
4. 计提本月份办公设备折旧费7 700元；
5. 本月1日与鸿盛公司签订合同，将部分闲置的办公场所出租给该公司，期限从当年12月至次年11月，并预收半年租金计54 000元；
6. 经计算本月应付员工薪金为5 560元。

【要求】根据上述资料，编制必要的调整分录。

习题四

【目的】练习权责发生制下账项调整的处理。

【资料】天安公司200×年下半年的部分经济业务发生情况如下：

7月1日　预付第三季度报刊预订费2 400元；

1日　预付下半年的财产保险费7 200元；

1日　向银行取得期限3个月、年率6%的短期借款50 000元，本息到期时一次付清；

1日　估计下半年的机器修理费2 100元；

8月1日　租入大型设备一台，租期4个月，至11月底交还给阿春设备租赁公司。租金共计36 000元，将于下月一次性付清；

9月1日　开出现金支票，支付所欠阿春设备租赁公司的设备款；

10月1日　以银行存款偿还到期的银行借款本息计50 750元；

12月5日　支付机器设备的修理费2 250元。

【要求】1. 编制天安公司7至12月份相关的会计分录；

2. 开设并登记“待摊费用”和“预提费用”账户。

习题五

【目的】进一步练习与掌握账项调整的会计处理。

【资料】南南顾问公司200×年6月30日调整前及调整后的部分账户余额如下：

	试算表		调整后试算表	
	借方	贷方	借方	贷方
预付房租	1 400		1 200	
预付保险费	3 500		3 000	
预收服务收入		5 500		3 500
应付利息		0		800
利息收入		580		700

【要求】试作出造成每个账户余额变动的账项调整分录。

习 题 六

【目的】练习工作底稿的编制。

【资料】1. 祥和商行200×年12月31日调整前试算表资料如下：

现金	6 000	
银行存款	26 500	
预付保险费	800	
库存商品	7 000	
固定资产	220 000	
应收账款	5 000	
其他应收款	700	
累计折旧		60 000
应付票据		37 000
预收账款		8 600
实收资本		131 500
商品销售收入		48 000
商品销售成本	15 600	
管理费用	8 000	
利息收入		4 500
合 计	289 600元	289 600元

2. 12月31日应予调整的事项有：

（1）本月应计提固定资产折旧为9 650元；

（2）本年度的预付财产保险费余额全部由本月负担；

（3）本月初将100平方米的空闲店面出租给多利公司，租期暂定3个月，每月租金5 400元，于第二个月中旬一次交付；

（4）预收货款中的7 500元在本月已实现销售；

（5）本月银行存款应计利息为1 300元。

【要求】1. 试做出调整分录；

2. 编制工作底稿。

习 题 七

【目的】练习基本财务报表的编制。
【资料】见习题六。
【要求】1. 编制利润表；
2. 作结账分录；
3. 编制资产负债表；
4. 作必要的转回分录。

习 题 八

【目的】练习工作底稿和基本财务报表的编制。
【资料】皇家康乐保龄健身中心 200×年 9 月 30 日的试算表如下：

皇家康乐保龄健身试算表
200×年9月30日

科目	借方	贷方
现金	1 540	
银行存款	32 300	
预付保险费	1 200	
在用物料	1 060	
建筑物	116 500	
累计折旧—建筑物		21 625
设备	61 250	
累计折旧—设备		25 300
应付账款		3 170
预收账款		25 860
资本		50 000
留存收益		49 745
服务收入		80 600
工资费用	31 150	
广告费用	4 500	
水电费用	4 380	
修理费用	1 380	
杂项费用	1 040	
合 计	256 300	256 300

当月需要调整的账项有：
(1) 本月份应摊销预付的保险费 150 元；
(2) 月末对在用物料进行盘点，余额为 260 元；
(3) 当月建筑物应计提折旧 2 580 元；

（4）当月设备应计提折旧955元；
（5）月末应计未付工资为1 950元；
（6）预收账款中的15 500元，已在本月实现。

【要求】1. 根据上述资料，编制工作底稿；
2. 对上述事项做调整处理；
3. 完成调整后试算表；
4. 编制基本财务报表。

案　例

乔治安装公司200×年12月31日的试算表如下：

账户	借方	贷方
现金	525	
银行存款	8 410	
在用物料	1 457	
预付保险费	400	
设备	14 600	
应付票据		13 000
应付账款		2 960
业主投资		10 042
业主提款	3 500	
营业收入		38 200
工资费用	21 400	
房租费	4 500	
广告费	200	
水电费	900	
合　计	55 892	64 202

该试算表不平衡，经检查，存在下列各项错误：

1. 银行存款余额多记了1 000元；
2. 一笔收款为210元的现金，在过账时误记为120元；
3. 一项金额为2 000元的业主提款被误记到业主投资账户的贷方；
4. 广告费账户的余额为1 200元，在编制试算表时，错为200元；
5. 一项金额为450元的应收账款借项，漏登入该账户；
6. 一笔310元的在用物料退回，按130元记入“在用物料”账户的贷方；
7. 应付票据账户多计3 000元；
8. 按保险政策要求，应将200元的保险费登记到“预付保险费”账户的贷方；
9. 试算表上漏登了杂项费用账户，该账户余额为2 100元；
10. 应付账款账户贷方少计710元。

根据上述资料，为乔治安装公司编制一份正确的试算表。

第五章　利润表要素的确认、计量、记录和报告

【教学目的与要求】

掌握费用的确认与计量；产品成本核算的基本原理；收入的确认原理与计量；配比原则与利润的确认；利润表的基本结构与编制。

【教学重点与难点】

本章以收益表为核心，围绕收益表上的各个项目，介绍收入、费用、利润等基本会计要素的确认、计量和记录的基本原理，在此基础上，介绍收益表的编制。学习本章和后面的第六章，将能把前面几章所学习的复式簿记等的基本原理，具体运用到制造业中去。本章还出现了一些关于收入、费用、利润等的概念和为确认、记录这些会计要素所必需的收入实现、费用配比等基本会计原则。当然，作为“会计学原理”，本书对这些问题主要从原理上进行介绍，比较简单。《中级财务会计》将会对这些问题做更深入的介绍和讨论。

1. 费用、成本的概念及其确认与计量。要明确费用和成本两个基本概念在性质上的联系与区别，以及在数量上的差异。由于费用按期间归集，因此，一些在本期发生的耗费，都构成了本期的费用；而成本按产品对象来归集，并且，只有直接服务于产品生产的耗费，才形成产品成本。那些服务于生产过程的耗费，称为“期间费用”，再加上产品成本可能包括了上期所发生的费用和未来会计期间才入账的费用等，因此，二者在数量上的差异是非常明显的。

费用的确认遵循了两条最为基本的原则，一是划分收益性支出与资本性支出，即：凡是受益期短于一年的支出，视为本期直接或间接的耗费，否则，应视为资本性支出；二是权责发生制原则，即：根据义务或责任是否形成来确认费用的发生。

产品成本的确认，实际上也就是产品成本的计算过程。简单地说，成本计算就是按成本计算对象（主要是完工产品）归集各项费用并进行分配的过程。本书只是从原理上说明了成本计算。对这一问题的学习，将有专门的课程《成本会计》。

费用和成本的计量，从目前我国的实践来看，仍然是以实际成本（历史成本）为主要计量属性。

2. 收入的确认与计量。收入确认应当遵循权责发生制原则和收入实现原则。从内容上说，权责发生制原则是一个既包含收入也涉及费用的“大”原则，而收入实现原则主要是针对收入的“小”原则。从实际处理过程来看，有三种情况：一是在销售时确认收入，这是绝大部分工业企业的做法，对它们来说，产品销售出去与收入的赚取过程完成是联系在一起的。当然，在不同的销售条件和方式下，具体确认收入实现的时点，又有所不同；二是按生产进度确认收入，这主要是针对建筑行业或一些大型船舶和设备的建造，它们完成一个“产品”的生产，需要长于一年的周期，为平稳各期的收入和费用，采用按生产或完工进度来确认收入。使用这一标准，应该要注意：如果企业没有明确的合同，以保障其在产品完工后能顺利地实现销售、收回货款，即便是全部完工了，也不应该确认收入；三是按收到现金确认收入，这主要用于商品零售业或一般企业的分期付款销售。前者一般不存在赊销等现象，收到现金就意味着实现了收入；后者尽管在销售的同时，收入理论上是实现了，但由于收款的风险很大，提前确认收入，将会增加企业的负担和风险，因此，对这部分收入，也推迟到实际收到现金时确认。

实际经济活动中，一些企业会出于特定目的而期望增加或降低当期收入，此时，它们会“创造”条件来满足收入确认的标准。比如，一项典型的回租业务中，企业将一幢办公楼销售给某公司，企业已经将商品（办公楼）交付给购货方，同时取得了相应的价款，按照收入实现原则，企业可以在当期确认收入已经实现。但与销售合同同时成立的回租合同，可能会要求企业长期租赁该办公楼，其租赁期等于或接近该办公楼的正常寿命，租金也与售楼价格相近。这时，就需要运用《企业会计准则第 14 号——收入》中所确立的最高标准：与该商品相关的风险与报酬实质上已经转移给购买方。

收入的计量，按交易发生时的价格来确认。如果说它是实际成本，应该是不恰当的。因为交易价格比实际交付商品的成本要高（高出部分是利润的来源），同时，它还是未来预计可以取得的金额，所以，有些人也将其称为“预期未来收入”；同时，在计量收入时，还应考虑商业折扣（因一次性购买商品的数量多而在价格上给予购买方的优惠）和现金折扣（在信用制度下，为鼓励购买方尽早支付货款而给予的优惠）的影响。一般来说，商业折扣体现在销货发票上，因此，不属于会计考虑的范畴；现金折扣（也称为销货折扣）是具体计量收入时所应考虑的。

3. 利润的确认与计量。严格地说，利润不是一个独立的要素，它主要是收入和费用相抵减后的余额。对利润的确认，主要考虑的是配比，即：哪些费用与本期所实现的收入相关？配比的总体原则有两条：一是从经济性质上看，收入和费用之间内在的因果联系；二是从发生的时间上看，收入和费用的一致性。前者决定了所销售产品的生产成本等是本期费用，后者决定了销售费用、管理费用、财务费用等期间费用是本期费用。

利润的计量是一种间接计量，即包括：收入减去费用后的净额，直接计入当期利润的利得和损失。因此，它本身没有什么原则。说它遵循了实际成本，只是一种泛而论之的观点。

4. 利润表。掌握多步式利润表的结构和内容，关键在于掌握利润的构成项目。多步式利润表的各个步骤，实际上是以利润的构成项目为基础所展开的。

名词解释

收益性支出与资本性支出 为取得本年度收益或与取得本期收益有关的支出，称为收益性支出；与取得本年度及以后毗邻会计年度的收益有关的支出，称为资本性支出。更直观地说，收益性支出的效益仅与本会计年度相关，而资本性支出的效益与几个会计年度相关。收益性支出一般形成当期的耗费，资本性支出则形成企业的长期资产。

实际成本 是指经济业务发生时企业实际的支出。它具有交易发生时的原始凭证为证明，较为客观、可靠。由于实际成本数据一经入账，一般不作变动，因此，也被称为历史成本。

成本计算 对生产经营过程中所发生的各种直接耗费，按照一定的对象和标准进行归集和分配，以计算确定各该对象的总成本和单位成本。从制造业经营过程来看，按成本计算对象的不同，一般有：以所采购材料为对象计算的材料采购成本；以完工产品为对象计算的产品生产成本。成本计算的准确与否，将影响到企业最终经营成果确定的准确与合理性程度。

生产成本 产品生产过程中所发生的各种直接耗费，称为生产成本。它由直接材料、直接人工和制造费用三部分组成。作为一个账户，“生产成本”账户用于登记和核算企业为生产产品所发生的、需要对象化由具体产品负担的各种直接费用和共同费用。其借方登记各种生产成本的发生，贷方登记完工验收入库产品所结转出去的产品成本份额，余额表示未完工产品的直接耗费。

制造费用 指产品生产过程中发生的、不能直接对象化为各产品成本的共同性费用。如车间管理人员的工资、生产用机器设备的折旧等。作为一个账户，“制造费用”账户用于反映制造费用的发生与分配情况。其借方登记各项制造费用的发生，将制造费用分配并结转到生产成本账户，反映在贷方，期末一般没有余额。

管理费用 指企业经营过程中所发生的企业管理和后勤部门为组织、管理生产经营活动所发生的各种费用。如厂部管理人员的工资，厂部办公楼等固定资产的折旧费、研究开发费等。它也可作为一个账户，用来核算管理费用的发生和转销。其借方登记管理费用的发生，平时该账户贷方一般没有发生额（除少数确实减少管理费用的账项外），因而，平时该账户的余额反映当年累计发生的管理费用，每年年末通过贷方将其转入本年利润后，该账户没有余额。

财务费用 企业在经营过程中为筹集资金所发生的各种费用，包括银行手续费、银行借款利息、企业外汇收支上的汇兑损益等。它也可是一个账户，用于核算和反映财务费用。其借方登记财务费用的发生，贷方反映企业所收到的利息收入或汇兑收益，余额表明累计的财务费用或收益情况。每年年末将其转入本年利润账户后，该账户没有余额。

销售费用 企业在产品销售过程中所发生的各项有助于销货活动的费用，包括广告费、包装费、销售人员的工资等。当然，它可以是一个账户，用于反映销售费用的发生与转销情况。在结构上与管理费用、财务费用账户等基本相同。

收入实现 用于判明何时在账户上确认收入的原则。按照这一原则，应当在已交付产品或提供劳务、取得了收取货款的权利时，确认收入的实现。其具体标准有两项：一是收入的赚取过程已经完成，即：取得收入的交易已经发生；二是企业已收到现金或取得按期收取货款的权利。收入实现原则具体付诸应用时，在确认收入的时间上，出现三种不同类型：一是销售时；二是销售前（按生产进度）；三是销售后（分期付款）。收入实现原则的应用，要服从实质重于形式的原则，即：只有与标的物有关的风险或报酬实质上已经转移，企业才能确认收入已经实现。

完工程度百分比法 对那些生产或加工周期长于一年的项目，平时按照完成程度占总工作量的比重，逐批确认收入的实现。它是确认收入的一种特殊方法，主要适用于建筑业和大型船舶、设备的制造等行业。当然，对这些行业来说，应用完工程度百分比法，必须要有合同表明其完工后即可交付销售并取得货款。否则，就不能采用百分比法提前确认收入。

商业折扣 商业竞争中，对购买方大批量购买产品而在销售价格上给予的一次性优惠。会计上，习惯将商业折扣后的净额（即：发票价格）作为收入总额。

现金折扣 为鼓励购买方尽早支付货款而给予顾客一定比例的优惠。它是在普遍存在商业信用的制度下，早日收回货款，意味着企业所承担的风险就会降低。其表示式“2/10，n/30”意为：10 天内付款给 2% 的折扣，30 天必须付全价。

配比 也称费用配比。它是根据收入和费用之间的内在联系，将费用的确认与其相关的收入联系起来进行。具体有两种方式：一是从经济性质上看，收入和费用之间的因果关系。比如产品销售收入与该产品上的生产成本之间，就有性质上的因果联系；二是从发生的时间上看，它们的一致性。如长期借款上的利息费用，就应该在其发生时计作各期的费用，不应作为最后一次性偿还时那一期间的费用。具体在会计处理上，有三种不同的处理：一是直接配比，如直接材料、直接人工等记作产品成本；二是间接配比，如制造费用需经分配才能计入产品成本；三是系统分配，如固定资产折旧。

利润表 反映一定会计期间经营成果的报表。它反映了企业在一定会计期间里的各种收入和全部的成本、费用、支出情况。编制方法上有多步式和单步式两种。

复习思考题

1. 什么是会计确认？如何确认？
2. 什么是会计计量？它与会计核算方法的关系如何？请举例说明。
3. 什么是收入、费用、利润？它们之间的关系如何？
4. 什么是成本？如何理解费用与成本之间的联系和区别？
5. 什么是生产费用？什么是期间费用？它们之间有何区别？
6. 为什么要把制造业的生产费用区分为直接费用和间接费用？
7. 如何对成本与费用进行确认？其确认的标准有哪些？
8. 如何对费用进行计量？
9. 什么是成本计算对象？制造业生产经营过程中发生的各项费用应如何进行对象化？
10. 制造业的产品成本计算期应如何确定？
11. 什么是成本项目？制造业的产品成本有哪些成本项目？
12. 制造业的生产费用是如何进行归集和分配的？
13. 什么是成本计算方法？制造业应如何选择和确定产品成本的计算方法？
14. 制造业为什么要编制产品成本计算表？如何进行编制？
15. 制造业应如何对收入进行确认和计量？
16. 主营业务收入与其他业务收入之间有什么区别？
17. 制造业的利润是怎样构成的？为什么说营业外收入和营业外支出也是企业利润的构成项目？
18. 为什么企业在日常核算的基础上还要编制利润表？企业的利润表应如何编制？

习 题

习题一

【目的】 练习制造费用和管理费用的核算。

【资料】 济科公司200×年12月发生如下经济业务：

5日　购买办公用品共计680元，以现金支付；

15日　厂长出差回来，报销差旅费2 960元，冲销原预支款3 000元，余款交回；

16日　生产车间领用辅助材料一批，计1 200元，用于甲、乙两种产品的生产；

30日　计提本月固定资产折旧。其中，生产车间机器设备折旧费2 200元，厂部办公设备折旧费1 400元；

30日　开出转账支票以支付本月的报刊费2 000元，其中，车间用报刊费600元，厂部用报刊费1 400元；

30日　以现金支付本月生产车间机器设备修理费900元；

31日　开出银行转账支票一张，支付本月水电费8 600元，其中，生产车间用水电费3 100元，厂部用水电费5 500元；

31日　收到邮电部门转来的发票，本月发生电话费3 200元。根据托收无承付合同，已从本单位的开户行支付。

【要求】1. 对上述经济业务作出会计处理；

2. 开设“制造费用”、“管理费用”账户，汇总本期所发生的全部制造费用和管理费用。

习 题 二

【目的】练习制造费用和管理费用的核算。

【资料】得利公司 200×年 3 月份发生如下部分经济业务：

3 日　生产车间领用设备修理用配件 320 元；

9 日　仓库发出一批辅助材料计 860 元。其中：管理部门领用 520 元，其余为生产车间领用；

11 日　购买一批办公用品，计 335 元，以现金支付。办公用品经验收后，全部发放到管理部门使用；

12 日　以现金支付车间的一台生产设备的修理费 226 元；

18 日　车间领用动力燃油计 1 150 元，全部用于本月产品的生产；

30 日　本月发生水电费共计 4 800 元，款项已从银行划拨完毕。其中：车间生产用 3 000元，管理部门用 1 800 元；

30 日　本月发生的工资中，管理部门为 3 435 元，车间管理人员为 2 865 元；

30 日　开出转账支票以支付本月负担的报刊征订费和财产保险费：应由管理部门负担的为 390 元，应由车间负担的为 450 元；

30 日　计提本月固定资产折旧。其中，车间直接生产用固定资产的折旧为 1 200 元，管理部门固定资产折旧费 2 100 元。

【要求】1. 对上述资料做出会计处理；

2. 开设制造费用和管理费用账户，汇总本期所发生的制造费用和管理费用；

3. 对本期的制造费用按机器加工小时进行分配。假定本期生产车间完工甲、乙两种产品各 50 件。其中，两种产品机器加工小时总数合计分别为 300 和 500 小时。

习 题 三

【目的】练习财务费用的核算。

【资料】济科公司 200×年 12 月发生如下经济业务：

1 日　向银行借入期限 3 个月、年利率 6% 的短期借款 50 000 元，支付借款发生的各项手续费计 98 元；

30 日　向工商行厦利支行借入的利率 9%、6 个月期借款 100 000 元，已经到期。银行从本公司账户上直接扣还到期借款的本利总和。公司平时按月已计提借款利息；

30 日　向工商行厦利支行借入的一笔利率 12% 的三年期借款 600 000 元已到期。该借款用于公司厂房的建造，公司厂房已于两年前竣工交付使用。该项借款利息单利计算，本金和利息于到期时一次支付。（注：长期借款利息在固定资产未交付使用前计入工程成本）

30 日　本月发生的其他各项银行短期借款利息共计 1 020 元。

【要求】1. 对上述经济业务作出会计分录；

2. 开设“财务费用”账户，汇总登记当月的全部财务费用。

习 题 四

【目的】练习生产成本的核算。

【资料】济科公司200×年12月份发生如下经济业务：

3日 生产车间领用材料汇总如下：

	单价	甲产品	乙产品
A材料	@5.00	800kg	400kg
B材料	@160.00	40T	10T
C材料	@20.00		500kg

5日 向银行借入短期借款60 000元，存入银行存款账户；

8日 仓库交来领料单一份，生产甲产品领用C材料600kg，生产乙产品领用B材料15T，管理部门领用C材料200kg；

12日 生产车间领用低值易耗品4 000元。本公司对低值易耗品采用一次摊销法；

30日 本月应付工资汇总如下：

生产工人工资——甲产品	4 500元
——乙产品	1 500元
车间管理人员工资	1 200元
管理人员工资	1 800元

30日 向银行提取现金9 000元，并用于发放员工工资；

【要求】1. 对上述经济业务作出会计处理；

2. 开设“生产成本”、“制造费用”账户，汇总登记本期所发生的生产成本和制造费用；

3. 对生产成本账户按所生产的产品种类进行明细核算。

习 题 五

【目的】练习制造费用的分配。

【资料】济科公司200×年12月份有关制造费用的资料见习题一和习题四。

【要求】1. 根据习题一、四的资料，汇总本期的制造费用；

2. 按照生产工人工资的比例分配制造费用；

3. 对分配结果作出会计处理。

习 题 六

【目的】练习产品成本的核算。

【资料】鹭宝公司200×年9月初有在产品4 000元，产成品3 000元；9月份发生的直接生产和制造费用31 500元，完工入库产成品30 000元，发出用于销售产成品28 000元；10月份发生的直接生产和制造费用50 000元，10月份完工的产成品全部验收入库，10月份发出用于销售产成品45 000元，10月末有产成品9 000元。

【要求】请根据上述资料计算10月末在产品的成本。

习 题 七

【目的】练习产品成本的核算。

【资料】1. 大成公司200×年3月31日“生产成本”账户期末余额为6 080，构成如下：

	直接材料	直接人工	制造费用
子产品（20件）	2 960	750	360
丑产品（10件）	1 350	520	140

2. 本月投产子产品120件，丑产品150件。发生各类成本分别为：子产品计27 600元，其中，直接材料费19 600元，直接人工费8 000元；丑产品计33 000元，其中，直接材料费20 500元，直接人工费12 500元。制造费用共计4 100元，按直接人工费在子产品和丑产品之间平均分摊；

3. 月末入库子产品110件、丑产品120件，其余为未完工产品。假定这两种产品的材料均一次投足，加工程度为50%。

【要求】计算本月完工的子、丑两种产品的总成本和单位成本。

习 题 八

【目的】练习产品成本的核算。

【资料】济科公司200×年12月份产品生产资料见习题一、四和五。其他有关资料如下：

1. 甲产品上月末结存15件，成本6 200元，其中，材料费4 600元，人工费1 000元，制造费用600元；乙产品上月末结存20件，成本为1 320元，其中，材料费760元，人工费350元，制造费210元；

2. 本月投产甲产品110件，乙产品200件。期末完工入库甲产品100件，乙产品210件；

3. 期末结存的甲产品25件，乙产品10件。材料均已投足，完工程度80%。

【要求】计算甲、乙产品的生产成本，做出产品完工入库的会计处理，并编制产品成本计算单。

习 题 九

【目的】练习销售收入的核算。

【资料】中和公司200×年10月发生的有关经济业务如下：

3日　销售一批货物给天地公司，货款24 000元，货物已经发出。本公司给定的付款条件是2/10，n/30（增值税略，下同）；

5日　销售一批商品给和顺公司，货款30 000元，收到对方开出的2个月期不带息银行承兑汇票一张；

9日　预收同利公司货款12 000元；

11日　按照合同要求，向同利公司发出货物。该批货物总价款为35 000元，从预付货款中抵付后，余款的付款条件为2/10，n/30；

12 日　收到天地公司支付的一半货款，已存入银行；

20 日　同利公司发来传真，要求对11日发出销售的货物中5件不合格产品予以退货。经协商，给予同利公司5件货物折让共计1 000元；

21 日　收到同利公司所支付的货款；

30 日　收到天地公司支付的剩余货款。

【要求】1. 对上述经济业务编制会计分录；

2. 开设并登记“主营业务收入”、“财务费用”账户。

习 题 十

【目的】练习营业收入的确认。

【资料】豪华建设工程公司为海景商场承建一幢商厦，工程造价预计3 000万元。按照合同规定，海景公司在工程开工时先预付60%的价款，余额到工程完工时一次结清。该工程于19×6年开工，19×8年竣工。三年间，豪华公司实际发生的工程成本分别为：

19×6年	850万
19×7年	1 020万
19×8年	815万
合 计	2 685万

【要求】按照权责发生制，确定每年实现的利润数（在最后工程完工前，各年利润的实现数只能按完工进度比例来确定）。

习题十一

【目的】练习销售收入和销售费用的核算。

【资料】济科公司200×年12月份发生如下经济业务：

3 日　销售甲产品40件给利安公司，每件售价1 800元。收到利安公司开来的转账支票；

4 日　销售乙产品100件给凌云商场，每件售价320元，收到凌云商场按价款开出的转账支票一张；

7 日　销售甲产品50件、乙产品80件给石井开发公司，甲产品每件单价1 850元，乙产品每件单价335元。给石井公司的付款条件是2/10，n/30；

10 日　收到白城包装公司开来的账单，本月销售商品共发生包装等费用9 500元。当即开出现金支票；

13 日　石井公司来电称7日所发出的货物中，甲产品10件等级不符合要求。经协商，对不符合要求的甲产品，每件给予20%的折扣；

16 日　收到石井公司支付的全部货款的一半，如数存入银行；

30 日　开出转账支票以支付当月产品的报纸广告费4 000元、电视广告费6 000元；

30 日　分别按销售收入的8%、6%结转本月甲、乙产品应负担的销售税金（消费税）。

【要求】1. 对上述经济业务作出账务处理；

2. 开设并登记“主营业务收入”、“营业税金及附加”、“销售费用”等账户。

习题十二

【目的】练习与掌握经营成果的计算。

【资料】豪杰公司 200×年 12 月份有关账户的期末余额如下：

(均为期末结账前的余额)

"主营业务收入"账户贷方余额 1 860 000 元

"主营业务成本"账户借方余额 937 500 元

"销售费用"账户借方余额 16 500 元

"营业税金与附加"账户借方余额 17 840 元

"应交税费"账户贷方余额 43 500 元

"其他业务收入"账户贷方余额 38 300 元

"生产成本"账户借方余额 91 243 元

"其他业务成本"账户借方余额 25 800 元

"营业外收入"账户贷方余额 8 500 元

"营业外支出"账户借方余额 28 600 元

"管理费用"，账户借方余额 53 100 元

"财务费用"账户借方余额 16 500 元

"所得税费用"账户借方余额 243 288 元

"利润分配"账户贷方余额 78 900 元

【要求】根据上述资料，请计算：

1. 营业利润；2. 利润总额；3. 净利润。

习题十三

【目的】练习利润的核算和利润表的编制。

【资料】中闽百货公司 200×年 10 月份有关经济业务见第三章习题九。其他相关资料如下：自行车成本每辆 225 元；洗衣机每台成本 885 元；彩电每台成本 4 990 元。

【要求】结转中闽公司本月的主营业务收入、主营业务成本、销售费用、管理费用等账户，确定该公司本月的利润。

习题十四

【目的】练习利润的核算和利润表的编制。

【资料】济科公司 200×年 12 月除习题一、三、四、五、八、十一的经济业务外，还发生如下经济业务：

1. 期末对固定资产进行盘点，发现盘亏一台设备。该设备原价为 30 000 元，已提折旧为 20 000 元。经公司研究决定，全部做损失处理；
2. 原欠三 T 公司咨询费 8 000 元，因该公司已经被清理而无法支付；
3. 开出转账支票以支付经研究决定向希望工程的捐款 10 000 元；
4. 收到宏三公司捐赠的设备一批，经评估机构认定，价值 30 000 元。

【要求】1. 对上述经济业务作出账务处理；
2. 结转产品销售成本（本月销售产品的生产成本以当月完工产品成本资料为依据）；
3. 结转收入、费用等账户，计算本期利润总额；
4. 编制济科公司本月利润表。

习题十五

【目的】练习收入、费用和利润的确认。

【资料】广安公司200×年12月份发生的部分经济业务如下：

1日 向梅杰工厂购入甲材料30吨，每吨单价600元；向凯撒工厂购入乙材料2 000公斤，每公斤单价15元。材料已验收入库，货款尚未支付（增值税略，下同）；

2日 采购员小许报销1日采购材料的差旅费1 440元、火车运费1 600元、市内搬运费等320元。以上费用中差旅费付给现金，其他费用通过银行支付；

3日 姚经理预借差旅费2 000元，开出现金支票；

5日 车间领用甲材料15吨，用于M产品的生产；领用乙材料1 200公斤，用于N产品的生产（假设该公司无期初库存甲、乙材料）；

7日 车间领用辅助材料一批计3 200元，作为两种产品生产共同使用；

9日 向银行提取现金10 000元，当即用于发放职工工资；

11日 以现金购买一批办公用具计850元。其中，厂部领用520元，车间领用330元；

14日 销售M产品50件给乔丹公司，每件售价1 520元，销售条件为2/10，n/30（增值税略，下同）；

14日 开出现金支票，支付上述销货运费1 200元；

16日 姚经理出差回来，报销差旅费1 880元，余款交回现金；

17日 出售旧设备一台，原值50 000元，已提折旧41 600元，售价10 200元。款项收到，存入银行；

18日 开出转账支票，支付本月份电视台广告费3 500元；

20日 向希望工程捐款5 000元，已开出转账支票；

20日 销售N产品80件至麦可公司，每件售价2 100元，付款条件为2/10，n/30；

20日 N产品的包装费用、销售运费等计3 500元，已由银行支付；

23日 收到乔丹公司的转账支票一张，支付本月14日的销货款；

25日 麦可公司来电，称20日所销售的N产品中，有4件不合格，要求退货。经协商，每件给予1 200元的折让；

26日 销售下脚料一批，成本为1 500元，实得销售收入1 950元已存入银行；

27日 原欠长城公司其他款项2 500元，因该公司撤销，无法支付；

30日 开出转账支票以支付本月财产保险费、报刊征订费等。其中，应由生产车间负担750元，应由厂部负担1 250元；

30日 开出现金支票以支付本月机器设备修理费1 050元；

30日 计提本月银行短期借款利息890元；

30日 结转本月工资。其中，M产品生产工人工资4 200元，N产品生产工人工资2 800元，厂部经营管理人员工资2 000元，车间管理人员工资1 000元；

30 日　收到麦可公司所支付的 N 产品销货款的一半，已存入银行；
30 日　仓库遭受火灾，经确认，材料损失 4 000 元；
30 日　计提本月固定资产折旧。其中，厂部固定资产折旧 850 元，车间固定资产折旧 1 280 元；
30 日　按生产工人工资的比例结转本期所发生的全部制造费用；
30 日　M 产品 50 件、N 产品 100 件全部完工并验收入库；
30 日　向天航公司发出 M 产品 35 件，每件售价 1 450 元；N 产品 75 件，每件售价 2 050 元。付款条件为 2/10，n/30；
30 日　按本月所销售产品的净额的 3% 计算应缴纳的销售税金（消费税）；
30 日　结转各费用、成本账户；
30 日　结转各收入账户；
30 日　按利润总额的 15% 计算应纳所得税。

【要求】1. 对上述经济业务做出会计处理；
2. 计算材料采购成本，其中，对采购员的差旅费按材料价格分配，其余按所采购材料的重量分配；
3. 计算本期所完工产品的成本。其余有关资料为：生产成本账户期初无余额，本期共投产 M 产品 60 件、N 产品 120 件，期末未完工产品的投料和加工程度均为 60%；
4. 编制广安公司的利润表。其中，本期所销售产品的生产成本暂按本期完工产品进行结转。

案　例

张林于 1995 年 7 月 1 日开办了一家大力神小五金配件公司。他只记录了现金的收支及一沓需要支付的账单和一沓客户欠款的单据。为了扩大经营规模，张林正在向银行申请贷款。银行要求张林提供完整的财务报表，请帮助他编制财务报表。有关的记录如下：

收款记录（1995 年 7 月 1 日至 1996 年 9 月 30 日）：

（1）张林自己投入现金，以便开办大力神配件公司 150 000 元；

（2）销货收入（已扣减销货退回与折让 4 670 元和销货折扣 3 280 元）333 150 元。

付款记录（1995 年 7 月 1 日至 1996 年 9 月 30 日）：

（1）房租 7 680 元；

（2）保险费 2 880 元；

（3）购货（扣减 1 960 元的购货折扣）265 920 元；

（4）工资 86 300 元；

（5）储存设备 11 200 元；

（6）送货车 32 000 元；

（7）在当地报纸上刊登广告 8 800 元；

（8）税收 1 010 元；

（9）各种用具 3 800 元；

（10）杂项费用 4 320 元；

（11）张林提款供自己使用 10 000 元。

截至1996年9月30日，应向客户收款总计25 400元。

截至1996年9月30日，应付供应商的供货款计18 640元。

在对该公司的记录进行分析之后，整理出下列有用资料：

（1）1996年9月30日的存货69 430元；

（2）在用的各种用具915元；

（3）1996年9月30日的预付房租480元；

（4）1996年9月30日的预付保险费480元；

（5）储存设备的累计折旧1 100元；

（6）送货车的累计折旧3 200元；

（7）1996年9月30日的应计工资费用2 160元。

要求：

1. 为张林编制一个从开业到1996年9月30日的多步式利润表和这一天的资产负债表；

2. 银行在接到报表后，要求重新编一套截止到1996年6月30日、期间为一年的财务报表。你是否能按要求编制这份报表？为什么？

第六章　资产负债表要素的确认、计量、记录和报告

【教学目的与要求】

掌握资产的定义、特征；根据资产的定义与特征来进行确认、计量；负责的确认标准与计量；所有者权益的内容及其相应的确认、计量问题；资产负债表的结构与编制。

【教学重点与难点】

本章以资产负债表项目为基础，介绍资产、负债、所有者权益等要素的具体内容、确认和计量的标准、记录方法及其报告——集中体现在资产负债表上。从内容上看，本章比第五章利润表要多，也更为复杂。学习本章，将会涉及制造业经营活动过程中所可能面临的一些最基本的问题及处理。因此，自己动手练习，仍是理解和掌握本章的关键。

1. 资产的确认与计量。这是《中级财务会计》所需要解决的主要内容之一。它无论是内容的量上，还是在问题的复杂程度上，都多于、高于其他会计要素。本书只简单介绍资产负债表要素的主要内容及其相应的会计处理。

资产的定义，目前学术界仍然存在争论。以美国为代表的西方学术界，特别重视资产的质的界定。即：企业拥有资产的最根本目的是它具有“未来经济利益”，或者说，可以帮助企业创造价值。这样，是否具有未来经济利益，成为判断是资产还是费用的关键标准。

资产的确认，包括两个方面：一是指何时将某项资产入账。由于资产一般都具有实体形态（应收账款等少数除外），因此确认的时点多以企业实际取得该项资产的控制权为准；二是究竟什么项目可以确认为资产，这要以资产的定义和分类定义为判断标准，要求入账的资产应能符合各定义的基本要求。对这些问题，更多地留待以后的学习去解决。

资产的计量，主要采用实际成本（历史成本）标准，但其中对应收账款，可以说它是交易价格（买卖双方所确定的销售价格，就是应收账款的数额），也可以将其理解为“未来可实现收入”，这与上一章的收入是同一问题。此外，大量的购货现金折扣也是资产计量所应当要解决的问题。由于现金折扣问题在我国尚不多见，它还不是一个具普遍性的问题。

具体的会计处理方面，应收票据及贴现、应收账款及坏账准备、存货的发出、固定资产折旧等，都有一些较为复杂的方法，需要注意掌握。

2. 负债的确认与计量。负债也有人称作“负资产”，表明其性质和资产完全相反。对它的确认和计量，存在着与资产基本相似的问题。在具体的会计处理方面，短期负债和长期负债也存在着一些差异，特别是某些长期负债（如应付债券）的确认、计量，较为复杂。本节只是涉及一些基本的概念，对经济业务的详细介绍和处理，要由《中级财务会计》进行。

3. 所有者权益的确认与计量。所有者权益要素从数量上说，是资产减负债后的余额；但从内容上看，所有者权益要素有着独立的内容。它由实收资本、资本公积、盈余公积和未分配利润四个部分所组成。因此，其确认与计量将分别与这四个组成部分的确认与计量密切相关，且有所差异。实收资本和资本公积的入账时间比较容易确认，一般以投资者实际投入或企业实际收到所投资的资产为准，但其计量属性的选择较复杂，要针对不同情况作出不同的处理。其中，实物投资等可采用的属性有历史成本、重置成本、现值、可变现净值和公允价值等。盈余公积和未分配利润相对来说，比较简单，其入账时间和数量也有明确的依据可以遵循。

4. 资产负债表的编制。资产负债表是一种余额（时点）报表，因此，当上述各资产、负债、所有者权益项目的核算和处理正确，编制此表也就较为容易。

对资产负债表的理解不应该忽视其结构，资产和负债项目的排列顺序是有规则可循的。

名词解释

流动资产　又称为短期资产。简言之，是指能够在一个会计年度或长于一年的一个营业周期内耗用或交换的各项资产。包括货币资金、交易性金融资产、应收账款、存货等。流动资产上的支出一般在一年内会作为费用逐渐进入利润表。

非流动资产　又称为长期资产，是流动资产的对称。简言之，指使用寿命高于一年或长于一年的一个经营周期的各项资产，包括长期股权投资、固定资产、无形资产等。它一般会在以后的会计期间，通过耗用陆续地进入利润表。

应收票据贴现　票据的持有人在票据到期之前，将其所有权转让给银行以换取现金的行为。实质上相当于向银行进行短期融资借款，其借款期限为票据贴现日至到期日。银行会根据这一期限的长短，收取一定的利息，称为贴现息。票据的持有人在贴现票据时，一般应背书，以示承担连带责任。

备抵法　坏账冲销方法的一种，也称间接法。是指平时按一定比例对应收账款计提坏账准备，等到具体坏账实际发生时，不直接增加费用，而是冲减坏账准备。按照计提比例的不同，又分为赊销百分比法、应收账款余额百分比法、账龄分析法等。与直接列账法相比，该方法在总体思想上更符合权责发生制的要求。

直接列账法　坏账冲销方法的一种。对实际所发生的坏账，按其金额直接冲减应收账款，并增加当期费用。由于平时不计提坏账准备，因此，该方法容易导致各期利润的上下波动。从总体思想上也不符合权责发生制和配比原则的要求。

定期盘存制　它是以定期实地盘点来确定期末存货的结存数量，并根据存货的单价计算出结存的金额，以期初存货和本期购入存货的数量和金额，倒算出本期发出存货数量和金额的一种存货核算和管理制度。按这一制度，平时存货的发出不登记，它可以简化平时登记存货发出的工作量。但该制度不能用来有效地进行存货的管理和控制。

永续盘存制 对各项存货设置数量和金额账簿，根据各有关凭证，逐日逐笔登记其收发存的数量和金额的一种存货核算和管理制度。这种制度能随时在账簿上了解存货的收入、发出和结存数量，有利于进行存货的管理和控制。

加权平均法 以期初存货数量和本期购入存货数量为权数，确定存货的平均成本，并作为计算本期存货发出成本的依据。按照计算公式和频数的不同，又分为月末一次加权平均法和移动加权平均法两种。

先进先出法 假设先入库的存货先发出，并以这一物流顺序对存货的发出成本和结存进行计价。该方法在物价持续上涨的情况下，将会夸大期末存货的成本，减少当期进入利润表的成本份额。

后进先出法 假设每次出库的存货都是最近入库的，并按这一逆向物流顺序确定发出和结存存货的成本。该方法在物价持续上涨的情况下，会压低期末存货的成本，夸大当期进入利润表的成本份额，从而部分地推迟了企业的纳税时间。因此，它是一种体现谨慎思想的方法。

加速折旧法 在固定资产的有效使用寿命内，前期多提折旧、后期少提折旧的方法。具体有年数总和法、余额递减法等。它可以为企业带来纳税推迟的好处，同时，还在相当程度上降低了企业持有固定资产的可能风险。也是一种符合谨慎思想的方法。

流动负债 简言之，指还债期限短于一年或一个营业周期的债务。包括短期借款、应付票据、应付账款、应交税费等。

非流动负债 简言之，指还债期限长于一年或一个营业周期的债务。包括长期借款、应付债券、长期应付款等。

实收资本 投资者按照合同等事先约定的比例所实际投入的资本。在不同的企业组织形式下，又有所不同。其中，限制最为严格的，当数股份有限公司。在股份有限公司中，实收资本是股东所缴入资本中按面值计算的部分。

资本公积 又称"资本溢余"，包括超投资本（包括股份有限公司中的股本溢价和外币资本的汇兑收益）、直接计入所有者权益的利得和损失等。

盈余公积 是企业从税后利润中按有关规定比例所提取的部分，包括法定盈余公积和任意盈余公积等。一般用于企业生产发展或抵御风险。具体使用时，可用于转增资本，也可用于弥补亏损。

资产负债表 反映企业在特定时点（正常为会计报告期末）财务状况的报表。包括有关企业在这一时点所控制的经济资源的分布、所承担债务的结构及所有者权益的具体内容等。在结构上分为报告式和账户式。目前，我国所采用的资产负债表是报告式结构。资产、负债等项目按其流动性程度由高到低排列。

分析讨论题：

宝石A（0413）1997年的年报被会计师事务所出具了拒绝表示意见的审计报告。注册会计师在审计报告中提出，宝石A的主导产品——黑白电视机玻壳及显像管实际停产已达半年之久，公司董事会无法说明该产品重新开始生产的日期。以历史成本入账的固定资产32 169万元，其价值的确定就是不恰当的。而同期宝石的固定资产原值为48 023万元。要求：（1）说明固定资产计价为什么要考虑企业持续经营的能力？（2）如果出现不能持续经营的情况，固定资产计价应如何改变？（3）请结合宝石A股的具体情况，分析固定资产计价及折旧计提过程中采用谨慎原则的意义。

复习思考题

1. 什么是资产？它有什么特点？如何分类？
2. 什么是流动资产？什么是固定资产？应如何进行确认？
3. 什么是应收票据？如何核算应收票据的贴现？
4. 企业为什么要确认坏账损失？对于坏账损失，企业如何进行会计处理？
5. 什么是定期盘存制、永续盘存制？它们在对存货的会计核算方面有什么不同？
6. 企业是如何对存货发出成本进行计量的？各种计量方法之间有什么区别？
7. 什么是固定资产的原始价值、折旧和净值？它们之间有什么联系和区别？
8. 为什么要计提固定资产折旧？如何计提？
9. 什么是负债？它有什么特点？应如何确认和计量企业的各种负债？
10. 什么是所有者权益？它与债权人的权益之间有什么联系和区别？
11. 什么是企业的实收资本（股本）？股份有限公司的股本应如何确认和计量？
12. 什么是企业的资本公积？它有哪几个方面的来源？如何进行确认和计量？
13. 什么是留存收益？企业的留存收益体现在哪几个方面？如何进行确认和计量？
14. 结合第五章的内容，谈谈企业利润分配的情况以及利润与留存收益之间的关系。
15. 什么是资产负债表？报告式的资产负债表与账户式的资产负债表在项目排列上有什么不同？
16. 如何根据日常会计核算资料来编制资产负债表？
17. 通过本章的学习，进一步谈谈资产、负债与所有者权益之间的关系。
18. 应用前面各章和本章的内容，进一步谈谈资产负债表与利润表之间的关系及其表现。

习 题

习 题 一

【目的】练习材料采购成本的计算。

【资料】广利公司200×年10月发生如下经济业务：

2 日　以现金预支采购员张力赴外地采购材料的差旅费 1 450 元；

8 日　向达美公司购入下列材料，材料已如数验收入库，货款尚未支付：

A 材料	1 600 公斤@5.00	计 8 000.00 元
B 材料	800 公斤@8.00	计 6 400.00 元
合　计		14 400.00 元

9 日　以现金支付上述材料运费 360 元；

9 日　以现金支付上述材料运达仓库的装卸费 120 元；

10 日　以银行存款支付达美公司的材料价款 14 400 元；

11 日　采购员张力报销上述采购材料的差旅费 1 296 元，冲销前预借款，余款交回；

14 日　本厂驻远南采购站向当地立达公司购入下列材料，货款已支付，材料尚未运达：

A 材料	1 100 公斤@5.00	计 5 500.00 元
B 材料	700 公斤@8.00	计 5 600.00 元
合　计		11 100.00 元

20 日　向立达公司购买的材料，已运达本公司，验收入库；

21 日　以现金支付上述材料的装卸费、搬运费 270 元；

22 日　收到强力公司开来的账单，上述材料运费共计 540 元，当即开出现金支票；

30 日　以银行存款支付驻远南采购站本月经费 888 元，计入上述材料的采购成本；

30 日　本月份已入库材料按实际成本予以结转。

【要求】 1. 为上述经济业务编制会计分录；

2. 登记“材料采购”、“在途材料”、“材料”等账户；登记“材料采购”明细账；

3. 编制材料采购成本计算表（其中，运费、装卸费等按重量分配，差旅费、采购站经费按买价分配计入）。

习 题 二

【目的】 熟悉与掌握存货的实地盘存制与永续盘存制的区别。

【资料】 德宏公司 200×年 8 月份库存商品——A 产品的收入、发出和结存情况如下图表所示：

项目内容		永续盘存制	实地盘存制
本期销售	10 日，500 件，单位售价 100 元 25 日，1 000 件，单位售价 100 元		
	本期主营业务收入合计		
期初库存商品 3 500 件，单位成本 80 元			
本期完工验收入库	5 日，1 500 件，单位成本 90 元 28 日，1 000 件，单位成本 88 元		
	本期完工验收入库库存商品成本合计		
本期可供销售库存商品成本合计			
本期主营业务成本	永续盘存制下的主营业务成本 实地盘存制下的主营业务成本 期末库存商品实地盘存 4 450 件		
本期主营业务毛利			

【要求】 1. 请将正确的数字填入空格内。库存商品的计价方法系采用月末一次加权平均法；

2. 试比较两种存货核算方法对主营业务成本、主营业务毛利的影响。

习 题 三

【目的】 练习存货发出成本的计算。

【资料】 天通公司 200×年 6 月有关存货明细账如下：

品名：A　　　　　　　　　　　　　单位：件　　　　　　　　　　　　金额：人民币元

200×年		摘要	购入			发出			结存		
月	日		数量	单价	金额	数量	单价	金额	数量	单价	金额
6	1	结存							1 500	2.20	3 300
	3	购进	2 600	2.25	5 850				4 100		
	5	购进	1 400	2.30	3 220				5 500		
	8	销售				3 000			2 500		
	11	购进	1 000	2.35	2 350				3 500		
	17	销售				1 500			2 000		
	19	销售				1 000			1 000		
	22	购进	2 500	2.40	6 000				3 500		
	30	销售				1 800			1 700		
6	30	合计	7 500			7 300			1 700		

【要求】1. 分别按月末一次加权平均法、移动加权平均法、先进先出法和后进先出法计算本月发出存货的成本；

2. 说明不同的存货发出计价方法对企业当期损益有什么影响；

3. 说明不同的存货发出计价方法对企业资产负债表有什么影响。

习 题 四

【目的】练习固定资产成本的核算。

【资料】勤业公司200×年8月购入设备的有关资料如下：

5日　预付设备购置款30 000元给映雪公司；

7日　向映雪公司购买的设备已运到，验收合格后投入安装。同时，收到映雪公司转来的发票及托运货票，该设备的发票价格为86 000元，映雪公司代垫运费5 000元，途中保险费1 200元，应付增值税款12 040元；

15日　开出转账支票，支付欠映雪公司全部款项；

18日　设备安装完工，本公司安装组交来账单，共发生安装材料费3 200元，人工费1 800元。

【要求】1. 对上述经济业务作出会计处理；

2. 计算该项设备的成本。

习 题 五

【目的】练习固定资产折旧的计算和账务处理。

【资料】所购入的设备资料见习题四。其他资料补充如下：

1. 该设备预计可使用8年，预计报废时残值5 591元，预计清理费用4 171元；

2. 该设备在有效使用寿命期内预计可加工零件100 000个；

3. 假定该设备从200×年8月底起投入使用，当年共加工零件10 600个。

【要求】1. 按直线法计算年折旧额和年折旧率，并作出200×年12月份计提折旧的会计处理

（该企业按月提取折旧）；

2. 按工作量法计算每单位工作量折旧额、200×年度应计提的折旧和相应的账务处理。

习 题 六

【目的】练习票据贴现的核算。

【资料】玉景公司将一张应收宇虹公司三个月期的票据向银行贴现。玉景公司已持有该票据两个月，票面金额 9 000 元，票面利率 8%；向银行贴现的贴现率为 10%。

【要求】1. 计算贴现时玉景公司的实得款额；

2. 作出相应的账务处理；

3. 如果宇虹公司到期不能付款，作出相应的账务处理。

习 题 七

【目的】练习坏账准备的计提与坏账冲销的核算。

【资料】吉祥公司 19×3 年 12 月 31 日应收账款余额为 400 000 元，19×4 年 12 月 31 日应收账款余额为 600 000 元，19×5 年 12 月 31 日应收账款余额为 380 000 元。19×4 年 5 月发生了一笔坏账，金额为 1 200 元；该年 10 月又发生了一笔坏账，损失金额 850 元；19×5 年发生了一笔坏账，损失 600 元。

【要求】1. 按直接冲销法为吉祥公司的坏账作出处理；

2. 按备抵法为吉祥公司的坏账进行账务处理。假设该公司坏账准备计提率为 5‰。

习 题 八

【目的】练习与掌握坏账冲销的两种处理方法——直接列账法和备抵法。

【资料】璐瑶公司部分会计资料如下：

1. 1995 年 1 月 1 日
“应收账款”账户借方余额 690 000 元
“坏账准备”账户贷方余额 2 070 元

2. 1995 年度有关经济业务如下：
赊销净额 430 000 元
应收账款收回额 580 000 元
冲销坏账 3 000 元

【要求】1. 分别按照直接列账法和备抵法作出注销 1995 年发生坏账损失的会计处理；

2. 1995 年 12 月 31 日按应收账款余额的 3‰计提坏账费用。请列示计算过程，并作出相应的会计处理；

3. 1996 年度，如果上年度已注销的应收账款中有 1 000 元重新收回，请分别按照直接列账法和备抵法作出相应的会计处理。

习 题 九

【目的】练习负债的核算。

【资料】1. 贝利公司 200×年 11 月 30 日有关账户余额分别是：

短期借款　600 000　　应付账款 97 000　　应付票据 106 000

其他应付款 40 000　　长期借款 850 000

2. 本月发生如下有关经济业务：

1 日　以银行存款偿还到期短期借款 200 000 元和利息 5 000 元；

1 日　用银行存款支付天地公司的一张已到期的 60 天期票据。该票据面值 8 000 元，票面利率 8%；

2 日　向银行借入 3 个月期借款 300 000 元，存入银行结算户；

3 日　向鲍尔公司购入一台不需安装设备，价款 90 000 元。鲍尔公司给出的付款条件是 2/10，n/30；

10 日　向银行借入的一笔两年期借款 500 000 元已到期。银行直接从本企业银行存款户中扣还；

13 日　开出一张 3 个月期的无息票据，抵付前欠鲍尔公司的设备款；

20 日　向银行借入一笔 2 年期借款 300 000 元，已转入企业银行存款户；

24 日　以银行存款偿还到期的应付账款 25 000 元；

28 日　开出一张 60 天期无息票据，抵付原欠天安公司的应付账款 30 000 元；

31 日　计提本月银行借款利息 12 000 元。

【要求】1. 对上述经济业务作出账务处理；

2. 开设并登记上述有关负债账户，结出期末余额；

3. 说出上述这些账户在资产负债表上负债方的金额各为多少。

习 题 十

【目的】练习所有者权益的核算。

【资料】经批准，赵一、钱二、孙三共同设立一个宇宙有限责任公司。新设立公司的注册资本 300 000 元，由赵一、钱二、孙三各出资 100 000 元。他们的出资情况如下：

1. 赵一投入货币资本 100 000 元，已存入银行；

2. 钱二投入厂房一座，经评估认定价值为 140 000 元；

3. 孙三投入货币资本 40 000 元和材料一批，材料评估后作价 70 000 元。

【要求】1. 对上述经济业务作出会计处理；

2. 说明为什么对超过原定投资额的部分应计入“资本公积”。

习题十一

【目的】练习所有者权益的核算。

【资料】古利公司于两年前成立。公司外发普通股 300 000 股，每股面值 2.00 元。其他有关资料如下：

1. 200×年1月1日获准公开增发100 000股股票，每股面值2.00元，实际发行价格每股3.50元。股票在当月全部发行完毕，款项已收到并存入银行；
2. 200×年12月31日，公司实现利润740 000元，设所得税率为30%。计算并交纳当期的所得税；
3. 按税后利润的10%计提法定盈余公积；
4. 按每股0.85元结转应分配给普通股股东的股利；
5. 经决议，根据可分配利润的数额向股东发放现金股利。

【要求】1. 对上述经济业务作出会计处理；
2. 年末所有者权益总额是多少？（设其他有关项目的余额为"0"）

习题十二

【目的】练习资产负债表有关项目的填列方法。

【资料】南海公司200×年11月份有关账户的期末余额资料如下：

单位：元

账户名称	余额（借方）	账户名称	余额（贷方）
库存现金	2 500	短期借款	43 000
银行存款	56 800	应付账款	80 000
其他应收款	9 000	应付职工薪酬	7 686
原材料	30 000	应付债券	100 000
生产成本	15 000	实收资本	500 000
库存商品	40 000	坏账准备	2 078
低值易耗品	8 000	累计折旧	167 000
包装物	5 000	本年利润	84 900
固定资产	398 000		
应收账款	69 000		
利润分配	34 500		

【要求】试根据上述账户余额，填列资产负债表下列项目的金额：
1. 货币资金；
2. 存货；
3. 未分配利润；
4. 资产总计。

习题十三

【目的】练习资产负债表的编制。

【资料】美景公司200×年12月31日有关账户余额如下：

账户	借方	贷方
库存现金	7 886	
银行存款	280 000	
其他货币资金	52 000	
应收票据	55 000	
应收账款	340 000	
坏账准备		1 700
原材料	225 000	
在途材料	42 000	
委托加工材料	11 000	
生产成本	96 000	
库存商品	155 000	
长期股权投资	210 000	
固定资产原价	580 000	
累计折旧		126 000
无形资产	64 500	
短期借款		108 000
应付票据		47 600
应付账款		173 000
应交税费		65 386
应付职工薪酬		23 770
长期借款（一年内到期 90 000 元）		420 000
实收资本		800 000
资本公积		256 000
盈余公积		108 990
利润分配	12 060	
合　计	2 130 446	2 130 446

【要求】 根据账户余额，编制美景公司 200×年 12 月 31 日的资产负债表。

习题十四

【目的】 练习资产负债表的编制。

【资料】 1. 广安公司 200×年 11 月 30 日有关账户的余额如下：

账户	借方	贷方
库存现金	3 250	
银行存款	122 500	
应收账款	95 200	
其他应收款	6 800	
原材料	37 650	

续表

账户	借方	贷方
库存商品	78 800	
固定资产	450 100	
累计折旧		105 120
应付账款		15 100
其他应付款		48 700
应付职工薪酬		39 850
应交税费		70 380
实收资本		250 000
资本公积		58 000
盈余公积		83 930
本年利润		123 220
合　计	794 300	794 300

2. 该公司200×年12月所发生的经济业务见第五章习题十五；

3. 其他补充资料如下：

（1）本年所实现的全部净利润按10%的比例计提法定盈余公积；

（2）可分配利润的40%将用于分配给投资者的股利。

【要求】 1. 进行必要的会计处理；

2. 开设并登记全部的账户；

3. 编制该公司200×年12月31日的资产负债表。

综合练习题

【目的】 练习并掌握完整的会计工作循环的操作。

【资料】 1. 广大公司以生产煤气用具为主。主要产品是家用煤气灶和燃气热水器，在同一个车间生产。公司除生产车间外，另设一个管理部门。200×年11月30日有关账户余额如下：

账户	借方	贷方
库存现金	3 511	
银行存款	286 630	
原材料	233 800	
生产成本	40 170	
库存商品	179 850	
应收账款	80 500	
固定资产	297 468	
累计折旧		61 500
短期借款		60 000
应付账款		86 400
应付职工薪酬		4 320
实收资本		700 000

盈余公积		173 449
资本公积		30 000
利润分配		6 260
合 计	1 121 929	1 121 929

2. 有关账户余额的明细构成如下：

生产成本账户

品种	数量	直接材料	直接人工	制造费用	合 计
煤气灶	100 套	22 460	350	1 000	23 810
热水器	200 套	15 100	300	960	16 360

材料账户

材料名称	单位	数量	单位成本	金额
油漆	桶	60	60.00	3 600.00
不锈钢板	吨	2	43 100.00	86 200.00
铜管件	套	2 000	62.00	124 000.00
零配件	—	—	—	20 000.00

产成品账户

品种	数量	单位成本	金额
煤气灶	650 套	125.00	81 250
热水器	580 套	170.00	98 600

广大公司对存货采用永续盘存制，发出成本按先进先出法计价。

3. 200×年 12 月发生如下经济业务：

1 日　向武进化工厂购入油漆 120 桶，每桶单价 58 元；发生相关的运杂费 180 元。以上款项已由银行支付（增值税略，下同）；

1 日　向银行借入期限半年、年利率 9% 的短期借款 100 000 元；发生借款费用 200 元，直接从借款中扣除；

2 日　向天广钢铁厂购入不锈钢板 4 吨，每吨发票价格 43 200 元。钢板已验收入库，货款尚未支付；

3 日　采购员小张报销上述材料的采购差旅费 240 元，火车运费 1 200 元，以现金付给；

4 日　生产车间领用不锈钢板 2 吨、铜管件 1 000 套，用于热水器的生产；

4 日　生产车间领用不锈钢板 1 吨、铜管件 850 套，用于煤气灶的生产；

5 日　从银行提取现金 1 600 元，以备用；

5 日　销售煤气灶 600 套至三元百货公司，每套售价 320 元。付款条件为 2/10、n/30（增值税略，下同）；

5 日　上述产品销售的运费 1 460 元，开出现金支票；

6 日　生产车间领用各类配件计 13 500 元，用于两种产品的生产；

7 日　收到上个月成伟公司所欠的购货款 58 000 元；

7 日　购入电脑一部，加上各类配套用具，总价 9 880 元，货款已由银行支付；

9 日　销售燃气热水器 500 套至华联商场，每套单价 580 元，付款条件为 2/10、n/30；
9 日　支付所销售热水器的运费 1 250 元、运输保险费 600 元；
12 日　向银行领取现金 12 000 元，发放本月职工工资；
12 日　按工资单结转工资费用，其中：生产热水器的生产工人工资为 5 600 元，生产煤气灶的生产工人工资为 3 000 元，车间管理人员工资为 1 400 元，管理部门工资为 2 000 元；
12 日　按照工资总额的 14% 计提职工福利费；
13 日　以现金购入办公用品 195 元，交付管理部门使用；
13 日　购入煤气灶和热水器所需的各种配件，计 25 000 元。货已验收入库，货款由银行付讫；
14 日　收到三元公司转来的货款；
15 日　华联商场来电称所售的热水器中，有 5 套损坏，已办理退货。
16 日　向云南灾区捐款 8 000 元，已通过银行转账完毕；
17 日　收到华联公司退回的 5 套热水器，确已损坏，无法使用。凭有关单据，向保险公司取得 2 500 元的赔款；
18 日　收到华联商场转来的全部货款；
20 日　偿还到期的短期借款 60 000 元及利息 2 400 元，其中，应由本月负担的利息 260 元（其余的利息费用已按月预提）；
20 日　生产车间领用油漆 100 桶，用于热水器和煤气灶的表层喷涂；
22 日　将一辆旧送货车出售给多宝公司，收到价款 32 000 元。该车原值 60 500 元，累计折旧 38 000 元；
23 日　支付本月 2 日购买不锈钢所欠天广钢铁厂货款的一半；
26 日　管理部门负责人王珊报销市内交通费 96 元，以现金付给；
28 日　本月电话费共计 458 元，邮局直接从银行账上划转；
30 日　开出转账支票以支付本月负担的保险费和报刊费等。其中，管理部门为 1 000元，生产车间 880 元；
30 日　提取本月应负担的借款利息；
30 日　计提固定资产折旧。其中，车间生产设备折旧费 2 500 元，管理部门的固定资产折旧费 5 200 元；
30 日　本月发生水电费共 3 260 元。其中，生产车间耗用 2 250 元，管理部门耗用 1 010 元。款项已由银行直接付给各有关部门；
30 日　结转本月所发生的全部制造费用，并按所耗用不锈钢板的总额进行结转；
30 日　生产车间完工入库热水器 900 套、煤气灶 800 套；月末未完工产品热水器 300 套、煤气灶 150 套的材料均已投足，热水器加工程度约为 50%，煤气灶的完工程度约为 60%；
31 日　发出煤气灶 500 套、热水器 650 套至国光贸易公司，单位售价分别为 330 元和 590 元。货款已向银行办理托收；
31 日　结转所有成本、费用、收入账户，确定本年度的财务成果；
31 日　按利润的 30% 计算确定应缴所得税；
31 日　按税后利润的 10% 计提法定盈余公积；
31 日　将剩余利润的 50% 分配给有关的股东。

【要求】1. 开设账户，登记期初余额；
2. 对上述经济业务进行会计处理；
3. 登记相应的账户，结出发生额和余额；
4. 编制利润表和资产负债表；
5. 如果广大公司的存货制度采用定期盘存制，材料发出采用后进先出法确定总成本，再根据每种产品的具体耗用材料情况，平均计算确定其材料成本；产品销售发出计价采用后进先出法确定其成本。请问，这对本期利润有什么影响？请具体列示对产品生产成本和销货成本的影响金额。

第七章　企业内部会计监督制度

【教学目的与要求】

掌握内部会计监督制度的基本内容；内部牵制在会计中的应用，包括一些主要资产项目的控制制度；财产清查的原理与方法；内部审计的基本原理与方法。

【教学重点与难点】

在学习并掌握了会计核算的基本方法后，一个较为重要的问题是如何采取一些有效的措施与方法，保证企业财产物资的安全完整和会计信息的可靠、准确。本章所讨论的内部会计监督制度，就是通过建立一套合理的方法和程序，从制度上有效保障财产物资的安全、完整及会计核算的可靠、准确。重点与难点内容有：

1. 建立内部会计监督制度的必要性。经济学将人视为理性的经济人。作为理性经济人，只要有可能，他（她）都会为自己的利益着想。而现代企业的一个重要特征就是两权分离，即财产的所有者（经济学称为委托人）通常都不直接参与企业的日常经营管理，企业的管理者（经济学称为代理人）管理的是他人的财产。企业管理者是理性经济人，他（她）们为自己的利益考虑，是自然、也是必然的选择。当然，企业所有者也是经济人，他们为自己的利益考虑，担心管理者会损害所有者的利益。同时，他们知道管理者是理性经济人，存在一种损害所有者利益的倾向。为此，通过建立一套完整的制度，有效遏制代理人可能损害委托人利益的行为，是现代企业得以存续、运行的重要保证。这套完整的制度包括企业外部监督（如各种法律的约束、注册会计师审计等）和内部监督以及政府管理部门的监督。本章所要讨论的内部会计监督制度就是内部监督的主要构成内容。

2. 内部会计监督制度的基本内容。包括内部牵制制度、定期财产清查和内部审计等内容。其中，内部牵制制度可以事前有效保证企业财产物资的完全、完整以及会计信息的真实、可靠；内部牵制制度执行是否有效，通过定期的财产清查可以验证；内部审计可以监督企业内部牵制制度及其他制度是否得到切实、有效的执行。

3. 内部牵制制度的原理。掌握内部牵制的基本原理，是有效地设计内部会计监督制度的前提。要了解内部牵制的前提、系统运行中的调节方式及其相应的原理，包括闭环控制、开环控制、预防控制等。

4. 财产清查及其结果的处理。仅就方法而言，财产清查似乎没有什么特别之处，只要确证账面数与实存数是否一致。但在实际的操作过程中，具体确定财产的实存数，是一个相当复杂的工作，具有相当繁杂的方法和程序。这些内容，在今后的《审计学》中，会进一步涉及。当然，审计中的清查，是由外部人员进行的；原理一书中所指的财产清查，是由单位内部会计人员或管理人员定期进行的，目的在于检查内部牵制制度的执行情况，保证财产物资的安全、完整及会计信息的准确、可靠。

5. 内部审计。要了解内部审计的基本内容、内部审计机构的设置等。

名词解释

内部会计监督制度 企业内部管理制度的一种，旨在保证：(1) 企业内部各项财产物资安全、完整及有序、高效流动和使用；(2) 企业会计信息能真实、可靠地反映企业的财务状况和经营成果。它包括内部牵制制度、财产清查和内部审计等内容。

内部牵制 以账目间的相互核对为主要内容并实施岗位分离，以确保财产物资安全完整、所有账目正确无误的一种控制机制。其最基本的表现形式就是不相容职责（岗位）相互分离。具体分为实物牵制、机械牵制、体制牵制、簿记牵制等等。

实物牵制 由两个以上人员共同掌管必要的实物工具，共同才能完成一定程序的牵制方式。最常见的实物牵制是将保险柜或其他存放贵重物品场所的钥匙交由两个或两个以上的人员保管，不同时使用这两把或两把以上的钥匙，就无法打开。通过实物牵制，防止单个管理人员作弊。

机械牵制 只有按照正确的程序进行操作，才能完成指定作业的一种控制方式。它也称为程序牵制。应用机械牵制的关键是将各项作业事先进行程序化设计，属典型的事前控制。

体制牵制 对每一项经济业务的处理，都要求有两人或两个以上人员共同负责、相互制约的一种牵制手段。比如，会计上记账凭证编制完成后要有专人复核，就是一种体制牵制，其目的在于防止差错与舞弊。

簿记牵制 利用复式簿记的自动平衡机制以及凭证、账簿、报表之间的数字对应关系，确立原始凭证与记账凭证、记账凭证与账簿、账簿与账簿、账簿与报表之间数字对应的一种牵制手段。通过簿记牵制，不仅可以保证会计信息的真实、完整，还可借助会计信息来防止企业财产物资管理过程中的不当损失。

会计制度设计 根据一定的理论、原则，并结合每个单位具体实际，运用文字或图表等形式为进行会计工作制定出标准和规范。它是进行会计工作的基础与前提，也是达到内部牵制目的的一种重要方法。目前，我国企业的会计制度设计，主要应依据《会计法》、《企业会计准则》和有关的财经法规。

财产清查 指通过实地盘点、核对、查询等方法，确定各项财产物资、货币资金、往来款项等的实际结存数，并与账存数核对，以保证账实相符的一种专门方法。它是检查和评价会计信息系统及内部财产管理制度等的运行是否有效的重要手段。

实地盘点法 通过对各项实物逐一清点，或采用其他手段确定实物实存数量的方法。它是财产清查中常用的方法，主要用于具有实物可以清点的各项财产物资，如现金、存货等。

核对法 将两种或两种以上的书面资料互相核对，以验证其内容是否一致的方法。对银行存款的清查，就采用这一方法。将企业的“银行存款日记账”和“银行对账单”进行核对，以确证企业银行存款的数额是否正确。

查询法 通过调查询证的方式，取得必要的资料，确定财产物资的实际情况的方法。具体又有当面询查法和函证询查法两种。前者是指直接与有关人员面谈，后者则是发函给有关的单位或个人。对应收账款和应付账款等的清查，主要采用函证法。

内部审计 是建立在会计主体内部、服务于管理部门的一种独立的检查、监督和评价活动。严格地说，内部审计也是内部牵制的一种，它是借助独立的人员，对各项内部管理制度和各项业务执行情况的充分性和有效性进行评价，以达到防止各种差错与舞弊、提高企业运行效率的目的。

讨论分析题

1. 1996年12月，云南红塔集团董事长褚时健被拘留；1997年7月正式被捕；1999年1月被判无期徒刑，罪名是贪污170多万美元和账外私设一个人民币 11亿元、美金2 500多万元的“小金库”以及其他相关经济问题。请查找有关新闻报道材料，要求：(1) 判断红塔集团当时是否存在有效的内部牵制制度；(2) 从公开报道中所涉及的几次不法行为来看，内部牵制制度是否能有效防止这些舞弊行为？(3) 国有企业如何建立并执行内部会计监督制度？

2. ST琼华侨（600759）1999年年度报告表明：该公司存在大量问题，包括利用公款炒股票，资金来源、去向混乱，存在大量账外资金和负债，历年制作大量虚假账目并形成大量虚假资产，盲目对外提供担保致使大量资产因涉讼而被查封等多种问题。要求：(1) 请查阅相关资料，了解琼华侨公司上市的过程及公司主要管理人员的构成；(2) 讨论为什么在上市公司仍然会出现如此混乱的现象；(3) 为琼华侨上市公司设计一套简单的内部会计牵制制度。

复习思考题

1. 什么是单位内部会计监督制度？它主要包括哪些内容？
2. 什么是内部牵制？其核心内容是什么？内部牵制的方式有哪些？
3. 什么是不相容职务？不相容职务的分离与牵制的要点有哪些？
4. 什么是内部审计？其基本内容有哪些？它包括哪些基本程序？具体内容是什么？
5. 内部审计与内部牵制制度有何关系？
6. 什么是财产清查？其意义何在？财产清查制度与内部单位会计监督制度有何关系？
7. 试述财产清查的种类、程序与方法。
8. 什么是未达账项？简述企业与银行之间发生未达账项的四种基本类型？如何调整未达账项以编制“银行存款余额调节表?”
9. 如何对货币资金、存货进行清查？
10. 财产清查结果应如何处理？

习 题

习题一

【目的】练习银行存款余额调节表的编制。

【资料】天马公司200×年6月30日银行存款日记账的余额是6 371.70元，银行所送来的对账单的余额为6 912.15元。经检查，二者不一致之处有：

29日 南光公司购买本公司产品所交付的转账支票，已于次日送交银行办理，计525.85元，银行尚未入账；

30 日　本企业开出现金支票一张，向华联公司购买防暑用品，计 1 059.20 元。华联公司尚未去银行办理兑付；

30 日　银行收取本月服务费 11.25 元；

30 日　本月银行存款利息收入 36.35 元；

30 日　本月 19 日收到劝业公司的一笔存款 1 035 元，在企业银行存款日记账上误记为 1 053 元。

【要求】1. 根据上述资料，编制银行存款余额调节表；

2. 根据上述资料，进行必要的会计处理。

习 题 二

【目的】练习财产清查的处理。

【资料】火花五金配件厂 200×年 7 月 31 日进行财产清查，结果如下：

1. 原材料 A 盘点溢余 1.5 吨，每吨账面价值 1 560 元；
2. 原材料 B 盘点短缺 860 公斤，每公斤单位成本 5.83 元；
3. 各类五金配件共短缺 1 655 件，成本总计 8 600 元。

经分析，原材料 A 溢余是因为平时出入库计量不准确所致；原材料 B 对存放要求比较严格，容易自然受损，其短缺属自然损耗；五金配件的短缺是仓库管理人员监守自盗所致。

【要求】对上述财产清查情况做出相应的会计处理。

习 题 三

【目的】练习财产清查的核算与处理。

【资料】光远公司 200×年 12 月 31 日对固定资产进行清查，结果如下：

1. 一台车床已经损坏，应该报废。其原值为 86 000 元，已计提折旧 67 000 元，报废清理费用 5 000 元，以银行存款支付；
2. 账上一台铣床没有相应实物。该铣床的账面记录是：原值 10 500 元，累计折旧 7 290元；
3. 盘盈设备刨床一台。预计其重置原值为 62 000 元，约 7 成新。

【要求】对上述资料进行相应的会计处理。

习 题 四

【目的】练习财产清查的核算与处理。

【资料】贝利公司 200×年 12 月 31 日对往来款项进行清查时，发现如下业务长期挂在账上：

1. 长期挂在账上的应付江中公司购货款的尾数 58 元，由于该公司被清理而无法支付，经批准转为公司营业外收入；
2. 职工岳某暂借款 120 元，由于该职工调出公司而无法收回，经批准作为管理费用处理；
3. 由于南亚公司被清理撤销，应收而无法收回的销货款为 2 600 元，经批准作为坏账损失处理（该公司系采用备抵法核算坏账损失）。

【要求】根据上述经济业务编制相应的会计分录。

案　例

万胜公司200×年11月30日银行存款日记账的余额为18 901.62元，它已包括了当月28、29、30三天尚未送存银行的现金数；当月30日银行对账单余额为16 444.41元，这一余额包括了银行已入账、但尚未通知企业的1 230元的已收回货款。企业已签发的支票有No. 62，116.25元；No. 183，150.00元；No. 284，253.25元；No. 1621，190.71元；No. 1623，206.80元；No. 1632，145.28元。

11月1日，万胜公司的出纳已提交了辞职申请，该申请到当月底生效。在离职前，出纳编制了如下的银行存款余额调节表：

11月30日银行存款日记账余额		18 901.62
加：已签发支票：		
No. 1621	190.71	
No. 1623	206.80	
No. 1632	145.28	542.79
减：未送存现金		3 000.00
11月30日银行对账单余额		16 344.41
减：企业未记账的已收货款		1 230.00
11月30日银行存款的真实余额		15 114.41

万胜公司的主管在检查了调节表后，发现出纳偷取了所有未送存银行的现金，但他不知道出纳究竟贪污了多少现金。公司主管请你帮助他完成下列事项：

1. 确定出纳贪污了多少现金。请列示计算过程；
2. 在出纳所偷取的全部现金中，他想隐瞒多少？
3. 说明该公司内部控制的薄弱环节，并给出你的改进建议。

第八章　会计工作规范

【教学目的与要求】

掌握会计规范体系的分类；我国会计规范体系的内容；基本会计原则的内容及在会计中的具体表现；会计机构设置和会计人员配备的基本考虑；会计职业道德的最基本要求。

【教学重点与难点】

本章主要介绍会计规范体系的构成内容、我国会计规范体系的演变，以及当前我国会计规范体系中一些最基本的内容。学习、领会了这些内容，将有助于加深对“会计学原理”的理解，特别是对前面各章所介绍的会计处理方法的理解和掌握。此外，本章还介绍了会计机构的设置、会计人员的配备，以及会计职业道德问题等。学习和掌握这些内容，对了解会计工作的具体运行环境，从而形成一个较完整的有关会计与会计工作的观念，有一定的帮助。重点与难点问题有：

1. 为什么从事会计工作需要有一套规范标准加以约束。对这个问题可以从三个方面理解：一是从会计对象的特点看，会计对象是资本运动，由于会计对象的复杂性，对每笔经济业务的确认、计量、记录和报告有着不同的程序和方法。而选择不同的程序或方法，又会产生不同的结果，因此在会计工作中，应当规定一个选择会计程序和方法的标准，以保证会计信息的可比；二是从历史发展过程看，直到20世纪30年代，各国都没有形成明确的会计规范，当时的会计方法相当地“放任自流”。1929—1933年的经济危机，使得社会各界批评会计的随意性，特别是资本市场上大量的投资人，更是受虚假财务报表的影响。为了保证会计信息的可靠性，美国会计界的有识之士，着手制定“公认会计原则”，从而逐步形成了今天所说的会计规范；三是从会计信息系统所提供信息的作用来看，由财务会计所提供的信息，具有利益后果，会直接或间接影响到与企业有利害关系的所有利益集团的利益，包括股东、债权人、经理人员和工人、政府管理机构等等。为了使这些团体的利益受到公平保护，就有必要确立一套客观、公正的标准，约束财务会计的运行。这一套标准，也就是本章所说的会计规范。也正因为如此，管理会计就不需要遵循一套公认的准则，并接受独立第三方的检查。

2. 会计规范的形式与结构。需要了解会计法律、会计准则、会计制度等三种形式会计规范的含义和基本特征，特别是了解会计制度的双重性。

这一部分还有两个概念——“准则型会计规范”和“制度型会计规范”。联系具体的国家，分别了解它们的内容、结构、特征及相应的经济背景。从我国市场经济改革和新经济环境的构建出发，思考我国当前正在进行的会计准则制定工作的必要性及未来我国会计规范体系的总体发展方向。

3. 会计基本假设、信息质量要求和基本会计原则。从内容上看，这些构成了会计规范的主体。应掌握这些基本概念，特别要联系前面所学习的具体账务处理，理解它们如何影响到会计处理的，或者说，这些会计的基本概念如何与具体的会计处理相联系。

名词解释

会计规范 指协调、统一会计处理过程中对不同处理方法作出合理选择的法律、假设、原则、制度等的总和。它是会计行为的标准。在不同的国家有不同的表现形式。

会计法律 指所有对会计工作具有约束作用的法律的总称。具体有两种类型：一是专门针对会计工作而制定的、独立的会计法，如我国的《会计法》；二是其他法律中包含的对会计工作的法律规定，如市场经济各国几乎都有的“公司法”，就包含有对会计工作的要求。一般来说，会计法律具有强制性，但它只针对最基本的问题作出规定。

会计准则 是一种较为宽松的、约束会计工作的规范形式。它具有两个最基本的特征：第一，是缩小会计惯例范围，允许企业在执行时有可选择性；第二，要由一定的权威机构制定或颁布。目前大部分市场经济国家都采用这一形式。

会计制度 有宏观和微观两层含义。宏观是指一个国家或地区所应用的会计制度，它通常是由政府机构制定，在宏观范围内强调统一和可比，具有强制性；微观是指某一个企业单位所应用的会计制度，它是在遵守有关宏观要求的前提下，根据企业的具体情况所制定的。

准则型会计规范 是指一国或一个地区的会计规范体系中，会计准则占主导地位。基本特征有：对企业会计工作的约束较灵活，强调保护各微观主体的利益等。

制度型会计规范 指一国或一个地区的会计规范体系中，会计制度占主导地位。基本特征有：对企业会计工作的约束较紧，强调保护国家的利益等。

会计基本假设 会计信息系统运行和发展的基本前提与制约条件，它主要来自外部经济环境。目前得到普遍认可的假设有会计主体、持续经营、会计分期和货币量度单位等。

会计主体假设 指每一个在经营上或经济上具有独立性、需要进行会计核算和报告的单位。它要求会计核算必须以各该主体单位为空间界限。虽然在多数情况下，会计主体与法律主体是一致的，但它们又有所区别。

持续经营假设 指在没有明显反证的前提下，假定企业经营活动将持续不断地进行下去。所谓反证，就是那些表明企业经营活动将会中止的证据。如法定经营期满、法院裁定破产等。没有该假设，会计上的很多原则和方法（如权责发生制、配比、历史成本等）都无法成立。

会计分期假设 对主体持续不断的经营活动，人为地分割成一个个距离相等的时间“间隔”，以便于核算和报告主体的财务状况和经营成果。该假设是对持续经营假设的补充，二者相配合，成为很多会计原则和方法的理论依据。如定期编制财务报表、按期计提固定资产折旧等。

货币量度单位假设 包括两层含义：一是要求会计信息系统主要提供的是可以用货币计量的信息；二是规定会计核算所采用的是名义货币单位，并假定它是稳定不变的。其中，前者是一种人为但科学的规定，没有它，会计核算就无法存在；后一层含义的假设性更强，因为，在市场经济下希望币值稳定不变，是几乎不可能的。

可靠性 会计信息质量的最基本要求。指财务报表的信息大致真实地反映了报告主体的财务状况和经营成果，信息使用者在依据这些信息作出决策时，不会产生误解。它又可分解为真实性、可验证性、中立性等具体要求。

相关性 会计信息质量特征的最基本要求之一。是指财务报表信息对决策使用者来说有用，能对其决策产生一种导致差别的能力。构成相关性的两个必要条件是及时性和预测价值。

一致性 指企业会计处理方法在前后期之间应当保持一贯性，不能随意变更。当然，对确需变更的，应当在规定的条件满足后方可变更，并应在报表外进行必要的说明。

谨慎 也称“稳健性”原则。总体要求提前确认可能的费用和损失，推迟确认可能的收入或收益。或者，确认损失和费用的标准较宽，但确认收入或收益的标准较严。它有助于企业在面对外部市场经济环境可能存在各种风险的情况下，增强企业的实力，提高企业抵御风险的能力。

会计机构 指各独立的主体单位内部组织、领导和直接从事会计工作的专设职能部门。根据目前的现状总体可分为两种类型：一是国家各级管理部门所设置的、专门用来制定会计准则、管理会计人员和会计工作的机构，如各级财政部门下设的会计主管部门；二是各级单位内部所设置的、直接从事会计工作的机构，如行政、事业单位和企业单位内的各级会计核算部门。会计机构的恰当设置，将会为会计工作的顺利、有效进行，提供了可靠的保证。

会计职业道德 会计人员在从事各种会计工作、履行会计行为时，所应当遵守的道德标准。由于会计人员总体分为单位内部的会计人员和独立的注册会计师两大类，因此，会计职业道德对这两大类人员也有着不同的要求。一般来说，对注册会计师的职业道德要求，要高于对单位内部会计人员。

复习思考题

1. 为什么要制定会计规范？你怎样认识会计规范在会计信息系统中的作用？
2. 结合会计规范，进一步地认识会计信息系统在社会经济生活中的地位与作用？

3. 会计规范一般包括什么内容？它有哪些具体的表现形式？
4. 你怎样理解会计规范制定的“权威机构支持”？它一般以什么方式来体现？
5. 什么是会计基本假设？一般认可的假设是哪些？
6. 会计主体假设的内容是什么？它对会计工作的具体规定性体现在哪些方面？
7. 为什么说持续经营和会计分期是一对相辅相成的假设？
8. 试说明如果不存在持续经营假设和会计分期假设，哪些会计原则和会计方法将无法成立？
9. 货币量度单位假设的内容是什么？在目前的经济环境下，它受到什么冲击？
10. 为什么要对会计信息提出质量要求？
11. 什么是会计信息的可靠性？它具体可分解为哪些标准？
12. 你如何理解会计信息的相关性？
13. 什么是谨慎原则？试联系商品经济环境，谈谈谨慎原则的必要性？
14. 联系具体的情况，说明会计机构的设置。
15. 在社会主义市场经济环境下会计人员的作用有哪些？
16. 会计职业包括什么内容？
17. 企业会计人员和注册会计师的职业道德要求是否完全一致？为什么？
18. 案例分析题〔本案例的主要资料来源于陈汉文（1999）〕。

四川红光（600083）是一家在上海证券交易所挂牌的上市公司。该公司 1997 年 6 月 6 日股票上市，筹集资金 4.1 亿元。1997 年财务报表显示，1997 年年度亏损总计 1.98 亿元。事后中国证监会的调查显示，该公司存在很多问题，包括：

（1）编造虚假利润，骗取上市资格。红光公司在股票发行上市申报材料中，采取虚构产品销售、虚增产品库存和违规账务处理等手段，将 1996 年实际亏损 10 300 万元，虚报为盈利 5 400 万元。

（2）少报亏损，欺骗投资者。红光公司上市后，继续编造虚假利润，将 1997 年上半年亏损 6 500 万元，披露为盈利 1 674 万元，虚构利润 8 174 万元。

（3）隐瞒重大事项。自 1996 年下半年起，红光公司关键生产设备彩玻池炉就已出现废品率上升、不能维持正常生产等严重问题，对此，红光公司在申请股票发行上市时故意隐瞒。

要求：依照本章所介绍的会计行为规范与技术规范，并结合前面各章所学习的会计知识，分析并讨论如下问题：

（1）红光公司的会计处理违反了哪些会计原则和会计假设？
（2）红光公司会计人员在其中承担什么样的责任？
（3）假如你是红光公司的会计主管人员，你会在这一事件过程中如何行事？

第九章　电子计算机在会计中的应用

【教学目的与要求】

掌握会计电算化的基本原理及其特点；了解计算机及网络技术的发展对会计信息系统产生的冲击。

【教学重点与难点】

本章主要介绍电算化会计最基本的原理。对这一章的学习，要能将已掌握的计算机的知识和会计知识联系、结合起来。大致思路是如何运用电子计算机来替代传统的手工操作过程，并根据电子计算机运行速度快等特点，理解电子计算机和网络技术的快速发展对会计信息系统的信息生成和提供所产生的新的突破。

1. 会计电算化的基本原理。要理解将电子计算机应用到会计系统中去，其基本思路如何。在设计电算化系统时，如何顺应会计的特点和要求，同时，也要避免纯粹地以电子计算机来模拟、重现手工记账的一切程序。

2. 会计电算化的特点和展望。这部分是在比较二者相同与不同的基础上，提出未来发展的设想。特别注意并提请思考的是：在电子计算机引入会计后，对会计是否会产生具有根本意义的变革？抑或仅仅是以计算机代替手工，并在速度上有所提高？在当今社会因特网应用到几乎社会经济生活的每一个角落的情况下，传统的会计信息的生成和提供方式是否会应有所改变？倘如此，会计理论如何作相应的变革？

名词解释

硬件 是指构成计算机机械系统的任何机械的、磁性的、电子的装置和部件。它是组成计算机系统的实际装置，是系统的基础和核心。按照功能的不同，可分为主机和外围设备两大部分。

软件 又称程序系统。是为方便用户和充分发挥计算机效能的各种程序的总称。没有软件，计算机只是一堆机械的、磁性的、电子的装置，无法有效运用。因此，它被称为“计算机系统的灵魂”。包括系统软件、支撑软件和应用软件三大类。

会计电算化 以电子计算机为主，将当代电子技术和信息技术应用到会计实务中的总称。具体地说，是运用电子计算机替代人工记账、算账、报账，以及替代部分人脑完成的对会计信息的分析和判断。它是电子计算机发展到一定阶段的必然产物，将会带来会计的重大突破。

复习思考题

1. 什么是电子计算机？
2. 微机属第几代计算机，使用何种集成电路？
3. 什么是会计电算化？
4. 电算化会计信息系统设置会计科目与编码时，必须满足什么要求？
5. 系统分析的主要任务是什么？
6. 系统设计的主要任务是什么？
7. 手工会计系统与电算化会计系统有何异同？
8. 电算化会计系统的特点是什么？
9. 试述会计电算化的发展前景。
10. 会计电算化的内部控制一般包括哪些内容？
11. 网络时代会计信息系统会产生哪些方面的变化？

参考答案

第二章　设置账户与复式记账

习题一

资产类：现金、银行存款、应收账款、原材料、产成品、其他应收款、固定资产；
负债类：应付账款、短期借款、应付工资、预收账款、其他应付款；
所有者权益类：实收资本、盈余公积。

习题二

资产类：预付保险费、办公用品、库存商品、应收账款；
负债类：应付账款；
所有者权益类：业主资本、业主提款；
收入类：服务收入、佣金收入、利息收入；
费用类：折旧费、销货运费、工薪费、水电费。

习题三

1. 本年利润＝期末所有者权益－期初所有者权益－新增净投资
＝（900 000－100 000）－（800 000－200 000）－0
＝200 000（元）
营业收入＝本年利润＋营业费用＝200 000＋150 000
＝350 000（元）
2. 期初所有者权益＋新增净投资＋本年利润＝期末所有者权益
本年利润＝（900 000－100 000）－（800 000－200 000）－40 000
＝160 000（元）
3. 本年利润＝800 000－600 000－（30 000－20 000）
＝190 000（元）

习题四

东方红公司 5 月末的资产总额为 2 029 100 元。

习题六

账户名称	期初余额		本期发生额		期末余额	
	借方	贷方	借方	贷方	借方	贷方
固定资产	400 000		220 000	10 000	（610 000）	
银行存款	60 000		（110 000）	80 000	90 000	
应收账款	（40 000）		30 000	50 000	20 000	
应付账款		80 000	70 000	60 000		（70 000）
短期借款		45 000	（25 000）	10 000		30 000
实收资本		350 000	—	（270 000）		620 000
其他应付款		25 000	25 000	—		（0）

习题七

1. 属于资本在企业内部循环与周转的业务；该业务的发生对公司的资产总额没有影响。
2. 属于资本退出企业的业务；该业务的发生会引起公司资产总额发生减少的变化。
3. 属于资本投入企业的业务；该业务的发生会引起公司资产总额发生增加的变化。
4. 属于资本来源渠道相互转化的业务；该业务的发生对公司的资产总额没有影响。

习题十一

账户名称	期初余额		本期发生额		期末余额	
	借方	贷方	借方	贷方	借方	贷方
固定资产	（100 000）		10 000	—	110 000	
原 材 料	9 900		（34 600）	22 805	21 695	
应收账款	4 000		—	4 000	—	
银行存款	20 600		5 100	（10 000）	15 700	
现　　金	5 200		5 000	4 945	（5 255）	
应付账款		2 700	2 545	（6 995）		7 150
短期借款		（20 000）	4 000	2 500		18 500
实收资本		（117 000）	—	（10 000）		（127 000）
合　　计	139 700	139 700	61 245	61 245	152 650	152 650

习题十二

（1）从银行提取现金 3 000 元
　借：现金　3 000
　　贷：银行存款　3 000
（2）通过银行收到某公司前欠货款 4 000 元
　借：银行存款　4 000
　　贷：应收账款　4 000
（3）某职工因公出差，预借差旅费 2 500 元，以现金付讫
　借：其他应收款　2 500
　　贷：现金　2 500
（4）以银行存款偿还曾欠某公司的货款 10 000 元
　借：应付账款　10 000
　　贷：银行存款　10 000
（5）公司股东投入固定资产，价值 60 000 元
　借：固定资产　60 000
　　贷：实收资本　60 000
（6）销售产品取得收入 5 130 元，货款暂欠
　借：应收账款　5 130
　　贷：产品销售收入　5 130
（7）某职工出差回公司，报销差旅费 2 880 元，冲抵预借款后，补给现金 380 元
　借：管理费用　2 880

贷：现金 380
　　其他应收款 2 500

（8）取得零星产品销售的现金收入 900 元

借：现金 900
　贷：产品销售收入 900

习题十三

1. 编制会计分录

日期	会计科目	金额	
4月2日	借：银行存款	100 000	
	贷：资本——李君		100 000
3日	借：房租费	4 500	
	贷：银行存款		4 500
5日	借：办公用品	1 000	
	办公设备	50 000	
	贷：应付账款		51 000
8日	借：财产保险费	600	
	贷：银行存款		600
10日	借：银行存款	8 000	
	贷：服务收入		8 000
12日	借：现　金	2 800	
	贷：银行存款		2 800
14日	借：应收账款	5 500	
	贷：服务收入		5 500
19日	借：应付账款	1 000	
	贷：银行存款		1 000
20日	借：现　金	2 500	
	贷：银行存款		2 500
	借：工薪费	2 500	
	贷：现　金		2 500
25日	借：提款——李君	3 900	
	贷：银行存款		3 900
30日	借：水电费	600	
	电话费	1 360	
	贷：银行存款		1 960
30日	借：办公用品费	400	
	贷：办公用品		400

30日　　借：折旧费　　700
　　　　贷：累计折旧　　700

2. 登记“丁”字账户（略）

3. 编制试算表

账　户	本期发生额		期末余额	
	借　方	贷　方	借　方	贷　方
现　金	5 300	2 500	2 800	
银行存款	108 000	17 260	90 740	
应收账款	5 500		5 500	
办公用品	1 000	400	600	
办公设备	50 000		50 000	
累计折旧		700		700
应付账款	1 000	51 000		50 000
资本——李君		100 000		100 000
提款——李君	3 900		3 900	
服务收入		13 500		13 500
房租费	4 500		4 500	
财产保险费	600		600	
工薪费	2 500		2 500	
水电费	600		600	
电话费	1 360		1 360	
办公用品费	400		400	
折旧费	700		700	
合　计	185 360	185 360	164 200	164 200

4. 编制基本财务报表

信实会计师事务所收益表

200×年4月份　　单位：人民币元

收　入		
服务收入		13 500
费　用		
房租费	4 500	
财产保险费	600	
工薪费	2 500	
水电费	600	
电话费	1 360	
折旧费	700	
办公用品费	400	10 660
净收益		2 840

信实会计师事务所所有者权益表

200×年4月30日　　　　单位：人民币元

项目	金额
投　资	100 000
加：4月份净收益	2 840
	102 840
减：4月份提款	3 900
4月30日的余额	98 940

信实会计师事务所资产负债表

200×年4月30日　　　　单位：人民币元

资　产		负债和所有者权益	
现　金	2 800	负　债	
银行存款	90 740	应付账款	50 000
应收账款	5 500		
办公用品	600		
办公设备	50 000	所有者权益	
减：累计折旧	700	资本——李君	98 940
办公设备净值	49 300		
资产合计	148 940	负债和所有者权益合计	148 940

习题十四

敬贤公司更正后的账户余额试算表如下：

账户	借方	贷方
银行存款	2 842	
应收账款	6 133	
备品备料	1 897	
预付保险费	100	
设备	14 600	
应付账款		10 000
其他应付款		3 670
业主投资		8 042
业主提款	5 500	
服务收入		38 200
工薪费	21 400	
房租费	4 500	
广告费	1 200	
水电费	900	
杂项费用	840	
合　计	59 912	59 912

习题十五

1. 部分经济业务的会计处理如下：

5月3日	借：应收账款——白桦公司	6 350
	贷：商品销售收入	6 350
5月5日	借：银行存款	10 000
	贷：应收账款——华丰公司	10 000
5月9日	借：银行存款	4 900
	贷：应收账款——白桦公司	4 900
5月15日	借：银行存款	4 500
	应收账款——华丰公司	2 350
	贷：商品销售收入	6 850

2. 总分类账户与明细分类账户记录如下：

（1）总分类账户

应收账款

200×年		凭证号	摘要	借方	贷方	借或贷	余额
月	日						
5	1		期初余额			借	23 570
	3		赊销	6 350			
	5		收回货款		10 000		
	9		收回货款		4 900		
	15		赊销	2 350			
5	31		合计	8 700	14 900	借	17 370

（2）应收账款明细分类账

华丰公司

200×年		凭证号	摘要	借方	贷方	借或贷	余额
月	日						
5	1		期初余额			借	18 670
	5		收回货款		10 000		
	15		赊销	2 350			
5	31		合计	2 350	10 000	借	11 020

白桦公司

200×年		凭证号	摘要	借方	贷方	借或贷	余额
月	日						
5	1		期初余额			借	4 900
	3		赊销	6 350			
	9		收回货款		4 900		
5	31		合计	6 350	4 900	借	6 350

3. 总分类账与明细分类账期末核对

	总分类账		明细分类账 华丰公司		明细分类账 白桦公司
（1）期初余额	23 570	=	18 670	+	4 900
（2）本期增加额	8 700	=	2 350	+	6 350
（3）本期减少额	14 900	=	10 000	+	4 900
（4）期末余额	17 370	=	11 020	+	6 350

习题十六

1.（略）

2. 会计分录：

（1）借：原材料——甲材料　50 000
　　贷：应付账款——南方公司　50 000

（2）借：应付账款——北方公司　30 000
　　　　　　——南方公司　40 000
　　贷：银行存款　70 000

（3）借：原材料——甲材料　25 000
　　　　　　——乙材料　15 000
　　贷：应付账款——北方公司　15 000
　　　　　　——南方公司　25 000

（4）借：生产成本　110 000
　　贷：原材料——甲材料　90 000
　　　　　　——乙材料　20 000

（5）借：生产成本　85 000
　　贷：原材料——甲材料　50 000
　　　　　　——乙材料　35 000

（6）借：应付账款——北方公司　15 000
　　　　　　——南方公司　35 000
　　贷：银行存款　50 000

平行登记（略）

3.（略）

4.

原材料明细分类账户本期发生额、余额表

明细科目	计量单位	单价	期初余额		本期发生额				期末余额	
					收入		发出			
			数量	金额	数量	金额	数量	金额	数量	金额
甲材料	件	50	2 000	100 000	1 500	75 000	2 800	140 000	700	35 000
乙材料	公斤	5	10 000	50 000	3 000	15 000	11 000	55 000	2 000	10 000
合计	—	—	—	150 000	—	90 000	—	195 000	—	45 000

应付账款明细分类账户本期发生额、余额表

明细科目	期初余额	本期发生额		期末余额
		借　方	贷　方	
北方公司	30 000	45 000	15 000	0
南方公司	50 000	75 000	75 000	50 000
合　计	80 000	120 000	90 000	50 000

习题十七

1. 会计分录

5月2日　借：原材料——甲材料　1 000
　　　　　　　　　——乙材料　8 000
　　　　　贷：应付账款——利民公司　1 000
　　　　　　　　　　　——友谊公司　8 000

5月8日　借：银行存款　30 000
　　　　　贷：实收资本　30 000

5月10日　借：生产成本　31 600
　　　　　贷：原材料——甲材料　1 800
　　　　　　　　　　——乙材料　25 000
　　　　　　　　　　——丙材料　4 800

5月15日　借：原材料——甲材料　1 000
　　　　　　　　　——乙材料　8 000
　　　　　　　　　——丙材料　3 200
　　　　　贷：银行存款　12 200

5月18日　借：应付账款——利民公司　65 000
　　　　　　　　　　——友谊公司　13 000
　　　　　贷：银行存款　78 000

5月21日　借：其他应收款——柯总　3 000
　　　　　贷：现　　金　3 000

5月25日　借：现　　金　500
　　　　　贷：银行存款　500

5月30日　借：管理费用　2 500
　　　　　　　现　　金　500
　　　　　贷：其他应收款——柯总　3 000

5月30日　借：应付账款——友谊公司　5 000
　　　　　　　　　　——利民公司　800
　　　　　贷：银行存款　5 800

2. 开设并登记总分类账户和明细分类账户（略）
3. 总分类账户本期发生额和期末余额对照表

维嘉公司总分类账户本期发生额和余额对照表

200×年5月　　　　单位：人民币元

账户	期初余额		本期发生额		期末余额	
	借方	贷方	借方	贷方	借方	贷方
现金	5 800		1 000	3 000	3 800	
银行存款	80 000		30 000	96 500	13 500	
原材料	50 000		21 200	31 600	39 600	
产成品	10 000				10 000	
其他应收款	—	83 000	3 000	3 000	—	
固定资产	100 000				100 000	
应付账款		78 000		9 000		3 200
短期借款		17 000				17 000
实收资本		150 800		30 000		180 000
生产成本			31 600		31 600	
管理费用			2 500		2 500	
合　计	245 800	245 800	173 100	173 100	201 000	201 000

4. 明细分类账户本期发生额和余额表

（1）原材料

明细科目	计量单位	单价	期初余额		本期发生额				期末余额	
					收入		发出			
			数量	金额	数量	金额	数量	金额	数量	金额
甲材料	米	2	1 000	2 000	1 000	2 000	900	1 800	1 100	2 200
乙材料	吨	1	40 000	40 000	16 000	16 000	25 000	25 000	31 000	31 000
丙材料	公斤	16	500	8 000	200	3 200	300	4 800	400	6 400
合　计	—	—	—	50 000	—	21 200	—	31 600	—	39 600

（2）应付账款

明细科目	期初余额	本期发生额		期末余额
		借　方	贷　方	
利民公司	65 000	65 800	1 000	200
友谊公司	13 000	18 000	8 000	3 000
合　计	78 000	83 800	9 000	3 200

5. 总分类账户与明细分类账户定期核对

“原材料”账户	总分类账户		明细分类账户
期初余额	50 000	=	2 000 + 40 000 + 8 000
本期借方发生额	21 200	=	2 000 + 16 000 + 3 200
本期贷方发生额	31 600	=	1 800 + 25 000 + 4 800
期末余额	39 600	=	2 200 + 31 000 + 6 400

“应付账款”账户	总分类账户		明细分类账户
期初余额	78 000	=	65 000 + 13 000
本期借方发生额	83 800	=	65 800 + 18 000
本期贷方发生额	9 000	=	1 000 + 8 000
期末余额	3 200	=	200 + 3 000

案　例

1. 会计分录

7月1日	借：现金	800	
	贷：其他应付款		800
1日	借：房租费	50	
	贷：现金		50
3日	借：备料	160	
	贷：现金		160
3日	借：杂项费用	35	
	贷：现金		35
4日	借：租金费	500	
	贷：现金		500
7日	借：备料	305	
	贷：应付账款		305
12日	借：现金	870	
	贷：服务收入		870
12日	借：应收账款	183	
	贷：服务收入		183
15日	借：工薪费	70	
	贷：现金		70
17日	借：应付账款	180	
	贷：现金		180
20日	借：租金费	300	
	贷：现金		300
22日	借：备料	280	
	贷：应付账款		280
25日	借：现金	141	
	贷：应收账款		141
28日	借：杂项费用	61	
	贷：现金		61
31日	借：现金	960	
	贷：服务收入		960
31日	借：应收账款	151	
	贷：服务收入		151
31日	借：电费	51	

贷：现金 51

31 日 借：电话费 30

贷：现金 30

31 日 借：工薪费 60

贷：现金 60

31 日 借：备料费 545

贷：备料 545

545 =（160 + 305 + 280）- 200

2. 登记丁字形账户（略）

3. 试算表

丁光账户试算表

200×年 7 月　　单位：人民币元

账户	本期发生额		期末余额	
	借方	贷方	借方	贷方
现金	2 771	1 497	1 274	
备料	745	545	200	
应收账款	334	141	193	
其他应付款		800		800
应付账款	180	585		405
服务收入		2 164		2 164
备料费	545		545	
房租费	50		50	
租金费	800		800	
电费	51		51	
电话费	30		30	
杂项费用	96		96	
工薪费	130		130	
合计	5 732	5 732	3 369	3 369

4. 收益表

丁光收益表

200×年 7 月　　单位：人民币元

收入		
服务收入		2 164
费用		
备料费	545	
房租费	50	
租金费	800	
电费	51	

续表

费用		
电话费	30	
工薪费	130	
杂项费用	96	
费用合计		1 702
净收益		462

5. 如果7月31日仍有665元现金，则丁光当月拿出自用的现金为1 274 - 655 = 619元；
6. 从经济角度考虑，在乡村高尔夫俱乐部的净收益为462元，而到麦当劳餐厅兼职的收入为325元。所以应该继续经营乡村高尔夫俱乐部的服务活动。如果考虑到个人的锻炼等，在乡村俱乐部的机会比快餐厅也更多。

第三章　会计凭证与账簿

习题二

格式纸为本章附录格式一。

会计分录如下：

		借方	贷方
3日	借：库存商品——电冰箱	117 500	
	贷：银行存款		117 500
5日	借：库存商品——洗衣机	85 000	
	贷：应付账款——无锡洗衣机厂		85 000
7日	借：现金	1 500	
	贷：银行存款		1 500
9日	借：其他应收款——李哲	800	
	贷：现金		800
11日	借：银行存款	39 400	
	贷：商品销售收入		39 400
12日	借：管理费用——市内交通费	86	
	贷：现金		86
14日	借：银行存款	3 650	
	贷：应收账款——南方公司		3 650
18日	借：应收账款——东方公司	22 000	
	贷：商品销售收入		22 000
21日	借：管理费用——差旅费	680.70	
	现金	119.30	
	贷：其他应收款——李哲		800
25日	借：现金	4 800	
	贷：银行存款		4 800
	借：应付工资	4 800	
	贷：现金		4 800

26 日　借：短期借款　　5 000
　　贷：银行存款　　5 000
30 日　借：应付账款——华安工厂　　3 800
　　贷：银行存款　　3 800
30 日　借：管理费用——折旧费　　1 835
　　贷：累计折旧　　1 835

习题三

付款凭证的格式见本章附录格式三。付款凭证的填制及编号如下：

付字1 号
3 日　借：其他应收款——许厂长　　600
　　贷：现金　　600

付字 2 号
10 日　借：现金　　500
　　贷：银行存款　　500

付字 3 号
16 日　借：管理费用——差旅费　　125
　　贷：现金　　125

付字 4 号
18 日　借：现金　　6 800
　　贷：银行存款　　6 800

付字 5 号　借：应付工资　　6 800
　　贷：现金　　6 800

付字 6 号
21 日　借：应付账款——钢花钢铁厂　　138 000
　　贷：银行存款　　138 000

付字 7 号　借：银行存款　　669
　　贷：现金　　669

收款凭证见本章附录格式二。凭证的填制及编号如下：

收字1 号
6 日　借：银行存款　　84 600
　　贷：商品销售收入　　84 600

收字 2 号
20 日　借：银行存款　　72 200
　　贷：应收账款——天宇公司　　72 200

转账凭证见本章附录格式四。凭证的填制及编号如下：

转字1 号
1 日　借：库存商品——碳结钢　　138 000
　　贷：应付账款——钢花钢铁厂　　138 000

转字 2 号
9 日　借：应收账款——天宇公司　　72 200
　　贷：商品销售收入　　72 200

转字3号

16日 借：管理费用——差旅费 600

贷：其他应收款——许厂长 600

转字4号

24日 借：固定资产 85 000

贷：应付账款——凯达公司 85 000

转字5号

30日 借：管理费用——折旧费 450

贷：累计折旧 450

转字6号

30日 借：管理费用——工资 1 600

销售费用——工资 5 200

贷：应付工资 6 800

习题四

1. 格式纸见本章附录格式一。

会计分录如下：

（1）借：银行存款 150 000

贷：短期借款 150 000

（2）借：银行存款 580 000

贷：实收资本 580 000

（3）借：其他应收款 1 800

贷：现金 1 800

（4）借：原材料 90 000

贷：预付账款 45 000

银行存款 45 000

（5）借：其他应付款 940

贷：现金 940

（6）借：生产成本 25 000

贷：原材料——A材料 20 000

——B材料 5 000

（7）借：产成品 50 800

贷：生产成本 50 800

（8）借：应收账款 110 000

贷：产品销售收入 110 000

（9）借：管理费用 3 800

贷：银行存款 3 800

（10）借：营业外支出 8 000

贷：银行存款 8 000

（11）借：产品销售成本 42 700

贷：产成品 42 700

（12）借：现金 2 300

贷：其他应收款　　2 300

2. 收款凭证见本章附录格式二。凭证的填制及编号如下：

收字1 号

（1）借：银行存款　　150 000
　　贷：短期借款　　150 000

收字2 号

（2）借：银行存款　　580 000
　　贷：实收资本　　580 000

收字3 号

（12）借：现金　　2 300
　　贷：其他应收款　　2 300

付款凭证见本章附录格式三。凭证的填制及编号如下：

付字1 号

（3）借：其他应收款　　1 800
　　贷：现金　　1 800

付字2 号

（4）借：原材料　　45 000
　　贷：银行存款　　45 000

付字3 号

（5）借：其他应付款　　940
　　贷：现金　　940

付字4 号

（9）借：管理费用　　3 800
　　贷：银行存款　　3 800

付字5 号

（10）借：营业外支出　　8 000
　　贷：银行存款　　8 000

转账凭证见本章附录格式四。凭证的填制及编号如下：

转字1 号

（4）借：原材料　　45 000
　　贷：预付账款　　45 000

转字2 号

（6）借：生产成本　　25 000
　　贷：原材料——A 材料　　20 000
　　　　　　——B 材料　　5 000

转字3 号

（7）借：产成品　　50 800
　　贷：生产成本　　50 800

转字4 号

（8）借：应收账款　　110 000
　　贷：产品销售收入　　110 000

转字5号

(11) 借：产品销售成本　　42 700
　　贷：产成品　　42 700

习题五

(一) 编制收款、付款凭证

银收字1号

5日 借：银行存款　　35 000
　　贷：短期借款　　35 000

银收字2号

6日 借：银行存款　　33 900
　　贷：商品销售收入　　33 900

银收字3号

18日 借：银行存款　　5 000
　　贷：应收账款——坤兴公司　　5 000

银收字4号

26日 借：银行存款　　8 640
　　贷：商品销售收入　　8 640

现收字1号

25日 借：现金　　224
　　贷：其他应收款——高原　　224

现收字2号

27日 借：现金　　394
　　贷：商品销售收入　　394

银付字1号

10日 借：现金　　60 000
　　贷：银行存款　　60 000

银付字2号

11日 借：库存商品——暖水瓶　　4 639
　　贷：银行存款　　4 639

银付字3号

20日 借：销售费用——广告费　　3 500
　　贷：银行存款　　3 500

银付字4号

28日 借：应付账款——海阳公司　　27 300
　　贷：银行存款　　27 300

现付字1号

7日 借：其他应收款——高原　　800
　　贷：现金　　800

现付字2号

10日 借：应付工资　　54 430
　　贷：现金　　54 430

现付字 3 号

15 日　借：管理费用——办公费　　287

　　　　贷：现金　　287

现付字 4 号

30 日　借：银行存款　　6 000

　　　　贷：现金　　6 000

转字 1 号

16 日　借：应收账款——日薪百货商店　　4 482

　　　　贷：商品销售收入　　4 482

转字 2 号

20 日　借：库存商品——保温杯　　9 000

　　　　贷：应付账款——山特公司　　9 000

转字 3 号

25 日　借：管理费用——差旅费　　576

　　　　贷：其他应收款——高原　　576

（二）登记现金、银行存款日记账

龙盛百货批发公司现金日记账

日　期	摘　要	凭证号数	借　方	贷　方	余　额
4.1	期初余额				1 950.00
7	高原借款	现付字 1		800.00	1 150.00
10	提现	银付字 1	60 000.00		61 150.00
10	发放工资	现付字 2		54 430.00	6 720.00
15	购办公用品	现付字 3		287.00	6 433.00
25	高原交余款	现收字 1	224.00		6 657.00
27	零星收入	现收字 2	394.00		7 051.00
30	存入银行	现付字 4		6 000.00	1 051.00
30	本月合计	—	60 618.00	61 517.00	1 051.00

龙盛百货公司银行存款日记账

日　期	摘　要	凭证号数	借　方	贷　方	余　额
4.1	期初余额				459 000.00
5	向银行借款	银收字 1	35 000.00		494 000.00
6	销售毛巾被款	银收字 2	33 900.00		527 900.00
10	提取现金	银付字 1		60 000.00	467 900.00
11	付暖水瓶款	银付字 2		4 639.00	463 261.00
18	收坤兴欠款	银收字 3	5 000.00		468 261.00
20	支付广告费	银付字 3		3 500.00	464 761.00
26	收到销货款	银收字 4	8 640.00		473 401.00

续表

日　期	摘　要	凭证号数	借　方	贷　方	余　额
28	付海阳欠款	银付字4		27 300.00	446 101.00
30	存入现金	现付字4	6 000.00		452 101.00
30	合计	—	88 540.00	95 439.00	452 101.00

习题七

1. 画线更正法。具体更正方法：首先，在“现金”账户贷方所记错误金额“3 500”上画一条红线予以注销；然后，将正确数字“350”用蓝字或黑字填写在错误金额“3 500”上方空白处，并由记账人员在更正处签章。
2. 红字更正法。具体更正方法：

（1）借：应付账款　　1 300（红字）

　　贷：现金　　1 300（红字）

并据以登账

（2）借：应付账款　　1 300

　　贷：银行存款　　1 300

并据以登账

3. 补充登记法。具体更正方法：

借：银行存款　　9 000

　贷：应收账款　　9 000

并据以登账

4. 红字更正法。具体更正方法：

（1）借：管理费用　　853（红字）

　　贷：现金　　853（红字）

并据以登账

（2）借：管理费用　　835

　　贷：现金　　835

并据以登记

习题八

1. 采用画线更正法，直接在账簿上更正记录错误；
2. 采用红字冲销法，先填一张“借：原材料；贷：其他应付款”、金额为红字的凭证，冲销原有错误；再填一张“借：原材料；贷：应付账款”、金额为蓝字的正确凭证。将这两张凭证登记到相应的账簿中去，即可更正错误；
3. 采用补充登记法，填一张科目与原凭证相同、金额为72 000元的凭证，补充登记到相应的账簿中去；
4. 采用红字冲销法，填一张科目与原凭证相同、金额为720 000元的红字凭证，登记到相应的账簿中去；
5. 采用红字冲销法，填一张“借：现金；贷：银行存款”、金额为9 000元的红字凭证，登记到相应的账簿中即可。

习题九

（一）编制记账凭证（格式见附录二、三、四）

银付字1号

3日	借：库存商品——童车	5 100	
	贷：银行存款		5 100

银付字2号

7日	借：应付账款	10 000	
	贷：银行存款		10 000

银付字3号

10日	借：现金	500	
	贷：银行存款		500

银付字4号

13日	借：库存商品——电冰箱	105 000	
	贷：银行存款		105 000

银付字5号

15日	借：现金	5 000	
	贷：银行存款		5 000

银付字6号

20日	借：短期借款	18 000	
	贷：银行存款		18 000

银付字7号

21日	借：销售费用——广告费	3 500	
	贷：银行存款		3 500

银付字8号

25日	借：库存商品——录像机	50 000	
	贷：银行存款		50 000

银付字9号

28日	借：管理费用——电话费	1 500	
	贷：银行存款		1 500

银付字10号

30日	借：应付账款——伊汀公司	97 500	
	贷：银行存款		97 500

现付字1号

9日	借：管理费用——办公费	50	
	贷：现金		50

现付字2号

15日	借：应付工资	5 000	
	贷：现金		5 000

现付字3号

16日	借：管理费用——交通费	28	
	贷：现金		28

银收字1号

4日　借：银行存款　2 200

　　贷：应收账款——华北公司　2 200

银收字2号

6日　借：银行存款　28 000

　　贷：商品销售收入　28 000

银收字3号

10日　借：银行存款　72 000

　　贷：商品销售收入　72 000

银收字4号

12日　借：银行存款　1 000

　　贷：商品销售收入　1 000

银收字5号

18日　借：银行存款　70 250

　　贷：商品销售收入　70 250

银收字6号

22日　借：银行存款　60 000

　　贷：商品销售收入　60 000

银收字7号

26日　借：银行存款　52 650

　　贷：商品销售收入　52 650

银收字8号

29日　借：银行存款　76 680

　　贷：商品销售收入　76 680

银收字9号

29日　借：银行存款　70 250

　　贷：应收账款——鹭京公司　70 250

转字1号

2日　借：库存商品——电脑　97 500

　　贷：应付账款——伊汀公司　97 500

转字2号

12日　借：应收账款——天鹭幼儿园　3 900

　　贷：商品销售收入　3 900

转字3号

18日　借：应收账款——鹭京公司　70 250

　　贷：商品销售收入　70 250

转字4号

25日　借：库存商品——录像机　13 000

　　　　　　——音响　42 000

　　贷：应付账款——国货公司　55 000

转字5号

26 日　借：应收账款——正大酒楼　　122 850
　　　贷：商品销售收入　　122 850

转字 6 号

30 日　借：管理费用——折旧费　　300
　　　贷：累计折旧　　300

（二）登记“丁”字账户（略）

（三）编制科目汇总表

中闽公司科目汇总表

200×年 10 月

会计科目	借方发生额	贷方发生额
现金	5 500	5 078
银行存款	433 030	296 100
应收账款	197 000	72 450
库存商品	312 600	—
应付账款	107 500	152 500
短期借款	18 000	—
商品销售收入	—	557 580
管理费用	1 878	—
应付工资	5 000	—
销售费用	3 500	—
累计折旧	—	300
合计	1 084 008	1 084 008

（四）登记总账（略）

习题十

（一）编制记账凭证（见习题九）

（二）编制汇总记账凭证

汇总付款凭证

贷方科目：银行存款　　200×年 10 月

借方科目	金额 银付字 1—10 号	总账页数 借方	总账页数 贷方
现　金	5 500		
应付账款	107 500		
库存商品	160 100		
短期借款	18 000		
销售费用	3 500		
管理费用	1 500		
合　计	296 100		

汇总付款凭证

贷方科目：现金　　　　200×年10月

借方科目	金额 现付字1—3号	总账页数	
		借　方	贷　方
应付工资	5 000		
管理费用	78		
合　计	5 078		

汇总收款凭证

借方科目：银行存款　　　　200×年10月

贷方科目	金额 银收字1—9号	总账页数	
		借　方	贷　方
应收账款	72 450		
商品销售收入	360 580		
合　计	433 030		

汇总转账凭证

贷方科目：应付账款　　　　200×年10月

借方科目	金额 转字1—6号	总账页数	
		借　方	贷　方
库存商品	152 500		
合　计	152 500		

汇总转账凭证

贷方科目：商品销售收入　　　　200×年10月

借方科目	金额 转字1—6号	总账页数	
		借　方	贷　方
应收账款	197 000		
合　计	197 000		

汇总转账凭证

贷方科目：累计折旧　　　　200×年10月

借方科目	金额 转字1—6号	总账页数	
		借　方	贷　方
管理费用	300		
合　计	300		

（三）根据汇总记账凭证登记总账（略）

格式一：

记 账 凭 证

单位名称： 20 年 月 日 第 号

摘 要	会计科目	账 页	借方金额		贷方金额		附件
			一级科目	明细科目	一级科目	明细科目	
							张
合 计							

会计主管 记账 审核 填制

格式二：

单位名称：

收 款 凭 证

借方科目： 20 年 月 日 收字第 号

摘 要	贷方科目	账 页	金 额		附件
			一级科目	明细科目	
					张
合 计					

会计主管 记账 审核 填制

格式三：

单位名称：

付 款 凭 证

贷方科目： 20 年 月 日 付字第 号

摘 要	借方科目	账 页	金 额		附件
			一级科目	明细科目	
					张
合 计					

会计主管 记账 审核 填制

格式四：

转 账 凭 证

单位名称： 20 年 月 日 转第 号

摘 要	会计科目	账 页	借方金额		贷方金额		附件
			一级科目	明细科目	一级科目	明细科目	
							张
合 计							

会计主管 记账 审核 填制

第四章　会计循环

习题一

1. 略

2. 两种基础下的收入、费用和利润

业务号	权责发生制		收付实现制	
	收　入	费　用	收　入	费　用
1	76 000		30 000	
2				3 600
3			10 000	
4			38 900	
5		770		770
6		500		
7		150		450
8	1 000			
9	28 000			
合　计	105 000	1 420	78 900	4 820

权责发生制下的利润：

105 000 - 1 420 = 103 580（元）

收付实现制下的利润：

78 900 - 4 820 = 74 080（元）

3. 两种会计基础确定利润的标准不同。收付实现制是根据现金的实际收支来确定企业当期的收入和费用，从而确定当期的利润；权责发生制则按实际权利、义务的发生或形成来确认收入与费用。因此，在出现赊销、预付、预收、应计、待摊等情况时，二者所确定的利润额将会存在差异。由于这种差异只是时间性的，从长远看，二者应当一致。

习题二

收入：50 000 + 1 500 - 1 800 + 900 - 1 000 = 49 600（元）

费用：31 400 + 840 - 1 130 + 1 460 - 1 870 = 30 700（元）

利润：49 600 - 30 700 = 18 900（元）

习题三

1. 借：管理费用　800
　　贷：待摊费用　800
2. 借：预收账款　26 000
　　贷：销售收入　26 000
3. 借：其他应收款　1 000
　　贷：利息收入　1 000
4. 借：管理费用——折旧费　7 700
　　贷：累计折旧　7 700
5. 借：预收账款　9 000
　　贷：租金收入　9 000

6. 借：管理费用——工薪费 5 560
   贷：应付工资 5 560

习题四

1. 7至12月份的会计分录如下：

7月份

1日 借：待摊费用——报刊费 2 400
  贷：银行存款 2 400

1日 借：待摊费用——保险费 7 200
  贷：银行存款 7 200

1日 借：银行存款 50 000
  贷：短期借款 50 000

31日 借：管理费用 2 000
  贷：待摊费用——报刊费 800
  ——保险费 1 200

31日 借：修理费用 350
  贷：预提费用 350

31日 借：利息费用 250
  贷：预提费用 250

8月份

31日 借：管理费用 2 000
  贷：待摊费用——报刊费 800
  ——保险费 1 200

31日 借：修理费用 350
  贷：预提费用 350

31日 借：利息费用 250
  贷：预提费用 250

31日 借：设备使用费 9 000
  贷：预提费用 9 000

9月份

1日 借：预提费用 9 000
  待摊费用——设备费 27 000
  贷：银行存款 36 000

30日 借：管理费用 2 000
  贷：待摊费用——报刊费 800
  ——保险费 1 200

30日 借：修理费用 350
  贷：预提费用 350

30日 借：利息费用 250
  贷：预提费用 250

30日 借：设备使用费 9 000
  贷：待摊费用——设备费 9 000

10 月份

1 日　借：短期借款　50 000
　　　　预提费用　750
　　　贷：银行存款　50 750

31 日　借：管理费用　1 200
　　　贷：待摊费用——保险费　1 200

31 日　借：修理费用　350
　　　贷：预提费用　350

31 日　借：设备使用费　9 000
　　　贷：待摊费用——设备费　9 000

11 月份

30 日　借：管理费用　1 200
　　　贷：待摊费用——保险费　1 200

30 日　借：修理费用　350
　　　贷：预提费用　350

30 日　借：设备使用费　9 000
　　　贷：待摊费用——设备费　9 000

12 月份

5 日　借：预提费用　1 750
　　　　修理费用　500
　　　贷：银行存款　2 250

31 日　借：管理费用　1 200
　　　贷：待摊费用——保险费　1 200

2. 有关账户登记如下：

待摊费用

借方		贷方	
7 月 1 日	2 400	7 月 31 日	800
	7 200		1 200
9 月 1 日	27 000	8 月 30 日	800
			1 200
		9 月 30 日	800
			1 200
			9 000
		10 月 31 日	1 200
			9 000
		11 月 30 日	1 200
			9 000
		12 月 31 日	1 200
发生额合计	36 600	发生额合计	36 600

预提费用

借方		贷方	
9 月 1 日	9 000	7 月 31 日	250
10 月 1 日	750		350
12 月 5 日	1 750	8 月 31 日	250
			350
		8 月 31 日	9 000
		30 日	350
			250
		10 月 31 日	350
		11 月 30 日	350
发生额合计	11 500	发生额合计	11 500

习题五

账项调整分录如下：

1. 借：管理费用——房租费 200
   贷：预付房租 200
2. 借：管理费用——保险费 500
   贷：预付保险费 500
3. 借：服务收入 2 000
   贷：预收服务收入 2 000
4. 借：利息费用 800
   贷：应付利息 800
5. 借：其他应收款——应收利息 120
   贷：利息收入 120

习题六

（一）调整分录如下：

1. 借：管理费用——折旧费 9 650
   贷：累计折旧 9 650
2. 借：管理费用——财产保险费 800
   贷：预付保险费 800
3. 借：其他应收款——应收租金 5 400
   贷：租金收入 5 400
4. 借：预收账款 7 500
   贷：商品销售收入 7 500
5. 借：其他应收款——应收利息 1 300
   贷：利息收入 1 300

（二）祥和商行工作底稿编制如下：

工作底稿

编制单位：祥和商行　　　　200×年 12 月 31 日

账户名称	调整前试算表		调整分录		调整后试算表		利润表		资产负债表	
	借方	贷方	借方	贷方	借方	贷方	借方	贷方	借方	贷方
现　金	6 000				6 000				6 000	
银行存款	26 500				26 500				26 500	
预付保险费	800			②800	○				○	
库存商品	7 000				7 000				7 000	
固定资产	220 000				220 000				220 000	
应收账款	5 000				5 000				5 000	
其他应收款	700		③5 400		7 400				7 400	
			⑤1 300							
累计折旧		60 000		①9 650		69 650			−69 650	
应付票据		37 000				37 000				37 000

续表

账户名称	调整前试算表		调整分录		调整后试算表		利润表		资产负债表	
	借方	贷方	借方	贷方	借方	贷方	借方	贷方	借方	贷方
预收货款		8 600	④7 500			1 100				1 100
实收资本		131 500				131 500				131 500
商品销售收入		48 000		④7 500		55 500		55 500		
商品销售成本	15 600				15 600		15 600			
管理费用	8 000		①9 650 ② 800		18 400		18 450			
利息收入		4 500		⑤1 300		5 800		5 800		
租金收入				③5 400		5 400		5 400		
合计	289 600	289 600	24 650	24 650	305 950	305 950	34 050			169 600
							32 650			32 650
							66 700	66 700	202 250	202 250

习题七

（一）编制利润表

祥和商行利润表

200×年12月　　　　单位：人民币元

商品销售收入		55 500
利息收入		5 800
租金收入		5 400
减：商品销售成本	15 600	
管理费用	18 450	34 050
净利润		32 650

（二）结账分录

1. 借：商品销售收入　55 500
　　利息收入　5 800
　　租金收入　5 400
　贷：本年利润　66 700
2. 借：本年利润　34 050
　贷：商品销售成本　15 600
　　管理费用　18 450
3. 借：本年利润　32 650
　贷：留存收益　32 650

（三）编制资产负债表

祥和商行资产负债表

200×年12月31日　　单位：人民币元

资产		负债及所有者权益	
现金	6 000	应付票据	37 000
银行存款	26 500	预收账款	1 100
库存商品	7 000	负债合计	38 100
应收账款	5 000		
其他应收款	7 400	实收资本	131 500
固定资产	220 000	留存收益	32 650
累计折旧	(69 650)	所有者权益合计	164 150
固定资产净值	150 350		
资产总计	202 250	负债及所有者权益总计	202 250

（四）转回分录

借：租金收入　　5 400

　　利息收入　　1 300

　贷：其他应收款　　6 700

习题八

（一）编制调整分录

1. 借：保险费　　150

　贷：预付保险费　　150

2. 借：物料用品费　　800

　贷：在用物料　　800

3. 借：折旧费　　2 580

　贷：累计折旧——建筑物　　2 580

4. 借：折旧费　　955

　贷：累计折旧　　955

5. 借：工资费用　　1 950

　贷：应付工资　　1 950

6. 借：预收账款　　15 500

　贷：服务收入　　15 500

（二）编制工作底稿

工作底稿

200×年9月30日

账户名称	调整前试算表		调整分录		调整后试算表		利润表		资产负债表	
	借方	贷方	借方	贷方	借方	贷方	借方	贷方	借方	贷方
现　金	1 540				1 540				1 540	
银行存款	32 300				32 300				32 300	
预付保险费	1 200			①150	1 050				1 050	

续表

账户名称	调整前试算表		调整分录		调整后试算表		利润表		资产负债表	
	借方	贷方	借方	贷方	借方	贷方	借方	贷方	借方	贷方
在用物料	1 060			②800	260				260	
建筑物	116 500				116 500				116 500	
累计折旧——建筑物		21 625		③2 580		24 205			-24 205	
设备	61 250				61 250				61 250	
累计折旧——设备		25 300		④955		26 255			-26 255	
应付账款		3 170				3 170				3 170
应付工资				⑤1 950		1 950				1 950
预收账款		25 860	⑥15 500			10 360				10 360
资本		50 000				50 000				50 000
留存收益		49 745				49 745				49 745
服务收入		80 600		⑥15 500		96 100		96 100		
工资费用	31 150		⑤1 950		33 100		33 100			
广告费用	4 500				4 500		4 500			
水电费用	4 380				4 380		4 380			
修理费用	1 380				1 380		1 380			
杂项费用	1 040				1 040		1 040			
物料用品费			②800		800		800			
折旧费用			③2 580		3 535		3 535			
			④955							
保险费			①150		150		150			
	256 300	256 300	21 935	21 935	261 785	261 785	48 885			115 225
							47 215			47 215
							96 100	96 100	162 440	162 440

（三）编制基本财务报表

皇家康乐保龄健身中心利润表

200×年9月　　　　单位：人民币元

服务收入		96 100
减：保险费	150	
工资费用	33 100	
广告费用	4 500	
水电费用	4 380	
修理费用	1 380	
折旧费用	3 535	
杂项费用	1 040	
物料用品费	800	48 885
净利润		47 215

皇家康乐保龄健身中心资产负债表

200×年9月30日　　　　单位：人民币元

资　产		负债及所有者权益	
现金	1 540	应付账款	3 170
银行存款	32 300	预收账款	10 360
预付保险费	1 050	应付工资	1 950
在用物料	260	负债合计	15 480
建筑物	116 500		
累计折旧——建筑物	(24 205)	资本	50 000
设备	61 250	留存收益	96 960
累计折旧——设备	(26 255)	所有者权益合计	146 960
资产总计	162 440	负债及所有者权益合计	162 440

第五章　利润表要素的确认、计量、记录和报告

习题一

（一）有关的会计处理如下：

		借方	贷方
5日	借：管理费用——办公费	680	
	贷：库存现金		680
15日	借：管理费用——差旅费	2 960	
	库存现金	40	
	贷：其他应收款——厂长		3 000
16日	借：制造费用	1 200	
	贷：原材料——辅助材料		1 200
30日	借：管理费用——折旧费	1 400	
	制造费用——折旧费	2 200	
	贷：累计折旧		3 600
30日	借：管理费用——报刊费	1 400	
	制造费用——报刊费	600	
	贷：银行存款		2 000
30日	借：制造费用——修理费	900	
	贷：库存现金		900
31日	借：管理费用——水电费	5 500	
	制造费用——水电费	3 100	
	贷：银行存款		8 600
31日	借：管理费用——电话费	3 200	
	贷：银行存款		3 200

（二）账户登记如下：

借方	制造费用	贷方
16 日	1 200	
30 日	2 200	
	600	
	900	
31 日	3 100	
合计	8 000	

借方	管理费用	贷方
5 日	680	
15 日	2 960	
30 日	1 400	
	1 400	
31 日	5 500	
	3 200	
合计	15 140	

习题二

（一）编制会计分录

日期	会计分录	借方金额	贷方金额
3 日	借：制造费用	320	
	贷：原材料——配件		320
9 日	借：管理费用	520	
	制造费用	340	
	贷：原材料——辅助材料		860
11 日	借：管理费用——办公费	335	
	贷：库存现金		335
12 日	借：制造费用	226	
	贷：库存现金		226
18 日	借：制造费用	1 150	
	贷：原材料——燃料		1 150
30 日	借：制造费用	3 000	
	管理费用	1 800	
	贷：银行存款		4 800
30 日	借：管理费用	3 435	
	制造费用	2 865	
	贷：应付职工薪酬		6 300
30 日	借：管理费用	390	
	制造费用	450	
	贷：银行存款		840
30 日	借：制造费用	1 200	
	管理费用	2 100	
	贷：累计折旧		3 300

（二）登记账户

借方	制造费用	贷方
3 日	320	
9 日	340	
12 日	226	
18 日	1 150	
30 日	3 000	
	2 865	
	450	
	1 200	
合计	9 551	

借方	管理费用	贷方
9 日	520	
11 日	335	
30 日	1 800	
	3 435	
	390	
	2 100	
合计	8 580	

（三）对制造费用进行分配

产品名称	机器小时	分配率	分配额
甲产品	300	37.5%	3 582
乙产品	500	62.5%	5 969
合　计	800	100%	9 551

习题三

（一）账务处理

1 日	借：银行存款	49 902
	财务费用	98
	贷：短期借款	50 000
30 日	借：短期借款	100 000
	其他应付款	3 750
	财务费用	750
	贷：银行存款	104 500
30 日	借：长期借款	744 000
	其他应付款	66 000
	财务费用	6 000
	贷：银行存款	816 000
30 日	借：财务费用	1 020
	贷：其他应付款	1 020

习题四

（一）编制会计分录

3 日	借：生产成本——甲产品	10 400
	——乙产品	13 600
	贷：原材料——A 材料	6 000
	——B 材料	8 000
	——C 材料	10 000

厦门大学会计系列教材——第3版

5 日　借：银行存款　　60 000
　　贷：短期借款　　60 000
8 日　借：生产成本——甲产品　　12 000
　　　　——乙产品　　2 400
　　管理费用　　4 000
　　贷：原材料——B 材料　　2 400
　　　　——C 材料　　16 000
12 日　借：制造费用　　4 000
　　贷：低值易耗品　　4 000
30 日　借：生产成本——甲产品　　4 500
　　　　——乙产品　　1 500
　　制造费用　　1 200
　　管理费用　　1 800
　　贷：应付职工薪酬　　9 000
30 日　借：库存现金　　9 000
　　贷：银行存款　　9 000
　借：应付职工薪酬　　9 000
　　贷：库存现金　　9 000

（二）"生产成本"等账户的登记（略）

习题五

（一）汇总制造费用

借方	制造费用	贷方
12 日	4 000	
16 日	1 200	
30 日	2 200	
	600	
	900	
	1 200	
	3 100	
合计	13 200	

（二）分配制造费用

产品名称	生产工人工资	分配率	分配额
甲产品	4 500	75%	9 900
乙产品	1 500	25%	3 300
合计	6 000	100%	13 200

（三）编制会计分录

借：生产成本——甲产品　　9 900
　　　　——乙产品　　3 300
　贷：制造费用　　13 200

习题六

10 月末在产品的成本 6 500 元

习题七

（一）分配制造费用

产品名称	生产工人工资	分配率	分配额
子产品	8 000	0.2	1 600
丑产品	12 500	0.2	2 500
合计	20 500	0.2	4 100

（二）汇总两种产品的总成本

	直接材料	直接人工	制造费用
子产品	22 560	8 750	1 960
丑产品	21 850	13 020	2 640

（三）生产成本在完工产品与未完工产品之间分配

	金　额	约当产量	分配率	完工产品总成本	未完工产品总成本
直接材料	22 560	140	161.14	17 725	4 835
直接人工	8 750	125	70.00	7 700	1 050
制造费用	1 960	125	15.68	1 725	235
合计	33 270	—	—	27 150	6 120

丑产品总投产 160 件。其中，未完工产品 40 件，材料一次投足，加工程度折合为 20 件。

	金　额	约当产量	分配率	完工产品总成本	未完工产品总成本
直接材料	21 850	160	136.56	16 388	5 462
直接人工	13 020	140	93.00	11 160	1 860
制造费用	2 640	140	18.86	2 263	377
合计	37 510	—	—	29 811	7 699

（四）编制产品成本计算表（略）

习题八

（一）产品成本计算表如下（计算过程参见习题七）：

成本项目	甲产品（100 件）		乙产品（210 件）	
	总成本	单位成本	总成本	单位成本
直接材料	21 600	216	15 998.18	76.1818
直接人工	4 583.33	45.8333	1782.11	8.4862
制造费用	8 750	87.50	3 381.19	16.10
合计	34 933.33	349.3333	21 161.48	100.77

（二）会计处理如下：

借：库存商品——甲产品　　34 933.33
　　　　　　——乙产品　　21 161.48
　贷：生产成本——甲产品　　34 933.33
　　　　　　　——乙产品　　21 161.48

习题九

（一）编制会计分录

3日　借：应收账款——天地公司　　24 000
　　　　贷：主营业务收入　　24 000
5日　借：应收票据——和顺公司　　30 000
　　　　贷：主营业务收入　　30 000
9日　借：银行存款　　12 000
　　　　贷：预收账款——同利公司　　12 000
11日　借：应收账款——同利公司　　23 000
　　　　　预收账款——同利公司　　12 000
　　　　贷：主营业务收入　　35 000
12日　借：银行存款　　11 760
　　　　　财务费用　　240
　　　　贷：应收账款——天地公司　　12 000
20日　借：主营业务收入　　1 000
　　　　贷：应收账款——同利公司　　1 000
21日　借：银行存款　　21 560
　　　　　财务费用　　440
　　　　贷：应收账款——同利公司　　22 000
30日　借：银行存款　　12 000
　　　　贷：应收账款——天地公司　　12 000

（二）登记有关账户（略）

习题十

工程预计利润率 =（3 000 − 2 685）÷ 2 685 × 100% = 11.7318%

19×6年利润额 = 850 × 11.7318% = 99.72（万元）

19×7年利润额 = 1 020 × 11.7318% = 119.66（万元）

19×8年利润额 = 815 × 11.7318% = 95.61（万元）

习题十一

（一）会计分录如下：

3日　借：银行存款　　72 000
　　　　贷：主营业务收入——甲产品　　72 000
4日　借：银行存款　　32 000
　　　　贷：主营业务收入——乙产品　　32 000
7日　借：应收账款——石井公司　　119 300
　　　　贷：主营业务收入——甲产品　　92 500

——乙产品 26 800

10 日 借：销售费用 9 500

贷：银行存款 9 500

13 日 借：主营业务收入——甲产品 3 700

贷：应收账款——石井公司 3 700

16 日 借：银行存款 56 644

财务费用 1 156

贷：应收账款——石井公司 57 800

30 日 借：销售费用 10 000

贷：银行存款 10 000

30 日 借：营业税金及附加——甲产品 12 864

——乙产品 3 528

贷：应交税费——消费税 16 392

（二）账户登记（略）

习题十二

1. 营业利润 = 831 060 元
2. 利润总额 = 810 960 元
3. 净利润 = 567 672 元

习题十三

利润为 80 802 元。计算及账务处理略。

习题十四

1. 借：营业外支出 10 000

累计折旧 20 000

贷：固定资产 30 000

2. 借：其他应付款——三 T 公司 8 000

贷：营业外收入 8 000

3. 借：营业外支出 10 000

贷：银行存款 10 000

4. 借：固定资产 30 000

贷：营业外收入 30 000

5. 借：主营业务成本——甲产品 31 440

——乙产品 18 138. 60

贷：库存商品——甲产品 31 440

——乙产品 18 138. 60

6. 借：本年利润 135 434. 60

贷：主营业务成本 49 578 60

销售费用 19 500

营业税金及附加 16 392

管理费用 20 940

财务费用 9 024

营业外支出　　20 000
借：主营业务收入　　219 600
营业外收入　　38 000
贷：本年利润　　257 600
本期利润总额 = 257 600 − 13 5434. 60 = 122 165. 40（元）

（二）利润表

济科公司利润表

200×年 12 月　　单位：人民币元

项目	金额
一、营业收入	219 600
减：营业成本	49 578. 60
营业税金及附加	16 392
销售费用	19 500
管理费用	20 940
财务费用	9 024
三、营业利润	104 165. 40
加：营业外收入	38 000
减：营业外支出	20 000
四、利润总额	122 165. 40

习题十五

（一）账务处理

1 日　借：材料采购——甲材料　　18 000
——乙材料　　30 000
贷：应付账款——梅杰工厂　　48 000

2 日　借：材料采购——甲材料　　2 340
——乙材料　　1 020
贷：库存现金　　1 440
银行存款　　1 920
借：原材料——甲材料　　20 340
——乙材料　　31 020
贷：材料采购——甲材料　　20 340
——乙材料　　31 020

3 日　借：其他应收款——姚经理　　2 000
贷：银行存款　　2 000

5 日　借：生产成本——M 产品　　10 170
——N 产品　　18 612
贷：原材料——甲产品　　10 170
——乙产品　　18 612

7 日　借：制造费用　　3 200
贷：原材料——辅助材料　　3 200

9日 借：库存现金 10 000
贷：银行存款 10 000
借：应付职工薪酬 10 000
贷：库存现金 10 000
11日 借：管理费用 520
制造费用 330
贷：库存现金 850
14日 借：应收账款——乔丹公司 76 000
贷：主营业务收入——M 产品 76 000
14日 借：销售费用 1 200
贷：银行存款 1 200
16日 借：管理费用 1 880
库存现金 120
贷：其他应收款——姚经理 2 000
17日 借：银行存款 10 200
累计折旧 41 600
贷：固定资产 50 000
营业外收入 1 800
18日 借：销售费用 3 500
贷：银行存款 3 500
20日 借：营业外支出 5 000
贷：银行存款 5 000
20日 借：应收账款——麦可公司 168 000
贷：主营业务收入——N 产品 168 000
20日 借：销售费用 3 500
贷：银行存款 3 500
23日 借：银行存款 74 480
财务费用 1 520
贷：应收账款——乔丹公司 76 000
25日 借：主营业务收入——N 产品 4 800
贷：应收账款——麦可公司 4 800
26日 借：银行存款 1 950
贷：其他业务收入 1 950
借：其他业务成本 1 500
贷：原材料 1 500
27日 借：其他应付款——长城公司 2 500
贷：营业外收入 2 500
30日 借：管理费用 1 250
制造费用 750
贷：银行存款 2 000
30日 借：制造费用 1 050

贷：银行存款 1 050

30 日 借：财务费用 890

贷：其他应付款 890

30 日 借：生产成本——M 产品 4 200

——N 产品 2 800

制造费用 1 000

管理费用 2 000

贷：应付职工薪酬 10 000

30 日 借：银行存款 79 968

财务费用 1 632

贷：应收账款——麦可公司 81 600

30 日 借：营业外支出 4 000

贷：原材料 4 000

30 日 借：管理费用 850

制造费用 1 280

贷：累计折旧 2 130

30 日 借：生产成本——M 产品 4 650

——N 产品 3 044

贷：制造费用 7 610

30 日 借：库存商品——M 产品 16 907.14

——N 产品 21 835.71

贷：生产成本——M 产品 16 907.14

——N 产品 21 835.71

30 日 借：应收账款——天航公司 204 500

贷：主营业务收入——M 产品 50 750

——N 产品 153 750

30 日 借：营业税金及附加 13 311

贷：应交税费——消费税 13 311

30 日 借：主营业务成本 62 587.49

贷：库存商品——M 产品 28 742.14

——N 产品 33 845.35

借：本年利润 105 140.49

贷：主营业务成本 64 587.49

销售费用 8 200

营业税金及附加 13 311

管理费用 6 500

财务费用 4 042

其他业务成本 1 500

营业外支出 9 000

30 日 借：主营业务收入 443 700

营业外收入 4 300

其他业务收入 1 950

贷：本年利润 449 950

利润总额 = 449 950 − 105 140.49 = 344 809.51（元）

30日 借：所得税费用 51 721.43

贷：应交税费——应交所得税 51 721.43

（二）材料采购费用的分配与计算：

1. 差旅费的分配：

1 440 ÷（18 000 + 30 000）× 18 000 = 540（元）

1 440 ÷（18 000 + 30 000）× 30 000 = 900（元）

2. 运费的分配：

1 920 ÷（30 + 2）× 30 = 1 800（元）

1 920 ÷（30 + 2）× 2 = 120（元）

应由甲材料负担的采购费用：540 + 1 800 = 2 340（元）

应由乙材料负担的采购费用：900 + 120 = 1 020（元）

（三）完工产品成本的计算（略）

（四）利润表：

广安公司利润表

200×年12月份　　　　单位：人民币元

项目	金额
一、营业收入	445 650
减：主营业务成本	64 087.49
销售费用	8 200
营业税金及附加	13 311
管理费用	6 500
财务费用	4 042
二、营业利润	349 509.51
加：营业外收入	4 300
减：营业外支出	9 000
四、利润总额	344 809.51
减：所得税费用	51 721.43
五、净利润	293 088.08

第六章　资产负债表要素的确认、计量、记录和报告

习题一

（一）材料采购费用分配如下：

1. 第一批材料的采购费用

	总买价或总重量	单位分配率	A材料应负担	B材料应负担
运　费（360）	2 400 公斤	0.15 元/公斤	240	120
装卸费（120）	2 400 公斤	0.05 元/公斤	80	40
差旅费（1 296）	14 400 元	0.09 元/公斤	720	576
合　计	—	—	1 040	736

2. 第二批材料的采购费用

	总买价或总重量	单位分配率	A 材料应负担	B 材料应负担
运　费（540）	1 800 公斤	0.30 元/公斤	330	210
装卸等费（270）	1 800 公斤	0.15 元/公斤	165	105
采购站费（888）	11 100 元	0.08 元/公斤	440	448
合　　计	—	—	935	763

（二）账务处理

2 日　借：其他应收款——张力　1 450
　　贷：库存现金　1 450

8 日　借：材料采购——A 材料　8 000
　　　　　　　——B 材料　6 400
　　贷：应付账款——达美公司　14 400

9 日　借：材料采购——A 材料　240
　　　　　　　——B 材料　120
　　贷：库存现金　360

9 日　借：材料采购——A 材料　80
　　　　　　　——B 材料　40
　　贷：库存现金　120

10 日　借：应付账款——达美公司　14 400
　　贷：银行存款　14 400

11 日　借：材料采购——A 材料　720
　　　　　　　——B 材料　576
　　　　库存现金　154
　　贷：其他应收款——张力　1 450

14 日　借：在途材料——立达公司　11 100
　　贷：银行存款　11 100

20 日　借：材料采购——A 材料　5 500
　　　　　　　——B 材料　5 600
　　贷：在途材料——立达公司　11 100

21 日　借：材料采购——A 材料　165
　　　　　　　——B 材料　105
　　贷：库存现金　270

22 日　借：材料采购——A 材料　330
　　　　　　　——B 材料　210
　　贷：银行存款　540

30 日　借：材料采购——A 材料　440
　　　　　　　——B 材料　448
　　贷：银行存款　888

30 日　借：原材料——A 材料　15 475
　　　　　　——B 材料　13 499

贷：材料采购——A 材料　　15 475
　　　　　　——B 材料　　13 499

（三）登记各有关账户（略）

（四）材料采购成本计算表

第一批

项　目	A 材料（1 600kg）		B 材料（800kg）	
	总成本	单位成本	总成本	单位成本
买　价	8 000	5.00	6 400	8.00
运　费	240	0.15	120	0.15
装卸费	80	0.05	40	0.05
差旅费	720	0.45	576	0.72
合　计	9 040	5.65	7 136	8.92

第二批

项　目	A 材料（1 100kg）		B 材料（700kg）	
	总成本	单位成本	总成本	单位成本
买　价	5 500	5.00	5 600	8.00
运　费	330	0.30	210	0.30
装卸费	165	0.15	105	0.15
采购站费	440	0.40	448	0.64
合　计	6 435	5.85	6 363	9.09

习题二

1.

项　目　内　容		永续盘存制	实地盘存制
本期销售	10 日，500 件，单位售价 100 元 25 日，1 000 件，单位售价 100 元	50 000 100 000	50 000 100 000
	本期主营业务收入合计	150 000	150 000
期初库存商品 3 500 件，单位成本 80 元		280 000	280 000
本期完工验收入库	5 日，1 500 件，单位成本 90 元 28 日，1 000 件，单位成本 88 元	135 000 88 000	135 000 88 000
	本期完工验收入库库存商品成本合计	223 000	223 000
本期可供销售库存商品成本合计		503 000	503 000
本期主营业务成本	永续盘存制下的主营业务成本 实地盘存制下的主营业务成本 （期末库存商品实地盘存 4 450 件）	125 750	129 942
本期主营业务毛利		24 250	20 058

2. 在永续盘存制下，该公司 200×年 8 月份主营业务成本为 125 750 元、主营业务毛利为 24 250 元，而在实地盘存制下，该公司 200×年 8 月份主营业务成本为 129 942 元，主营业务毛利为 20 058 元。可见，永续盘存制下的主营业务成本、主营业务毛利均比实地盘存制下多4 192 元，而这差额恰是库存商品账面结存数4 500 件与实地盘存数4 450 件之差按月末一次加权平均法计算的成本。因为，在永续盘存制下，其本期主营业务成本的计算是按账面发出数 1 500 件计算的，而在实地盘存制下，则按 1 550 件（据实地盘存数倒轧出来）计算的。

习题三

（一）各种存货发出计价方法的结果如下：

计价方法	发出存货成本	期末存货成本
月末一次加权法	16 806. 06	3 913. 94
移动平均法	16 699. 23	4 020. 77
先进先出法	16 640	4 080
后进先出法	16 840	3 880

（二）在物价稳定或虽上下波动、但幅度不大且基本可以抵消的情况下，上述几种不同的存货发出计价方法对企业的损益没有实质性影响。但如果物价持续朝某一个方向变动，不同的方法，将对当期损益有不同的影响。在物价持续上涨时，采用先进先出法，将使得当期损益偏高；而后进先出法将会带来偏低的当期损益；两种加权平均法居中。如果物价持续下跌，将会带来相反的结果。

（三）存货发出计价的方法对资产负债表的影响，主要体现在作为资产构成项目之一的期末存货金额的高低上。在物价持续上涨的情况下，采用先进先出法将会高估期末资产的成本；相反，后进先出法会低估期末资产成本；两种加权平均法的影响居中。如果物价呈反向变动（即持续下跌），其结果也正好相反：先进先出法会低估资产，后进先出法导致高估资产，加权平均法的影响仍然居中。

习题四

（一）账务处理

5 日　借：预付账款——映雪公司　30 000
　　贷：银行存款　30 000

7 日　借：在建工程——设备　86 000
　　——运费　5 000
　　——保险费　1 200
　　——税金　12 040
　　贷：预付账款——映雪公司　30 000
　　　应付账款——映雪公司　74 240

15 日　借：应付账款——映雪公司　74 240
　　贷：银行存款　74 240

18 日　借：在建工程——安装费　5 000
　　贷：应付职工薪酬　1 800
　　　原材料　3 200
　借：固定资产　109 240

贷：在建工程　　109 240

（二）该设备的成本为 109 240 元。

习题五

（一）按直线法计提折旧

年折旧额：［109 240 -（5 591 - 4 171）］÷8 = 13 477.5（元）

年折旧率：13 477.5 ÷ 109 240 × 100% = 12.3375%

月折旧额：13 477.5 ÷ 12 = 1 123.13（元）

该设备本年 8 月份交付使用，折旧从 9 月份开始计提。12 月份应计提折旧 1 123.13 元。

借：制造费用——折旧费　　1 123.13

　贷：累计折旧　　1 123.13

（二）按工作量法计提折旧

单位工作量折旧额：［109 240 -（5 591 - 4 171）］÷100 000 = 1.0782（元/个）

当年应计提折旧：10 600 × 1.0782 = 11 428.92（元）

借：制造费用——折旧费　　11 428.92

　贷：累计折旧　　11 428.92

习题六

（一）贴现计算：

到期金额：9 000 + 9 000 × 8% ÷ 12 × 3 = 9 180（元）

贴现息：9 180 × 10% ÷ 12 × 1 = 76.5（元）

实得款：9 180 - 76.5 = 9 103.5（元）

（二）贴现时的账务处理

借：银行存款　　9 103.5

　贷：应收票据　　9 000

　　财务费用——利息收入　　103.5

（三）到期日如宇虹公司不付款的账务处理

借：应收账款——宇虹公司　　9 180

　贷：银行存款　　9 180

习题七

（一）按直接列账法处理

19×4 年 5 月

借：资产减值损失　　1 200

　贷：应收账款　　1 200

19×4 年 10 月

借：资产减值损失　　850

　贷：应收账款　　850

19×5 年

借：资产减值损失　　600

　贷：应收账款　　600

（二）按备抵法进行处理

19×3 年 12 月 31 日

应计提坏账准备 400 000 × 5‰ = 2 000（元）。则：

借：资产减值损失——坏账损失　　2 000
　贷：坏账准备　　2 000

19×4 年先后发生坏账损失时，应：

借：坏账准备　　1 200
　贷：应收账款　　1 200
借：坏账准备　　850
　贷：应收账款　　850

19×4 年 12 月 31 日应计提坏账准备 = 600 000 × 5‰ −（2 000 − 1 200 − 850）= 3 050(元)。则：

借：资产减值损失 —坏账损失　　3 050
　贷：坏账准备　　3 050

19×5 年发生坏账损失时，应：

借：坏账准备　　600
　贷：应收账款　　600

19 × 5 年 12 月 31 日应计提坏账准备 = 380 000 × 5‰ −（3 000 − 600）= −500（元）

借：坏账准备　　500
　贷：资产减值损失 —坏账损失　　500

习题八

1. 直接列账法：借：资产减值损失　　3 000
　　　　　　　贷：应收账款　　3 000
　备抵法：借：坏账准备　　3 000
　　　　　贷：应收账款　　3 000
2. （690 000 + 430 000 − 580 000 − 3 000）× 3‰ −（2 070 − 3000）= 2 541（元）
　借：资产减值损失　　2 541
　　贷：坏账准备　　2 541
3. 直接列账法：
　　借：应收账款　　1 000
　　　贷：资产减值损失　　1 000
　　借：银行存款　　1 000
　　　贷：应收账款　　1 000
　备抵法：
　　借：应收账款　　1 000
　　　贷：坏账准备　　1 000
　　借：银行存款　　1 000
　　　贷：应收账款　　1 000

习题九

（一）账务处理

1 日　借：短期借款　　200 000
　　　　　其他应付款　　5 000
　　　贷：银行存款　　205 000

1 日　借：应付票据　8 000
　　其他应付款　106.67
　贷：银行存款　8 106.67
2 日　借：银行存款　300 000
　贷：短期借款　300 000
3 日　借：固定资产　90 000
　贷：应付账款——鲍尔公司　90 000
10 日　借：长期借款　500 000
　贷：银行存款　500 000
13 日　借：应付账款——鲍尔公司　90 000
　贷：应付票据——鲍尔公司　90 000
20 日　借：银行存款　300 000
　贷：长期借款　300 000
24 日　借：应付账款　25 000
　贷：银行存款　25 000
28 日　借：应付账款——天安公司　30 000
　贷：应付票据　30 000
31 日　借：财务费用　12 000
　贷：其他应付款　12 000

（二）开设并登记各账户（略）

（三）各账户期末结出的余额就是资产负债表负债方各项目的余额。

习题十

（一）账务处理

1. 借：银行存款　100 000
　贷：实收资本——赵一　100 000
2. 借：固定资产　140 000
　贷：实收资本——钱二　100 000
　　资本公积　40 000
3. 借：银行存款　40 000
　　原材料　70 000
　贷：实收资本——孙三　100 000
　　资本公积　10 000

（二）实收资本账户反映的是各投资人的投资情况，它同时也表明各投资人对企业所享有的权益比例。如果在企业开办之前已约定了各出资人的出资比例，在嗣后的投资过程中因其他各种因素导致部分出资人的实际出资额高于原定比例的，超出部分应计入“资本公积”账户，从而使实收资本账户能有效地反映各出资人的出资比例情况。

习题十一

（一）账务处理

1. 借：银行存款　350 000
　贷：股本　200 000

　　　资本公积　　150 000
2. 借：所得税费用　　222 000
　　贷：应交税费——应交所得税　　222 000
　借：应交税费——应交所得税　　222 000
　　贷：银行存款　　222 000
3. 借：利润分配——盈余公积　　51 800
　　贷：盈余公积——法定公积　　51 800
4. 借：利润分配——应付股利　　340 000
　　贷：应付股利　　340 000
5. 借：应付股利　　340 000
　　贷：银行存款　　340 000

（二）年末所有者权益总额为 1 128 000（元）

习题十二

1. 货币资金 = 59 300（元）
2. 存货 = 98 000（元）
3. 未分配利润 = 50 400（元）
4. 资产总计 = 464 222（元）

习题十三

美景公司资产负债表

200×年 12 月 31 日　　　　单位：人民币元

资　产	金　额	负债及所有者权益	金　额
流动资产		流动负债	
货币资金	339 886	短期借款	108 000
应收票据	55 000	应付票据	47 600
应收账款	338 300	应付账款	173 000
存　货	529 000	应付职工薪酬	23 770
		应交税费	65 386
		一年内到期的非流动负债	90 000
流动资产合计	1 262 186	流动负债合计	507 756
		非流动负债	
非流动资产		长期借款	330 000
长期股权投资	210 000	负债合计	837 756
固定资产	454 000	所有者权益	
无形资产	64 500	实收资本	800 000
		资本公积	256 000
		盈余公积	108 990
非流动资产合计	728 500	未分配利润	（12 060）
		所有者权益合计	1 152 930
资产总计	1 990 686	负债及所有者权益总计	1 990 686

习题十四

（一）本年利润合计为：123 220 + 293 088.08 = 416 308.08（元）

应计提法定盈余公积为 41 630.81（元）；

应向投资者分配的股利为（416 308.08 − 41 630.81）×40% = 149 870.91（元）。

（二）会计处理

1. 借：利润分配——法定盈余公积　41 630.81
   贷：盈余公积——法定盈余公积　41 630.81
2. 借：利润分配——股利　149 870.91
   贷：应付股利　149 870.91
3. 借：本年利润　416 308.08
   贷：利润分配——未分配利润　416 308.08

（三）编制资产负债表

广安公司资产负债表

200×年 12 月 31 日　　单位：人民币元

资　产	金　额	负债及所有者权益	金　额
货币资金	260 008	应付账款	63 100
应收账款	381 300	其他应付款	47 090
其他应收款	6 800	应付职工薪酬	39 850
存　货	111 132.51	应交税费	135 412.43
固定资产	334 450	应付股利	149 870.91
		实收资本	250 000
		资本公积	58 000
		盈余公积	125 560.81
		未分配利润	224 806.36
资产总计	1 093 690.51	负债及所有者权益总计	1 093 690.51

综合练习题

（一）账务处理

1 日　借：材料采购——油漆　7 140
　　　贷：银行存款　7 140

1 日　借：银行存款　99 800
　　　　　财务费用　200
　　　贷：短期借款　100 000

2 日　借：材料采购——不锈钢板　172 800
　　　贷：应付账款——天广钢铁厂　172 800

3 日　借：材料采购——不锈钢板　1 440
　　　贷：库存现金　1 440
　　　借：原材料——油漆　7 140
　　　　　　　——不锈钢板　174 240
　　　贷：材料采购——油漆　7 140

——不锈钢板 174 240

4 日 借：生产成本——热水器 148 200
——煤气灶 96 260
贷：原材料——不锈钢板 129 760
——铜管件 114 700

5 日 借：库存现金 1 600
贷：银行存款 1 600

5 日 借：应收账款——三元百货 192 000
贷：主营业务收入 192 000

5 日 借：销售费用——运杂费 1 460
贷：银行存款 1 460

6 日 借：制造费用 13 500
贷：原材料——零配件 13 500

7 日 借：银行存款 58 000
贷：应收账款——成伟公司 58 000

7 日 借：固定资产——电脑 9 880
贷：银行存款 9 880

9 日 借：应收账款——华联商场 290 000
贷：主营业务收入 290 000

9 日 借：销售费用 1 850
贷：银行存款 1 850

12 日 借：库存现金 12 000
贷：银行存款 12 000
借：应付职工薪酬 12 000
贷：库存现金 12 000

12 日 借：生产成本——热水器 5 600
——煤气灶 3 000
制造费用 1 400
管理费用 2 000
贷：应付职工薪酬 12 000

12 日 借：生产成本——热水器 784
——煤气灶 420
制造费用 196
管理费用 280
贷：应付职工薪酬 1 680

13 日 借：管理费用——办公用品 195
贷：库存现金 195

13 日 借：原材料——零配件 25 000
贷：银行存款 25 000

14 日 借：银行存款 188 160
财务费用 3 840

日期	会计分录	借方	贷方
	贷：应收账款——三元公司		192 000
15 日	借：主营业务收入	2 900	
	贷：应收账款——华联商场		2 900
16 日	借：营业外支出	8 000	
	贷：银行存款		8 000
17 日	借：银行存款	2 500	
	贷：库存商品——热水器		850
	营业外收入		1 650
18 日	借：银行存款	281 358	
	财务费用	5 742	
	贷：应收账款——华联商场		287 100
20 日	借：短期借款	60 000	
	财务费用	260	
	其他应付款	2 140	
	贷：银行存款		62 400
20 日	借：制造费用	5 980	
	贷：原材料——油漆		5 980
22 日	借：银行存款	32 000	
	累计折旧	38 000	
	贷：固定资产——货车		60 500
	营业外收入		9 500
23 日	借：应付账款——天广商场	86 400	
	贷：银行存款		86 400
26 日	借：管理费用	96	
	贷：库存现金		96
28 日	借：管理费用	458	
	贷：银行存款		458
30 日	借：管理费用	1 000	
	制造费用	880	
	贷：银行存款		1 880
30 日	借：财务费用	750	
	贷：其他应付款		750
30 日	借：制造费用——折旧费	2 500	
	管理费用——折旧费	5 200	
	贷：累计折旧		7 700
30 日	借：制造费用——水电费	2 250	
	管理费用——水电费	1 010	
	贷：银行存款		3 260
30 日	借：生产成本——热水器	17 741	
	——煤气灶	8 965	
	贷：制造费用		26 706

30 日　借：库存商品——热水器　　144 233
　　　　　　　　　　——煤气灶　　112 321
　　　　贷：生产成本——热水器　　144 233
　　　　　　　　　　——煤气灶　　112 321
31 日　借：应收账款——国光公司　　548 500
　　　　贷：主营业务收入　　548 500
31 日　借：主营业务成本　　333 528
　　　　贷：库存商品——热水器　　189 098
　　　　　　　　　　——煤气灶　　144 430
31 日　借：主营业务收入　　1027 600
　　　　　　营业外收入　　11 150
　　　　贷：本年利润　　1 038 750
　　　　借：本年利润　　365 869
　　　　贷：主营业务成本　　333 528
　　　　　　销售费用　　3 310
　　　　　　财务费用　　10 792
　　　　　　管理费用　　10 239
　　　　　　营业外支出　　8 000
　　　利润总额 = 1 038 750 − 365 869 = 672 881 元
31 日　借：所得税费用　　201 864
　　　　贷：应交税费——应交所得税　　201 864
31 日　借：利润分配——法定盈余公积　　47 102
　　　　贷：盈余公积——法定盈余公积　　47 102
31 日　借：利润分配　　211 957
　　　　贷：应付股利　　211 957

（二）原材料和库存商品的成本计算过程

领用油漆 100 桶的成本：$60 \times 60 + 40 \times 59.5 = 5\,980$

领用不锈钢板的成本：

用于热水器生产：$2 \times 43\,100 = 86\,200$

用于煤气灶生产：$1 \times 43\,560 = 43\,560$

领用铜管件的成本：

用于热水器生产：$1\,000 \times 62 = 62\,000$

用于煤气灶生产：$850 \times 62 = 52\,700$

月末产品成本的计算：

热水器 成本项目	总　额	完工 数量	未完工 数量	约当 产量	单位 分配率	完工产品 总成本	在产品 成本
直接材料	163 300			1 200	136.08	122 475	40 825
直接人工	6 684	900	300	1 050	6.37	5 729	955
制造费用	18 701			1 050	17.81	16 029	2 672
合　计	188 685	900	300	—	160.26	144 233	44 452

续表

煤气灶 成本项目	总额	完工 数量	未完工 数量	约当 产量	单位 分配率	完工产品 总成本	在产品 成本
直接材料	118 720			950	124.97	99 975	18 745
直接工资	3 770	800	150	890	4.23	3 389	381
制造费用	9 965			890	11.20	8 957	1 008
合　计	132 455	800	150	—	140.40	112 321	20 134

第七章　企业内部会计监督制度

习题一

银行存款余额调节表

银行对账单余额	6 912.15	企业银行存款日记账余额	6 371.70
加：企业已收、银行未收	525.85	加：银行已收、企业未收	36.35
减：企业已付、银行未付	1 059.20	减：银行已付、企业未付	11.25
		记账错误	18.00
调节后余额	6 378.80	调节后余额	6 378.80

习题二

有关会计处理如下：

1. 借：原材料——A　2 340
　　贷：待处理财产损益　2 340
2. 借：待处理财产损益　5 013.8
　　贷：原材料——B　5 013.8
3. 借：待处理财产损益　8 600
　　贷：原材料——配件　8 600
4. 借：待处理财产损益　2 340
　　贷：管理费用　2 340
5. 借：管理费用　5 013.8
　　　其他应收款——仓管员　8 600
　　贷：待处理财产损益　13 613.8

习题三

1. 借：固定资产清理　24 000
　　　累计折旧　67 000
　　贷：固定资产——车床　86 000
　　　　银行存款　5 000
　借：营业外支出　24 000
　　贷：固定资产清理　24 000
2. 借：待处理财产损益　3 210
　　　累计折旧　7 290
　　贷：固定资产　10 500

借：营业外支出 3 210
　　贷：待处理财产损益 3 210

3. 借：固定资产 62 000
　　贷：累计折旧 18 600
　　　　待处理财产损益 43 400

借：待处理财产损益 43 400
　　贷：以前年度损益调整 43 400

习题四

1. 借：应付账款——江中公司 58
　　贷：营业外收入 58

2. 借：管理费用 120
　　贷：其他应收款——岳某 120

3. 借：坏账准备 2 600
　　贷：应收账款——南亚公司 2 600